教育部"十二五"教育科研规划重点课题项目

全国高等院校教材

高等院校数字化融媒体特色教材

（2022 年修订）

Applications and Practices of New Media Technology

新媒体技术应用与实践

主　编　曹世华

副主编　胡克用　胡则辉

　　　　周桃义　袁雅萍

ZHEJIANG UNIVERSITY PRESS

浙江大学出版社

内 容 简 介

本书根据教育部高等学校计算机基础课程教学指导委员会关于计算机多媒体技术课程的教学要求编写而成,紧紧围绕当前新媒体技术的发展趋势,结合多媒体技术的知识结构和特点,通过新媒体技术概念、基本原理、基本操作方法、实际操作步骤等,让学生由简到繁、由浅入深地掌握新媒体技术及其日常应用,培养学生在计算机应用领域的创新发展能力。全书具有知识性、技术性、趣味性、示范性和实用性的特点。

本书可作为高等院校非计算机专业新媒体技术应用和多媒体技术课程的教材,也适合对新媒体技术感兴趣的读者学习和参考。

图书在版编目(CIP)数据

新媒体技术应用与实践 / 曹世华主编. —杭州:
浙江大学出版社,2017.4(2022.1 重印)
ISBN 978-7-308-16676-8

Ⅰ.①新… Ⅱ.①曹… Ⅲ.①传播媒介—高等学校—
教材 Ⅳ.①G206.2

中国版本图书馆 CIP 数据核字(2017)第 022592 号

新媒体技术应用与实践

曹世华 主编

丛书策划	阮海潮(1020497465@qq.com)
责任编辑	阮海潮
责任校对	陈静毅 刘 郡 陈 宇
封面设计	刘依群
出版发行	浙江大学出版社
	(杭州市天目山路 148 号 邮政编码 310007)
	(网址:http://www.zjupress.com)
排 版	杭州星云光电图文制作有限公司
印 刷	嘉兴华源印刷厂
开 本	787mm×1092mm 1/16
印 张	24.75
字 数	618 千
版 印 次	2017 年 4 月第 1 版 2022 年 1 月第 7 次印刷
书 号	ISBN 978-7-308-16676-8
定 价	55.00 元

前　言

21世纪是信息化的时代,依托于计算机的多媒体技术发展迅速,日新月异。多媒体技术不断发展和更新,使人与计算机之间的交互变得更加生动活泼、丰富多彩,尤其是近年来,移动互联网和智能终端的快速发展和普及,人类已经进入一个新媒体时代,极大地改变了人与人之间、人与计算机之间的交互和沟通方式。自媒体的大量涌现和兴起又使传统媒体面临着前所未有的严峻挑战。

本书是根据教育部高等学校计算机基础课程教学指导委员会关于计算机多媒体技术课程的教学要求编写而成的,紧紧围绕当前新媒体技术的发展趋势,结合多媒体技术的知识结构和特点,通过大量的应用案例并配合操作演示视频让读者轻松愉快地了解并掌握多媒体技术和应用技能。书中有大量的二维码链接,读者可轻松通过手机等智能终端获得身临其境的多媒体演示效果和操作指导。

本书共分九章。

第一章　多媒体技术概述,主要介绍多媒体概念、多媒体系统、多媒体制作、多媒体存储、多媒体的应用和发展趋势。

第二章　数字图像处理,主要介绍 Photoshop CS3 的基本操作和常用图像处理知识和技能,同时也介绍了美图秀秀和位图转矢量处理软件的应用。

第三章　动画制作,主要介绍动画原理,以及 Photoshop CS3、Flash、Ulead Gif Animator 的动画制作方法。

第四章　数字音频处理,主要介绍音频采集加工原理和方法,以及利用 Audition 和 GoldWave 进行录音和声音编辑合成的方法。

第五章　数字视频处理,主要介绍视频采集加工原理和方法,以及利用 VideoStudio (会声会影)来进行视频的编辑合成方法,同时介绍了数字视频编辑软件 Premiere 的操作方法和电子相册工具 Photo Story。

第六章　自媒体平台和作品制作,主要介绍了自媒体及其应用,并介绍了 MAKA、易企秀等多种自媒体编辑工具以及基于手机的自媒体作品的制作方法。

第七章　网络流媒体技术,主要介绍了网络流媒体技术的原理和应用,并结合案例讲解了如何下载网络流媒体。

　　第八章　多媒体课件和微课制作,主要介绍了多媒体课件和微课的概念、开发及制作原理,并讲解了以 PowerPoint 2013 为主要工具来制作多媒体课件和微课,同时介绍了如何制作在线多媒体课件。

　　第九章　常用多媒体软件下载,主要提供了本书中所用到的软件和工具的下载。

　　本书是教育部"十二五"教育科研规划重点课题项目和浙江省教育科学规划课题项目的研究成果,得到杭州师范大学钱江学院教材建设项目资助。在本书的编写过程中,得到了我可爱的历届学生们的热情支持和帮助,杭州师范大学钱江学院的任一丹、尹丹阳、张燕霞、毛海娟、许展悦、徐钰柯、蒋一萍、唐越、陈莹莹等同学为本书提供了大量的图文编辑和校对工作。感谢范春燕、莫丽娟、陶丽芳、金仪纯、张瑜、赵晓德等同学提供优秀作品案例。基础教程网的编辑也为本书提供了教程上的帮助,在此表示由衷的感谢。

　　为方便教学与实践,我们在书中设置了大量的与本书配套的教学资源网站,内有教学课件及上机实验指导教程和素材。由曹世华、胡克用、胡则辉、王洲老师申报的"新媒体技术应用与实践"网络课程获得由浙江省高等教育学会教育技术分会颁发的 2020 年高校教师教育技术成果二等奖(ET2020-20))。

　　本书凝结了作者和编写组成员多年来的教学和实践经验,并参考了国内外有关新媒体技术和多媒体技术应用方面的最新文献,但限于水平和时间仓促,书中难免有不足之处,恳请读者批评指正。如有任何意见和建议,请扫描下面二维码联系笔者,或发电子邮件给 caoshihua@126.com。

教材反馈

教学网站

曹世华

目　录

第一章

多媒体技术概述

以计算机为代表的信息技术极大地推动了社会的发展。多媒体的开发与应用,使人与计算机之间的信息交流变得生动活泼、丰富多彩。多媒体技术为扩展计算机的应用范围、使用深度和表现能力提供了极好的支持。人类用自身"生物眼"来观察世界是传统的视觉方式,随着信息技术的发展,计算机已成为人类观察世界、表现世界的好帮手。多媒体技术借助于"机械眼",即人们通过操纵使用创意机械(计算机)和实施机械(数码相机、数码摄像机、喷绘机、扫描仪、激光打印机等其他机械设备),再经过人们的艺术加工,丰富了摄取信息的途径,提高了表现信息的能力,"机械眼"比"生物眼"所观察到的世界更为丰富、更为具体且更为生动。因此,学习多媒体的有关原理,掌握流行的多媒体工具的使用方法,将为人们享用信息技术成果、在信息社会中发展提供必备的基础。

本章介绍多媒体及多媒体技术的相关概念,对于使用计算机设计软件工具进行多媒体作品的创作至关重要。

第一节　多媒体的概念

一、多媒体的基本概念

(一)媒体

媒体(Media)是指承载或传递信息的载体。在日常生活中,人们熟悉的报纸、书籍、杂志、广播、电影和电视等均是媒体,都以它们各自的媒体形式进行着信息传播。它们中有的以文字作为媒体,有的以声音作为媒体,有的以图像作为媒体,还有的(如电视)将文、图、声、像作为媒体。同样的信息内容,在不同领域中采用的媒体形式是不同的。书籍报刊领域采用的媒体形式为文字、表格和图片;绘画领域采用的媒体形式是图形、文字或色彩;摄影领域采用的媒体形式是静止的图像、色彩;电影、电视领域采用的是图像或运动图像、声音和色彩。这些传统媒体与本书所介绍的计算机中的媒体是有差别的,计算机领域中采用的是数据、文本、图形和动画的媒体形式,这些媒体形式相当于"媒体语言"的功能,每一种媒体语言都由各自的基本元素组成,遵循各自特有的艺术规律,进行知识和信息的交流,并且在交流中给人以艺术的享受。

(二)多媒体

"多媒体"一词译自英文 Multimedia,顾名思义,多媒体是多种媒体信息的载体,信息借助这些载体得以交流和传播。在信息领域中,多媒体是指文本、图形、图像、声音、影像等这些"单"媒体和计算机程序融合在一起形成的信息媒体。其含义是指运用存储与再取技术得到的计算机中的数字信息。

多媒体采用如下几种媒体形式传递信息并呈现知识内容:

图——包括图形(Graphics)和静态图像(Still Image)。

文——文本(Text)。

声——声音(Voice)。

像——包括动画(Animation)和运动影像(Motion Video)。

多媒体技术融合了计算机硬件技术、计算机软件技术以及计算机美术、计算机音乐等多种计算机应用技术。多种媒体的集合体将信息的存储、传输和输出有机地结合起来,使人们获取信息的方式变得更加丰富。多媒体技术引领人们走进了一个多姿多彩的数字世界。

图 1-1(a)、(b)给出了图、文、声、像综合动态表现的多媒体示例,从中可以感受到多媒体技术的艺术感染力。

图 1-1　图、文、声、像综合动态表现的多媒体示例

将其中的图和像合并为一类,则多媒体可看成图、文、声三大类型的媒体语言,前两者属于视觉语言,而声则属于听觉语言,它们均属于感觉媒体的范畴。

(三)多媒体数据的特点

多媒体数据具有下述特点:

1. 数据量巨大

如一幅分辨率为 1024×768 像素的 256 色的彩色照片,数据量为 0.7MB;CD 质量为双声道的声音,数据量为 1.4MB/s。

2. 数据类型多

多媒体数据包括文字、图形、图像、声音、文本、动画等多种形式,数据类型丰富多彩。

3. 数据类型间差别大

多媒体数据内容、格式的不同,使其在处理方式、组织方式、管理形式上存在很大的差别。

4.多媒体数据的输入和输出复杂

由于信息输入与输出都与多种设备相连,输出结果如声音播放与画面显示的配合等往往是同步合成效果,较为复杂。

(四)多媒体信息处理

多媒体信息处理是指对文字、声音、图形、静态影像、活动影像等多媒体信息在计算机运算下的综合处理,也就是计算机系统对具体数字化声音文件、动画视频文件、图形图像文件等进行综合处理。利用多媒体技术能将输入的信息加以变化和加工,增加输出信息的表现能力,使信息效果有声有色、生动逼真。

【**注意**】多媒体信息在计算机多媒体系统中是以数字的形式存储和传播的。计算机软件、超大规模集成电路、大容量光盘存储器、数字信号处理以及高速网络等技术的发展,为计算机处理各种以数字形式表示的图、文、声、像等信息媒体奠定了坚实的基础。

电视等传统媒体与计算机系统中的多媒体有以下两个明显的差别:

首先,人们接收和使用电视信息时往往是"被动式"的,而计算机多媒体技术为用户提供了交互能力,使用户可以主动地参与甚至改造多媒体信息。正是这种交互特性,使人们使用和接收信息的方式发生了深刻的变化。相对于电视而言,多媒体软件更能促进人的思维,调动学习的积极性、主动性和创造性。

其次,过去熟悉的图、文、声、像等媒体几乎都以模拟信号的方式进行存储和传播,而计算机多媒体系统中则以数字的形式对信息进行存储和传播。诸如编辑、制作、修改、实时反馈等交互功能的实现,在模拟世界中相当困难,但在数字世界中却变得非常容易。

二、常见的媒体元素

媒体元素是指多媒体应用中可显示给用户的媒体形式。目前常见的媒体元素主要有文本、图形、图像、音频、动画和视频等。

(一)文本

文本(Text)如字母、数字、文章等,是计算机文字处理程序的基础,也是多媒体应用程序的基础。通过对文本显示方式的组织,多媒体应用系统可使显示的信息更易于被理解。

文本可以在文本编辑软件里制作,如 Word 等编辑工具中所编辑的文本文件大都可被输入到多媒体应用软件之中,也可以直接在制作图形的软件或多媒体编辑软件中一起制作。

在文本文件中,如果只有文本信息,没有其他任何有关格式的信息,则称为非格式化文本文件或纯文本文件;而带有各种文本排版信息等格式信息的文本文件,称为格式化文本文件,该文件中带有段落格式、字体格式、文章的编号、分栏、边框等格式信息。文本的多样式是指文字的变化,即字的格式(Style)、字的定位(Align)、字体(Font)、字的大小(Size)以及这 4 种变化的各种组合。

(二)图形

图形(Graphics)一般指计算机生成的各种有规则的图,如直线、圆、圆弧、矩形、任意曲线等几何图和统计图等。图形的格式是一组描述点、线、面等几何图形的大小、形状及其位置、维数的指令集合,例如,line(x1,y1,x2,y2,color)、circle(x,y,r,color),就分别是画线、画圆的指令。在图形文件中只记录生成图的算法和图上的某些特征点,因此也称矢量图形。通过读取这些指令并将其转换为屏幕上显示的形状和颜色而生成图形的软件通常称为绘图程序。在计算机还原输出时,相邻的特征点之间用特定的诸多段小直线连接就形成曲线,若曲线是一个封闭的图形,也可靠着色算法来填充颜色。图形的最大优点在于可以分别控制、处理图中的各个部分,如在屏幕上移动、旋转、放大、缩小、扭曲而不失真,不同的物体还可在屏幕上重叠并保持各自的特性,必要时仍可分开。因此,图形主要用于表示线框形的图画、工程制图、美术字等。绝大多数 CAD 和三维造型软件使用矢量图形来作为基本的图形存储格式。

对图形来说,数据的记录格式非常关键,记录格式的好坏直接影响到图形数据的操作方便与否。微机上常用的矢量图形的后缀名有".3ds"(用于三维造型)、".dxf"(用于 Auto-CAD)、".wmf"(用于桌面出版,如 Office 中的剪贴画)、".svg"(用于浏览器,基于 XML)等。图形技术的关键是图形的制作和再现,图形只保存算法和特征点,所以相对于图像的大数据量来说,它占用的存储空间也就较小,但在屏幕每次显示时,它都需要经过重新计算,另外,在打印输出和放大时,图形质量较高。

(三)图像

图像(Image)是指由输入设备捕捉的实际场景画面或以数字化形式存储的任意画面。计算机可以处理的各种不规则的静态图片,如扫描仪、数码相机或数码摄像机输入的彩色、黑白图片等都是图像。

图形与图像在用户看来是一样的,而从技术上来说则完全不同。同样一幅图,例如一个圆,若采用图形媒体元素,其数据记录的信息是圆心坐标为(x,y)、半径为 r 及颜色编码;若采用图像媒体元素,其数据文件则记录在那些坐标位置上有什么颜色的像素点。所以图形的数据信息处理起来更灵活,而图像数据则与实际更加接近。

随着计算机技术的飞速发展,图形和图像之间的界限已越来越小,它们互相融会贯通,比如,文字或线条表示的图形在扫描到计算机时,从图像的角度来看,均是一种最简单的三维数组表示的点阵图。在经过计算机自动识别出文字或自动跟踪出线条时,点阵图就可形成矢量图。目前,手写汉字的自动识别、图文混排的印刷自动识别、印鉴以及面部照片的自动识别等,也都是图像处理技术借用了图形生成技术。而地理信息和自然现象的真实感图形表示、计算机动画和三维数据可视化等领域,在三维图形构造时又都采用了图像信息的描述方法。因此,了解并采用恰当的图形、图像形式,注重两者之间的联系,是目前人们在图像和图形使用时应考虑的重点。

(四)音频

将音频(Audio)信号集成到多媒体中,可提供其他任何媒体都不能取代的效果,不仅能烘托氛围,而且还增加了活力。音频信息增强了对其他类型所表达的信息的理解。"音频"常常作为"音频信号"或"声音"的同义词,声音具有音调、音强、音色三要素。音调与频率有关,音强与幅度有关,音色由混入基音的泛音所决定。声音主要分为波形声音、语音和音乐。

1.波形声音

所谓波形声音,实际上包含了所有的声音形式。声音用一种模拟的连续波形表示。在计算机中,任何声音信号都要先进行数字化(可以把话筒、磁带录音、无线电和电视广播、光盘等各种声源所产生的声音进行数字化转换),并能恰当地恢复出来。相应的文件格式是 WAV 或 VOC 文件。

2.语音

人的说话声也是一种波,所以与波形声音的文件格式相同。

3.音乐

音乐是符号化了的声音,这种符号就是乐谱,乐谱是转化为符号媒体的声音,常见的文件格式是 MID 文件或 CMF 文件。

对声音的处理,主要是对声音的编辑和声音在不同存储格式之间的转换。计算机音频技术主要包括声音的采集、数字化、压缩/解压缩以及声音的播放。

(五)动画

动画(Animation)是运动的图画,实质上是一幅幅静态图像的连续播放。动画的连续播放既指时间上的连续,也指图像内容上的连续,即播放的相邻两幅图像之间内容相差不大。动画压缩和快速播放也是动画技术要解决的重要问题,其处理方法有多种。计算机设计动画的方法有两种:一种是造型动画,另一种是帧动画。前者是对每一个运动的物体分别进行设计,赋予每个对象一些特征,如大小、形状、颜色等,然后用这些对象构成完整的帧动画。造型动画的每帧由图形、声音、文字、调色板等造型元素组成,用制作表组成的脚本控制动画中每一帧的图元行为。帧动画则是一幅幅位图组成的连续的画面,就像电影胶片或视频画面一样,要分别设计每个视频显示的画面。

使用计算机制作动画时,只要做好主动作画面,其余的中间画面都可以由计算机内插功能来完成。不运动的部分直接复制过去,与主动作画面保持一致。当这些画面仅是二维的透视效果时,就是二维动画。如果通过 CAD 方式创造出空间形象的画面,就是三维动画;如果使其具有真实的光照效果和质感,就成为三维真实感动画。存储动画的文件格式有 FLC、MOV 等。

创造动画的软件工具较复杂、庞大。高级的动画软件除具有一般绘画软件的基本功能外,还提供了丰富的画笔处理功能和多种实用的绘画方式,如平滑、虚边、打高光、涂抹、扩散、模板屏蔽及背景固定等,调色板支持丰富的色彩。

(六)视频

若干有联系的图像数据连续播放便形成了视频(Video)。视频图像可来自摄像机等视频信号源的影像,如录影带、影碟上的电影和电视节目等。这些视频图像使多媒体应用系统功能更强大、更精彩。但由于上述视频信号的输出大多是标准的彩色全电视信号,要将其输入到计算机中,不仅要有视频信号的捕捉,将其实现由模拟信号向数字信号的转换,还要有压缩和快速解压缩及播放的相应软硬件处理设备的配合。同时,在处理过程中免不了受到电视技术的各种影响。

电视主要有 3 大制式,即 NTSC(525/60)、PAL(625/50)、SECAM(625/50),括号中的数字为电视显示的线数和频率。如 PAL 制的扫描线数为 625 线,工作频率为 50Hz。当计算机对其进行数字化时,就必须在规定时间(如 1/30 秒)内完成量化、压缩和存储等多项工作。视频文件的存储格式为 AVI、MPG、MOV 等。

动态视频对于颜色空间的表示有多种情况,最常见的是 R、G、B(红、绿、蓝)三维彩色空间。也还有其他彩色空间表示,如 Y、U、V(Y 为亮度,U、V 为色差)、H、S、I(H 为色调,S 为饱和度,I 为强度)等,并且还可以通过坐标变换而相互转换。

对于动态视频的操作和处理除了在播放过程的动作与动画相同外,还可以增加特技效果,如硬切、淡入、淡出、复制、镜像、马赛克、万花筒等,用于增加表现力,但这在媒体中属于媒体表现属性的内容。在视频中有如下几个重要的技术参数:

1. 帧速

视频是通过快速变化帧的内容来达到运动的效果的。视频根据制式的不同有 30 帧/秒（NTSC）、25 帧/秒（PAL）等。有时为了减少数据量而减慢了帧速，例如只有 16 帧/秒也可以达到满意程度，但效果略差。

2. 数据量

如不计压缩，视频的数据量应是帧速乘以每幅图像的数据量。假设一幅图像为 1MB，则每秒将达到 30MB（NTSC），但经过压缩后数据量可大量缩减。尽管如此，图像的数据量仍然很大，以至于数据传输速度跟不上计算机显示速度，导致图像失真。此时就只有在减少数据量上下功夫，除降低帧速外，也可以缩小画面尺寸，如 1/4 屏或 1/16 屏，都可以大大降低数据量。

3. 图像质量

图像质量除了原始数据质量外，还与视频数据压缩的倍数有关。一般来说，压缩比较小时对图像质量不会有太大影响，而超过一定倍数后，将会明显看出图像质量下降。所以数据量与图像质量是一对矛盾，需要进行适当的折中。

三、多媒体信息种类

在实际生活中，媒体的范围相当广泛，根据作用、表现形式和内容不同可分为 5 大类。

1. 感觉媒体

感觉媒体主要指人的听觉、视觉、触觉等感觉器官能直接感觉到的媒体，如声音、音乐、图像、文字等。

2. 表示媒体

表示媒体是为了加工、处理和传输感觉媒体而研究和构造出来的一类媒体，如语言编码、文本编码、电报编码、条形码、图像编码等，与计算机的内部表示相关。

3. 显示媒体

显示媒体是感觉媒体和通信中使用的信号之间转换用的媒体，如键盘、数码相机、话筒、显示器、扬声器、扫描仪、打印机等硬件设备，一般与设备相关。

4. 存储媒体

存储媒体用于存放表示媒体的物体，如纸张、磁带、计算机的软盘、硬盘和光盘等。

5. 传输媒体

传输媒体用来将媒体从一处传送到另一处的信号及物体载体，如双绞线、光纤、电话线、无线电波等。

5 种媒体的作用、表现形式和内容见表 1-1。

表 1-1　媒体的作用、表现形式与内容

媒体类型	作　用	表　现	内　容
感觉媒体	用于人类感知客观环境	听觉、视觉、触觉	语言、文字、声音、图像、图形、动画等
表示媒体	用于定义信息的表达特征	计算机数据格式	ASCII 编码、图像编码、声音编码、视频信号等
显示媒体	用于表达信息	输入、输出信息	键盘、鼠标、光笔、数字化仪、扫描仪、显示器、打印机、投影仪等
存储媒体	用于存储信息	存取信息	硬盘、软盘、CD-ROM、优盘、磁带、半导体芯片等
传输媒体	用于连续数据信息的传输	信息传播的网络介质	电缆、光缆、电磁波等

第二节　视觉媒体在计算机中的表示

一、分辨率

（一）显示器分辨率

1. 像素

像素（Pixel）在计算机屏幕上以行和列的形式排列。以数字化形式存储的任意画面，其静止的图像是一个矩阵，由一些排成行列的点组成，这些点称为像素。像素分辨率是指像素的宽高比，一般为 1∶1。

2. 显示分辨率

显示分辨率指显示器上每单位长度显示的像素数目，通常以点/英寸（Pixels Per Inch，PPI）为计量单位。显示分辨率取决于屏幕的大小、显示卡和设定值。计算机的显示分辨率为 640×480 像素（VGA 标准）、800×600 像素、1024×768 像素、1280×1024 像素、1366×768 像素、1440×900 像素或更高，可以显示的颜色从 16 色、256 色、增强色（16 位）到真彩色（32 位）。

3. 屏幕分辨率

屏幕分辨率由每行每列的像素数量所决定。一个分辨率为 640×480 像素的屏幕，表示在水平方向上显示 640 个像素并在垂直方向上显示 480 个像素，这意味着屏幕上包含了 640×480 像素＝307200 像素。

4. 视频配适器

每个像素的颜色能单独设定，其在计算机屏幕上能同时显示的颜色数量受图像硬件的限制，能同时显示的颜色的最大数目取决于在内存的视频缓冲区中为每个像素留出的数据位的数目。每个像素只能显示两种颜色的为单色显示系统；每个像素能够显示 16 种颜色的是能显示 1670 万种颜色的彩色系统；每个像素由 24 位颜色信息来表示，可小到 0，大到 16777216，几乎能表示太阳光下的任何颜色，即真彩色。

一台计算机能显示的像素和颜色越多，它所产生的图像质量就越好。而像素与颜色往往是资源上的一对矛盾，需要权衡，因为在 1024×768 像素的分辨率模式下能显示 256 色的视频适配器在 1280×1024 像素的分辨率模式下也许只能显示 16 色。实际中，颜色数与分辨率相比哪个更重要是需要具体分析的。在计算机屏幕上产生像照片一样的图像，应当选择颜色。一幅具有 256 色的低分辨率的图像比在高分辨率下只有 16 色的同一图像看起来要真实得多。

（二）图像分辨率

图像中所含信息的多少是衡量图像细节表现力的技术参数。图像分辨率（Image Resolution）是指每英寸上的像素（PPI），表明了图像中存储的信息量，显示分辨率确定了播放场的大小，而图像分辨率表明了图像播放场的大小，例如，在分辨率为 640×480 像素的显示器中，分辨率为 320×240 像素的图像仅占整个显示器屏幕的 1/4，而比 640×480 像素大的图像,就不能一次性地在显示器上完整地看到。同样尺寸的图像,高分辨率的图像比低分辨率的图像有更多的像素,如分辨率为 72PPI、边长为 1 英寸的正方形有 72×72 像素＝5184 像素,而分辨率为 300PPI 的同样大小的图像则有 300×300 像素＝90000 像素。

因为在单位面积中有更多的像素,高分辨率的图像能够产生更多的细节和更微妙的颜色变化。如果图像在扫描或创建时分辨率很低,增加分辨率后只会在原图像信息的基础上扩散出更多的像素,但不会改善图像的质量。

图像分辨率和图像尺寸一起决定了文件的大小及输出质量,该值越大,图像文件所占用的磁盘空间也就越多。图像分辨率和比例关系影响着文件的大小,即文件大小与其图像分辨率的 2 次方成正比。如果保持图像尺寸不变,将图像分辨率提高一倍,则其文件大小增大为原来的 4 倍。采用多大的分辨率,取决于最终发布图像的媒体。如果是在 Web 页面显示,图像的分辨率只要适用通用的显示器分辨率(72PPI 或 96PPI)即可;如果是为了印刷,通常要求 300～350PPI 的分辨率。当图像采用的分辨率高于输出设备的分辨率时,只会增加文件的大小和减慢图像的印刷速度。

(三)打印分辨率

打印分辨率是指打印机每英寸可以产生的墨点数(Dots Per Inch,DPI),要想获得好的打印效果,图像分辨率与打印分辨率应是等比的。一般的激光打印机可以输出 600～1200DPI,相当于图像分辨率的 72～185PPI。更好的图像打印机可以达到 1200DPI 以上,产生的效果相当于 200～350PPI。

二、颜色模式

颜色模式是用于表示颜色的方式,决定了在计算机中显示和打印电子图像的色彩模式。

(一)颜色的概念

1.光的三原色

自然界中之所以有颜色的存在,是因为有光线、被观察的对象以及观察者自身这三个实体。人的眼睛所看到的颜色是由观察的对象吸收或者反射了不同波长的红、绿、蓝三种光形成的。例如,一片绿色的树林,人眼之所以将它看成是绿色的,是因为绿色波从树林处反射到人的眼睛中,而红色和蓝色的光波被树林吸收了,人的眼睛对绿色的感觉是由树木、光线以及人决定的。红、绿、蓝三种波长的光是自然界中所有颜色的基础。自然界的所有颜色都可用红(Red)、绿(Green)、蓝(Blue)三种基本颜色组合而成,由于红、绿、蓝不能由其他颜色匹配而成,因此将红、绿、蓝三色称为光的三原色。

2.计算机中的颜色显示

在计算机显示器上创建颜色,就是利用了自然界中光线的基本特性来实现的,即颜色可由红、绿、蓝三种波长的光产生。这就是 RGB 颜色模式的基础。计算机的显示器是通过发射三种不同强度的光束,使屏幕内侧涂覆的红、绿、蓝荧光材料发光而产生图像的。当在屏幕上看到红色时,计算机显示器已经打开了它的红色光束,红色光束刺激红色的荧光材料,从而在屏幕上点亮一个红色像素。

(二)几种常见的颜色模式

颜色模式是非常重要的概念。只有了解不同颜色模式才能精确地描述、修改和处理色调。计算机中提供了一组描述自然界光和它的色调的模式,可以通过这种模式将颜色以一种特定的方式表示出来,而这种色彩又可以用一定的颜色模式存储。每一种颜色模式都针对特定的目的,如计算机显示使用 RGB 模式,打印输出彩色图像时使用 CMYK 模式,为了给黑白相片上色可以先将扫描成的灰度模式的图像再转换到彩色模式。

1. RGB 模式

通常使用的 RGB 颜色模式中,可以通过对红、绿、蓝三种颜色的值(亮度)进行组合来改变像素的颜色。这三种颜色中,每种颜色的值都有一个 0～255 的变化范围。当把 256 种红色、绿色以及 256 种蓝色进行组合时,能够得到的颜色种类为 256×256×256,即 16777216 种颜色,虽然这仅仅是自然界中颜色的一部分,但在计算机的显示器上已经能够显示相当精致的图像了。

在 RGB 模式中,颜色的创建是通过增加光线来实现的,色光加色法指的是两种及以上的色光同时作用于人眼,混合产生综合色觉的效果,它的亮度比原有的色光更亮。如图 1-2 所示,红、绿等量相加得黄色;红、蓝等量相加得洋红;绿、蓝等量相加得青;红、绿、蓝等量相加得白色。把三种原色两两相互重叠,就产生了次混合色和间色:青、洋红、黄色。原色和次混合色是彼此的互补色。例如,黄色是由绿色和红色构成的,其中蓝色是缺少的一种原色,所以蓝色和黄色便是互补色,绿色的互补色是洋红色,红色的互补色是青色。有了互补色,就能看到除红、绿、蓝三种原色以外的颜色了。如看到一朵黄色的花,是因为红色和绿色的光波反射到眼睛中,而蓝色的光波被花朵吸收了。

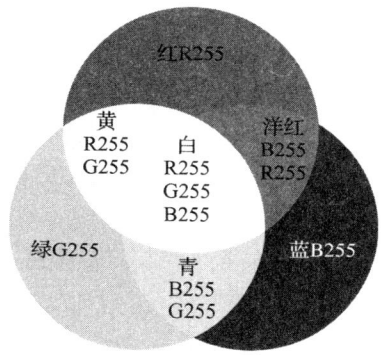

图 1-2　RGB 颜色模式

在 RGB 模式下,符合色光加色法即色光混合越加越亮的特点,RGB 值越大,颜色也就越亮。例如,某种颜色的 R、G、B 值分别是 246、20、50,则这种颜色就是一种明亮的红色。颜色为纯白色时,R、G、B 值都是 255,所有的原色混合起来就形成了白色。人们看到白色的物体,是因为所有的红、绿、蓝波都被反射到了眼睛中;看到黑色的物体,则是所有的红、绿、蓝波都被物体完全吸收了,没有任何光线反射到眼睛里,故黑色的 R、G、B 值都是 0。在该色彩模式下,每个图像的像素都有 R、G、B 三个值,并且每个值都可从 0～255 变化(0～255 表示了 256 种亮度),而每个颜色的变化需要 8 个二进制位表示,它是 24(8×3)位/像素的三通道图像模式。由于 R、G、B 的值各有 256 种可能,通过对这三种颜色的亮度进行调节,表示的颜色范围可以有 $256 \times 256 \times 256 = 2^{24} = 16777216$ 种(即通常所说的 16 兆色)。

2. CMYK 模式

在计算机的显示器中采用 RGB 模式可实现真实色彩,颜色的创造是通过增加光线来实现的,但实现打印很困难。计算机的显示器是一个能够创造颜色的光源,但是一张打印纸不会发射光线,它只吸收和反射光线。因此,如果希望将计算机显示器的颜色转换到纸张上去,就必须使用另一种减去光线的颜色模式——CMYK 模式。

由于印刷机采用青(Cyan)、品红(Magenta)、黄(Yellow)、黑(Black)4 种油墨来组合出任意一幅彩色图像,因此 CMYK 模式就由这 4 种用于印刷分色的颜色组成。它是 32(8×4)位/像素的四通道图像模式,仅包含使用印刷(打印)油墨能够打印的颜色,因此 CMYK 模式是一种基于印刷处理、色域最小的颜色模式。

颜料或染料的色彩与色光不同,它们是通过吸收补色光、反射其本身的色光而呈现颜色的。如黄颜料是从白光中吸收蓝光而反射其他色光而呈现黄色的。这种在白光中减去某种单色光得到另一种色光的效果,称为减色法。如图 1-3 所示,黄(Y)、洋红(M)、青(C)称为色料三原色,它们不能用其他任何颜料调配而成。它们等量相加得到黑色,洋红、青等量相加得蓝色;黄、青等量相加得绿色;黄、洋红等量相加得大红色。色料混合得到的新色彩比原来的颜色暗。

由于 CMYK 模式的图像含有四个通道,较 RGB 三个通道的图像处理慢,而显示器的显示采用 RGB 模式,因而在 CMYK 模式下的图像,在计算机内部要转换成

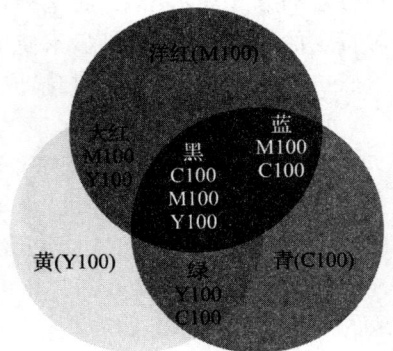

图 1-3   CMYK 颜色模式

RGB 模式以供显示器显示;另外,CMYK 模式是色域最小的模式,仅包含使用印刷(打印)油墨能够打印的颜色。CMYK 模式是基于减色法的色彩模式,与 RGB 的加色法模式有很大的不同,它与印刷分色输出的呈色原理一致。因此,在印刷照排输出之前必须把其他色彩模式的图像转换为 CMYK 模式,否则印刷工作就无法开展。

3. Lab 模式

国际照明委员会(International Commission on Illumination,CIE)于 1976 年公布 Lab 颜色模式,它独立于设备存在,不受任何硬件性能的影响,其能表现的颜色范围最大。Lab 模式是从一种颜色模式转变到另一种颜色模式的中间形式。Lab 模式由 24(8×3)位/像素的三通道组成,即亮度 L(Lightness)和 a、b 两个颜色轴组成,其中第一个通道 L 是心理明度,其数值越大,颜色的明度值越大,取值范围是 0(黑)～100(白),另外两个是色度通道,用 a 和 b 来表示,a 通道表示颜色的红绿反应,b 通道则表示颜色的黄蓝反应,是较为理想的均匀颜色空间。

如图 1-4 所示,a 和 b 取值范围为 -128～127。对于 a 来讲,正值为红色,负值为绿色,其数值越大,颜色越红;反之,其数值越小,该颜色越偏绿。而 b 正值表示黄色,负值表示蓝色,其数值越大,颜色越黄;反之,其数值越小,该颜色越偏蓝。

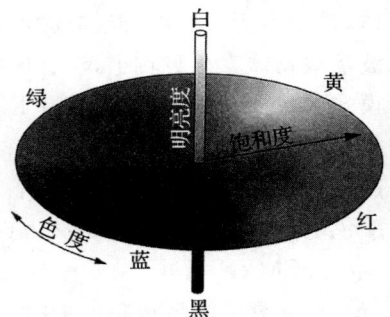

图 1-4   Lab 颜色模式

Lab 模式已经成为非常重要的桌面出版模式。RGB 模式和 CMYK 模式与设备相关,而 Lab 模式是与设备无关的色彩空间。因此,Lab 模式是在不同颜色之间转换时使用的内部颜色模式以及 ICC(国际色彩联盟)用于色彩管理的中间转换色空间。

与 RGB 模式、CMYK 模式相比,Lab 模式的色域最大,其次是 RGB 模式,色域最小的是 CMYK 模式。这就解释了当颜色在一种媒介上被指定,而通过另一种媒介表现出来往往存在差异的原因。例如,颜色在计算机上被表现出来与用四色印刷机印刷出来,在视觉感受上总有差别。近些年国内外所开发的色彩管理软件试图实现色彩空间的转换,使各个颜色模

式对应起来,真正达到所见即所得。

4. 灰度模式

灰度(Grayscale)模式中只存在灰度,并使用 256 级的灰色来模拟颜色的层次。最多可以达到 256 级灰度,故灰度图像由 8 位/像素的信息组成。在灰度模式中,每一个像素都是介于黑色和白色之间的 256 种灰度值的一种,图像的色彩饱和度为零,亮度是唯一能够影响灰度图像的选项。亮度是光强的量度,0 代表黑,100% 代表白。

可以将图像从任何一种颜色模式转为灰度模式,也可以将灰度模式转为任何一种颜色模式。当从彩色模式转换为位图(Bitmap)模式时,需要首先转换为灰度模式,然后再从灰度模式转换到单色模式。当制作黑白图时,必须从单色模式转换为灰度模式。

5. HSB 模式

HSB 模式是基于人类感觉颜色的方式建立起来且最接近人类大脑对色彩辨认思考的模式。许多用传统技术工作的画家或设计者习惯使用此种模式。对于人的眼睛来说,能分辨出来的是颜色种类、饱和度和强度,而不是 RGB 模式中各原色所占的比例。HSB 模式就是根据人类对颜色分辨的直观方法,将自然界的颜色看作由色相(Hue)、饱和度(Saturation)、明亮度(Brightness)组成。其中,色相是区别由不同波长决定的不同颜色的特征,组成可见光谱的单色,如红色和绿色具有不同的色相值;饱和度指颜色的深浅,即单个色素的相对纯度,如红色可以分为深红、洋红、浅红等;明亮度用来表示颜色的强度,它描述的是物体反射光线的数量与吸收光线数量的比值,即红色在 0°,绿色在 120°,蓝色在 240°。它基本上是 RGB 模式全色系的饼状图,如图 1-5 所示。

饱和度代表色彩的纯度,为 0 时即为灰色。白、黑和其他灰度色彩都没有饱和度。最大饱和度时是每一色相最纯的色光。色彩的明亮度为零时即为黑色,最大明亮度是色彩最鲜明的状态,明亮度取值范围为 0~100%。

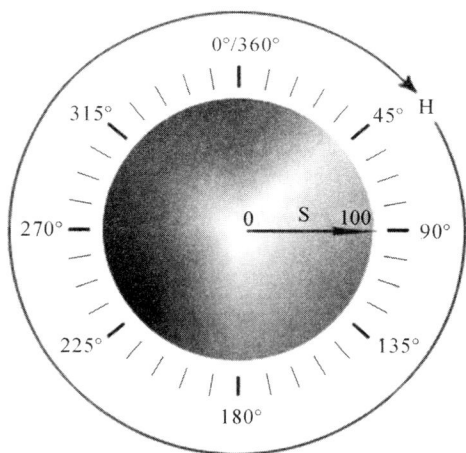

图 1-5　HSB 颜色模式

6. 多通道模式

多通道(Multichannel)模式在每个通道中使用 256 灰度级。多通道图像对特殊的打印非常有用,如双色调(Duotone)用于以 Scitex CT 格式打印。

可以按照以下准则将图像转换成多通道模式:

(1)将一个以上通道合成的任何图像转换为多通道模式图像,原有通道将被转换为专色通道。

(2)将彩色图像转换为多通道时,新的灰度信息基于每个通道中像素的颜色值。

(3)将 CMYK 图像转换为多通道可创建青(Cyan)、洋红(Magenta)、黄(Yellow)和黑(Black)专色通道。

(4)将 RGB 图像转换为多通道可创建青(Cyan)、洋红(Magenta)和黄(Yellow)专色通道。

(5)从 RGB、CMYK 或 Lab 图像中删除一个通道会自动将图像转换为多通道模式。

7. 双色调模式

双色调（Duotone）模式是用两种油墨打印的灰度图像，黑色油墨用于暗调部分，灰色油墨用于中间调和高光部分。但是在实际运用中，更多地使用彩色油墨打印图像的高光颜色部分，因为双色调使用不同的彩色油墨重现不同的灰阶。要将其他模式的图像转换成双色调模式的图像，必须先转换成灰度模式才能转换成双色调模式。在转换时，我们可以选择单色版、双色版、三色版和四色版，并选择各个色版的颜色。但要注意，在双色调模式中颜色只是用来表示"色调"而已，所以在这种模式下彩色油墨只是用来创建灰度级的，不是创建彩色的。当油墨颜色不同时，其创建的灰度级也是不同的。通常在选择颜色时，都会保留原有的灰色部分作为主色，其他加入的颜色为副色，这样才能表现较丰富的层次感和质感。

8. 索引色模式

索引色（Indexed Color）模式在印刷中很少使用，但在制作多媒体或网页上却十分实用。因为这种模式的图像比 RGB 模式的图像小得多，大概只有 RGB 模式的 1/3，所以可以大大减少文件所占的磁盘空间。当一个图像转换成索引色模式后，就会激活 Image/Mode/Color Table 命令，以便编辑图像的颜色表。RGB 和 CMYK 模式的图像可以表现出完整的各种颜色使图像完美无缺，而索引色模式则不能完美地表现出色彩丰富的图像，因为它只能表现 256 种颜色，因此会有图像失真的现象，这是索引色模式的不足之处。索引色模式是根据图像中的像素统计颜色的，然后将统计后的颜色定义成一个颜色表。由于它只能表现 256 种颜色，所以在转换后只选出 256 种使用最多的颜色放在颜色表中，颜色表以外的颜色程序会选取已有颜色中最相近的颜色或使用已有颜色模拟该种颜色。因此，索引色模式的图像在 256 色 16 位彩色的显示屏幕下所表现出来的效果并没有很大区别。

三、图形图像文件类型

图片文件可分为位图图像和矢量图形两大类，通过计算机输入设备采集产生位图图像，而矢量图形由图的几何特性生成。下面从图片存储原理、体积大小、缩放特性、适用范围、制作工具等方面来了解位图形式和矢量形式各自的特点和区别。

(一)位图(点阵)图像

一幅位图图像由若干个点组成，可将位图看成是描述像素的一个简单信息矩阵。矩阵中的任意一元素对应图像中的一个点称为像素。像素是一种度量单位，可以用"位"（Bit）来记录。计算机信息中最基本的单位是"位"，是计算机存储器开或关的一种状态，一般是用 1 或 0 来表示黑色或白色，许多不同的"位"组合起来，这些黑点或白点就会形成图像，形成的图像叫作点阵图像，也称为位图（Bitmap）。

位图图像都由像素组成，位图中的位用来定义图中每个像素点的颜色和亮度。像素是能被独立地赋予颜色和亮度的最小单位，可具有不同的颜色与亮度，相应的值表示该点的灰度或颜色的等级。每个像素都被分配一个特定位置和颜色值。一幅图像就是由大量的像素拼合而成的，因此在对位图图像进行处理时，编辑的是像素而不是对象或形状。

位图图像在创建时必须指定分辨率和图像尺寸。分辨率为单位面积中像素点的数量，常用的单位为每英寸像素点，单位面积的图像中，分辨率越高，图像的细致程度越好，但所占的存储空间越大。创建一幅位图图像最常用的方法是扫描一张照片，也可以通过一个与矢量绘图程序截然不同的绘图类型程序，在想象的栅格上添入彩色点或像素来创建。

位图图像的每个像素点像素可以用或多或少的"位"来记录,可以显示从两种颜色到数百万种颜色。对于黑白线条常用 1 位值表示,单色的(黑白)图像可用一维的矩阵表示;对灰度图常用 4 位(16 灰度等级)——4 位可以表示 16 种颜色,或 8 位(256 种灰度等级)表示该点的亮度;而彩色图像则有多种描述方法,彩色图像需由硬件(显示卡)合成显示,如 8 位可以表示 256 种颜色,16 位可以表示 65536 种颜色,24 位则可表示 1600 万种以上的颜色(可达到照片逼真水平)。位图图像与分辨率有关,换句话说,它包含固定数量的像素,代表锯齿边缘,且会遗漏细节。由于位图图像忠实于每一个点,能够表现出绚丽多彩的图像,在表现阴影和色彩(如在照片或绘图图像中)的细微变化方面,位图图像能成功地表现出色彩深度、灯光及透明等性质,给人一种照片似的感觉,适合于表现层次和色彩比较丰富、包含大量细节的图像。计算机上常用的位图文件类型有". psd"(Photoshop 生成格式)、". bmp"(Windows 位图格式)等。

(二)矢量图形

矢量图形是由数学中的矢量数据所定义的直线和曲线组成的,根据图形的几何特性以数学公式的方式来描述对象,所存储的是作用点、大小和方向等线性信息,与分辨率无关。显示一幅矢量图形时,需要用软件读取矢量图形文件中的描述信息,通过 Draw(绘画)程序,将其转换成屏幕上所能显示的颜色与形状。矢量图形可以在屏幕上任意地被缩小、放大、改变比例甚至扭曲变形,在维持它原有清晰度和弯曲的同时,可以多次移动和改变它的属性,而不会影响图形的质量。一个矢量图形可以由若干部分组成,也可以根据需要拆分为若干部分。可以将它缩放到任意大小和任意分辨率在输出的设备上打印出来,都不会遗漏细节或改变清晰度。矢量图形通常用于线条图、美术字、工程设计图以及复杂的几何图形和动画中,这些图形(比如徽标)在缩放到不同大小时必须保持清晰的线条,是文字(尤其是小字)和粗图形的最佳选择。

计算机上常用的矢量图形文件类型有". max"(用于 3ds Max 生成的三维造型)、". dxf"(用于 CAD)、". wmf"(用于桌面出版)、". c3d"(用于三维文字)、". cdr"(CorelDRAW 矢量文件)等。矢量图形技术的关键是图形的制作和再现,图形只保存算法和特征点,相对于图像的大数据量来说,它占用的存储空间较小,但在屏幕每次显示时,都需要经过重新计算。另外,在打印输出和放大时,矢量图形的质量较高。

(三)位图图像和矢量图形的比较

从存储所需的空间来看,矢量图形所需的空间远比位图图像小,矢量图形在显示器上有时不如位图图像逼真,速度也往往不如位图图像快,如图 1-6 所示。

位图是以像素点作为存储图像的依据,也就是说,图像文件要把所有点的信息保存下来。由于构成一幅图像的像素点众多,按照位图形式存储图像往往会形成很大的图像文件。随着对图像格式的不断深入研究,于是出现了新的压缩算法,可以产生体积更小、质量更好的位图图像文件。当位图图像放大时,由于像素点的信息不足,只能通过软件的方法进行模拟补充,因而往往产生失真现象。如图 1-6 所示,

图 1-6　位图图像和矢量图形的比较

经常可以看到一幅小的位图放大后出现了马赛克就是这个原因,当图像放大时会出现明显的锯齿和颗粒,即图像失真。位图图像能真实反映每一个点,能够表现出绚烂多彩的图像,所以在需要重现生活中的场景时,位图图像的优越性是矢量图像不可比拟的。位图图像的制作工具众多,著名的有 Adobe 公司的Photoshop软件等。

矢量图是计算机利用点和线的属性方式来表达的。如果图像是一条直线,位图方式需要将整幅图中的每一点都存下来,而矢量图方式只需记录直线的首尾两点的信息即可。这个例子比较极端,但显示了两者之间最明显的差异。矢量图的特点是图像文件小,而且由于它记录的信息只是关于图形外观的边界与轮廓、所谓位置的坐标以及如何填充这个图形等,因此对于图像的放大和缩小只需按比例缩放即可,均不会影响图像的质量。矢量图比较适合表现画面不太复杂、颜色不太多的图像。常用的矢量图制作软件有 Flash、FreeHand、Illustrator和 CorelDRAW 等。

四、图像存储格式

图像文件在计算机中的存储格式有多种,如 BMP、PSD、TIFF、GIF、JPEG、SWF、DXF、CDR、PNG、ICO、SVG 等。

1. BMP 格式

BMP(Bitmap)格式是 Windows 操作系统中的标准图像文件格式,与硬件设备无关,能够被多种 Windows 应用程序所支持。这种格式的特点是包含的图像信息较丰富,几乎不进行压缩,但文件占用了较大的存储空间。BMP 格式支持 RGB、索引颜色、灰度的位图颜色模式,但不支持 Alpha 通道。绝大多数图像处理软件都支持此格式,如 Windows 下的画图小工具、Photoshop、ACDSee 等。

2. PSD 格式

PSD(Photoshop Document,PSD)格式是图像处理软件 Photoshop 的专用格式。PSD其实是 Photoshop 进行平面设计的一张"草稿图",它里面包含各种图层、通道等多种设计的样稿,以便于下次打开文件时可以修改上一次的设计。在各种图像格式中,PSD 的存取速度比其他格式快得多。但目前除 Photoshop 以外,只有很少的几种图像处理软件能够读取采用此格式生成的文件。

3. TIFF 格式

TIFF(Tagged Image File Format)格式是由 Aldus 为 Macintosh 机开发的一种图形文件格式,最早流行于 Macintosh,现在 Windows 上主流的图像应用程序都支持该格式。它是计算机上使用最广泛的位图格式,其特点是图像格式复杂,存储细微层次的信息较多,有利于原稿的复制,但占用的存储空间非常大。TIFF 格式文件被用来存储一些色彩绚丽、构思奇妙的贴图文件。

4. GIF 格式

GIF(Graphics Inerchange Format)格式是 CompuServe 公司开发的图像文件格式,它采用了压缩存储技术。GIF 格式同时支持线图、灰度和索引图像,但最多支持 256 种色彩的图像。GIF 格式的特点是压缩比较高、磁盘空间占用较少、下载速度快、可以存储简单的动画。由于 GIF 图像格式采用了渐显方式,即在图像传输过程中,用户先看到图像的大致轮廓,然后随着传输过程的继续而逐步看清图像中的细节,所以 Internet 上大量彩色动画多采用此格式。

5. JPEG 格式

JPEG 格式是由联合图像专家组(Joint Photographic Experts Group)开发的,既是一种文件格式,又是一种压缩技术。JPEG 格式作为一种很灵活的格式,具有调节图像质量的功能,允许用不同的压缩比例对这种文件进行压缩。它采用了先进的压缩技术,用有损方式去除冗余的图像数据,在获取极高压缩率的同时能展现十分丰富生动的图像。JPEG 格式应用非常广泛,大多数图像处理软件均支持此格式。目前各类浏览器也都支持 JPEG 图像格式,因为 JPEG 格式的文件尺寸较小,下载速度快,使得网络能以较短的下载时间提供大量精美的图像。

6. SWF 格式

SWF(Shockwave Format)格式是利用 Flash 制作出的一种动画格式。这种格式的动画图像能够用比较小的体积来表现丰富的多媒体形式。由于实现了下载与观看同步,特别适合网络传输。SWF 动画是基于矢量技术制作的,因此画面的随意缩放不会影响图像的质量。采用 SWF 格式的作品以其高清晰度的画质和小巧的体积,受到了越来越多网页设计者的青睐,目前已成为网页动画和网页图片设计制作的主流,并且已成为网上动画的事实标准。

7. DXF 格式

DXF(AutoDesk Drawing Exchange Format)格式是 AutoCAD 中的矢量文件格式,它以 ASCII 码方法存储文件,在表现图像的大小方面十分精确。许多软件都支持 DXF 格式的输入和输出,如可被 CorelDRAW、3ds Max 等大型软件调用并编辑。

8. CDR 格式

CDR 格式是著名绘图软件 CorelDRAW 的专用图形文件格式。由于 CorelDRAW 是矢量图形绘制软件,所以采用 CDR 格式可以记录文件的属性、位置和分页等。但它在兼容性上比较差,在所有 CorelDRAW 应用程序中均能够使用,但使用其他图像编辑软件却无法打开此类文件。

9. PNG 格式

PNG(Portable Network Graphics)格式是 Macromedia 公司的 Fireworks 软件的默认格式。PNG 格式是目前失真度最小的格式,它汲取了 GIF 和 JPEG 两种格式的优点,存储形式丰富,兼有 GIF 和 JPEG 格式的色彩模式,其图像质量远胜过 GIF 格式的图像。与 GIF 格式不同的是,PNG 图像格式不支持动画。由于 GIF 格式在把图像文件压缩到极限以利于网络传输的同时,还保留了所有与图像品质有关的信息,并且具有很高的显示速度,所以也是一种新兴的网络图像格式。

10. ICO 格式

ICO 格式是 Windows 的图标文件格式。

11. SVG 格式

SVG 格式是一种可产生高质量交互式 Web 图形的可缩放矢量格式,基于 XML。SVG 格式是一种开放标准的矢量图形语言,可任意放大图形显示,边缘异常清晰。文字在 SVG 图像中保留可编辑和可搜寻的状态,没有字体的限制,生成的文件很小,下载速度很快,十分适合用于设计高分辨率的 Web 图形页面。SVG 格式的开发将会为 Web 图形开发提供新的图像标准。

第三节 多媒体系统

多媒体技术使计算机可以综合处理文本、图像、声音、视频等多种信息。基于多媒体系统的硬件平台，借助多媒体软件的支持工具，为人机间实现多种方式的信息交流创造条件。

一、多媒体系统简介

多媒体计算机系统，简称多媒体系统，是具有多媒体信息处理能力，并配备有软、硬件的计算机系统。多媒体系统处理的媒体种类已有很大变化，大致可以分为文本（Text）、图形（Graphics）、图像（Image）、声音（Voice）、影像（Video）和动画（Animation）等多种形式。多媒体计算机系统是指能对文本、图形、影像、动画、视频和音频等多媒体信息进行逻辑互连、获取、编辑、存储和播放的一个计算机系统，如图1-7所示。

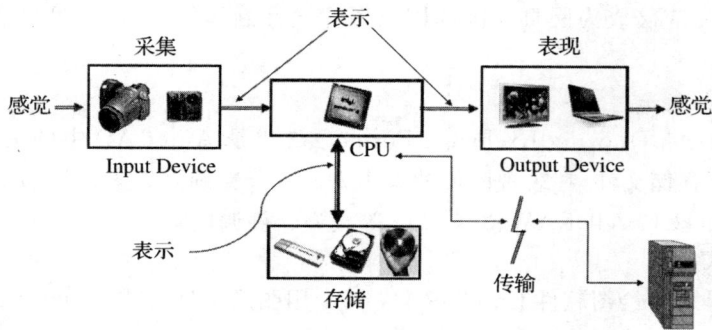

图 1-7   计算机多媒体系统

多媒体系统应包括硬件与软件的支持环境，多媒体系统＝多媒体硬件系统＋多媒体操作系统＋多媒体创作工具＋多媒体应用系统，即多媒体系统由一硬（硬件）三软（软件）四个部分组成。

从目前多媒体系统的开发和应用趋势来看，多媒体系统大致可以分为两大类：一类是具有编辑和播放双重功能的开发系统，这种系统适合于专业人员制作多媒体软件产品；另一类则是面向实际用户的多媒体应用系统。

二、多媒体硬件系统

为了处理多种媒体数据，在普通计算机系统的基础上增加一些必要的硬件设备，就构成了多媒体计算机（Multimedia Personal Computer，MPC）。MPC由计算机传统硬件设备、光盘存储器、音频输入/输出和处理设备、视频输入输出和处理设备构建而成，如图1-8所示。

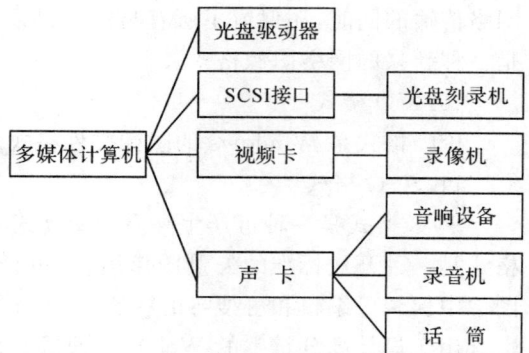

图 1-8   多媒体计算机配置

（一）主机

主机是由高性能的计算机主板和 CPU 芯片（如 Pentium4 以上的 CPU 芯片）组成的。计算机用于多媒体的关键部件是扩展总线，它提供了若干个扩展槽，即多媒体接口卡，使多媒体硬件接口板与计算机连成一体。常用的接口卡包括音频卡、视频捕捉卡、非线性编辑卡、VGA/TV 转换卡等，利用这些板卡就可以完成专业级的各种多媒体制作和播放，建立可制作和播放多媒体的主机环境。

（二）光盘存储器（CD-ROM，DVD-ROM）

多媒体信息的数据量庞大，仅靠硬盘存储空间是远远不够的，多媒体信息内容大多存储在 CD-ROM 和 DVD-ROM 里。大容量光盘存储器成为多媒体系统必备的标准部件之一。

（三）音频信号处理系统

音频信号处理系统包括声卡、话筒、音箱、耳机等，其中声卡是最为关键的设备，它含有可将模拟声音信号与数字声音信号（A/D 和 D/A 互相转换的器件，具有声音的采样与压缩编码、声音的合成与重放等功能。声卡通过插入主板扩展槽与主机相连。

（四）视频信号处理子系统

视频信号处理子系统具有静态图像或影像的采集、压缩、编码、转换、显示、播放等功能，如图形加速卡、MPEG 图像压缩卡等。视频卡也是通过插入主板扩展槽与主机相连，通过卡上的输入/输出接口与录像机、摄像机、影碟机和电视机等连接使之能采集来自这些设备的信息——模拟信号，并以数字化的形式在计算机中进行编辑或处理，也可以在计算机中重新进行播放。通常在视频卡中已固化用于视频信号采集的压缩/解压缩程序。

（五）其他交互设备

其他交互设备包括鼠标、游戏操作杆、手写笔、触摸屏等。这些设备有助于用户和多媒体系统交互信息、控制多媒体系统的执行等。

（六）多媒体教室

多媒体教室是由液晶投影机、多媒体计算机、数字视频展示台等组成，如图 1-9 和图 1-10 所示。多媒体教室的设备是学校进行现代化教学的设施，担负着全校师生日常多媒体教学的任务。在这个信息技术发达的时代，多媒体教室已成为学校必不可少的教学工具。

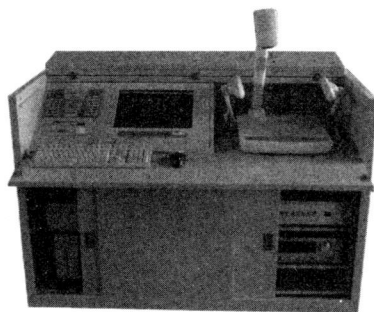

图 1-9　多媒体教室　　　　　　　　　　图 1-10　多媒体讲台

(七)投影仪

笔记本电脑连接投影仪是很常用的操作,那么它们是如何连接起来的呢?笔记本电脑连接投影仪的操作步骤如下:

(1)打开电脑和投影仪,将多媒体讲台上的 VGA 视频线(图1-11)插入笔记本电脑的 VGA 接口(图 1-12)。现在很多超极本已经没有VGA 视频线接口,取而代之的是 HDMI 的高清线接口。因此,如果你使用的是超极本,请随时准备一根 HDMI-VGA 接线(图1-13)。

图 1-11　VGA 视频线

图 1-12　VGA 接口　　　　　　图 1-13　HDMI-VGA 接线

(2)连接好之后,有些电脑自动就连上了投影仪,这可能是电脑本身就设置了连接模式。如果没有连上,可以单击左下角的"开始"→"控制面板"→"硬件和声音"→"连接到投影仪"(图 1-14)。若出现如图 1-15 所示图标,一般选择"复制"选项,这样投影仪上显示的内容与笔记本电脑上显示的内容是同步的。

调整计算机的设置　　　　　　　　　　　　　　　　　　查看方式:　类别 ▼

系统和安全
查看您的计算机状态
备份您的计算机
查找并解决问题

用户帐户和家庭安全
添加或删除用户帐户
为所有用户设置家长控制

网络和 Internet
查看网络状态和任务
选择家庭组和共享选项

外观和个性化
更改主题
更改桌面背景
调整屏幕分辨率

硬件和声音
查看设备和打印机
添加设备
连接到投影仪
调整常用移动设置

时钟、语言和区域
更改键盘或其他输入法
更改显示语言

程序
卸载程序

轻松访问
使用 Windows 建议的设置
优化视频显示

图 1-14　连接到投影仪

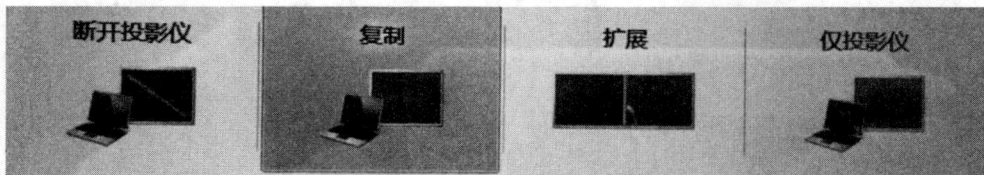

断开投影仪　　　复制　　　扩展　　　仅投影仪

图 1-15　连接投影仪选项

(3)也可使用快捷键达到如图 1-15 所示效果,不同的笔记本电脑的快捷键不同,下面是几种笔记本电脑的快捷方式(表 1-2)。

Win7 系统有自带的快捷键 Win+P,如图 1-16 所示。

表 1-2　笔记本电脑品牌与连接投影仪的快捷键

笔记本电脑品牌	快捷键
Dell	Fn＋F8
ThinkPad	Fn＋F7
HP	Fn＋F4
Toshiba	Fn＋F5
Acer	Fn＋F5
Fujitsu	Fn＋F10
Samsung	Fn＋F4
Sony	Fn＋F7
Asus	Fn＋F8

图 1-16　Win7 系统自带的快捷键

扫一扫,讲解更精彩哦

（4）请扫码观看多媒体教室与笔记本电脑连接的操作视频。

三、多媒体软件系统

多媒体软件系统可分为三个层次:多媒体操作系统、多媒体创作工具和多媒体应用系统。

（一）多媒体操作系统

由于多媒体系统中处理的音频信号和视频信号都是实时信号,这就要求操作系统软件既具有实时处理能力,还应该具备多任务功能,并且这些软件还要提供多媒体软件的执行环境以及编程工具等。Windows 7、Windows 8、Windows 10、Mac 就是目前被广泛应用的多媒体操作系统。

（二）多媒体创作工具

多媒体创作工具是帮助开发者制作多媒体应用系统的软件统称,包括针对各种单媒体开发的创作工具与编辑软件工具。

针对各种单媒体开发的创作工具很多,目前流行的有用于三维文字制作的 Cool 3D,用于平面设计的 Photoshop、CorelDRAW,用于动画设计的 Flash,用于三维建模的 3ds Max,用于对声音文件处理与编辑的 Cool Edit、Windows Media Player,用于对视频进行制作处理的 VideoStudio(会声会影)、Primera,用于网页制作的 Dreamweaver、Frontpage 等。

另一类是实现多媒体创作软件,它是将由创作软件的多种单媒体资料进行综合、协调以及赋予交互功能,最终生成面向实际用户的多媒体应用软件,这类软件也称为多媒体著作系统或者多媒体编辑软件,包括 Authorware、PowerPoint 等在内的工具软件均属于这类软件。使用多媒体创作软件,使多媒体的开发步骤大大简化,极大地扩展了计算机的应用领域。对多媒体软件的开发不再是专业技术人员才能干的事,广大的计算机用户经过学习与努力,也能够开发出自己感兴趣的多媒体软件。

（三）多媒体应用系统

多媒体应用系统就是多媒体应用软件,是由各种领域的专家或开发人员利用多媒体创作工具或者计算机语言制作完成的最终多媒体产品,直接面向用户。目前,多媒体应用系统所涉及的应用领域主要有网站建设、环境艺术、文化教育、电子出版、音像制作、影视制作、咨询服务、信息系统、通信和娱乐等。

第四节　多媒体技术

一、多媒体技术概述

多媒体技术(Multimedia Technology)是利用计算机对文本、图形、图像、声音、动画、视频等多种信息综合处理、建立逻辑关系和人机交互作用的技术。真正的多媒体技术所涉及的对象是计算机技术的产物,而其他单纯的事物,如电影、电视、音响等,均不属于多媒体技术的范畴。多媒体技术发展已经有很多年历史了,到目前为止,声音、视频、图像压缩等方面的基础技术已经逐步成熟,其形成的产品已进入市场,现在热门的技术,如图形实时绘画与自然景物仿真、计算机动画、科学计算可视化和虚拟现实技术,正在逐步走向实用化。

(一)音频技术

音频技术发展较早,一些技术已经成熟并实现了产品化进入了家庭,如数字音响。音频技术主要包括4个方面:音频数字化、语音处理、语音合成及语音识别。

音频数字化是目前较为成熟的技术,多媒体声卡就是采用此技术而设计的,数字音响也是采用了此技术取代传统的模拟方式而达到理想的音响效果。音频采样包括两个重要的参数,即采样频率和采样数据位数。采样频率即对声音每秒钟采样的次数,人耳听觉上限在20kHz左右,目前常用的采样频率为11kHz、22kHz和44kHz几种。采样频率越高,音质越好,同时存储数据量越大。CD唱片采样频率为44.1kHz,达到了目前最好的听觉效果。采样数据位数,即每个采样点的数据表示范围,目前常用的有8位、12位和16位三种。不同的采样数据位数决定了不同的音质,采样位数越高,存储的数据量越大,音质也就越好。CD唱片采用了双声道16位采样,采样频率为44.1kHz,因而达到了专业级水平。

音频处理包括范围较广,但主要集中在音频压缩上。语音合成是指将文本合成为语言播放,目前国外几种主要语音合成技术均已达到实用水平,汉语合成技术几年来也有突飞猛进的发展,其实验系统正在运行。在音频技术中难度最大、最吸引人的技术当属语音识别,虽然目前只处于试验研究阶段,但是广阔的应用前景使之一直成为研究关注的热点之一。

(二)视频技术

虽然视频技术发展的时间较短,但其与MPEG压缩技术结合的产品已开始进入家庭。视频技术包括视频数字化和视频编码技术两个方面。视频数字化是将模拟视频信号经模数转换和彩色空间变换转为计算机可处理的数字信号,使得计算机可以显示和处理视频信号。目前采样格式有两种:Y∶U∶V=4∶1∶1和Y∶U∶V=4∶2∶2。前者是早期产品采用的主要格式;Y∶U∶V=4∶2∶2格式使得色度信号采样率增加了一倍,视频数字化后的色彩、清晰度及稳定性有了明显的改善,是新一代产品的发展方向。

视频编码技术是将数字化的视频信号经过编码制成电视信号,从而可以录制到录像带中或在电视上播放。对于不同的应用环境可以采用不同的技术。从低档的游戏机到电视台广播级的编码技术目前都已成熟。

（三）图像压缩技术

图像压缩技术一直是研究热点之一，它的潜在价值相当大，是计算机处理图像和视频以及网络传输的重要基础，目前 ISO 制定了两个压缩标准，即 JPEG 和 MPEG。JPEG 是静态图像的压缩标准，适用于连续色调彩色或灰度图像。它包括两个部分：一是基于 DPCM（空间线性预测）技术的无失真编码；二是基于 DCT（离散余弦变换）和哈夫曼编码的有失真算法。前者图像压缩无失真，但是压缩比较小，目前主要应用的是后一种算法，图像有损失但压缩比很大，压缩为原来的 1/20 左右时基本看不出失真。

MJPEG 是指 Motion JPEG，即按照 25 帧/秒的速度使用 JPEG 算法压缩视频信号，完成动态视频的压缩。

MPEG 算法是适用于动态视频的压缩算法，它除了对单幅图像进行编码以外还利用图像序列中的相关原则将帧间的冗余去掉，这样大大提高了图像的压缩比例。通常保持较高的图像质量而压缩比高达 100 倍。MPEG 算法的缺点是压缩算法复杂，实现很困难。

（四）图形实时绘制与自然景物仿真

在计算机中重现真实世界场景的过程叫作真实感绘制。真实感绘制已经从最初绘制简单的室内场景发展到现在模拟野外自然景物，比如绘制山、水、云、树、火等。人们提出了很多种方法来绘制这些自然景物，比如绘制火和草的粒子系统、基于生理模型的绘制植物的方法等。也出现了一些自然景物仿真绘制的综合平台，如德国 Lintermann 和 Deussen 的绘制植物的平台 Xforg，如图 1-17 和图 1-18 所示。真实感绘制需要较多的计算机资源。实时的真实感绘制已经成为当前真实感绘制的研究热点之一。

图 1-17　绘制具有真实感的苹果

图 1-18　使用 Xfrog3.0 生成的挪威云杉

（五）计算机动画

随着计算机图形学和计算机硬件的不断发展，人们已经不满足于仅仅生成高质量的静态场景，于是计算机动画应运而生。事实上，计算机动画也只是生成一幅幅静态的图像，但是每一幅都是对前一幅做一小部分修改（如何修改便是计算机动画研究的内容），这样，当这些画面连续播放时，整个场景就动起来了。

早期的计算机动画灵感来源于传统的卡通片，在生成几幅被称作"关键帧"的画面后，由计算机对两幅关键帧进行插值生成若干"中间帧"，连续播放时两个关键帧就被有机地结合起来了，如图 1-19 所示。计算机动画内容丰富多彩，生成动画的方法也多种多样。近年来，人们普遍将注意力转向基于物理模型的计算机动画生成方法，力求使动画过程体现出最接近真实世界的运动规律。20 世纪 90 年代是计算机动画应用的辉煌 10 年。Disney 公司每年都要推出一部制作精美的卡通动画片，好莱坞大片大量运用计算机生成各种各样精美绝伦的动画特技效果，广告设计、计算机游戏也频频运用计算机动画。计算机动画也因这些商业应用的大力推动而有了极大的发展。

图 1-19　计算机上的变形过渡动画效果示例

（六）科学计算可视化

科学计算可视化的基本含义是运用计算机图形学或者一般图形学的原理和方法，将科学与工程计算等产生的大规模数据转换为图形、图像，以直观的形式表示出来。它涉及计算机图形学、图像处理、计算机视觉、计算机辅助设计及图形用户界面等多个研究领域，已成为当前计算机图形学研究的重要方向。大量数据的计算与处理是科学的问题，可视化是一个艺术的描绘过程。科学计算可视化的目标是艺术地展示科学的结果，产生友好美丽的用户界面，洞察海量数据中的科学秘密。

在医学上由磁共振、CT 扫描等设备产生的人体器官密度场，不同的组织有不同的密度值。通过在多个方向、多个剖面来表现病变区域，或者重建为具有不同细节程度的三维真实图像，使医生对病灶部位的大小、位置不仅有定性的认识，而且有定量的认识，对病变性质进行确诊，制订出有效的手术方案。科学计算可视化在临床上也可应用在放射诊断、制订放射治疗计划等，如图 1-20 所示。

在地质勘探过程中利用模拟人工地震的方法可以获得地质岩层信息。通过数据特征的

抽取和匹配,可以确定地下的矿藏资源。用可视化方法对模拟地震数据进行解释,可以大大提高地质勘探的效率和安全性,如图 1-21 所示。

图 1-20　大脑解剖可视化

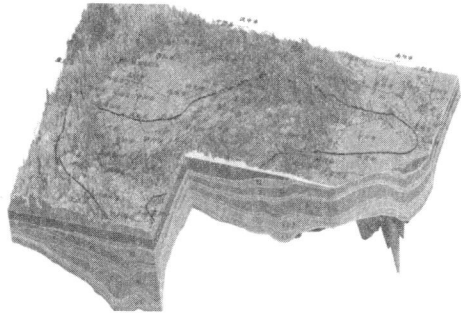

图 1-21　三维地质模型

(七)虚拟现实技术

虚拟现实(Virtual Reality,VR)技术是一项计算机新技术,旨在为用户提供一种身临其境和多感觉通道的体验,寻求最佳的人机通信方式。由计算机硬件、软件以及各种传感器构成的三维信息的人工环境,即虚拟环境,用户进入这种环境中,就可与之交互作用。计算机的数据库存有多种图像、声音及有关数据。当用户戴上专用的数据手套时,手一动,有很多传感器就测出了用户的动作(比如开门)。计算机接收到这一信息,就去控制图像,使门打开,用户眼前就出现了室内的图像景物,并给出相应的声音及运动感觉。

虚拟现实技术出现于 20 世纪 80 年代末,已在娱乐、医疗、工程和建筑、教育和培训、军事模拟、科学和金融可视化等方面获得了应用。实际上,很多 VR 作品本身已是令人耳目一新的艺术作品。例如,三维地形图在 VR 中用于地貌环境的虚拟仿真和军事地形的模拟。而这些图像多数是十分逼真的、有照片效果的风景名胜图像,也有非常直观的三维地形透视效果图,当然也可以将它们看作以自然为主题的计算机艺术图像。虚拟节目主持人可以用合成的虚拟声音、三维的动作和表情主持节目。使用三维相机得到的兵马俑如图 1-22 所示。

从上述例子可以看到,科学和艺术融合是多么自然与巧妙。科学在发展,计算机技术正以日新月异的速度飞速发展,为艺术的表现和艺术的创作提供了更新、更美的舞台。在信息时代,不管人们是否接受,使

图 1-22　使用三维相机得到的兵马俑

用计算机技术产生的艺术作品已完全进入了艺术领域,使本来就丰富多彩的艺术世界更加丰富多彩。

二、多媒体技术应用

近年来,多媒体技术得到迅速发展,多媒体系统的应用更以极强的渗透力进入人类生活

的各个领域,如教育、档案、图书、娱乐、艺术、股票债券、金融服务、建筑设计、家庭生活和通信等。其中运用最多、最广泛也最早的就是电子游戏,成千上万的青少年甚至成年人为之着迷,可见多媒体的魅力。大商场、邮局里使用的电子导购触摸屏极大地方便了人们的生活。近年来又出现了教学类多媒体产品,实现了一对一专业级的教授,使莘莘学子受益匪浅。正因为如此,许多有眼光的企业家看到了这一发展趋势,纷纷运用多媒体技术做企业宣传和从事电子商务,既方便了客户,促进了销售,又提升了企业形象,扩展了商机,在销售和形象两方面都获益。

(一)图画制作

杰出的商业广告离不开计算机技术的参与。现代平面设计艺术作为视觉传达艺术中的主要组成部分,经历了从工业化社会到信息化社会的转变。在收看方式方面,无论是通过眼睛还是用鼠标单击,深入设计空间的方式也不同了。在经历二维程式化的设计之后,设计师在探索新的界面,力求打开新的思维空间,平面设计也逐步从二维向三维甚至四维空间拓展,设计中的时空化与科技化为艺术创作提供了丰富的展现空间。

计算机在图画制作(广告、媒体)方面具有以下明显优点:

1.设计过程的可重复性

由于计算机的加入,绘画作品的一切要素(布局、投影、透视、色彩、灰度)都以数字形式被准确地记录和存储。这样一来,计算机艺术作品,不论它的最终作品本身,还是从头到尾的制作过程,都可以随时再现。

2.表达方式的丰富多样性

计算机上的色彩是通过红、绿、蓝(RGB)三原色组合而成的,通常各有256个等级,总计形成256^3(即16777216)种颜色。应该说,这样一个色彩丰富的仓库,为画家带来了极大的方便。

3.表现手段的灵活性

用户可以随心所欲地改变画面中任意一种色彩的成分,加上图像处理功能,如使用渐变、提取、增强、模糊处理等操作,系统可提供丰富的材质库供画家选择。一个虚拟雕塑,从几何造型到材质纹理,都可以在计算机上实现。

4.载体与传播媒介的多样化

计算机艺术家的作品不止挂在墙上、摆在桌上,计算机作品的数字化结构允许它从一种状态转化成另一种状态。既可以喷绘冲洗,形成印刷品,也可形成电子出版物,还可在因特网上发布,传往世界各地。

(二)计算机三维雕塑

雕刻艺术给现代人的生活带来无尽的想象空间,它使艺术通过丰富多彩的形体表现出来,展示出了艺术作品的灵气、美感、质感和鲜活的神态,有着平面绘画无可替代的诸多优点。将计算机技术与现代数字控制加工机床同雕刻艺术结合在一起,雕塑艺术家的创作就可以通过计算机技术重现或复制,将艺术家的创作灵感凝固在每一件作品上。计算机三维艺术雕刻系统将手工雕刻发展成工业化生产,使饱含着艺术家智慧和人类高技能的工匠型雕刻劳动上升为工业化专业生产。

完成一件计算机艺术雕刻作品,要经过以下几个步骤:

1.计算机曲面造型创建过程

可以有三种选择方法。

（1）直接利用计算机三维雕刻软件提供的简单几何曲面造型设计,如柱面、球面、环形面、旋转面、扫掠面等三维实体曲面。利用这些简单曲面可以完成一些表面结构简单的艺术作品的三维造型设计。另外,还可以将多种简单曲面通过某些曲面复合运算,如曲面叠加、曲面相减、曲面融合等操作,从而形成较为复杂的浮雕艺术作品曲面的造型设计。

（2）利用其他三维图形图像编辑功能更为强大的设计软件,如 AutoCAD、3ds Max 等提供的曲面设计手段完成作品的创作。然后通过标准的数据接口转换成雕刻软件兼容的数据格式,输入到雕刻软件环境。

（3）直接利用三维扫描仪将现成的艺术品的三维外形曲面数据扫描输入计算机,雕刻软件依据扫描获得的曲面数据,可直接输出到雕刻机或经二次曲面加工处理后送至雕刻机。

2.三维雕刻机加工数据的生成过程

三维雕刻机加工数据的生成过程需要以下步骤：

（1）雕刻区域的划分、设置。

（2）雕刻区域轮廓边缘形状的选择。

（3）雕刻深度控制参数设计、曲面雕刻刀具形状设置、进刀量设置。

（4）数控雕刻加工过程。

如图 1-23 所示是一组经典的计算机雕刻艺术作品,其中包括艺术浮雕标牌、工艺礼品、装饰艺术浮雕、艺术图像雕刻、建筑模型雕刻。

图 1-23　计算机雕刻艺术作品示例

（三）视景仿真

视景仿真技术是计算机技术中最为前沿的应用领域,已应用于工业设计、石油勘探、科学研究、军事演习等领域。如在军用和民航飞机驾驶员训练中,视景仿真系统可产生逼真的三维景物图,仿真座舱外的景物及驾驶员头上方的仪表显示。

在典型的城市规划系统中可看到规划中的建筑物与周围环境是否和谐相容,是否与周围原有的风格一致;在飞机跑道延长线上显示某个拟建的高层建筑,通过在计算机中进行飞机的起飞和降落的视景仿真,可及早发现安全隐患。

古建筑和文物是一个民族发展史的真实记录,采用视景仿真技术,可以将其在计算机中恢复与重现出来,并放置在博物馆和因特网上,供世界各地的文物研究人员和旅游爱好者参观。

此外,还有水库及江河湖泊的视景仿真、防洪防汛的视景仿真、军事训练的视景仿真、航海的视景仿真、车辆工程领域的视景仿真等。如图 1-24、图 1-25 所示为两个视景仿真示例,二维码扫一扫视觉效果更佳哦！

图 1-24　杭州师范大学下沙校区视景仿真　　　　图 1-25　顾渚霸王潭视景仿真

（四）建筑效果图

　　计算机网络技术和多媒体技术的发展使计算机建筑效果图扩展到以计算机为主体的磁、光、电载体。如今几张光盘就可以将建筑图档案室的全部资料都刻录进去,并以图、文、声相结合的形式储存。在这种情况下,计算机建筑效果图也由静态转为动态。在计算机中建造一个理想的,既符合建筑技术法规又满足客户和社会需要的建筑物,模拟使用者进入这些方案所表达的空间或环绕它的四周漫游,体验是否符合功能和审美等诸多方面的要求,可以预见拟建建筑物可能发生的各种问题,并寻求解决办法,随时在计算机中修改,直到满意为止,这样就不会在大楼建好后再"望楼兴叹"了。计算机建筑效果图不仅能使人一目了然地看到设计者的意图和竣工后的效果,还能通过它对设计水准进行评估。某建筑效果如图1-26所示。

图 1-26　建筑效果

　　计算机建筑效果图是计算机辅助建筑设计的结果。与手工效果图相比，计算机生成的几何模型透视关系精确无误，用户只要通过计算机输入房屋、桌椅、灯具、墙饰等物体的位置、大小、形状以及它们的物理属性，如材料种类、颜色等，计算机即可快速地将输入计算机的参数体现出来，如灯光闪烁、高磨光地板的反射效果等。

　　计算机建筑效果图还可根据建筑物所在地理位置和时间的不同，反映出日照和光影的变化，从任意角度表现建筑物与环境景观的关系，体现建筑对形体、色彩、光线、阴影等方面的构思和追求，贴切地表现设计环境及其情趣。计算机建筑效果图因其既可精细入微，又可潇洒飘逸，且可多次重复、多角度快速生成及可控性好，深受专业人员推崇。

（五）三维服装计算机辅助设计

　　在三维服装计算机辅助设计（Computer Aided Design，CAD）中，主要利用计算机图像处理技术，为服装设计人员提供艺术设计工具，如绘图、着色、剪贴及各种美术效果。随着计算机硬件性能的提高，三维服装计算机辅助设计以其准确、全面、直观的立体效果，受到人们的重视。目前，已推出了三维服装计算机辅助设计系统，具有由三维表面展开为二维平面，二维衣片组成为三维服装图形，以及悬垂性仿真等功能。使用一些计算机辅助设计成衣软件，可以在计算机上进行"裁剪"，设计师可在计算机屏幕上模拟模特的立体穿着效果，观察服装是否合身，甚至可看到模特移动身体时衣服褶皱的情况，如果有不满意的地方，可以马上改动设计。使用计算机辅助设计成衣软件，可大大节省服装设计的时间，达到事半功倍的效果。

（六）教育与培训

　　多媒体技术的应用将改变传统的教学模式，教材和学习方法发生一些重要的变化。目前，越来越多的教育工作者意识到交互式、多种感官应用在学习中的作用。多媒体技术可用声、图、文并茂的电子书籍取代部分文字教材，以更直观活泼的方法向学生展示丰富的知识，改变了以往呆板的学习和阅读方式，更好地"因材施教""寓教于乐"。

　　此外，随着互联网的发展，"多媒体远程教育"或"交互式教学教室"已逐步成为现实。目前已经开发出这种综合多媒体、交互式教学、计算机网络的系统，这是一种教育发展的趋势。多媒体远程教育相当于创建了一个虚拟教室，能提供实时的交互功能，还能提供电子白板之类的多媒体教学工具，更利于老师和学生的双向交流。可以预见，今后多媒体技术必将越来越多地应用于现代教学实践中，并将推动整个教育事业的发展。

第五节　多媒体作品的制作过程

现实世界中的声音、视频、图像、温度、压力等多种形式的信息可统称为模拟信号。模拟信号是典型的时间连续、幅度连续的信号。而在信息世界中的信号则称为数字信号。要把现实世界中的模拟信号在计算机中处理,首先要解决数字化问题。将模拟信号转换成数字信号,常用 A/D 表示,如图 1-27 所示。

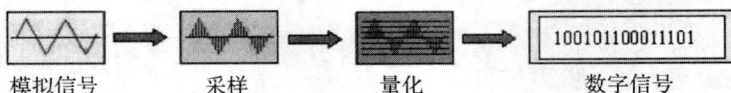

模拟信号　　　采样　　　量化　　　数字信号

图 1-27　将模拟信号转换成数字信号过程

一、素材的数字化

素材是艺术加工的基础。在制作计算机艺术作品时,素材必须数字化才能存放在计算机中进行加工。比如图形、图像、声音、视频以及文字等经过"数据采集"以后才能变成计算机里的数据。数字化是计算机处理模拟信号的前提。

众所周知,计算机只能接收和处理 0、1 代码的二进制信息。现实世界中的文、图、声、像素材要在计算机这个二进制的数字世界中存放、处理,就要把多种媒体转化成计算机能处理的数字信息。这个转化需要用到很多数字化输入设备将媒体对象数字化。获取多媒体素材有多种方法,如通过数码录像机获取视频素材,通过数码相机、扫描仪获得图像素材,通过录音机获得音频素材等。

(一)文字信息的数字化

文字素材有两种:文本文字和图形文字。文本文字常用字处理软件生成,Word、记事本就是最常用的字处理软件,文本文字为文本文件格式(如记事本生成的 txt 文件,Word 生成的 doc 文件);图形文字由图形软件产生,Cool 3D 就是一种三维文字制作软件,图形文字为图像文件格式(如 Cool 3D 生成的 c3d 文件)。

OCR 是英文 Optical Character Recognition 的缩写,即光学字符识别,是 OCR 字符识别软件的简称。它的功能是通过扫描仪等光学输入设备读取印刷品上的文字图像信息,利用模式识别算法分析文字的形态特征,从而判别不同的汉字。中文 OCR 软件一般只适用于识别印刷体汉字。

(二)声音信息数字化

声音是通过空气的振动传播的,通常用模拟波的方式表示它,振幅反映了声音的音量,频率反映了音调。音频是连续变化的模拟信号,而计算机只能处理数字信号,要使计算机能处理音频信号,必须把模拟音频信号转换成用 0、1 表示的数字信号,这就是音频的数字化。将模拟的(连续的)声音波形的模拟信号通过音频设备(如声卡)将其数字化(离散化),其中会涉及采样、量化及编码等多种技术。声音文件的常见储存格式中,WAV 是 Windows 采用的波形声音文件存储格式,RM 和 MP3 是因特网上流行的音频压缩格式,VOC 是声霸卡存储的声音文件的存储格式。

（三）图像的数字化

以近年来流行的数码相机为例，数码相机的核心器件是电荷耦合器件（Charge Coupled Device，CCD），即图像传感器，它能把光线转变为电荷，通过模数转换器芯片转换成数字信号，数字信号经过压缩以后由相机内部的闪速存储器或内置硬盘卡保存，因而可以方便地实现照片数据的数字化，并通过接口传输给计算机。利用扫描仪、数码相机、数码摄像机等设备，完成将图像数字化的过程。只要图像被数字化，相关的存储、修改、编辑操作就非常简单。

二、多种媒体的加工处理与表现

将多媒体素材采集到计算机中形成数字信号后，就可以利用计算机强大的功能对这些多媒体的数字化素材进行加工处理。在加工过程中，既需要高性能的多媒体计算机与丰富的多媒体处理软件，也需要使用者的技能和创意，只有掌握多媒体素材的基本处理方法和相关处理软件的使用方法，才能做出满意的多媒体作品来。

一个成功的多媒体作品，需要通过多种媒体素材来表现。素材的表现是指按照个人的意愿以及想法对素材进行加工，这是本书的重点。在这一过程中，充分体现了每个人不同的审美观及价值观，充分展现出了每个人的个性。通过制作图像、动画、声音及文字，体现出人的创造能力。

对于数字图像素材，常用的平面图像处理软件是 Photoshop，矢量图形处理软件是 CorelDRAW。Photoshop 用于平面处理和设计，既可以自己创作图像，也可以对已有的图像进行各种处理。而 CorelDRAW 主要用于绘制矢量图形与印刷排版。常用的三维处理涉及文字信息、动画制作、三维建模等，主要有三维文字制作工具 Cool 3D、三维动画制作工具 Flash、3ds Max 建模工具等。

对于数字音频的处理，有很多专业的软件，可以把一段声音处理得动听或者任意截取其中感兴趣的片段，也能把多段声音混合和做出各种各样的效果，甚至可以在 MIDI 键盘上弹奏音乐，让计算机通过软件自动记录，并可在计算机上修改及作曲。Cool Edit 是一款优秀的声音处理软件，可以轻松地完成上述工作。

数字视频处理软件也很多，典型的有 Premiere 和会声会影，它们可以轻松完成对视频的编辑和处理，添加各种字幕和转场效果，最后输出满意的视频作品。

三、多媒体作品的制作过程

多媒体作品的制作分几个阶段，每个阶段完成特定的任务。下面按照多媒体产品开发的顺序简要地介绍各阶段的工作。

（一）作品创意

多媒体作品的创意非常重要，从内容、素材到各个具体制作环节、程序结构等，都要事先缜密筹划。作品创意主要包括以下工作：

（1）撰写和编辑信息内容。

（2）规划用何种媒体形式表现何种内容，包括界面设计、色彩设计、功能设计等内容。

（3）确定使用何种软件平台、何种软件制作媒体素材。

（4）将全部创意、进度安排和实施方案形成文字资料，制作出脚本。

（二）素材获取、加工与媒体制作

多媒体素材获取、加工与制作要严格按照脚本的要求进行工作；制作图像、动画、声音及文字是最为艰苦的阶段，非常费时。本阶段主要包括以下工作：

（1）录入文字，并生成纯文本格式的文件，如 TXT 格式。

（2）扫描或绘制图片，并根据需要进行加工和修饰，然后形成脚本要求的图像文件。

（3）按照脚本要求制作规定长度的动画或视频文件。

（4）制作解说和背景音乐。按照脚本要求，将解说词进行录音，背景音乐也可直接从光盘上经数据变换得到。

（5）针对媒体素材进行数据优化，减少各种媒体素材的数据量，提高多媒体作品的运行效率，降低光盘数据存储的负荷。

在多媒体作品制作的后期，通过编程把各种媒体进行组合、连接与合成，并通过程序增加全部控制功能，主要包括以下内容：

（1）设置菜单结构，主要确定菜单功能分类、单击菜单模式等。

（2）确定按钮操作方式。

（3）建立数据库。

（4）制作界面。

（5）添加附加功能，如趣味习题、课间音乐欣赏、简单小工具、文件操作功能等。

（6）显示帮助信息与联机打印。

（三）作品制作及包装

将多媒体程序或多媒体模块生成为具备实际使用价值、功能完善并可靠、文字资料齐全、具有数据载体的作品。作品的制作大致包括以下内容：

（1）确认各种媒体文件的格式、名称及其属性。

（2）确认程序运行的可靠性，系统安装路径自动识别，运行环境自动识别，打印接口识别等。

（3）把全部系统文件进行捆绑打包，形成若干个集成文件，并生成系统安装文件和卸载文件等。

（4）设计光盘目录的结构，规划光盘的存储空间分配比例。

（5）制作应用系统光盘。

（6）设计包装，突出"眼球效应"。

（7）编写技术说明和使用说明书。技术说明书主要说明软件系统的各种技术参数，其中包括媒体文件的格式与属性、系统对软件环境的要求、系统对计算机硬件的要求、系统的显示模式等。而使用说明书则主要介绍系统的安装方法、寻求帮助的方法、操作步骤、疑难解答、作者信息以及联系方式等。

第六节　多媒体素材的存储和接口

一、多媒体设备的接口

在前面介绍的多媒体设备中,有一些是卡式的多媒体部件,需要安装在计算机的功能扩展槽中,如声卡、显示卡、视频采集卡等。但还有一些多媒体设备,如数码相机、数码摄像机、扫描仪等,与计算机的连接则是通过高速的、方便的 USB、IEEE 1394、VGA 或者 HDMI 接口。

(一)USB 接口

目前的计算机都有 USB 接口,USB 的接口是 4 "针"形式的,其中两根为电源线、两根为信号线;设备口为方形,接计算机端为长方形,如图 1-28 所示。USB 接口的针数比串口、并口、游戏口都要少,接口体积也要小很多。现在的很多数码设备与计算机的连接都是通过 USB 接口。Windows 2000、Windows 2007、Windows 2008、Windows 2010 和 MAC OS 平台等操作系统都很好地支持 USB 接口。

图 1-28　USB 接口

USB 接口有很多特点,主要有以下 4 个方面:

1. 连接更加方便

USB 接口是串行接口,支持热拔插,可真正实现即插即用,适合传送多媒体数据的传送模式,连接方便,使增加外设的整合过程自动化,避免了目前在 PC 机上每增加硬件设备都需要打开机箱插入新卡、重新设置、重新启动等麻烦。计算机上只需要一个 USB 接口,其他连接都可通过 USB 接口和 USB 集线器完成。

2. 内置电源供给

USB 接口还主动为外部设备提供电源,允许外部设备的快速连接,具有即插即用的功能,支持设备的热拔插,降低了设备成本与使用过程中技术支持与服务的成本,使主机系统的空间缩小,使主机外形减小,符合市场对主机美观、小巧的要求。

3. 支持多设备连接

用 USB 接口连接的外部设备数目最多达 127 个,共 6 层。所谓 6 层,是指从主装置开始可以经由 5 层的集线器进行菊花连接,不用担心要连接的装置数目受限制。两个外部设备之间最长距离达到 5m。

4. 更高宽带

USB 接口支持同步和异步数据的传输,数据传输速率很高,比标准串口快 100 倍,比并口快 10 倍。最新 USB2.0 规范的支持者有康柏、Intel、微软和 NEC 等。

(二)IEEE 1394 接口

苹果计算机公司原先开发出 1394 接口是希望用于存储设备,其接口称为 Firewire(火线),1995 年美国电气和电子工程师协会(IEEE)正式将其接口制定为业界标准,同时将消费性电子产品与信息领域产品统一为共同接口,因此 IEEE 1394 接口的应用领域涵盖信息家电与计算机外部设备。由于传输速率快慢一直是影响计算机外部设备与计算机相连时信号传输速率的主要因素,传输接口的速度愈快,就愈能提供给数据传输量大的外部设备频宽,例如扫描仪、数字摄录放映机、数码相机等,愈是数据传输量大的装置,愈是需高速传输接口才能确保执行效率,所以 IEEE 1394 接口的优势十分明显。目前,在 PC 市场上,称为 IEEE 1394 接口,在家电业界则被称为 i. Link 接口,如图 1-29 所示。DV 与计算机相连大多是通过 1394 接口。

图 1-29　IEEE 1394 接口

IEEE 1394 接口有以下特点:

(1)由于 IEEE 1394 采用点对点(Peer to Peer)的传输模式,不需通过计算机即可串接及传输,因此只要是具有 IEEE 1394 接口的设备,即可以不通过计算机,直接进行相互串接及传输资料。

(2)由于 IEEE 1394 接口具有高速数据传输效率,目前每秒可达 400MB,比 SCSI(Small Computer System Interface,小型计算机系统接口)要高出 20~40 倍,面对目前对影音数据传输量的需求,IEEE 1394 接口所具有的高速传输速率在市场竞争中极具优势。

(3)IEEE 1394 热插拔(Hot Plug)及即插即用(Plug And Play),即在安装计算机外部设备时,不需要关掉电源就可以安装外部设备,安装后不需要重新开机即可开始使用新外部设备。

(4)IEEE 1394 接口具备高速及实时等特性,支持实时与异步传输模式。它可以确保连接时的频宽以及传输实时影像的速率,不容易发生延迟的情况,因此 IEEE 1394 接口不仅适用于一般计算机,而且适用于需要高速及实时传输的场合。

(5)可同时连接消费性电子产品及计算机外部设备,最多支持 63 个节点的串联,具有跨PC 平台与非 PC 平台的优点,每一个 IEEE 1394 次级网络可连接 63 个设备,而整个 IEEE 1394 网络上可以连接 1024 个次级网络。

(三)VGA 接口

视频图形列阵(Video Graphics Array,VGA)是 IBM 公司于 1987 年提出的一个使用模拟信号的电脑显示标准。VGA 接口即电脑采用 VGA 标准输出数据的专用接口。VGA 接口共有 15 针,分成 3 排,每排 5 个孔,是显卡上应用最为广泛的接口类型,绝大多数显卡都带有此种接口,如图 1-30 所示。VGA 接口能传输红、绿、蓝模拟信号以及同步信号(水平和垂直信号)。

VGA 接口有以下特征:

(1)VGA 接口是一种 D 型接口,上面共有 15 针,分成 3 排,每排 5 个孔。其中,除了 2 根 NC(Not Connect)信号、3 根显示数据总线和 5 个 GND 信号,比较重要的是 3 根 RGB 彩色分量信号和 2 根扫描同步信号 HSYNC 和 VSYNC 针。

(2)VGA 接口中彩色分量采用 RS343 电平标准。RS343 电平标准的峰值电压为 1V。VGA 接口是显卡上应用最为广泛的接口类型,多数显卡都带有此种接口。有些不带 VGA

接口而带有数字视频接口（Digital Visual Interface，DVI）的显卡，也可以通过一个简单的转接头将 DVI 接口转成 VGA 接口，通常没有 VGA 接口的显卡会附赠这样的转接头。

（3）大多数计算机与外部显示设备之间都是通过模拟 VGA 接口连接。计算机内部以数字方式生成的显示图像信息，被显卡中的数字/模拟转换器转变为 R、G、B 三原色信号和行、场同步信号，信号通过电缆传输到显示设备中。对于模拟

图 1-30　VGA 接口

显示设备，如模拟 CRT 显示器，信号被直接送到相应的处理电路，驱动控制显像管生成图像。而对于 LCD、DLP 等数字显示设备需配置相应的 A/D（模拟/数字）转换器，将模拟信号转变为数字信号。在经过 D/A 和 A/D 两次转换后，不可避免地造成了一些图像细节的损失。VGA 接口应用于 CRT 显示器无可厚非，但用于连接液晶之类的显示设备，则转换过程的图像损失会使显示效果略微下降。

（4）可以从接口处来判断显卡是独立显卡还是集成显卡，VGA 接口竖置的说明是集成显卡，VGA 接口横置的说明是独立显卡（一般的台式主机都可以用此方法来查看）。

（四）HDMI 接口

高清晰度多媒体接口（High Definition Multi-media Interface，HDMI）是一种数字化视频/音频接口，是适合影像传输的专用型数字化接口，其可同时传送音频和影像信号，最高数据传输速度为 4.5GB/s，同时无须在信号传送前进行数/模或者模/数转换，如图 1-31 所示。HDMI 接口可搭配宽带数字内容保护（HDCP），以防止具有著作权的影音内容遭到未经授权的复制。HDMI 接口所具备的额外空间可应用在日后升级的音视频格式中。而因

图 1-31　HDMI 接口

为一个 1080PPI 的视频和一个 8 声道的音频信号需求少于 0.5GB/s，所以 HDMI 接口还有很大余量。这允许它可以用一个电缆分别连接 DVD 播放器、接收器和 PRR。

HDMI 接口相对于现有的模拟视频接口（如复合、S-Video 和分量视频）的优点如下：

1. 质量

HDMI 接口是数字接口，由于所有的模拟连接（例如分量视频或 S-Video）要求在从模拟转换为数字时没有损失，因此它能提供最佳的视频质量。这种差别在更高分辨率，例如 1080PPI 时特别明显。数字视频将比分量视频更清晰，消除了分量视频中发现的柔和度和拖尾现象。诸如文本这类微小、高对比度的细节将这种差别发挥到极致。

2. 易用性

HDMI 接口在单线缆中集成视频和多声道音频，从而消除了当前 A/V 系统中使用的多线缆的成本、复杂性和混乱。这在升级或添加设备时特别有用。

3. 高智能

HDMI 接口支持视频源（如 DVD 播放机）和 DTV 间的双向通信，实现了新功能，例如

自动配置和一键播放。通过使用 HDMI 接口,设备为连接的显示器自动传输最高效的格式(例如 480PPI vs 720PPI,16∶9 vs 4∶3),免除了消费者需要滚动所有格式选项以猜测最佳的观看格式的麻烦。

二、多媒体素材的存储设备

(一)光盘

随着 VCD、DVD 以及多媒体计算机的普及,光盘越来越多地进入千家万户。光盘(Compact Disc,CD)以其存储量大、工作稳定、密度高、寿命长、便于携带、价格低廉等特点,已成为多媒体系统普遍使用的设备。光盘作为日益深入社会生活的重要信息载体,大大方便了人们的学习与娱乐。

光盘自 1980 年诞生以来,衍生出各种类型并配以相应的标准规格书,这些标准规格书封面皆以颜色进行分类,包括了红、黄、绿、橘、白及蓝皮书,由荷兰飞利浦(Philips)公司与日本索尼(Sony)公司共同制定了世界标准,主要分为以下几类:

1. CD-DA

CD-DA 即数字音乐光盘(Compact Disc Digital Audio)。由红皮书定义了 CD-DA 的规格,由 Philips 公司与 Sony 公司在 1980 年制定,以后所有其他规格的光盘均以此为基础而发展。

2. CD-ROM

CD-ROM 即只读式光盘(Compact Disc Read-Only Memory)。由黄皮书定义了 CD-ROM 的规格。其具有强大的功能及合理的价位,能够存储 650MB 左右的数据,对图形、数字影像信号及声音档案的存储均非常理想,但是无法像一般的磁盘及硬盘机那样随意读写。在 CD-ROM 光盘上,数据是无法任意删除及重复写入的。

3. CD-I

CD-I 即交互式光盘(Compact Disc Interactive)。由绿皮书定义了 CD-I 的规格。CD-I 可以直接接上电视,并且采用遥控器控制,它没有软式磁盘驱动器(Floppy)与硬盘机(Hard Disk),完全采用光驱作为数据的输入装置,并且采用实时性操作系统。

4. 可记录式光盘

由橘皮书定义了可记录式光盘(CD-Recordable)的标准格式,可分为 CD-MO(part Ⅰ)、CD-R(part Ⅱ)、CD-RW(part Ⅲ)三类。CD-MO 因无法普及早已退出市场,CD-R 及 CD-RW 为现在使用最广泛的存储媒体。

5. VIDEO-CD

VIDEO-CD 即激光视盘,也俗称“小影碟”。由白皮书定义了 VIDEO-CD 的标准格式。VIDEO-CD 的影片画质相当于 S-VHS 录像机的视频品质,播放音效可达立体声效果,采样频率为 44.1kHz,采样位数是 16 位,可全屏幕动态播放,播放时间约为 74 分钟,并可增加交互式选单功能,可随意选择播放片段。

6. Enhanced-CD

Enhanced-CD 即加强型光盘,由蓝皮书定义其标准格式。此种光盘的标准格式参照了红皮书及蓝皮书两种规格,是为了使用音乐轨和数据轨共生的技术,它可使一般 CD 音乐播放机无法读取受到保护的数据轨。此项技术常用于计算机游戏光盘,使立体音乐能够配合游戏执行顺畅,享受计算机娱乐的快感。

7. DVD

DVD 是 Digital Video Disc 的缩写,意思是数字视频光盘,是为了与 VCD 相区别。实际上,DVD 的应用不仅仅是用来存放视频数据,它同样可以用来存储其他类型的数据。从外观和尺寸方面来看,DVD 和 VCD 没有什么差别,但不同的是 DVD 光道之间的距离由原来的 $1.6\mu m$ 缩小至 $0.74\mu m$,而记录信息的最小凹凸坑长度由原来的 $0.83\mu m$ 缩小到 $0.4\mu m$。这是导致单面单层的 DVD 的存储容量提高至 4.7GB 的主要原因,它的容量是 CD-ROM 的 7 倍,而且 DVD 驱动器具有向下兼容性,即也可以读取 CD-ROM 的光盘。而 DVD 盘片可做到双面双层,存储容量最高可达 17GB。

(二)光盘驱动器

光盘驱动器,简称光驱,指的是采用光盘作为存储介质的数据存储装置,主要作用是读写光盘中的信息。其主要组成部分有外托架、激光头、旋转电动机、内部机芯、程序芯片(Fireware)等,其中后两项是决定光驱性能的主要指标。总体来看,光驱的基本技术比光盘要复杂得多。

光驱是读写光盘的设备。按照读写的光盘不同分类,光驱可以分成 CD-ROM、CD-RW、DVD-ROM 和 DVD-RW 等。

CD-ROM 光驱主要读取 CD-ROM 光盘中的信息,光盘内容可以是音乐、电影视频、计算机用的数据等。根据前面的知识,CD-ROM 光盘只能读取,不能写入。

CD-RW 光驱也称为光盘刻录机,可以对 CD-R 和 CD-RW 光盘进行数据烧录,在写入光盘的同时还可以读取光盘中的信息。现在 CD-RW 光驱价格低廉,已经成为市场的主流产品。

同样的道理,DVD-ROM 光驱可以读取 DVD 光盘中的信息,DVD-RW 光驱可以对 DVD 光盘进行数据刻录。

在使用光驱时,首先按一下最右边的退出按钮,会自动弹出托盘,将光盘放在托盘上。在放光盘时,注意把录制数据的一面朝下,印刷有字和图案的一面朝上。最左边的插孔是 CD 立体声插孔,输出 CD 音乐,在播放音乐盘片时,可以通过耳机或喇叭听到音乐;然而播放 VCD 时,是不能从这里听到声音的。它旁边是光驱工作指示灯,光驱工作时,指示灯应该不停闪烁。指示灯旁边的旋钮用来调节 CD 立体声插孔输出声音的音量。右边倒数第二个按钮是播放键,可直接用它控制播放音乐 CD 盘,但有些光驱上没有这个按钮,播放 CD 盘就只能采用软件方式了。右边标有三角形的按钮就是退出键,它控制托盘的进出;如果想在没有连接电源的情况下退出,托盘面板上的那个很小的圆孔就是强制退出孔,可以用一根细金属丝,比如拉直的曲别针,插入孔中并用力按下,托盘就可以被拉出了。

光驱是一个特别惧怕灰尘的电子设备。如果在内部的激光头、折射镜或光敏元件上布满了灰尘,光驱的读盘率,即纠错能力会明显下降。通常用户声称光驱不能用了,其实大多数情况是灰尘太多了,以至于反射到光敏元件的光信号低于光敏元件的最低敏感范围,无法接受光信号了。所以在日常使用光驱过程中,要注意做到以下两点:

(1)不要长时间打开 CD-ROM 的仓门,否则大量的灰尘就会在毫无阻挡的情况下进入光驱。

（2）不使用 CD-ROM 时，里面不要放有盘片，因为如果放进了盘片，虽然不读里面的内容，但是光驱里面的电动机在转个不停，会加速电动机的老化。

（三）常用存储卡

随着数码产品的普及，俗称为"存储卡"的移动存储介质也如计算机配件中的光盘、软盘一样，成为消费者们购买的热门产品。

存储卡还有个很好听的中文名字叫闪存盘，是一种新型的 EEPROM（电可擦可编程只读存储器）内存储器。闪存盘的历史并不长，从首次问世到现在只有短短十年时间。在这十年中，已发展出了各种各样的闪存盘。一般来说，除标准规格的 CF（Compact Flash）卡、SM（Smart Media）卡、MMC（Multy Media Card）卡以外，还有各个厂商自定标准的闪存规格，如索尼（Sony）公司的记忆棒（Memory Stick）、松下（Panasonic）公司的 SD（Secure Digital）卡等。

1. CF 卡

CF 卡（图 1-32）是由当时最大的 Flash Memory 卡生产商美国 ScanDisk 公司于 1994 年推出的，外形尺寸为 43mm×36mm×3.3mm，重量在 15g 以内，由于推出时间较早，所以目前技术上较为成熟。采用 ATA 协议的 CF 卡的接口为 50 针，发展到今天，CF 卡的最高容量已由当初的 8MB、16MB 一路跃升到今天的 128GB。CF 卡的优点是存储容量大，坚固小巧，数据传输快。

图 1-32　CF 卡

2. SM 卡

SM 卡（图 1-33）是东芝公司（TAEC）于 1995 年 11 月发布的 Flash Memory 存储卡。三星公司和东芝公司是最主要的 SM 卡生产商。其外形尺寸为 45mm×37mm×0.76mm，成为最薄的 Flash Memory 存储卡，其重量仅为 1.8g。在接口方面，SM 卡采用了 22 针，在卡外部只能看到扁平的金手指。目前其容量已经达到了 4GB。以前由于控制格式不统一，它的兼容性不太好，往往出现格式互不兼容的现象，有时会出现不同厂商的数码相机或 MP3 使用的 SM 卡不能互换使用，或者新的 SM 卡不能被旧的 SM 卡读取，但是目前东芝公司正在力图统一这种格式，希望提高其兼容水平。

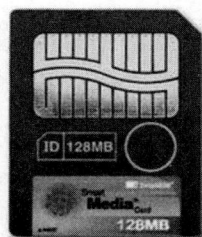

图 1-33　SM 卡

由于 SM 卡没有内置控制电路，所以其成本比 CF 卡要低一点，但由于 SM 卡采用单芯片存储方式，因此它的最大容量受到了限制。

3. MS 卡

自从 1997 年 7 月 Sony 公司宣布开发 MS 卡以来，MS 卡（图 1-34）已经在 Sony 公司全系列产品上得到充分应用，从 4MB 到 8GB 容量的产品都能在 Sony 公司自己的产品上得到不同的应用，数码设备的产品线最为丰富的 Sony 公司甚至力图使这种 Flash Memory 卡成为业界标准。Sony 公司称 MS 卡为记忆棒，其外尺寸为 50mm×21.5mm×0.28mm，重量为 4g，俗称"蓝条"。它采用 10 针连接器，并具有写保护开关。在越来越强调版权保护的趋势下，1992 年 Song 公司推出了新的

图 1-34　MS 卡

Magic Gate Memory Stick,俗称"白条",其主要变化是加入了被称为 Magic Gate 的 Sony 公司拥有专利权的版权保护技术并遵从 SDMI 标准。

Sony 公司的 MS 卡中,根据外形尺寸大小的不同,又分成三种规格,即 Memory Stick、Memory Stick PRO、Memory Stick DUO。目前 Memory Stick 的容量为 16MB～16GB,Memory Stick PRO 的容量为 256MB～32GB,Memory Stick DUO 的容量最小,为 16～128MB,通过一个适配器,可以像原来的 MS 卡一样插在卡槽中。Memory Stick PRO 属于 MS 家族中的高档产品,尽管形状和 MS 卡相同,但它的传输速度有所提高,最低记录速度为 15MB/s,适用于记录连续的动态图像。MS 卡目前广泛应用在数码相机和新的基于 Palm OS 的掌上电脑等 Sony 公司专属设备中。

4. MMC 卡

MMC 卡(图 1-35)是一种小巧的大容量存储卡,由西门子(Siemens,现称 Infineon)公司和首推 CF 卡的 ScanDisk 于 1997 年推出。它的封装技术较为先进,而且目前技术相当成熟,其驱动电压为 2.7～3.6V,外形尺寸大约为 32mm×24mm×1.4mm,重量在 2g 以下,7 针引脚,体积甚至比 SM 卡还要小,不怕冲击,可反复读写记录 30 万次,8GB 容量的产品也已经发布。现在这种闪存卡已广泛用于移动电话、数码相机、数码摄像机、MP3 等多种数码产品。

5. SD 卡

SD 卡(图 1-36)的全称是 Secure Digital,意为"安全数码",它是由日本两大电器集团——松下电器、东芝同 ScanDisk 联合推出的,于 1999 年 8 月首次发布。由于 SD 卡数据传送和物理规范皆由 MMC 发展而来,因此大小和 MMC 卡差不多,外形尺寸为 32mm×24mm×2.1mm,仅比 MMC 卡厚了 0.7mm,可以容纳更大容量的存储单元,也秉承了 MMC 卡重量轻的特点,仅为 1.6g。更重要的是,SD 卡与 MMC 卡保持着向上兼容,也就是说,MMC 卡可以被新的 SD 卡设备存取,但 SD 卡却不可以被 MMC 卡设备存取。从外观上来看,SD 卡接口除了保留 MMC 卡的 7 针以外,还在两边多加了 2 针作为数据线,并且带有物理写保护开关。在容量方面,目前市场上已经有了 256GB 的产品。为了适应小型化的需求,SD 卡推出了 Mini SD 卡,主要是为了进入手机、iPad、掌上电脑等信息终端领域,如图 1-37 所示。

图 1-35　MMC 卡　　　　　　图 1-36　SD 卡　　　　　　图 1-37　SD 卡的使用

存储卡作为一种存储设备,与硬盘这样的设备有着很多相同之处。现在市场上已经出现了移动存储读卡器,以上介绍的各种数码存储卡都可以插入读卡器,再通过 USB 接口连接至计算机。Windows 操作系统则会把存储卡识别为一个移动磁盘进行操作。因此,在购买时可以把存储卡放在读卡器里格式化几次,对磁盘进行一次检查。

第七节　多媒体的发展与应用

一、新媒体的发展

进入 21 世纪,随着计算机网络通信技术和多媒体技术的飞速发展,以高度数字化、交互性、开放自由为特征的新媒体迅猛发展,新媒体用户随之激增。新媒体的出现使人类社会的信息传播产生了日新月异的变革,推动着传统新闻行业发生深刻的变革,进入了一个新的时代。截至 2014 年年底,我国网民规模已超过 6 亿,其中手机网民规模达 5 亿,互联网普及率进一步提高。手机已成为网民首选的上网工具。博客、播客、微博、微信等多样化媒体形态不断涌现。在当今全媒体信息时代,定位于培养报纸、广播、电视等行业人才的新闻传播类传统专业,正面临着前所未有的挑战。媒体融合主要发生在传统媒体(如电视、广播、报纸等)和新兴媒体(如网络电视、数字广播、IPTV、手机电视等)之间。网络电视、数字广播、触摸媒体等多种传统媒体与新媒体融合的媒介悄然兴起。与此同时,"新闻传播"越来越泛化为"信息传播",基于手机终端的 WAP 网络越来越与传统 Web 网络并驾齐驱,网络越来越成为新闻及信息生产、加工、传播、创新、流通、消费的主要平台。

新媒体是新的技术支撑体系下出现的媒体形态,如数字杂志、数字报纸、数字广播、手机短信、移动电视、网络、桌面视窗、数字电视、数字电影、触摸媒体等。图 1-38 形象地描绘了快速发展的新媒体。相对于报刊、户外广告、广播、电视四大传统意义上的媒体,新媒体被形象地称为"第五媒体"。

图 1-38　快速发展的新媒体

二、自媒体的应用

自媒体又称"公民媒体"或"个人媒体",是指私人化、平民化、普泛化、自主化的传播者,以现代化、电子化的手段,向不特定的大多数或者特定的单个人传递规范性及非规范性信息的新媒体的总称。自媒体平台包括博客、微博、微信、百度官方贴吧、论坛/BBS 等网络社区。图 1-39 是几个自媒体平台标志。

图 1-39　自媒体平台不断迭代

　　未来对多媒体的研究,主要有以下几个发展方面:数据压缩、多媒体信息特性与建模、多媒体信息的组织与管理、多媒体信息表现与交互、多媒体通信与分布处理、多媒体的软硬件平台、虚拟现实技术、多媒体应用开发。展望未来,网络和计算机技术相交融的交互式多媒体将成为多媒体的发展方向。所谓交互式多媒体,是指不仅可以从网络上接收信息、选择信息,还可以发送信息,其信息以多媒体的形式传输。利用这一技术,人们能够在家里购物、点播自己喜欢的电视节目。21世纪的交互式多媒体技术的实现将以电视或者以个人计算机为基础,究竟谁将主宰未来的市场还很难说。

　　多媒体的未来是激动人心的,我们生活中数字信息的数量在今后几十年中将急剧增加,质量上也将大大改善。多媒体正以迅速的、意想不到的方式进入人们生活的多个方面,大的趋势是各个方面都将朝着当今新技术综合的方向发展,这其中包括大容量光碟存储器、国际互联网和交互电视。这个综合正是一场广泛革命的核心,它不仅影响信息的包装方式和我们如何运用这些信息,而且将改变我们互相通信的方式。

本章小结

　　通过本章的学习,对多媒体的概念、多媒体技术及其应用有了初步的认识和了解。多媒体是指文本、图形、图像、声音、影像等这些"单"媒体和计算机程序融合在一起形成的信息媒体。常见的媒体元素主要有文本、图形、图像、声音、动画和视频图像等。多媒体技术是利用计算机对文本、图形、图像、声音、动画和视频图像等多种信息综合处理、建立逻辑关系和人机交互作用的技术。结合上述概念,详细介绍了多媒体作品的制作过程。

习　题

1. 填空题

(1)多媒体数据的特点有_____、_____、_____和_____。

(2)在实际生活中,媒体的范围相当广泛,大体可分为_____、_____、_____、_____、_____五大类。

(3)位图图像是由一组_____组成,可_____显示,但存储容量_____。

(4)计算机显示分辨率是计算机屏幕能显示的_____和_____像素数目。

(5)音频采样包括_____和_____。采样频率即_____,采样数据位数即_____,目前常用的有_____位、_____位和_____位三种。

2. 简答题

(1)什么是多媒体?

(2)什么叫像素?

(3)简述多媒体作品的制作步骤。

(4)简述颜色模式中真彩色的含义。一般讲计算机中的真彩色有多少种颜色?是如何计算的?

(5)计算机屏幕具有较高的分辨率,而且比电视机能显示的颜色数多,为什么常常觉得电视机上的图像看起来比计算机屏幕上的图像更完美?

第二章

数字图像处理

第一节　Photoshop CS3 图像处理

Photoshop CS3 的全称是 Adobe Photoshop CS3 Extended，也称为 Photoshop 10.0。

Photoshop CS3 作为 Adobe 公司旗下集图像扫描、编辑修改、图像制作、广告创意、图像输入与输出于一体的图形图像软件，无论是在用户界面还是图像处理技术上是公认的最好的通用平面美术设计软件。其用户界面易懂，功能完善，性能稳定，所以在几乎所有的广告、出版、软件公司，Photoshop 都是首选的平面设计工具。本章将从 Photoshop CS3 的安装谈起，介绍 Photoshop CS3 中的很多优秀特性和功能，其中包括多个工具的使用，Photoshop 所特有的图层、路径和文本工具。

通过本节的学习，我们应该掌握以下内容：

熟练掌握对图像文件的打开、保存、创建等基本操作。

学会使用规则选区工具，理解套索、魔术棒等工具的工作原理，能熟练使用这些工具制作不规则的选区。

掌握常用的对图形进行基本修补和描绘的工具和方法：铅笔和画笔、渐变工具。

理解图层的概念，学会使用图层面板创建图层、复制和删除图层，以及设置图层样式。

掌握文本工具的使用，学会使用文字和段落面板进行文本格式的设置。

熟悉基本滤镜的效果，掌握常用滤镜的使用方法。

一、软件安装和工作界面

本小节将重点介绍 Photoshop CS3 的安装和工作界面。熟悉 Photoshop CS3 的工作界面对以后的使用会起到事半功倍的作用。

（一）Photoshop CS3 的安装和启动

1. Photoshop CS3 对系统的要求

为了能使 Photoshop CS3 更好地工作，在安装之前必须了解 Photoshop CS3 对计算机配置的基本要求。

硬件需求:功能强大的 Photoshop CS3 在运行时需要占用大量的系统资源,所以它对计算机硬件有较高的要求。推荐配置如下:CPU(Intel Pentium 4 以上)、内存(最好能配置 1GB 以上)、显示器(1024×768 像素以上的分辨率)、显卡(至少要能调到 32 位真彩色)。

软件需求:作为 32 位的应用程序,在 PC 上,Photoshop CS3 能够很好地运行于微软公司的 Windows 操作平台上。

其他:Photoshop CS3 具有声音注释、录制和播放功能,因此声卡和话筒也是必不可少的设备;另外,Photoshop CS3 最大的功能在于处理数字图像,因此数字图像的获取工具也是必不可少的,常用的获取数字图像的方式就是通过数码相机或者平面扫描仪。

同时,Photoshop CS3 内置了 ImageReady 7.0,它是一个专门用于制作网页动画的软件,在安装的同时作为一个独立的组件一同被安装。

在一切准备就绪之后就可以开始安装 Photoshop CS3 了。

2. Photoshop CS3 的安装和启动

安装和启动步骤如下:

(1)打开计算机,启动操作系统,插入 Photoshop CS3 安装光盘到光驱。

(2)打开光盘的根目录,双击 Setup. exe 可执行文件,在屏幕上出现安装开始画面,同时提示安装向导自动初始化。

(3)安装向导初始化完成之后,打开"Adobe Photoshop CS3 Setup"对话框。

(4)单击 Next 按钮,打开"Select Language"对话框,要求用户选择使用的语言种类,这里选择默认选项 US English(英语)。

(5)单击 Next 按钮,打开"Soft License Agreement"对话框。该对话框中显示了 Adobe 公司要求用户必须遵守的一些协议和规定,要继续安装 Photoshop CS3 就必须接受这些协议,否则将退出 Photoshop CS3 的安装。

(6)单击 Accept 按钮,接受上述协议,填入用户姓名、公司、序列号等信息。

(7)填入要求信息后,单击 Next 按钮,打开对用户所输入信息确认对话框。

(8)单击 Yes 按钮,打开"安装模式"对话框,有 Typical 和 Custom 两种模式可以选择。在默认情况下,安装模式为 Typical,这时安装程序将把最常用的组件安装到计算机的硬盘上;若选择 Custom 模式,安装程序将根据用户需要自定义安装的组件。默认安装路径是 C:\Program File\Adobe\Photoshop CS3,单击 Browse 按钮,用户可以更改安装路径。

(9)这里都选择默认模式,单击 Next 按钮,打开"文件打开种类"对话框。用户可以在对话框中选择哪些类型的文件可以默认由 Photoshop CS3 打开。

(10)保持默认设置,单击 Next 按钮,打开"用户信息"对话框。通过列表框可以浏览在此之前选择或者输入的信息,如果需要修改上述信息,可以单击 Back 按钮,返回至前面的对话框。

(11)单击 Next 按钮,安装程序开始向硬盘复制文件并进行系统配置,同时会给出安装进度的百分比。

(12)文件复制完毕后,将自动打开"文件复制完毕"对话框。如果用户不想查看 Photoshop Readme 文件中的信息,可以禁止(不勾选)Display Photoshop Readme file 复选框。

(13)单击 Finish 按钮,即可完成 Photoshop CS3 的安装。

(14)Windows 系统可以通过单击任务栏中的"开始"菜单,依次选择"程序"→Adobe→Adobe Photoshop CS3 命令启动 Photoshop CS3。

(二)Photoshop CS3 的界面构成

在正确安装了 Photoshop CS3 之后,进入工作界面(图 2-1),主要由菜单栏、工具属性栏、工具箱、状态栏、控制面板组和工作区等几部分组成。

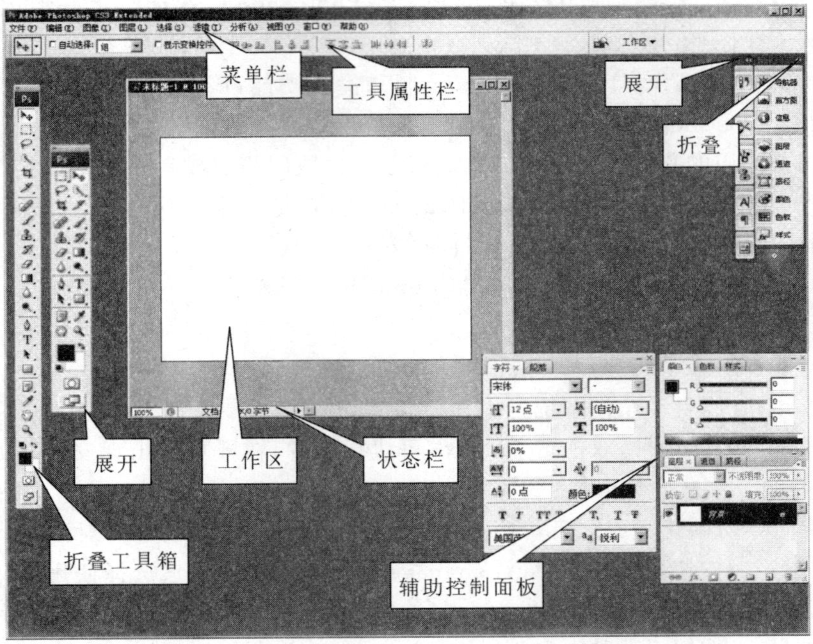

图 2-1　Photoshop CS3 的工作界面

1.菜单栏

通过菜单可执行 Photoshop 提供的大部分命令,共有文件、编辑、图像、图层、选择、滤镜、分析、视图、窗口、帮助 10 个菜单项。

2.工具属性栏

选择工具箱中的任意一个工具后,都会在中文版 Photoshop CS3 的界面中出现该工具的属性栏。例如,选择工具箱中的"磁性套索工具",将出现磁性套索工具的属性栏,如图2-2所示。

图 2-2　"磁性套索工具"属性栏

中文版 Photoshop CS3 的属性栏对于处理图像起到至关重要的作用,用户可以通过对工具的设置来使处理的图像产生不同的效果。

3.工具箱

工具箱默认位置在桌面的左侧,但可以根据需要随意移动。工具箱中包含了 40 余种工具,若要选择这些工具,只要用鼠标左键单击工具箱中的按钮即可。在工具箱中,有的工具图标的右下角有一个黑色的小三角,这表示该工具下还有隐藏工具。用户可以将鼠标指针移到下三角处后单击左键,就会弹出隐藏工具的拉出式菜单,然后拖曳光标到需要使用的工具图标上单击就可以选择该工具了。拉出式菜单中的项目前面有黑点表示当前所选择的项,具体如图 2-3 所示。

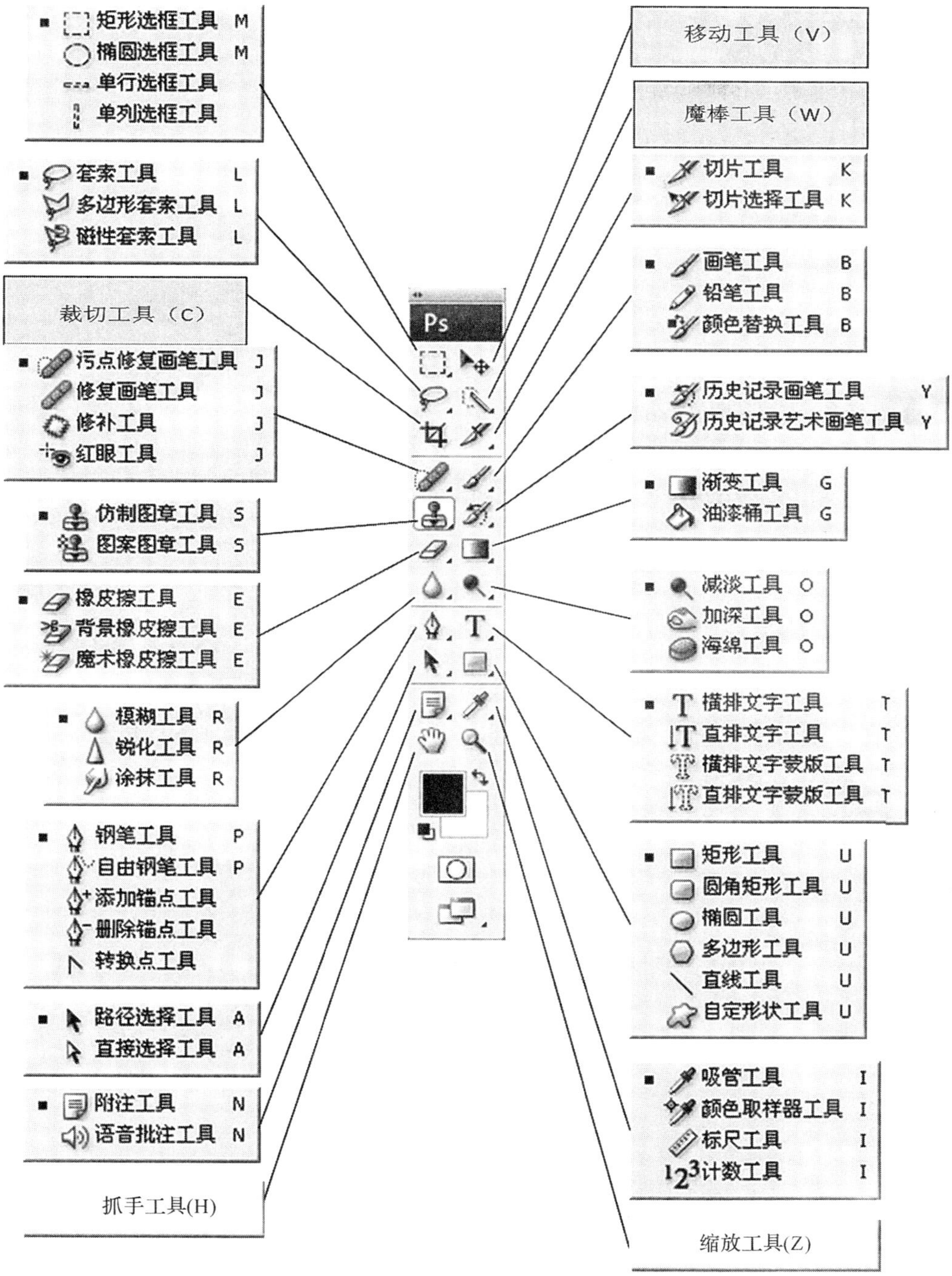

■ ⬚ 矩形选框工具　M
　⬭ 椭圆选框工具　M
　⋯ 单行选框工具
　⫴ 单列选框工具

■ ⬭ 套索工具　　　　L
　⬭ 多边形套索工具　L
　⬭ 磁性套索工具　　L

裁切工具（C）

■ ⬭ 污点修复画笔工具　J
　⬭ 修复画笔工具　　　J
　⬭ 修补工具　　　　　J
　⬭ 红眼工具　　　　　J

■ ⬭ 仿制图章工具　S
　⬭ 图案图章工具　S

■ ⬭ 橡皮擦工具　　　E
　⬭ 背景橡皮擦工具　E
　⬭ 魔术橡皮擦工具　E

　■ ⬭ 模糊工具　R
　　⬭ 锐化工具　R
　　⬭ 涂抹工具　R

　■ ⬭ 钢笔工具　　　P
　　⬭ 自由钢笔工具　P
　　⬭ 添加锚点工具
　　⬭ 删除锚点工具
　　⬭ 转换点工具

　■ ⬭ 路径选择工具　A
　　⬭ 直接选择工具　A

　■ ⬭ 附注工具　　　N
　　⬭ 语音批注工具　N

抓手工具(H)

移动工具（V）

魔棒工具（W）

■ ⬭ 切片工具　　　K
　⬭ 切片选择工具　K

■ ⬭ 画笔工具　　　B
　⬭ 铅笔工具　　　B
　⬭ 颜色替换工具　B

■ ⬭ 历史记录画笔工具　　　Y
　⬭ 历史记录艺术画笔工具　Y

■ ⬭ 渐变工具　G
　⬭ 油漆桶工具　G

■ ⬭ 减淡工具　O
　⬭ 加深工具　O
　⬭ 海绵工具　O

■ ⬭ 横排文字工具　　　T
　⬭ 直排文字工具　　　T
　⬭ 横排文字蒙版工具　T
　⬭ 直排文字蒙版工具　T

■ ⬭ 矩形工具　　　U
　⬭ 圆角矩形工具　U
　⬭ 椭圆工具　　　U
　⬭ 多边形工具　　U
　⬭ 直线工具　　　U
　⬭ 自定形状工具　U

■ ⬭ 吸管工具　　　I
　⬭ 颜色取样器工具　I
　⬭ 标尺工具　　　I
　⬭ 计数工具　　　I

缩放工具(Z)

图 2-3　Photoshop 工具箱，有小三角的工具有子工具选项

4.状态栏

状态栏在窗口的最下方，主要用来显示当前文档的一些属性。

5.控制面板

控制面板通常位于 Photoshop 窗口的右侧。Photoshop 中最常用的面板有图层面板、颜色面板、历史记录面板、路径面板、通道面板等。可以通过执行窗口菜单中的面板名称来打开对应的面板。单击面板右上角的小三角按钮,可以弹出该面板的快捷菜单。面板的快捷菜单包括了面板的各项功能命令。

6.工作区

工作区是创建、编辑、处理图像的地方。Photoshop 中每幅图像都有自己的图像窗口。工作区的底部是状态栏,显示图像的当前显示比例、文档大小、当前操作进程状态、与工具相关的操作提示信息。

二、图像基本操作

安装完毕之后,就可以使用 Photoshop CS3 对图像进行编辑和处理了。本部分从对图像文件的基本操作讲起,包括 Photoshop CS3 中最常用的对前景色和背景色的设置。

(一)Photoshop CS3 中文件的打开、创建、保存

了解 Photoshop CS3 的界面构成之后,就可以开始使用 Photoshop CS3 进行图像的基本操作了。

1.打开图像文件

大多数情况是在已有图像上进行编辑、修饰,所以使用 Photoshop 最常做的是打开图像。Photoshop 可以打开多种格式的图像文件,如 PSD、BMP、GIF、JPEG、TIFF、PNG 等格式的文件。执行菜单"文件"下的"打开"命令,弹出"打开"对话框,在此对话框中选择要打开的图像文件,然后单击"确定"按钮即可。如果需要同时打开多个文件,可以按住"Shift"键,然后选择想打开的首尾文件,选取连续的多个文件;按下"Ctrl"键,然后单击想打开的文件,可以选取不连续的多个文件。Photoshop CS3 的"打开"对话框还带有图像预览功能,在文件列表中选中一个文件以后,可以在对话框的下面看到图像的预览效果,这样便于选择正确的文件。

2.创建图像文件

创建新的图像文件相当于在空白纸上作画,可以选择菜单"文件"下的"新建"命令,弹出"新建"对话框,如图 2-4 所示。在此对话框中可进行画布大小、分辨率、颜色模式、背景内容的设置。通常设置画布宽度、高度的单位为像素,分辨率设为 72 像素/英寸,背景内容可以选择白色、背景色或者透明。设置完成后,单击"确定"按钮,即可创建一个 PSD 文档。

3.保存图像

执行菜单"文件"下的"存储"或"文件"下的"存储为"命令,界面如图 2-5 所示,输入文件名,单击"确定"按钮,即可用 Photoshop 默认的 PSD 格式来保存图像。

将图像保存为 PSD 格式,便于使用 Photoshop 来对图像进行修改。目前网页上主要使用 GIF 和 JPEG 两种图像格式,这两种格式均以压缩的方式牺牲了一些图像质量。在 Photoshop中,可以在"存储为"对话框中选择格式为 JPEG 或 GIF 而得到这两种类型的图像文件。推荐使用执行菜单"文件"→"存储为 Web 所用格式"的方法来得到 GIF 和 JPEG 格式的图像文件,因为这种方法可以对图像进行优化,在图像质量和文档大小上找到平衡点。

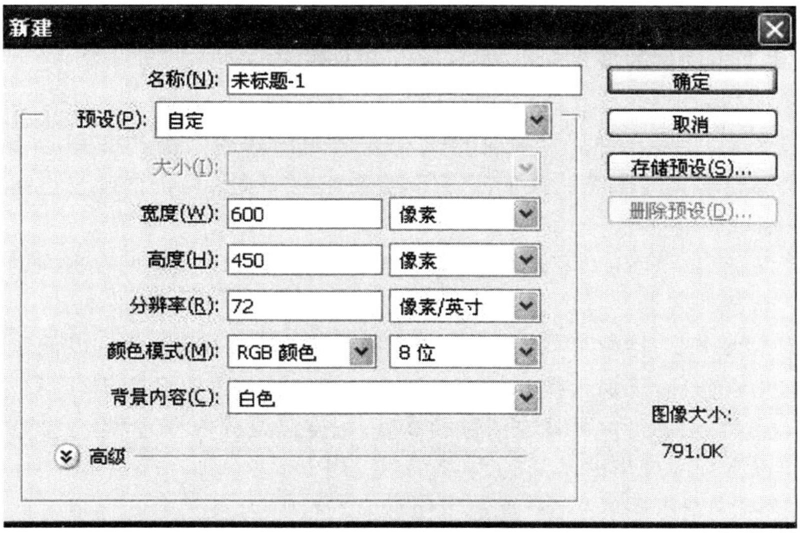

图 2-4 "新建"对话框

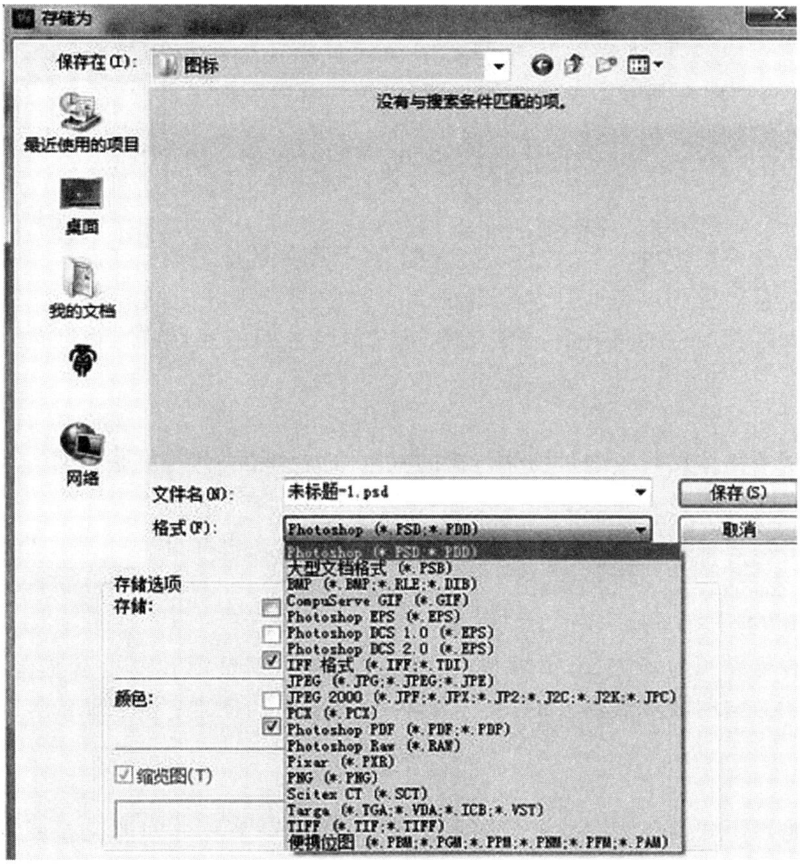

图 2-5 "存储为"对话框

(二)调整图像大小

扫描或导入图像以后,可能会需要调整其大小。在 Photoshop CS3 中,可以通过"图像大小"对话框来调整图像的像素大小、打印尺寸和分辨率。

1.图像大小的表示

一般通过像素大小、文件尺寸及文件大小来表示图像的大小。事实上,图像大小和像素、分辨率、实际打印尺寸之间关系十分密切,会决定存储文件所需的硬盘空间。

2.改变图像大小的方法

(1)执行"图像"菜单下的"图像大小"命令或者在图像窗口标题栏右击,选择快捷菜单中的"图像大小"命令。

(2)在"像素大小"一栏中可以看到当前图像的宽度和高度,通常是以像素为单位,另外还有一个单位是百分比,可输入缩放的比例。右边的链接符号表示锁定(约束)长宽的比例。

(3)在"文档大小"一栏中可设定图像的高度、宽度以及分辨率,常用分辨率的单位是"像素/英寸"。印刷常用的分辨率是"300 像素/英寸(PPI)"。

(4)在对话框中最下端有一个"重定图像像素"选项,如果选中此选项,可以改变图像的大小。如果将图像变小,也就是减少图像中的像素数量,对图像的质量没有太大影响;若增加图像的大小,或提高图像的分辨率,也就是增加像素,则图像就根据此处的设定,用差值运算方法来增加像素。

(5)在 Photoshop CS3 中如果要调整图像的显示比例可以用快捷键"Ctrl+加号"和"Ctrl+减号"分别放大和缩小显示比例,也可以用工具栏中的工具调整图像的显示比例。

(三)调整图像的颜色色彩

Photoshop CS3 中颜色色彩包括亮度、色相、饱和度和对比度。

1.亮度(Brightness)

亮度就是各种图像模式下的图形原色(如 RGB 图像的原色为 R、G、B 三种)明暗度。如灰度模式就是将白色到黑色间连续划分为 256 种色调,即由白到灰,再由灰到黑。在 RGB 模式中则代表各种原色的明暗度,即红、绿、蓝三原色的明暗度,例如,将红色加深就成了深红色。

2.色相(Hue)

色相就是从物体反射或透过物体传播的颜色,也就是说,色相就是色彩颜色。对色相的调整也就是在多种颜色之间的变化。

在通常的使用中,色相是由颜色名称标识的。例如,光由红、橙、黄、绿、青、蓝、紫 7 色组成,每一种颜色代表一种色相。

3.饱和度(Saturation)

饱和度也可以称为彩度,是指颜色的强度或纯度。调整饱和度也就是调整图像彩度。将一个彩色图像饱和度降低为 0 时,就会变为一个灰色的图像;增加饱和度时就会增加其彩度。

4.对比度(Contrast)

对比度是指不同颜色之间的差异。对比度越大,两种颜色之间的反差就越大;反之,对比度越小,两种颜色之间的反差就越小,颜色越相近。例如,将一幅灰度的图像增加对比度后,会变得黑白鲜明,当对比度增加到极限时,则变成了一幅黑白两色的图像;反之,将图像对比度减到极限时,就成了灰度图像,看不出图像效果,只是一幅灰色的底图。

(四)前景色和背景色

在 Photoshop CS3 中使用各种绘图工具时,不可避免地要用到颜色设定。应用各种工具画出的线条的颜色是由工具箱中的前景色确定的,而背景色可以用来对渐变填充和橡皮擦工具擦除的区域进行填充。同时,Photoshop CS3 中很多的滤镜也都用到前景色和背景色。

在 Photoshop CS3 中,默认情况下,前景色和背景色分别是黑色和白色。也可以通过拾色器来改变,单击前景色和背景色工具(图 2-6)上的双向箭头可以切换前景色和背景色。当需要设置前景色和背景色时,只需单击想要的工具就可以打开"拾色器"对话框,如图 2-7 所示。

图 2-6 前景色和背景色工具

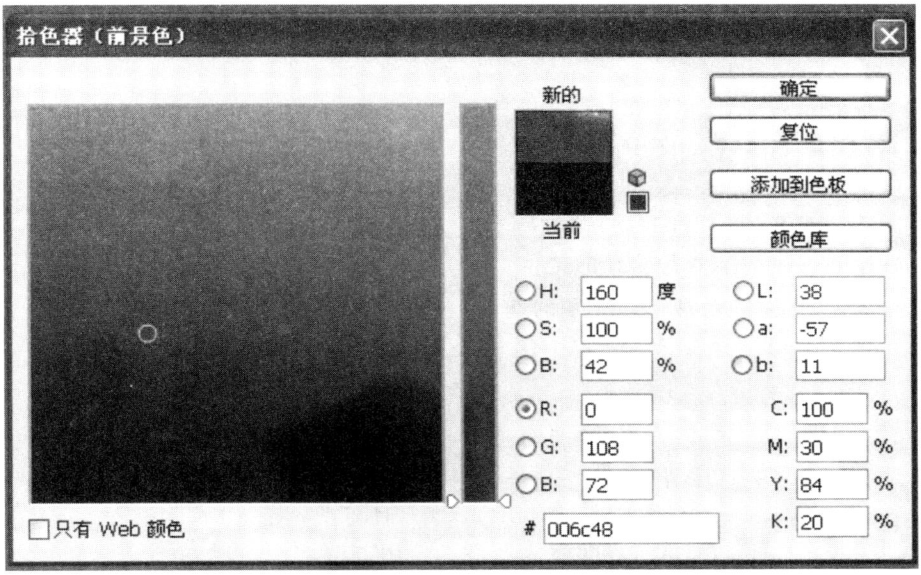

图 2-7 "拾色器"对话框

在"拾色器"对话框中,可以拖动在颜色导轨上的三角形颜色滑块确定颜色范围。颜色滑块与颜色选择区中显示的内容会因 HSB、RGB 或 Lab 方式而有所不同。在对话框左侧色框中,用鼠标在所选颜色位置单击(会由圆圈标示出单击的位置),右上角就会显示当前选中的颜色,并且在"拾色器"对话框右下角出现其对应的各种颜色模式定义的数据,包括 HSB、Lab、RGB 和 CMYK 四种不同的颜色描述方式,也可以在此处输入数字直接确定所需要的颜色。在实际操作中,通常以数值的方式确定颜色,因为这种方式最准确。

单击拾色器右上方的"颜色库"按钮,则会出现一个新的"颜色库"(自定义颜色)对话框,它允许按照标准颜色标本来选择颜色。这些标准色谱通常都有不同的使用范围,并有统一的描述和配置方法,有时在制定一些标识或者专色印版时,以这种方法制定颜色可保证其统一性。

三、基本选区

在 Photoshop CS3 中,我们经常需要对图像中的某一部分进行处理,就需要先选定这个需要处理的区域,这个要进行操作的像素区域就称为选区。有了选区,就可以对图像的局部进行诸如移动、复制、填充颜色或者执行一些特殊的效果了。在 Photoshop CS3 中,大多数的操作都与选区密切相关。下面将介绍规则选区和不规则选区的选择方法。

(一)规则选区工具

规则选区工具包括矩形选框、椭圆选框、单行选框和单列选框四种。比如选择矩形选框工具后,工具属性栏如图 2-8 所示。

图 2-8　"矩形选框工具"属性栏

属性栏左侧为选择方式按钮,右侧为选择方式,分别为新建选区 ▣ 、添加到选区 ▣ 、从选区减去 ▣ 、与选区交叉 ▣ 。

单击"新建"按钮表示用当前的选区工具重新建立选区。如果在此之前存在别的选区,那么这些选区就会丢失。

单击"添加"按钮表示在原来已有选区的基础上增加新的选区。如果在此之前没有选区,那么就相当于使用新建按钮功能了。

单击"减去"按钮表示从已经存在的选区上把当前选区工具建立的选区减去。如果当前工具建立的选区和原来存在的选区没有公共区域,那么相当于没有从原来的选区中减去任何部分。

单击"交叉"按钮表示把原来已经存在的选区和当前选区工具所做的选区交叉区域作为最终的选区。如果没有公共区域,那么最终的选区范围将是空的,也就是没有选区。

羽化参数用于设定选区的边界的羽化程度。"消除锯齿"复选框只有"椭圆工具"可用。"套索工具"和"魔棒工具"复选框亦可用,属性和使用方法均相同。

使用选框工具组中的工具,可以在图像或图层中创建矩形、椭圆、圆形等用虚线围成的选区。

例如,我们要产生虚化的图像,通过椭圆选框工具和羽化即可实现,具体操作步骤如下:

(1)执行"文件"→"打开"命令,打开一幅需要产生虚化的图像,如图 2-9 所示。

(2)选择椭圆选框工具,并在其属性栏中设置羽化值为 30px,然后在图像中拖拉鼠标,绘制椭圆选区。

(3)设置前景色为黑色,背景色为白色。

(4)按"Ctrl＋Shift＋I"组合键,将选区反选,然后按"Ctrl＋Delete"键为选区填充背景色。

(5)按"Ctrl＋D"组合键,取消选区,最后效果如图 2-10 所示。

图 2-9　原始载入的图片 　　　　　　　图 2-10　最终效果

(二)不规则选区工具

1.套索工具

使用套索工具,可以让用户方便地建立一些不规则的选区。

套索工具组包括套索工具、多边形套索工具和磁性套索工具三种。

套索工具:可以在图像中或在一单独的图层中,以自由的手控方式选出不规则的形状选区。

多边形套索工具:该工具用来选取无规则的多边形图像。其工具属性与套索工具内容相同。在使用多边形套索工具时,在图像或图层上,按要求的形状单击鼠标左键,所有单击的点成为直线的拐点,最后当双击左键时,会自动封闭多边形,并形成选区。按"Delete"键可以删除拐点。

磁性套索工具:用来选取无规则的、但形状与背景反差大的图像来建立选区。"磁性套索工具"属性栏增加如图 2-11 所示的内容。

图 2-11　"磁性套索工具"属性栏

宽度用于设定检测范围,磁性套索工具将在这个范围内选取反差最大的边缘,数值越大,则要求边缘与背景的反差越大;频率参数用于设定标记关键点的速率,数值越大,标记速率越快,标记点越多。当所选区域边界不太明显时,使用磁性套索工具可能无法精确识别选区边界,这时可按下"Delete"键,删除系统自动定义的节点,然后在选区边界用手工定义节点,从而精确定义选区。当使用磁性套索工具时,按住"Alt"键,磁性套索工具可暂时变为套索工具。

比如,选取图中的花朵,其形状极不规则,我们就可以用磁性套索工具,具体操作步骤如下:

打开花朵图片,选择磁性套索工具,设置羽化值为 0px。

在花朵边沿单击鼠标,形成一起点,然后沿着花的轮廓拖动鼠标,就会自动形成一条连贯的点阵线,如图 2-12 所示。当鼠标回到起点,单击即可形成选区,如图 2-13 所示。

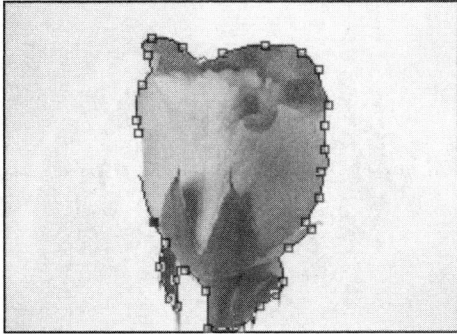

图 2-12　选取过程

图 2-13　形成选区

2.魔棒工具

魔棒工具属于根据色彩范围建立选区的工具。选取工具箱中的魔棒工具,然后在图像编辑窗口中单击所选区域中的一点,图像中与该点颜色相似的区域即被选中。单击点位置不同,选择区域也不同。

容差用于设置颜色选取范围,取值范围为 0～255。数值越小,则选取的颜色越接近,选取范围越小。选项在默认的情况下被选中连续,表示仅选取与选取点颜色相似的连续区域。如果取消此选项,则系统对整个图像进行分析,选取与选取点相近的全部区域。

图 2-14　原始载入的图片

魔棒工具是应用非常广泛的选择工具,特别适用于对背景色彩反差大的范围的选取。具体操作如下:要将如图 2-14 所示的圣诞老人放入另一背景图中,就需要选中圣诞老人,复制粘贴到别处。由于圣诞老人周围都是淡粉红色,所以采用魔棒工具就比较容易,先对魔棒工具进行如图 2-15 所示的设置,然后单击淡粉红色处,最后按"Ctrl＋Shift＋I"组合键进行反选,即可选取圣诞老人。

图 2-15　"魔棒工具"属性栏

四、图层

在 Photoshop CS3 中图层是一个极具创意的功能,是 Photoshop CS3 进行图像处理的高级技术之一,也是 Photoshop CS3 应用的重点学习内容。Photoshop CS3 引入了图层的概念,给图像的编辑带来了极大的便利。

(一)图层的基本概念

图层是 Photoshop CS3 图像处理的核心内容,它使图像的不同部分可以彼此分离,每一图层可单独被编辑。所谓图层,可以理解为一张张透明的胶片,每张胶片上都有图像,没有图像的地方是透明的,所有图层上的图像叠加起来形成一幅图像。在一个图层上进行编辑时,其他图层上的图像将不会受到影响。Photoshop CS3 是使用图层来组织和管理图像的。

另外,图层这种格式只有在 Photoshop 文件格式(PSD)中才有,对文件编辑时可以选择对应的图层进行修改,而不会影响到其他图层上的图像信息。因为 PSD 格式文件中保存了各层的信息,占用的存储空间与常用的 JPEG、GIF、BMP 图像格式文件相对要大得多,也就是说 JPEG、GIF、BMP 格式的图像文件占用的磁盘空间较小,但是没有图层信息。正因为如此,编辑好的 PSD 格式的图像,如果保存为 JPEG、GIF 或者 BMP 格式,那么下次打开图像后,原来的图层信息就丢失了,只剩下由原来的可见图层合并后的一层了。因此,在没有完成全部图像编辑工作之前,建议使用 PSD 格式保存。

(二)认识图层面板

1. 查看图层信息

在 Photoshop CS3 中,对图层的使用和管理大部分是通过图层控制面板(以下简称图层面板)来完成的。当然,通过图层菜单也是可以的,但相比之下,图层面板会更方便一些。先来认识一下图层面板。如果桌面上没有出现图层面板,可以通过"窗口"菜单下的"显示图层面板"命令调出图层面板,如图 2-16 所示。

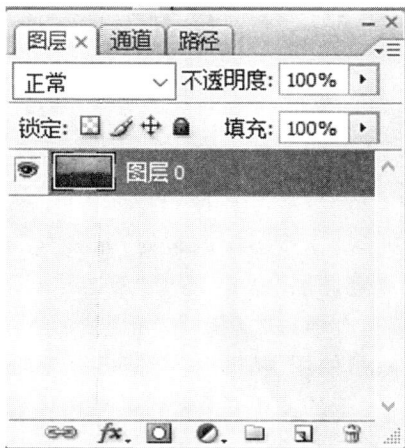

图层前面的小眼睛图标 ![眼睛图标] 表示该图层是否可见。通常单击这个小眼睛图标可以改变图层的可见性。

图 2-16　图层面板

在图层面板的底端,有以下几个常用的工具:

① ![删除图标] 删除当前图层。拖动一个图层到这个图标上可以删除该图层。

② ![新建图标] 创建新的图层。选中一个图层,单击这个图标可以在选中图层的上面新建一个透明图层。

③ ![填充调整图标] 创建新的填充和调整按钮。单击这个图标可在弹出的菜单中选择新的调整图层或者填充图层。

④ ![fx图标] 添加图层样式按钮。单击这个图标可在弹出的菜单中选择新的图层样式。

图层面板右上角的"不透明度"选项用来设置图层的不透明度,100%表示该图层不透明,那么处于该图层下面的图层将被该图层中的图像信息所遮挡。不透明度越小,下面图层上的图像信息被该图层遮挡的程度就越小。单击右边的小三角按钮会弹出一个三角滑块,拖动滑块可以调整当前图层的不透明度,也可以在文本框中直接输入数字。

"填充"选项用来调整当前图层的填充百分比。单击右边的小三角按钮会弹出一个三角滑块,拖动滑块可以调整当前图层的填充百分比,也可以在文本框中直接输入数字。

在"锁定"选项中有以下 4 个锁定选项:

① ![锁定透明度图标] 锁定透明度:表示图层的透明区域能否被编辑。当选择本项目后图像的透明区域将被锁定,不能编辑图层的透明区域。

② ![锁定图像编辑图标] 锁定图像编辑:表示当前图层被锁定,除了可以移动图层上的图像外,不能对图

层进行任何编辑。

③✦ 锁定位置:表示当前图层不能被移动,但可以对图层编辑。

④🔒 锁定全部:表示当前图层被锁定,不能对图层进行任何编辑。

这些工具的使用方法将在后面的章节中介绍。

2.常用的图层操作

常用的对图层的操作有新建图层、复制图层、删除图层、显示或隐藏图层、改变图层的位置和顺序、图层合并和设置图层样式。

(1)新建图层(Ctrl+Shift+Alt+N)。在现有图层的基础上增加新的图层,有以下几种方法:

①通过图层面板的"新建"按钮:选中一个图层,单击图层面板下方的按钮建立新的图层,可以在选中图层的上面新建一个透明图层。

②通过图层面板的"弹出"菜单:单击图层面板右上角的小三角按钮,在弹出菜单中选择"新建图层"命令,打开"新建图层"对话框,单击"确定"按钮后新建一个图层。

③通过"复制"和"粘贴"命令:通过"复制"把选定的图像复制到内存,然后切换到目标图像中,使用"粘贴"命令把内存中的图像复制到目标图像上,可以看到目标图像把粘贴的内容作为新的图层了。

④通过拖动建立新的图层:把图层面板中的一个图层拖动到面板"新建"按钮上可以复制这个图层,复制的结果作为新的图层。

⑤通过"图层"菜单中的"新建图层"命令:选择"图层"菜单下"新建"下的"图层"命令可以创建新的图层,如图 2-17 所示。

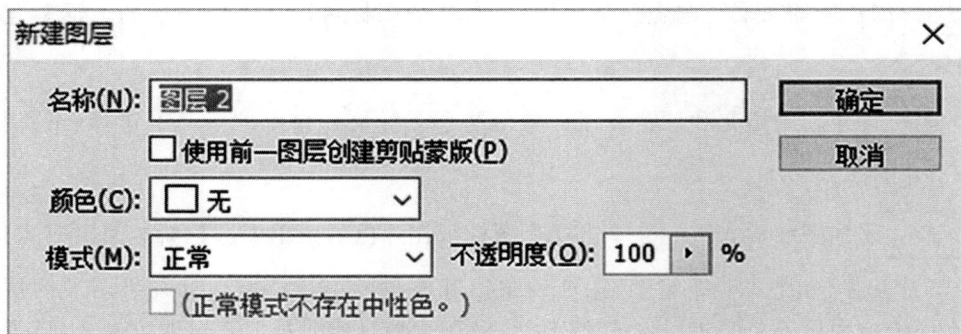

图 2-17　"新建图层"对话框

(2)复制图层:复制现有的图层作为新的图层。在图层面板中选中该图层,右击,在弹出的菜单中选择"复制图层"命令可以为该图层创建一个副本图层;也可以把该图层拖动到图层面板底端的 ⬒ 按钮中,创建该图层的一个副本图层。

(3)删除图层:删除现有的图层。在图层面板中选择该图层,右击,在弹出的菜单中选择"删除图层"命令,可以删除该图层;也可以把该图层拖动到图层面板底端的 🗑 按钮中,删除该图层。

(4)显示或隐藏图层:单击图层面板要隐藏/显示的图层左边的 👁 图标。

（5）改变图层的位置和顺序：改变图层位置和顺序很简单，在图层面板上按住鼠标左键直接拖动该图层到所需的位置即可。另外，也可以通过图层菜单来实现。在图层面板上选中要移动的图层，选取"图层/排列"菜单命令，从子菜单中选取一个选项来排列该图层。

①"前移一层"："Ctrl＋]"。

②"后移一层"："Ctrl＋["。

③"置为顶层"："Ctrl＋Shift＋]"。

④"置为底层"："Ctrl＋Shift＋["。

（6）图层合并：在操作过程中，有时为了节约空间，需要将文件中两个或多个图层合并。Photoshop 提供了三种图层合并方式：向下合并、合并可见图层，拼合图层。

①向下合并、合并链接图层（Ctrl＋E）：将当前图层与其下面的图层合并为一个图层。

②合并可见图层（Ctrl＋Shift＋E）：合并所有显示的图层，忽略隐藏的图层。

③拼合图层：合并所有显示的图层，删除隐藏的图层。

（7）设置图层样式：通过设置图层样式可以获得不同光照、阴影、颜色填充、斜面、浮雕等特殊效果。

3．实例

Photoshop 插花，效果如图 2-18 所示。

（1）目标：新建图像、复制图层、调整图层之间的顺序、变换图像。

（2）操作步骤如下：

①打开素材：打开如图 2-19 和图 2-20 所示的两幅原始素材 1 和素材 2。

②新建图层：通过选择"文件"菜单下的"新建"命令，创建一幅宽 600 像素、高 800 像素、RGB 颜色模式、背景为白色的图像，命名为"插花"，这时，查看图层面板可以看见只有一个背景图层，并且该图层后面附带了一个小锁，表示该图层不能被删除。

图 2-18　最终效果

图 2-19　素材 1

图 2-20　素材 2

③选择选区：对于第一幅原始图像，由于背景色是白色，可以使用魔棒工具选择背景，然后反选，得到花瓶选区，如图 2-21 所示。

　　④复制图层并调整图像大小：选择"编辑"菜单下的"拷贝"命令或者按"Ctrl＋C"组合键，复制被选中的花瓶。激活插花，选择"编辑"菜单下的"粘贴"命令把复制的花瓶粘贴到新的图像插花中。这时，可以看到插花的图层中多了一个名字为图层1的图层，这个新的图层就是复制到插花中的花瓶，它位于一个新的图层。Photoshop CS3把每一次粘贴的内容作为一个新的图层。再利用"编辑"菜单下的"变换"命令或者按"Ctrl＋T"组合键将花瓶调整到合适大小。

　　⑤制作选区：在图层面板的图层1上单击鼠标左键，选中该图层（表示下面将要对该图层进行编辑），在瓶口制作选区，如图2-22所示。

图 2-21　选中花瓶 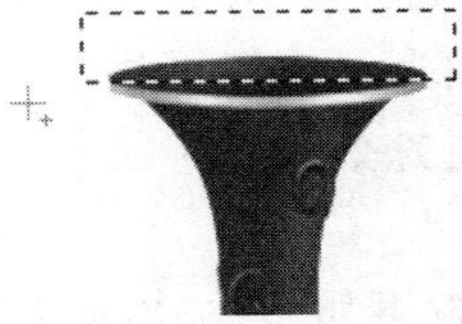　　　　　　　图 2-22　在瓶口制作选区

　　通过选择"编辑"菜单下的"剪切"命令或者按"Ctrl＋X"组合键，剪切瓶口的上半部分，然后按"Ctrl＋V"组合键粘贴，使之成为新的图层2，调整图层2到原来的瓶口位置（这一步的作用是为后面生成真实感的插花做准备）。

　　按照上面的方法，把玫瑰花从原始的图像中粘贴到插花中，形成一个新的图层3，图层对应关系如图2-23所示。

　　⑥调整图层：这时玫瑰花所在的图层位于最上层，需要调整图层顺序。可以想象玫瑰花茎插入花瓶的部分应该被花瓶遮住，而瓶口上半部分应该被玫瑰花遮挡住，因此，图层顺序应该为图层1位于图层3上面，图层2应该位于图层3下面。调整方法如下：鼠标停留在图层3上，按下鼠标左键，拖动鼠标，可以看到一个空心的线框会随着鼠标移动，当鼠标移动到图层1的下面时，释放鼠标左键，可以看到图层3被拖动到图层1的下面了，同时玫瑰的茎部被花瓶遮挡住了。

　　用同样的方法可以把图层2调整到图层3的下面。可以看到，花瓶的上半部分已经被玫瑰花遮挡住了。选中玫瑰花所在的图层，用移动工具移动该图层，把玫瑰花调整到合适的位置，最终效果如图2-24所示。

　　⑦复制图层：在玫瑰花所在的图层（图层3）上右击，在弹出菜单中选择"复制图层"命令，弹出"复制图层"对话框，保持默认设置，单击"确定"按钮，复制该图层。新的图层位于图层3上面、图层1下面，名字为图层3副本，不处于选中状态。使用移动工具移动该图层，结果如图2-25所示。

图 2-23　图层对应关系 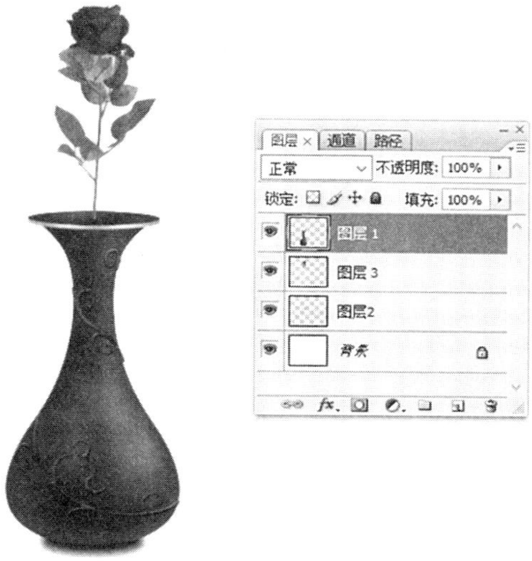　　　　　　图 2-24　调整图层和玫瑰花位置后的效果

⑧变换图层：在图层 3 副本保持选中的状态下，选择"编辑"菜单下的"自由变换"命令或者按"Ctrl＋T"组合键，看到图层 3 副本被一个矩形控制框包围，把鼠标停留在矩形框的一个角上，当鼠标变为旋转图标时，按住鼠标左键，移动鼠标，直到图像旋转到合适的位置，释放鼠标左键，如图 2-26 所示。

图 2-25　复制第二朵玫瑰花 　　　　　图 2-26　玫瑰花旋转后的效果

在图层 3 副本保持选中的状态下，选择"编辑"菜单下的"变换"命令下的"水平翻转"命令进行水平翻转，如图 2-27 所示。使用移动工具调整图层 3 副本到合适的位置，结果如图 2-28所示。

⑨复制玫瑰：按照上面方法复制玫瑰花，就可以为花瓶中增加若干朵玫瑰花，直到效果满意为止。

在这个实例中,图层间的排列顺序是一个非常重要的技术,大家可以自己多找实例进行训练。

图 2-27　水平翻转后的效果　　　　　图 2-28　调整位置后的效果

(3)Photoshop 图层操作视频。

①请扫码观看插花的操作视频。

插花操作视频

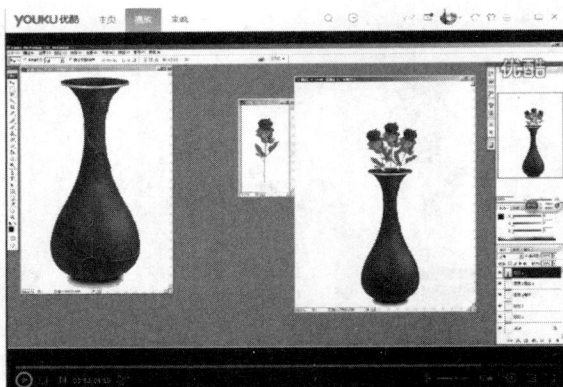

②请扫码观看图层操作——人物合成操作视频。

图层操作视频

五、图像的修补与描绘

(一)裁切工具

裁切工具可以在图像中或图层中剪裁所选定的区域。

图像区域选定以后,在选区边缘将出现 8 个控制点,如图 2-29 所示,用于调整选区的大小和旋转选区。选区确定以后,双击选区或单击工具箱中其他任一工具,在弹出的提示信息框中单击"裁剪"按钮即可,也可直接按"Enter"键。

图 2-29 裁切工具在图像上画出选区

在裁切工具属性栏中,宽度和高度参数用来设置裁切的大小,清除按钮用于清除所有设置,分辨率参数用于设置裁剪下来的图像的分辨率,如图 2-30 所示。

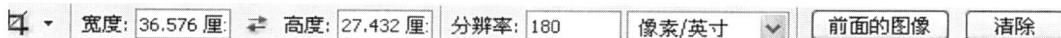

图 2-30 "裁切工具"属性栏(一)

裁切区域确定后,裁切工具属性栏显示所处状态,如图 2-31 所示。其中裁切区域选项用于删除裁切或者隐藏裁切。屏蔽复选框用于设置是否区别显示裁切与非裁切的区域,颜色选项用于设置非裁切区的显示颜色,不透明度参数用于设置非裁切区的透明度,透视复选框用于设定图像或裁切区的中心点。

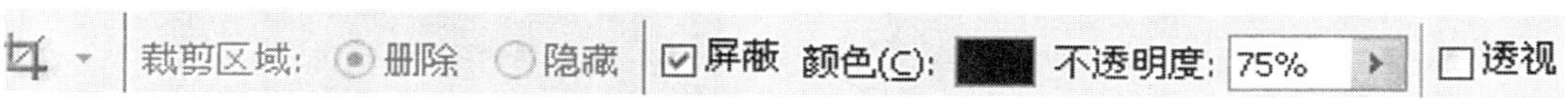

图 2-31 "裁切工具"属性栏(二)

(二)图像修复工具

这组工具包括污点修复画笔工具、修复画笔工具、修补工具和红眼工具四种。

1. 污点修复画笔工具(去除瑕疵)

污点修复画笔工具最大的优点就是不需要定义原点,只要确定好要修补的图像的位置,

Photoshop 就会从所修补区域的周围取样进行自动匹配，也就是说，只要在需要修补的位置画上一笔然后释放鼠标就完成了修补。该工具用于校正瑕疵，使之消失。

　　为了使 Photoshop CS3 在自动取样时更加准确，笔刷大小应比想要去除的污点略微大一点，并且将画笔的硬度值调小些，增加柔边效果，使修复后的效果更加自然。具体操作步骤如下：

　　①打开生有铁锈的门的图片，如图 2-32 所示。

　　②选择污点修复画笔工具，在其属性栏中分别设置画笔直径、硬度、间距等，如图 2-33 所示。

图 2-32　原始载入的图片

| 画笔: 30 ▾ | 模式: 正常 ▾ | 类型: ◉近似匹配 ○创建纹理 | □对所有图层取样 |

图 2-33　"污点修复画笔工具"属性栏

　　③然后在有铁锈的地方拖动鼠标，即可去掉铁锈，如图 2-34 所示。

　　2. 修复画笔工具（去除粉刺）

　　操作的方法与仿制图章工具相似。按住"Alt"键，在修饰区域周围单击相似的色彩或图案采样，然后在需要修饰的区域拖动鼠标即可。修复画笔工具与修补工具一样，也具有自动匹配颜色的功能，可根据需要选用。

　　具体操作步骤如下：

　　①打开需要修复粉刺的照片，如图 2-35 所示。

　　②使用缩放工具将粉刺部位放大。

　　③选择修复画笔工具，设置好画笔大小（比粉刺略大即可）、硬度。

图 2-34　最终效果

　　④按住"Alt"键，在粉刺周围单击进行取样，然后松开按键，单击粉刺处即可。最后效果如图 2-36 所示。

图 2-35　原始载入的图片　　　　　　　　图 2-36　最终效果

3.修补工具

通过使用修补工具,可以用其他区域或使用图案来修复选中的区域。像修复画笔工具一样,修补工具会将样本像素的纹理、光照和阴影与源像素进行匹配。还可以使用修补工具来仿制图像的隔离区域。修补工具比较适合对大面积图像进行修复。

4.红眼工具

数码摄像中经常出现红眼现象。许多内嵌式闪光灯照明更容易产生红眼,闪光照到视网膜上反射产生了红眼现象。利用红眼工具即可修复红眼现象。具体操作步骤如下:

①打开需要修复红眼的照片,如图 2-37 所示。

②定位到眼睛部位,并使用缩放工具将人物的眼睛部位放大。

③选择红眼工具,设置好瞳孔大小和变暗量,本例设置如图 2-38 所示。在红眼部位进行单击即可。最后效果如图 2-39 所示。

图 2-37　载入的图片

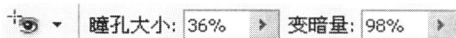

图 2-39　最终效果

图 2-38　"红眼工具"属性栏

5.利用图像修复工具进行图像修复的操作

请扫码观看图像修复的操作。

图像修复操作

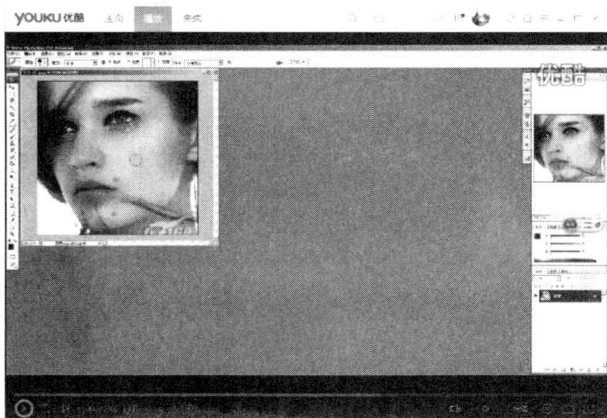

(三)绘画工具组

"画笔工具"属性栏如图 2-40 所示。

图 2-40　"画笔工具"属性栏

绘画工具包括画笔、铅笔和颜色替换三种工具。前两种画笔都可以在图像上用前景色绘画,但产生的效果不同。画笔工具产生柔和描边,而铅笔产生硬且清晰的描边。

使用铅笔和画笔工具的操作步骤如下:

(1)设定前景色。Photoshop 使用前景色绘画、填充和描边。使用背景色生成渐变填充,并在图像的背景区域内填充。用户可以用"吸管工具""颜色调板""色板调板"或在拾色器中指定前景色或背景色。默认的前景色为黑色,背景色为白色。选择画笔工具或铅笔工具。

(2)在属性栏中选取预设的画笔,设置混合模式,指定不透明度。对于铅笔工具,选中"自动抹掉"复选框,可在包含前景色的区域绘制背景色。

(3)在图像中拖曳鼠标进行绘画。直线绘制时可在图像中单击起点,然后按住"Shift"键,并单击终点,即得到直线。

比如在空白文档上绘制一些枫叶,就可采用画笔工具,具体操作步骤如下:

(1)新建一空白文档。

(2)选择画笔工具,设置好前景色和背景色,以及画笔的大小、类型(本例选择散布枫叶),如图 2-41 所示。

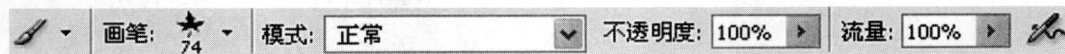

图 2-41　"画笔工具"属性设置

(3)然后在空白文档上单击或拖曳鼠标,即可绘制出散乱的枫叶,如图 2-42 所示。

(四)仿制图章工具

1.仿制图章工具介绍

选择图章工具,可用图像的样本来绘画。从图像中取样,然后将样本应用到其他图像或其他部分。"仿制图章工具"属性栏如图 2-43 所示。"仿制图章工具"属性栏中,"模式"用于设置复制图像与源图像混合的方式。若勾选"对齐"选项,则鼠标每完成一次操作后松开鼠标,当前的取样位置不会丢失,仍能将未复制完成的图像按原取

图 2-42　最终效果

样位置的样本复制完成,并且不会错位。若不选该项,则每次复制时都是从按住"Alt"键重新取样的位置开始复制。

图 2-43　"仿制图章工具"属性栏

使用仿制图章工具的操作步骤如下：

(1)选择仿制图章工具。

(2)在属性栏中选择笔尖并设置"模式""不透明度"和"流量"等画笔选项。

(3)确定对齐样本像素的方式。

(4)在属性栏中选中"用于所有图层"复选框，可以从所有可视图层取样；取消选择"用于所有图层"复选框，将只从当前的图层取样。

(5)在任意打开图像中定位鼠标指针，然后按住"Alt"键，单击鼠标左键，设置取样点。

(6)在校正的图像部位单击鼠标左键或拖曳鼠标。

2.利用仿制图章工具进行人脸美化

我们可以利用仿制图章工具来修饰脸部粉刺，具体操作步骤如下：

(1)打开一幅需要修饰脸部粉刺的照片，如图 2-44 所示。选择仿制图章工具，从属性栏的"画笔选取器"中选择柔角画笔，画笔的宽度略等于要修饰区域的一半或更小一些，硬度 10% 左右。

(2)"仿制图章工具"属性设置如图 2-45 所示。在"仿制图章工具"属性栏中将"不透明度"下调至 50%，模式改为"变亮"。

图 2-44　原始载入的图片

图 2-45　"仿制图章工具"属性设置

(3)按住"Alt"键，在脸部附近不受影响的区域内取样。

(4)在粉刺区域涂抹，即可去除粉刺。最终效果如图 2-46 所示。

图 2-46　最终效果

3.利用仿制图章工具进行人脸美化的操作视频

请扫码观看利用仿制图章工具进行人脸美化的操作视频。

人脸美化操作

4.利用仿制图章工具进行人物的复制和清除

请扫码观看利用仿制图章工具进行人物的复制和清除的操作视频。

人物的复制和清除操作

(五)图案图章工具

图案图章工具可以利用从图案库中选择的图案,或者自己创建的图案绘画。使用图案图章工具的操作步骤如下:

(1)选择图案图章工具。

(2)在属性栏中选择笔尖并设置"模式""不透明度"和"流量"等画笔选项。

(3)在属性栏中选中"对齐"复选框,这样可以对像素连续取样,而不会丢失当前的取样点,即使放开鼠标也是如此。

(4)在属性栏中选择图案(图案可通过"编辑"菜单的"定义图案"来生成)。

(5)如果用户对图案应用印象派效果,可选中"印象派"复选框。

(6)在图像中单击或拖曳鼠标,即可使用该图案作画。

(六)橡皮擦工具组

橡皮擦工具组包括橡皮擦工具、背景色橡皮擦工具和魔术橡皮擦工具三种,其中"橡皮擦工具"属性栏如图 2-47 所示。

图 2-47　"橡皮擦工具"属性栏

　　三种擦除工具都具有擦除图像局部或全部的功能。当用户在图像中拖曳鼠标时,橡皮擦工具会更改图像中的像素,如果用户正在背景中或在透明被锁定的图层中工作,像素将被更改为背景色,否则将抹成透明。如果勾选"抹到历史记录"选项,用户还可以使用橡皮擦,使受影响的区域恢复到历史记录面板中选中的状态。

　　下面我们利用橡皮擦工具来实现两张图片的循环组合。具体操作步骤如下:

　　(1)打开两幅图片——风景和荷花,并放于同一文档中,将荷花图层置于风景图层上方。由于大小一致,风景图层完全被覆盖。

　　(2)选择魔术橡皮擦工具,在其属性栏中设置容差 40,选中"连续",不透明度为 100％,然后单击花朵周围的青色,于是相应部分的风景图片内容就显示出来了。然后将荷花图层的不透明度设置为50％,最终形成虚幻的效果,如图 2-48 所示。

图 2-48　最终效果

(七)涂抹工具组

　　该工具组包括模糊工具、锐化工具和涂抹工具三种。利用这三种工具可以对图像细节进行局部修饰,使用方式都是在需要的地方拖曳鼠标即可。其中模糊工具可以柔化图像中硬边缘或区域,从而减少细节。锐化工具可以聚焦软边缘,以提高清晰度和聚焦程度。涂抹工具可以模拟在湿颜料中拖曳手指的动作,该工具可拾取描边开始位置的颜色,并沿拖曳方向展开这种颜色。三种工具的选项基本相同。

　　(1)模糊工具,可柔化图像中的某些部分,使其显得模糊。

　　(2)锐化工具,通过将色彩变强烈,使得色彩柔和的边界或区域变得清晰化,起到一种清晰边线或图像的效果。

　　(3)涂抹工具,可以制作出一种被水抹过的效果,就像水彩画一样。

　　三种工具具体实现的效果区别如图 2-49 所示。

图 2-49　模糊工具处理(左)、锐化工具处理(中)和涂抹工具(右)处理效果比较

（八）渐变工具组

该工具组包括渐变工具和油漆桶工具，"渐变工具"属性栏如图 2-50 所示。

图 2-50　"渐变工具"属性栏

（1）渐变工具，可以创建多种颜色之间的逐渐混合的效果。用户可以从预设渐变填充中选取渐变或创建自己的渐变。操作方法：在起点处单击，按住鼠标左键拖曳到终点即可。

（2）油漆桶工具，用于在图像或选择区域内，对指定色差范围内的色彩区域进行色彩或图案填充。

运用这两种工具产生的效果及区别如图 2-51 所示。

图 2-51　渐变工具填充（左）和油漆桶工具填充（右）效果比较

（九）色调处理工具

色调工具组包括减淡工具、加深工具和海绵工具三种。"海绵工具"属性栏如图 2-52 所示。

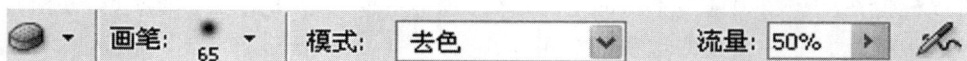

图 2-52　"海绵工具"属性栏

（1）减淡工具，用于提高图像或选择区域的亮度。

（2）加深工具，功能与减淡工具正好相反，主要用于使图像区域变暗。

（3）海绵工具，用于提高或降低图像中色彩的饱和度（通过模式选项设置）。当增加颜色的饱和度时，其灰色就会减少，这样就变得不那么中性了。

（十）文字工具组

该组工具包括横排文字工具、直排文字工具、横排文字蒙版和直排文字蒙版四种。

选择文字工具后，在图像中单击鼠标左键，可将文字工具置于编辑模式。当工具处于编辑模式时，用户可以输入并编辑字符，还可以从各个菜单中执行某些命令。要确定文字工具是否处于编辑模式下，可查看属性栏，如图 2-53 所示。如果看到"提交"按钮和"取消"按钮，则说明文字工具处于编辑模式下，如图 2-54 所示。

图 2-53　"横排文字工具"属性栏（一）

图 2-54　"文字工具"属性栏(二)

使用横排文字蒙版或直排文字蒙版工具时,可以创建一个文字形状的选区。文字选区出现在当前图层中,并可以像任何其他选区一样被移动、拷贝、填充或描边。例如,在一张图片上写上某些文字,具体操作步骤如下:

(1)打开相应的图片,选择横排文字工具。

(2)设置好字体颜色、大小、字型。

(3)在图片合适的位置单击鼠标,出现光标闪动点,即可输入文字。当然输入完后,还可以对文字进行位置、大小、字型、颜色的修改,如图 2-55 所示。

图 2-55　最终效果

(十一)图像的羽化

羽化可以模糊所选区域的外缘或内缘,有助于与周围区域像素的融合。因此,羽化常用于图像合成。羽化程度取决于羽化的像素数目,即边缘模糊的半径,羽化程度设置的数值越大,羽化的程度越强烈,也就是边缘模糊的半径越大。既可以先选择羽化区域再选择羽化程度,也可以先设置羽化程度再选择羽化区域。

下面以先设置羽化程度再选择羽化区域的方式来介绍实现羽化选区和操作过程。

具体操作如下:

(1)打开图像。

(2)羽化设置。选择"工具"面板中的"套索工具",将其选项栏的"羽化"值设为 20px。在工作区上拖动鼠标选取区域,如图 2-56 所示。

(3)执行"选择"菜单下的"反向"命令或按"Ctrl+Shift+I"组合键,再按"Delete"键,即可实现羽化操作,保存效果如图 2-57 所示。如果不反选,得到的是镂空的羽化图。

在 Photoshop CS3 中,我们可以通过调整工具箱中背景的颜色从而达到不同的颜色背景的羽化效果,如图 2-58 所示。

图 2-56　设置羽化值后选取选区

图 2-57　白色背景羽化的最终效果

图 2-58　黑色背景和红色背景羽化效果

(十二)图像的图层样式设置

Photoshop CS3 提供了如图 2-59 所示的 10 种不同的图层样式。使用这些图层样式可以制作出特殊的图层效果。

(1)投影:给图层内容添加投影。

(2)内阴影:给图层边缘部分添加投影,产生凹陷的效果。

(3)内(外)发光:让用户在图像的边缘增加发光效果。

(4)斜面和浮雕:让用户为图层增加不同组合方式的高亮阴影效果。

(5)光泽:给图层内容添加光泽效果。

(6)颜色叠加:给图层添加颜色叠加效果。

(7)渐变叠加:给图层添加渐变效果。

(8)图案叠加:给图层添加图案效果。

(9)描边:给图层内容添加描边效果。

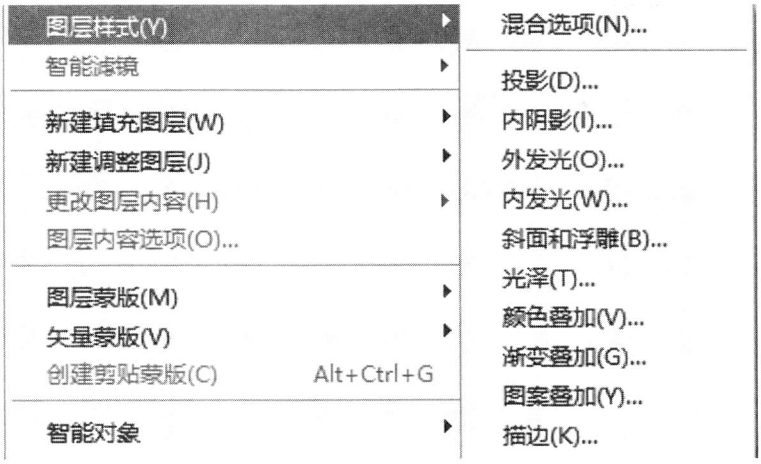

图 2-59 "图层样式"菜单

在 Photoshop CS3 中,设置图层样式的方法如下:在图像的图层面板中选中一个要改变样式的图层,双击该图层缩略图标或者通过"图层"菜单下的"图层样式"子菜单中的 10 种图层样式命令,打开"图层样式"对话框,通过该对话框完成对图层样式的设置。

【实例】设置图层样式,操作步骤如下:

(1)打开如图 2-60 所示的两幅风景原图和人物原图。

图 2-60 风景原图和人物原图

(2)利用工具箱中的椭圆选区工具在人物原图图像中选中人物图像,选择"编辑"菜单下的"复制"命令或者按"Ctrl+C"组合键,复制被选中的人物。激活风景原图,选择"编辑"菜单下的"粘贴"命令把复制的人物粘贴到风景原图文件中。这时,可以看到风景图层中多了一个名字为图层 1 的图层。这个新的图层就是复制到风景图层中的人物,它是一个新的图层。Photoshop CS3 把每一次粘贴的内容作为一个新的图层。

(3)在图层面板的图层 1 上单击鼠标左键,选中该图层(表示下面将要对该图层进行编辑),再单击右键选中"混合选项",并通过滑块或输入数值的方式设置图层 1 的不透明度为

60％,如图 2-61 所示。

图 2-61　图层 1 的"图层样式"对话框

　　(4)利用工具箱中的横排文字工具,在图像上输入文字"美丽的校园"和"BEAUTIFUL CAMPUS"。选中文字,通过"横排文字工具"属性栏设置文字的字体、样式、字号和颜色。还可以通过创建文字变形工具对文字进行变形。

　　(5)选中"美丽的校园"文字图层,再单击右键选中"混合选项",设置如图 2-62 所示的文字图层效果。

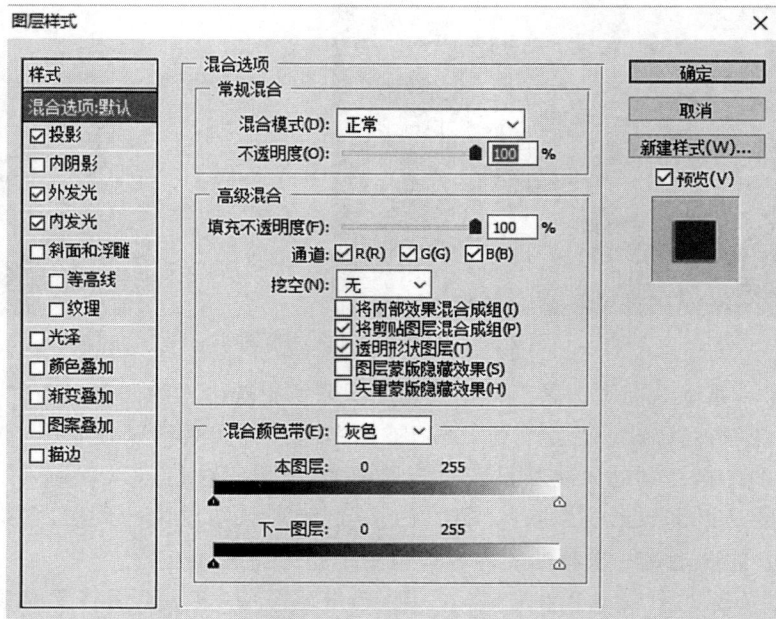

图 2-62　文字"图层样式"对话框

重复上面步骤可以对"BEAUTIFUL CAMPUS"进行图层样式设置。

请扫码观看图层样式的操作视频。

图层样式的操作

六、路径

路径是 Photoshop 中继图层之后的又一大创新,它可以用来描述图片的轮廓,创建不规则选区,建立矢量图形。所谓路径,是由直线、曲线及其包围的区域组成的图形。路径的特点是能够创建复杂的图形,尤其是具有各种方向和弧度的曲线图形。

(一)路径的原理

路径是由锚点和线段组成的。锚点是定义路径中每条线段开始和结束的点,通过它们来固定路径。通过移动锚点,可以修改路径线段的长度及改变路径的形状。

锚点分为直线点和曲线点,曲线点的两端有手柄(方向线),可控制曲线的曲度。路径示意如图 2-63 所示,其中,A 为曲线段,B 为方向点,C 为方向线,D 为选中的锚点,E 为未选中的锚点。

平滑曲线由称为平滑点的锚点连接,尖锐的曲线路径由角点连接,分别如图 2-64 所示。

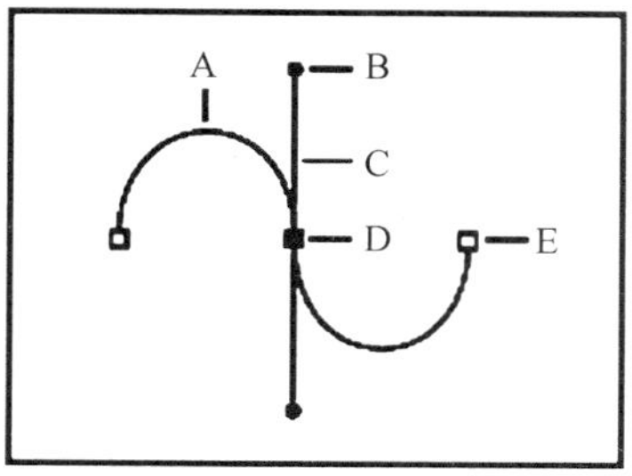

图 2-63　路径示意

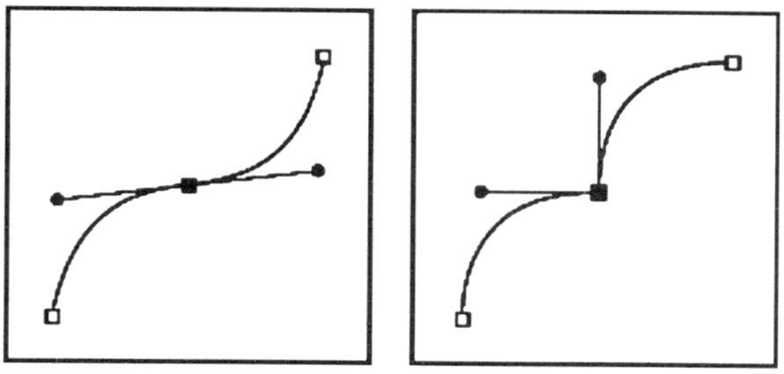

图 2-64　平滑点和角点

路径又分为开放路径和封闭路径。一条开放路径的开始和最后的锚点叫作端点。如果要填充一条开放路径,程序将在两个锚点之间绘制一条假设的线条并且填充该路径。未选中的锚点以空心正方形显示,选中的锚点以实心正方形显示。

(二)路径工具

在 Photoshop CS3 中提供了 7 种路径工具,它们是钢笔工具、自由钢笔工具、添加锚点工具、删除锚点工具、转换点工具、路径选择工具和直接选择工具,如图 2-65 所示。

1.钢笔工具

钢笔工具可以创建比自由钢笔工具或磁性钢笔工具更为精确的直线和平滑流畅的曲线。

2.自由钢笔工具

使用自由钢笔工具可以像用真正的钢笔在纸上涂画一样绘制路径。

3.添加锚点工具

选择添加锚点工具后,将鼠标放在已画好的工作路径上,这时鼠标变成添加锚点工具,单击即可在工作路径上增加锚点。

4.删除锚点工具

选择删除锚点工具后,将鼠标放在工作路径的锚点上,这时鼠标变成删除锚点工具,单击即可在工作路径上删除此锚点。

5.转换点工具

转换点工具可以在角点和平滑点间切换。

6.路径选择工具

路径选择工具可选择一个或几个路径并对其进行移动、组合、对齐、分布和变形。

7.直接选择工具

直接选择工具用来移动路径中的锚点和线段,也可调整方向线和方向点。

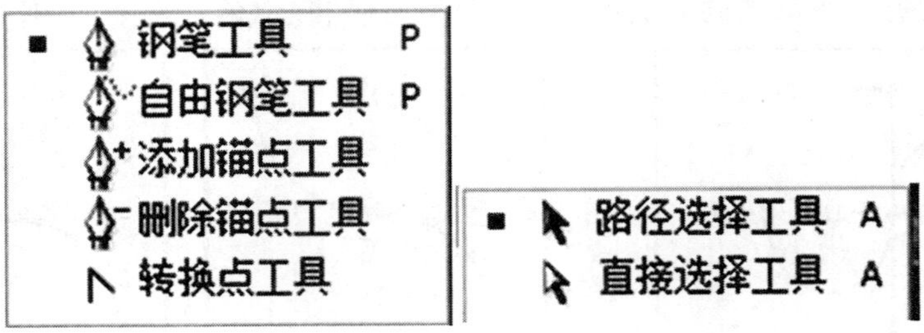

图 2-65　路径工具组

(三)形状路径

绘图是指使用形状工具创建定义为几何对象的形状(也称矢量对象)。形状工具是 Photoshop 新增的一组工具,包括 6 个矢量绘图工具,分别是矩形工具、圆角矩形工具、椭圆工具、多边形工具、直线工具和自由形状工具。

1.矩形工具

矩形工具可以绘制矩形或正方形。

2.圆角矩形工具

圆角矩形工具可以绘制圆角矩形的路径或形状。

3.椭圆工具

椭圆工具可以绘制正圆或椭圆形的路径或形状。

4.多边形工具

多边形工具可以绘制正多边形,如等边三角形和五角星等。

5.直线工具

直线工具可以绘制出直线和箭头的形状和路径。

【注意】按住"Shift"键可控制画出的方向为水平、垂直或45°。

6.自由形状工具

自由形状工具可以绘制一些不规则的形状,或是自己定义的形状。

除了可以使用 Photoshop 预置的形状外,也可以将自己画好的矢量图形或路径存储为自定形状。具体操作步骤如下:

(1)选择一条路径(路径可以是形状图层的图层剪贴路径、工作路径或是存储的路径)。

(2)选择"编辑"菜单中的"定义自定形状"命令。

(3)在弹出的对话框中输入名称,单击"好",新形状就会出现在"形状"弹出式调板中。按"Ctrl+Enter"组合键可将路径转为选区。

七、滤镜

Photoshop 中的滤镜主要用来处理图像的各种效果。Photoshop 提供了将近 100 个内置滤镜,所有滤镜都按类别放置在滤镜菜单下。每个滤镜的效果各不相同,我们只有通过不断实践,在实践中积累经验,才能掌握好各种工具的最简洁方法,制作出意想不到的特殊效果和好的艺术作品。

(一)常见滤镜介绍

1."抽出"滤镜

此命令可用来抠取边缘带毛刺的图像。

2."液化"滤镜

此命令可用于推、拉、旋转、反射、折叠和膨胀图像的任意区域(常用于人物面部表情的表现)。

3."像素化"滤镜

(1)彩块化:使纯色或相近颜色的像素结成相近颜色的像素块。可以使用此滤镜使扫描的图像看起来像手绘图像,或使现实主义图像类似抽象派绘画。

(2)彩色半调:模拟在图像的每个通道上使用放大的半调网屏的效果。对于每个通道,滤镜将图像划分为矩形,并用圆形替换每个矩形。

(3)晶格化:使像素结块形成多边形纯色。

(4)点状化:将图像中的颜色分解为随机分布的网点,如同点状化绘画一样,并使用背景色作为网点之间的画布区域。

(5)碎片:创建选区中像素的四个副本,将它们平均,并使它们相互偏移。

(6)铜版雕刻:将图像转换为黑白区域的随机图案或彩色图像中完全饱和颜色的随机

图案。

(7)马赛克:使像素结为方块形。给定块中的像素颜色相同,块颜色代表选区中的颜色。

4."扭曲"滤镜

"扭曲"滤镜将图像进行几何扭曲,创建 3D 或其他整形效果。

【注意】这些滤镜可能占用大量内存。

(1)切变:切变滤镜可以在竖直方向将图像扭曲。通过拖移框中的线条来指定曲线,形成一条扭曲曲线。

(2)扩散亮光:将图像渲染成像是透过一个柔和的扩散滤镜来观看,产生一种弥漫的光热效果。此滤镜将透明的白色杂色添加到图像,并应用从选区的中心向外"退去"的亮光。

(3)挤压:挤压滤镜可以将一个图像的全部或选区向内或向外挤压。

(4)旋转扭曲:旋转选区,产生一种旋转的风轮效果。中心的旋转程度比边缘的旋转程度大。

(5)极坐标:根据选中的选项将选区从平面坐标转换到极坐标,反之亦然。它可以将直的物体拉弯,将圆的物体拉直。

(6)水波:根据选区中像素的半径将选区径向扭曲,产生水池塘波纹和旋转效果。

(7)波浪:波浪滤镜是 Photoshop 中比较复杂的一个滤镜,它通过选择不同的波长以产生不同的波动效果。

(8)波纹:在选区上创建水纹涟漪的效果,像水池表面的波纹,也可创建出模拟大理石的效果。选项包括波纹的数量和大小。

(9)海洋波纹:将随机分隔的波纹添加到图像表面,使图像看上去像是浸在水中。

(10)玻璃:玻璃滤镜产生一种透过不同类型的玻璃来观看图片的效果。

(11)球面化:通过将选区折成球形,扭曲图像或伸展图像以适合选中的曲线,使对象具有 3D 效果。

(12)置换:使用置换图案将选区进行替换和变形。

(13)镜头校正:用此滤镜修复常见的镜头瑕疵,如桶形和枕形失真、晕影和色差。

5."杂色"滤镜

(1)中间值:将随机像素应用于图像,模拟在高速胶片上拍照的效果。

(2)减少杂色:减少图像因曝光不足等引起的杂色。

(3)去斑:检测图像的边缘并模糊除那些边缘外的所有选区。该模糊操作会移去杂色,同时保留细节。

(4)添加杂色:将随机像素应用于图像,模拟在高速胶片上拍照的效果。

(5)蒙尘与划痕:通过更改相异的像素减少杂色。

6."模糊"滤镜

模糊滤镜可以使图像中过于清晰或对比度过于强烈的区域,产生模糊效果。它通过平衡图像中已定义的线条和遮蔽区域的清晰边缘旁边的像素,使变化显得柔和。

(1)动感模糊:动感模糊滤镜可以产生动态模糊的效果,此滤镜的效果类似于以固定的曝光时间给一个移动的对象拍照。

(2)径向模糊:模拟前后移动相机或旋转相机所产生的模糊效果。

(3)镜头模糊:向图像中添加模糊以产生更窄的景深效果,以便使图像中的一些对象在焦点内,而使另一些区域变模糊。

(4)高斯模糊:"高斯"是指当 Photoshop 将加权平均应用于像素时生成的钟形曲线。高斯模糊滤镜添加低频细节,并产生一种朦胧效果。在进行字体的特殊效果制作时,在通道内经常应用此滤镜的效果。

7."渲染"滤镜

"渲染"滤镜在图像中创建云彩图案、折射图案和模拟的光反射。也可在 3D 空间中操纵对象,并从灰度文件创建纹理填充以产生类似 3D 的光照效果。

(1)云彩:使用介于前景色与背景色之间的随机值,生成柔和的云彩图案。

(2)光照效果:模糊灯光效果。

(3)分层云彩:使用随机生成的介于前景色与背景色之间的值,生成云彩图案。

(4)纤维:使用前景色和背景色创建编织纤维的外观。

(5)镜头光晕:模拟亮光照射到相机镜头所产生的折射。

8."纹理"滤镜

使用"纹理"滤镜赋予图像一种深度或物质的外观,或添加一种有机外观。

(1)拼缀图:将图像分解为用图像中该区域的主色填充的正方形。

(2)染色玻璃:染色玻璃滤镜可以产生不规则分离的彩色玻璃格子,其分布与图片中的颜色分布有关。

(3)龟裂缝:可以产生凹凸不平的裂纹效果,它也可以直接在一空白的画面上生成各种材质的裂纹。

(4)颗粒:使用多种方法并通过模拟不同种类的颗粒(常规、软化、喷洒、结块、强反差、扩大、点刻、水平、垂直和斑点)为图像添加多种噪波,使其产生一种纹理效果。

(5)马赛克拼贴:绘制图像,使它看起来像是由小的形状不规则碎片或拼贴组成,然后在拼贴之间灌浆。

(6)纹理化:将选择或创建的纹理应用于图像。

9."锐化"滤镜

"锐化"滤镜可以通过生成更大的对比度来使图像清晰和增强处理图像的轮廓。次组滤镜可以减少图像修改后产生的模糊效果。

(1)USM 锐化:USM 锐化是一种常用的技术,简称 USM,用来锐化图像的边缘。

(2)进一步锐化:"进一步锐化"滤镜可以产生强烈的锐化效果,用于提高对比度和清晰度。"进一步锐化"滤镜比"锐化"滤镜拥有更强的锐化效果。

(3)锐化:"锐化"滤镜可以通过增加相邻像素点之间的对比,使图像清晰化。此滤镜锐化程度较为轻微。

(4)锐化边缘:"锐化边缘"滤镜只锐化图像的边缘,同时保留总体的平滑度。使用此滤镜在不指定数量的情况下锐化边缘。

10."风格化"滤镜

"风格化"滤镜通过置换像素和通过查找并增加图像的对比度,在选区中生成绘画或印象派的效果。它是完全模拟真实艺术手法进行创作的。

(1)凸出:凸出滤镜可以将图像转化为三维立方体或锥体,以此来改变图像或生成特殊的三维背景效果。

(2)拼贴:将图像分解为一系列拼贴(像瓷砖方块)并使每个方块上都含有部分图像。

(3)查找边缘:用显著的转换标识图像的区域,并突出边缘。

(4)照亮边缘:可以搜寻主要颜色变化区域并强化其过渡像素,产生类似添加霓虹灯的亮光。

(5)风:用于在图像中创建细小的水平线以及模拟刮风的效果。

(二)滤镜的使用方法

有人根据滤镜的效果不同把 Photoshop CS3 中的滤镜分为两种:一种是破坏性滤镜,另一种是校正性滤镜。但是这两种滤镜的运用大部分都是通过对话框完成的,所以将以下面的例子来学习滤镜的使用方法,希望大家能举一反三、触类旁通地掌握好滤镜的使用。

1. 人物木刻效果

本例将实现人物刻画在木纹上,具体操作步骤如下:

(1)新建文件,设置分辨率为 300 像素/英寸,宽度为 500 像素,高度为 458 像素,模式为 RGB,背景内容为白色。

(2)执行"滤镜"→"杂色"→"添加杂色"命令,设置数量为 160,分布为"高斯分布",选择"单色"。

(3)执行"滤镜"→"模糊"→"动感模糊",设置角度为 0°,距离为 998 像素。

(4)执行"图像"→"调整"→"色相/饱和度",设置色相、饱和度、明度分别为 40、69、29。

(5)用椭圆选择工具,在木制纹理上选择椭圆选区,并对选区应用"滤镜"→"扭曲"→"旋转扭曲"命令,设置角度为 90°,这样可以为木纹增加一些曲线的形状,如图 2-66 所示。可以对多个选区应用旋转扭曲滤镜。

(6)打开任意 RGB 图像。执行"滤镜"→"风格化"→"查找边缘"命令,然后执行"图像"→"模式"→"灰色"命令,将图像转换为灰色模式。

(7)执行"图像"→"调整"→"色阶"命令,在弹出的对话框中设置输入色阶(0,1.00,210)。设置完成后单击"确定"按钮确定,得到如图 2-67 所示的效果,然后将该图像存为 PSD 格式的文件,供后面操作使用。

图 2-66　产生木纹效果　　　　　图 2-67　灰度模式

(8)回到木制纹理图像窗口,执行"滤镜"→"纹理"→"纹理化"命令,对图像应用纹理化滤镜,弹出一对话框,进行如图 2-68 所示设置。在纹理右侧的列表中选择"载入纹理",选择后会有一个打开文件的对话框,从中打开刚刚存储过的图像文件。

(9)设置完毕后,单击"确定"按钮,完成木刻画的制作,最终效果如图 2-69 所示。

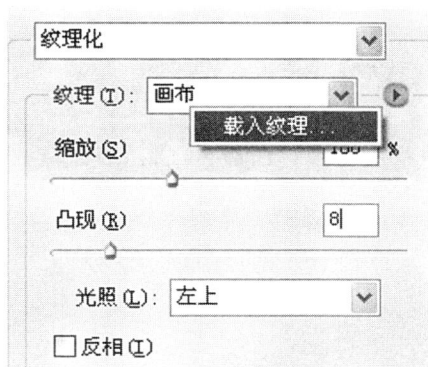

图 2-68　载入纹理

图 2-69　最终效果

2. 请扫码观看滤镜使用操作视频

滤镜使用

3. 蓝色海浪效果

这里我们运用 Photoshop 滤镜制作简单的蓝色海浪效果。具体步骤如下：

(1)建立文档,背景白色,具体参数如图 2-70 所示。

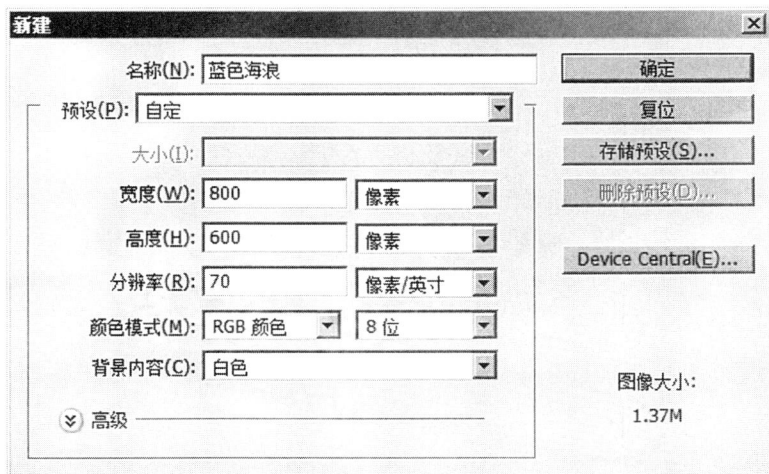

图 2-70　新建图层

（2）设置前景色为♯0090dd，背景色为白色，并将前景色填充到背景层，快捷键"Alt＋Delete"。

（3）执行"滤镜"→"渲染"→"云彩滤镜"，制作云彩效果。新建立一个图层，按"M"键选择矩形选框工具，绘制一个如图 2-71 所示的矩形区域。

（4）设置渐变颜色由♯00adee 到白色的方式进行渐变填充矩形区域，如图 2-72 所示。

图 2-71　制作选区

图 2-72　渐变填充

（5）按"Ctrl＋D"组合键取消选区，执行"滤镜"→"扭曲"→"波纹滤镜"，设置数量为999％，大小为"大"，单击"确定"按钮。再次执行"波纹"滤镜，设置数量为 999％，大小为"中"，单击"确定"按钮，效果如图 2-73 所示。

（6）最后执行"滤镜"→"扭曲"→"旋转扭曲"设置，设置角度为 200°，效果如图 2-74所示。

图 2-73　执行两次"波纹"滤镜后的效果

图 2-74　最终效果

4.请扫码观看蓝色海浪操作视频

蓝色海浪的操作

八、通道和蒙版工具

在 Photoshop CS3 中,通道和蒙版的作用十分重要。通道的主要功能是用来存储颜色信息和存储选择区域。而蒙版则用来保护图像中需要保护的区域,使其不受其他编辑操作的影响。

(一)通道的概念与用法

1.通道的概念

在 Adobe Photoshop 中,通道用于存储图像的颜色信息、保存选区和建立特别的色板。

当建立新文件时,颜色信息通道就已经自动建立了。颜色信息通道的多少是由选择的色彩模式决定的。例如,所有 RGB 模式的图像都有内定的三个颜色通道:红色通道(用于存储红色信息)、绿色通道(用于存储绿色信息)、蓝色通道(用于存储蓝色信息)。CMYK 模式的图像都有内定的四个颜色通道:青色通道、洋红通道、黄色通道、黑色通道,分别用于存储印刷四色的信息;而灰度模式的图像只有一个黑色通道。

在 Photoshop 中有三种通道。

(1)彩色通道:用来描述图像色彩信息。

(2)Alpha 通道:用来将选择范围存储起来。

(3)专色通道:记录专色信息。

【注意】在一个 Photoshop 图像中可能包含一种或多种通道类型。

2.通道的用法

(1)彩色通道的基本应用:在调板中,除了一个合成的通道外,还包括各颜色信息通道,内定的软件设置是 256 色的灰阶来显示各颜色通道。若要使各颜色通道以彩色显示,可以选择"文件"→"预设"→"显示与光标"命令,选中其中的"通道用原色显示"复选框,各颜色通道就会以彩色显示。

(2)Alpha 通道的应用:除了图像内定的颜色信息通道以外,还可以另外建立新的通道,这些通道被称为 Alpha 通道。如果将选择范围存储起来就会生成一个 Alpha 通道。Alpha 通道与其他颜色通道都是一个由 256 级灰阶组成的图像,可以再次编辑。

(3)专色通道的应用:专色通道指的是在印刷过程中除了 CMYK 四色以外单独制作的

一个色版,用来存放金银色以及一些需要特别要求的专色。这些都是我们用 CMYK 四色无法印刷出来的颜色,每个专色通道都有一个属于自己的印版,当一个包含有专色通道的图像进行出片时,专色通道会成为一张单独的胶片被输出。

(二)蒙版的概念与工作原理

1.蒙版的概念

蒙版实际上是一种透明的模板,覆盖在图像上保护被遮蔽的区域,而只允许未被遮蔽的区域被修改。蒙版是用来编辑、隔离和保护图像的。

2.蒙版的工作原理

蒙版的工作原理就是将不同的灰度值转换为不同的透明值,并作用到它所在的图层,使图层不同部位的透明度产生相应的变化。其中,黑色为完全透明,白色为完全不透明。透明度可以通过画笔工具进行手工设置,也可以通过 Photoshop 中自带的渐变工具进行透明度设置。下面我们通过一个实例来学习蒙版的使用。

图 2-75　合成的最终效果

(三)利用蒙版合成图片

通过蒙版将两张或几张照片组合在一起,形成一幅完整的新照片,效果如图 2-75 所示。具体步骤如下:

(1)打开原始的两张图片,如图 2-76 所示。

(2)将原始素材 2 拖曳到人物图片上,自动生成"图层 1",适当调整其大小和位置,如图 2-77 所示。

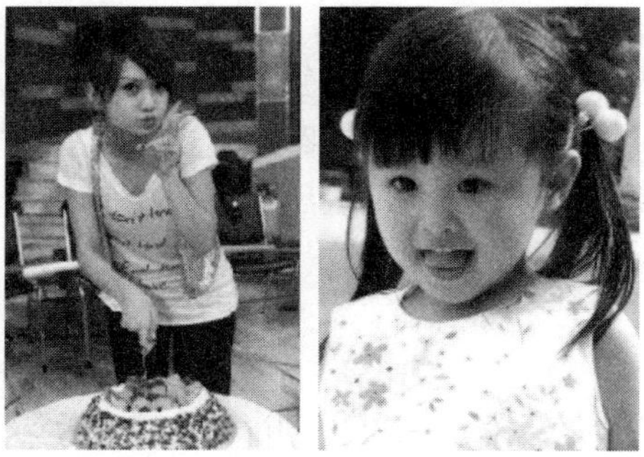

图 2-76　原始的素材 1 和素材 2

图 2-77　素材 1 和素材 2 合并效果

(3)单击"图层"调板底部的"添加图层蒙版"按钮 ,为"图层 1"添加蒙版,将前景色设置为黑色,使用圆形柔角画笔工具 ,设置适当大小,在蒙版图层上对小女孩轮廓周围进行涂抹,如图 2-78 所示。

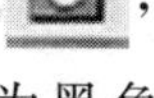

(4)合并图层,设置自动色阶和自动对比度,得到如图 2-75 所示的最终效果。

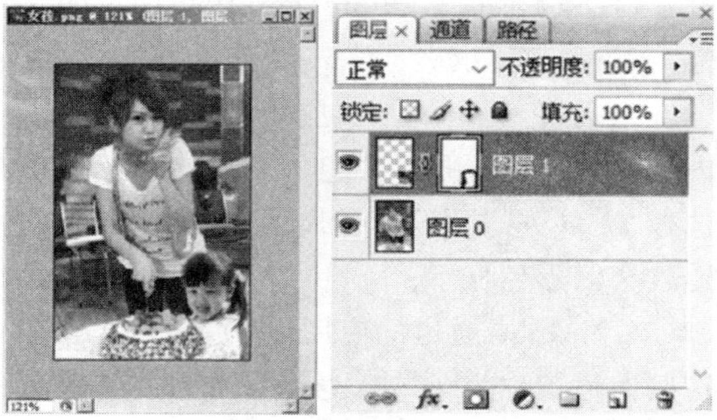

图 2-78　添加蒙版并涂抹

(四)蒙版合成图片操作视频

1.请扫码观看蒙版合成图片的操作视频

蒙版合成图片的操作

2.请扫码观看蒙版人物合成的综合操作视频

蒙版人物合成的综合操作

第二节　美图秀秀图像处理

一、美图秀秀简介及安装

(一)美图秀秀简介

　　美图秀秀是一款很好用的国产免费图片处理软件,软件的操作和程序相对于专业图片处理软件如光影魔术手、Photoshop 比较简单。美图秀秀独有的图片特效、人像美容、可爱饰品、文字模板、智能边框、魔术场景、自由拼图、摇头娃娃等功能可以让用户短时间内做出影楼级照片。美图秀秀还能做非主流闪图、非主流图片、QQ 表情、QQ 头像、QQ 空间图片等。

(二)美图秀秀的优点

　　(1)非常好用,不需要基础、人人都会用的图像处理软件。

　　(2)神奇的人像美容功能。

　　(3)海量饰品及多彩文字。

　　(4)轻松制作趣味场景。

　　(5)动感闪图打造最个性的你。

　　(6)摇头娃娃你的专属 QQ 表情。

(三)美图秀秀的缺点

(1)美化效果单一。

(2)美图速度很慢,效率不高。

(3)复原图片时程序繁琐。

(四)美图秀秀软件的安装

(1)进入美图官网(http://www.meitu.com/)找到美图软件进行美图软件的免费下载,出现如图 2-79 所示的对话框,单击"下载"进行下载。

图 2-79　美图软件下载对话框

(2)下载完成后,双击美图软件文件进行安装,单击"立即安装美图秀秀",如图 2-80 所示。

图 2-80　美图秀秀安装界面

(3)选择软件安装目录,单击"安装"按钮进行软件的安装,如图 2-81 所示。

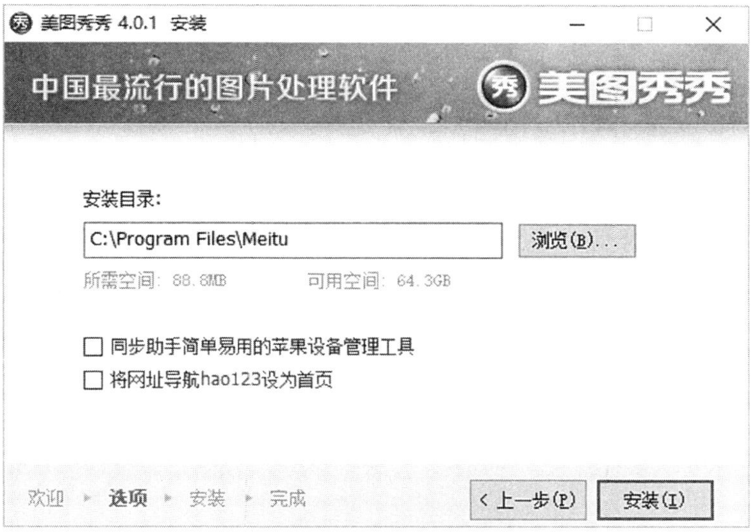

图 2-81　安装路径选择界面

（4）软件安装完成，单击"完成"按钮即可。

二、美图秀秀美化功能

（一）美图秀秀主界面
完成安装后，打开美图秀秀软件，其主界面如图 2-82 所示。

图 2-82　美图秀秀的主界面

（二）美图秀秀的功能区介绍
美图秀秀分为八大功能模块：美化（基础图片处理＋图片特效）、美容（人像美容）、饰品、文字（文字编辑）、边框（智能边框）、场景、拼图以及更多功能里面的九格切图、摇头娃娃和闪图。

美图秀秀右上角基础操作区域包括打开、新建和保存与分享功能。

【实例】下面我们通过一个实例学习美图秀秀软件的各种功能。

1. 美化功能

打开一张美图秀秀自带的图片，美图秀秀会自动进入美化区，如图 2-83 所示。

选择上部红色框中的功能可以对照片进行大小等的处理，以适应需要。

选择左侧红色框中的功能可以对照片的亮度、对比度、色彩饱和度、清晰度进行设置，利用各种画笔对图像进行处理。

选择右侧蓝色框中的功能可以对图像加各种特效。在选择一种特效后，可以选择左上角红色框中的色彩调整和基础调整，可以对需要的特效进行修正，以达到自己满意的效果。在选择的时候，不要连续选，对一种效果不满意，要先取消该特效，然后再选择另外一种特效。

图 2-83 "美化"功能界面

2. 美容功能

选择美容，左侧有一系列美容的功能选择，选择自己需要的功能，会弹出相应的页面。页面左下角有一个教程，可以单击进行观看，所有的处理功能介绍上面都会有。

在美容功能界面可以看到美形（瘦脸瘦身）、美肤（皮肤美白、祛痘祛斑、磨皮、腮红笔）、眼部（眼睛放大、眼部饰品、睫毛膏、眼睛变色、消除黑眼圈）及其他功能（唇彩、消除红眼、染发、美容饰品），如图 2-84 所示。

图 2-84　"美容"功能界面

比如皮肤美白功能,如图 2-85 所示,按照左上角红色框中的操作提示进行美白。蓝色框中有供选择的道具。如果要画比较细微的部分,可以调整画笔的大小;如果觉得多余了,可以选择用橡皮擦擦掉;如果觉得不够满意,可以直接选择右侧的一系列一键美白;如果不需要对某一个部分进行美白,这是一个较好的选择。

图 2-85　"皮肤美白"功能对话框

在一项美容功能完成后,要单击"应用"按钮进行保存。如果对于所做处理不够满意,可以单击"取消",这样所有皮肤美白的处理就会取消。

3. 饰品功能

单击"饰品",进入饰品功能界面,如图 2-86 所示。可以根据需要选择静态饰品或者动态饰品。选择之后,右侧会出现一系列可供选择的素材,单击想要的素材,素材会出现在图片上,调整素材的位置和大小即可。可以单击下侧的对比和预览查看效果是否满意。

图 2-86　"饰品"功能界面

4. 文字功能

选择文字功能中的"输入文字",输入文字,如图 2-87 所示。然后选择对话框的字体调整功能对文字进行调整,如图 2-88 所示。

图 2-87　"文字功能"对话框

　　文字功能中的漫画文字的原理与先加饰品然后输入文字的效果是差不多的,可以选择素材,素材会直接出现在图片中,然后输入文字,进行调整即可。

　　文字功能中的动画文字,先单击"动画闪字",然后右侧会出现一系列可供选择的模板,每一个效果都有显示,选择自己需要的效果即可。输入文字,对文字进行编辑处理。可以选择下面的预览,看效果是否满意。

　　文字功能中的文字模板功能,如果做不出自己想要的效果,文字模板中有很多现成的文字可供选择。可以根据模板中的提示,更快地选择想要的文字,直接单击素材即可。但是有一个缺点,模板不能输入自己想要的准确文字,如图 2-89 所示。

　　5. 边框功能

　　给照片加上边框,"边框"功能界面如图 2-90 所示。单击左侧红色框中需要的边框,会弹出右侧选择功能区,选择想要的边框,边框会直接出现在照片周围。这里,当选择另一种边框样式时,前面一种样式会自动消失,与光线调整的操作方法不同。最后要单击"应用",边框才会被保存。

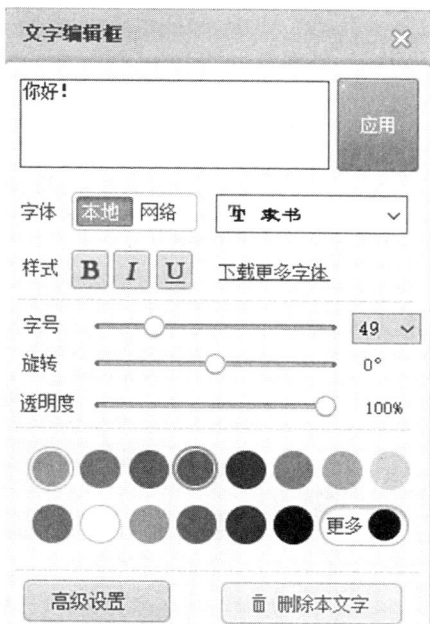

图 2-88　"文字编辑"对话框

图 2-89　"文字模板功能"对话框

图 2-90　"边框"功能界面

　　强调一个文字边框的功能,先单击右侧的边框,才会弹出一个对话框,此时边框花纹已经出现在照片周围,只要在左上角的红色框内输入想要的文字就可以了,文字可以通过框下方的字体编辑功能进行编辑,编辑完后的文字会直接出现在文字边框的文字部分,如图 2-91所示。

图 2-91　"文字边框"对话框

6. 场景功能

场景其实就是另一种边框,场景功能界面如图 2-92 所示。先看静态场景,选择想要的场景,软件会自动进行处理,然后我们可以根据自己的需要选择蓝色框中的功能对图片进行进一步的调整。其中,日历场景还可以供我们制作日历使用,如图 2-93 所示。

图 2-92　"场景"功能界面

图 2-93　"日历场景功能"对话框

介绍另外一种动态场景：直接单击想要的动态场景，会弹出一个编辑框，如果效果满意直接保存即可；如果不满意，则单击"编辑动画场景"，对图片的位置等进行调整，以符合自己的要求。

7. 拼图功能

拼图功能是将两张或者多张图像拼成一张图像，"拼图"功能界面如图 2-94 所示。

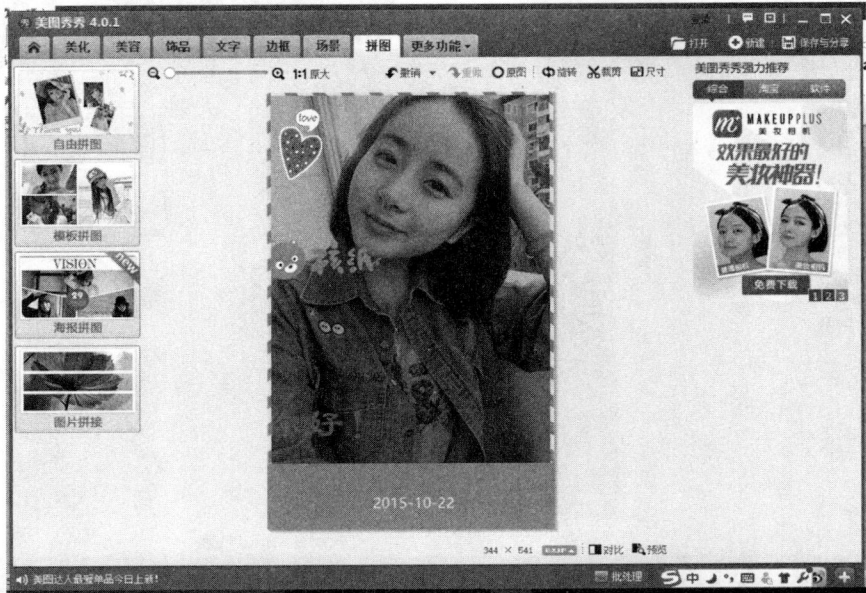

图 2-94 "拼图"功能界面

拼图分为自由拼图、模板拼图、海报拼图和图片拼接功能。添加图片后可以选择其中一种拼图功能对图像进行拼接，其中"海报拼图功能"对话框及效果如图 2-95 所示。

图 2-95 "海报拼图功能"对话框

　　最后,如果图片中有动态元素,在保存时有两种选择,如果保存为静态图片,则没有动态效果,如果保存为动态图片,则为 gif 格式,如图 2-96 所示。

图 2-96　"保存与分享"对话框

第三节　位图转矢量处理

一、Vector Magic 介绍

　　随着科技的发展,人工智能的进步,在现实生活中,除了传统的手绘外,已有诸多提高知名度和加强宣传力度的便捷方法,最典型的是制作大型海报。而大型海报在保证其大小的同时也不可忽视宣传内容的清晰度。例如,一张大型海报上需出现此企业的 logo,那么一个非高清、低分辨率的 logo 位图如何以高清的形式打印在海报上,这便是一个迫切需要解决的问题。

　　Vector Magic 矢量图形转换器是一款功能强大的位图转矢量图的编辑软件,它基于 Flash 技术构建,用户无须注册就可上传自己的位图进行转换操作。Vector Magic 会帮助进行自动识别和分析。用户可选择相应的转换级别,从而达到自己所需的效果。转换后的图像可以下载为 eps 格式及 svg 格式,也可直接共享。

二、Vector Magic 操作案例

　　下面以杭州市中医院 logo 为例介绍位图转矢量图的操作。

　　(1)打开 Vector Magic 软件,进入界面,将待转化位图直接拖入虚线框内,如图 2-97 所示。

图 2-97　Vector Magic 界面

（2）拖入成功后，单击"Next"按钮，此时界面如图 2-98 所示。

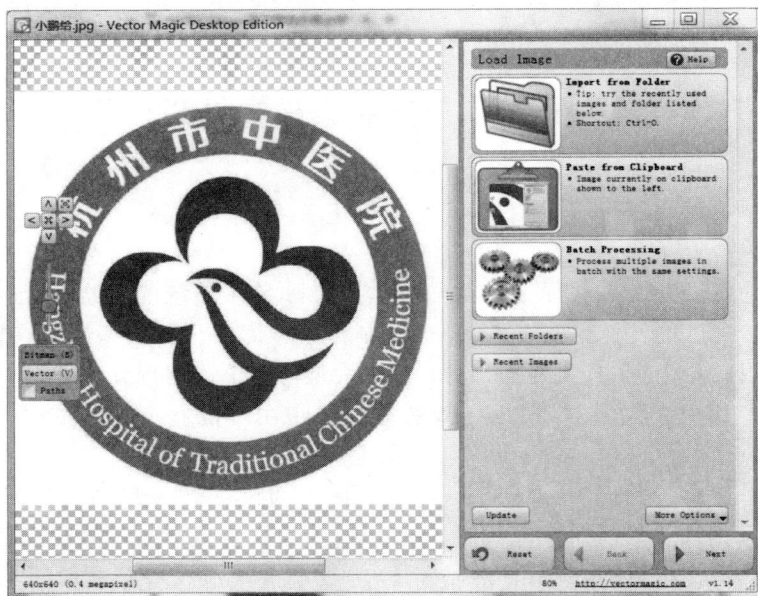

图 2-98　拖入图片后的界面

（3）单击第二项 Basic，然后依次回答此项设置的三个问题，如图 2-99 所示。

图 2-99　单击第二项 Basic

回答 Basic 项设置的第一个问题,单击问题一的第二项 Artwork with Blended Edges,如图 2-100 所示。

图 2-100　单击问题一的第二项 Artwork with Blended Edges 界面

【注意】Image Type(图像类型)有三种选择。

①照片模式:如数码相机获取的人物或风景照。

②有虚边的插图模式:经过抗锯齿处理过的图像,当不确定类型时,也可以选此项。

③无虚边的插件模式:图像边缘是硬的,指没有经过抗锯齿处理的图像。

回答 Basic 项设置的第二个问题。单击问题二的第一项 High(此项根据个人需求,清晰度自上而下依次降低),如图 2-101 所示。

图 2-101　单击问题二的第一项 High 的界面

回答 Basic 项设置的第三个问题。单击问题三的第三项 Unlimited Colors,如图 2-102 所示。

图 2-102　单击问题三的第三项 Unlimited Colors

【注意】Color Mode(颜色模式)也有三个选项。

①双色模式:较为典型的代表是黑白色。

②自定义颜色:颜色由用户自定义。程序会提供建议的调色板,用户可以进行编辑。

③无限制颜色:使用所有必要的颜色,对有渐变的图像比较好。

(①、③项程序自动矢量化,②项会进入用户自定义颜色选择面板。)

(4)单击"Next"后,进入下一步转换矢量图。转换完毕后放大,图像依然保持干净、清晰、无虚边、无噪点、高质量。少许细节差错是由于中和原位图中的噪点、虚边所致,后期可有 Photoshop 进行细节处理,如图 2-103、图 2-104 所示。

图 2-103　转换矢量图过程

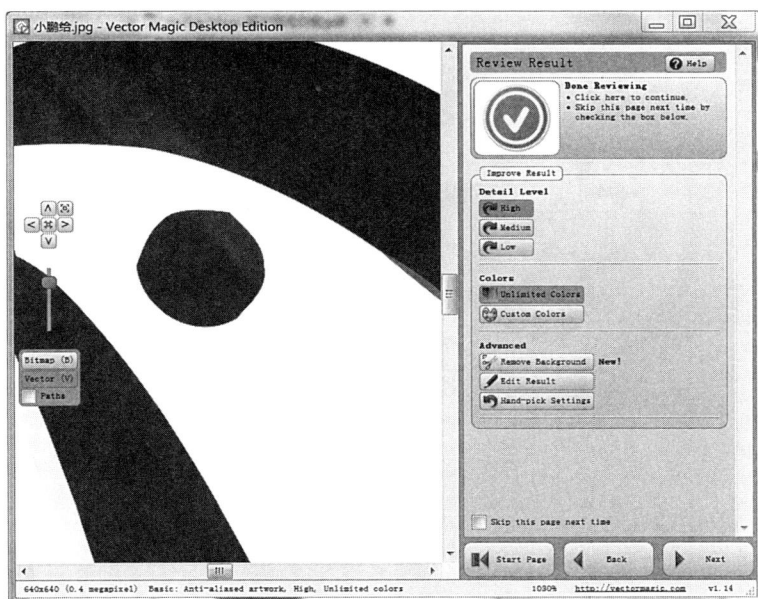

图 2-104　转换矢量图结果

(5)若无其他更改,单击"Next",直接跳过此步进入下一步操作,如图 2-105 所示。

图 2-105　单击"Next"后的界面

（6）单击第二项 Bitmap Export 进行图像尺寸修改，如图 2-106 所示。

图 2-106　单击第二项 Bitmap Export 修改尺寸

（7）修改为希望得到的图像尺寸（如：Width6000/Height6000），此处可再单击"Save"保存。在 Filename 的上方可更改文件存储地，如图 2-107 所示。

图 2-107　修改图像尺寸

【注意】Save as：另存为文件，将结果储存为需要的格式，再在别的应用程序中打开使用；Drag and Drop：拖到 AI 直接使用。

如图 2-108 和图 2-109 所示的是操作前后的图片细节对比。图 2-110 是在图 2-106 的基础上经 Photoshop 处理后的细节。

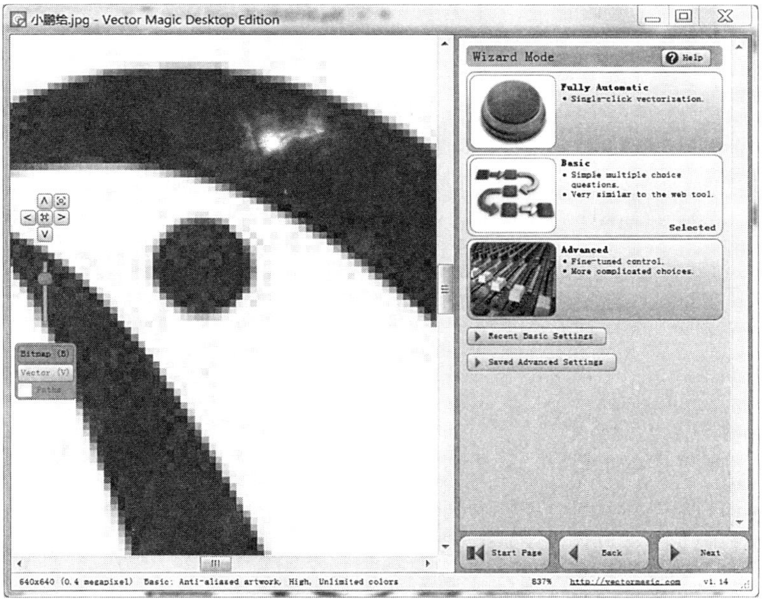

图 2-108　图片操作前的细节

图 2-109　图片处理后的细节

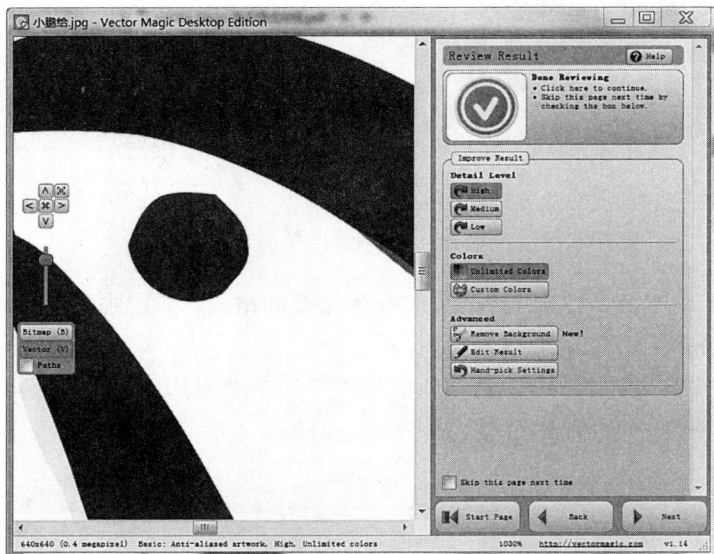

图 2-110　Photoshop 处理后的结果

　　总之，Vector Magic 这款软件，操作简单易上手，省去了很多人工 PS 的时间，大大提高了工作效率。掌握 Vector Magic 的基本操作，各类非高清位图便不再成为棘手的问题。

本章小结

　　本章主要介绍了数字图像处理的一些基本概念，熟练地使用平面图片处理工具可以帮助我们设计出精美的作品。Photoshop 是目前最为流行的专业图形处理软件，它强大的图形处理功能被广泛应用在广告美术设计等各个领域。通过掌握图层、选区、蒙版、画笔、路径、滤镜等基本工具的操作方法，满足对日常图片处理的需求。本章还介绍了一款流行的傻瓜式操作的照片美化工具——美图秀秀，该工具可以完成大多数美化照片的任务。最后介绍了一款可以将模糊的图标转换成矢量图的工具——Vector Magic，该工具可以将模糊的图标变成清晰的图标。灵活运用各种图形处理工具，运用各种技法，结合自己的创意，就可以出色完成日常生活中的各种图形处理任务，并创造出完美的作品。

习　题

1. 填空题

(1)Photoshop CS3 中基本的规则选区有_____、_____和_____。选区的基本运算有_____、_____、_____和_____。

(2)Photoshop CS3 中是通过_____对话框来实现前景颜色和背景颜色的设置的。

(3)Photoshop CS3 中路径上的锚点有两种,分别是_____和_____;每个锚点有_____个方向线。

(4)使用路径勾勒出的形状可以进行描边和_____操作,还可以把路径转化为_____。

2. 操作题

(1)使用 Photoshop CS3 自带的 Eagle.pds 为原始素材制作图像。

(2)使用截屏软件,以 Photoshop CS3 启动画面为素材,制作书目封面图像。

(3)使用 Photoshop CS3 将你的照片合成到风景画中。

(4)综合利用所学的 Photoshop CS3 图片处理技术,制作一张有特定主题的海报。

第三章

动画制作

第一节　动画概述

一、动画原理

所谓动画,也就是使一幅图像"活"起来的过程。使用动画可以清楚地表现出一个事件的过程,或是展现一个活灵活现的画面。动画是通过在连续多格的胶片上拍摄一系列单个画面,如图 3-1 所示,从而产生动态视觉的技术和艺术。这种视觉效果是通过将胶片以一定的速率放映体现出来的。动画是利用人眼的视觉残留原理,实验证明,动画和电影的画面刷新率为 24 帧/秒,即每秒放映 24 幅画面,则人眼看到的是连续的画面效果。

图 3-1　小人动画分解

请扫下面的二维码观看小人动画效果演示:

小人动画效果演示

二、计算机动画

计算机动画分为二维动画和三维动画。二维动画是平面上的画面,在纸张、照片或计算机屏幕显示,无论画面的立体感多强,终究是二维空间上模拟真实三维空间效果。而三维动画中的景物有正面、侧面和反面。调整三维空间的视点,能够看到不同的内容。

计算机动画是指采用图形与图像处理技术,借助于编程或动画制作软件生成一系列的景物画面,其中当前帧是前一帧的部分修改。计算机动画是采用连续播放静止图像的方法产生物体运动的效果。计算机动画的关键技术体现在计算机动画制作软件及硬件上。

计算机动画制作软件目前很多,如 Ulead Gif Animator、Fireworks、Flash、Photoshop CS 等。不同的动画效果取决于不同的计算机动画软、硬件的功能。虽然制作的复杂程度不同,但动画的基本原理是一致的。

二维动画制作:输入和编辑关键帧,计算和生成中间帧,定义和显示运动路径,交互给画面上色,产生特技效果,实现画面与声音同步,控制运动路径和方式等。

三维动画制作:计算机三维动画是根据数据在计算机内部生成的,而不是简单的外部输入。制作三维动画首先要创建物体模型,然后让这些物体在空间动起来,如移动、旋转、变形、变色,再通过打灯光等生成栩栩如生的画面。创作一个三维动画的过程包括造型、动画、绘图。

计算机动画按照存储方式又可以分为位图动画和矢量动画。位图动画即 GIF 动画,是由一系列相邻的图片或照片组成,属于逐帧动画,可以由 Ulead Gif Animator、Fireworks、Photoshop CS3 软件来制作生成。矢量动画即 Flash 动画,动画内容一般由计算机内部软件生成,可以由 Fireworks、Flash 软件来制作生成。

第二节　Photoshop CS3 制作 GIF 动画

图像互换格式(Graphics Interchange Format,GIF)是 CompuServe 公司在 1987 年开发的图像文件格式。目前几乎所有相关软件都支持它,有大量的软件在使用 GIF 图像文件。GIF 图像文件的数据是采用可变长度等压缩算法压缩过的。GIF 格式的另一个特点是其在一个 GIF 文件中可以存多幅彩色图像,如果把存于一个文件中的多幅图像数据逐幅读出并显示到屏幕上,就可构成一种最简单的动画。

GIF 格式自 1987 年由 CompuServe 公司开发后,因其存储所需空间小而成像相对清晰,特别适合于初期慢速的互联网而大受欢迎。它采用无损压缩技术,只要图像不多于 256 色,则可既减少文件的大小,又保持成像的质量。

可以制作 GIF 动画的软件较多,常用的有 Ulead Gif Animator 5、Fireworks、Flash、Photoshop CS 等。本节主要介绍使用 Photoshop CS3 制作 GIF 动画的基本方法。需要注意的是,在 Adobe Photoshop CS3 版本以前,制作动画是需要 ImageReady 这个软件(可以在 Photoshop CS 里直接切换)。Phtotoshop CS3 和更高的版本已经将 ImageReady 的功能集成在软件内部了,不需要切换(也找不到切换的按钮了),只需要在菜单窗口打开动画面板就可以了。

一、实例 1　文字动画

(一)实例简介

本范例通过一个遮罩层、一个文字层,逐帧显示文字,展示了使用 Photoshop CS3 制作 GIF 动画的基本操作过程。

(二)知识要点

◆　打开动画面板

◆　添加、删除帧

◆　播放时间的设置

◆　GIF 文件的保存

(三)操作步骤

(1)执行"窗口"→"动画",打开"动画"面板。

(2)执行"文件"→"新建",新建 400×100 像素文件,如图 3-2 所示(注意:一般制作动画文件时,图片尺寸不能设置得太大,否则会影响动画播放效果和速度)。

图 3-2　新建文档

(3)将前景色设置为黑色,单击工具箱中的 **T** 按钮,输入"白衣天使",将文字大小设置为 72 点,字体设置为"隶书",移动到正中间,如图 3-3 所示。

图 3-3　输入文本

(4)单击图层面板右下方的 按钮,新建一个图层,再单击工具箱中的矩形选框工具按钮,绘制一个文本大小的矩形区域。

(5)设置前景色为白色,按"Alt＋Delete"组合键,使用前景色填充矩形选择区域,按"Ctrl＋d"取消选区。

(6)单击动画面板左下方的 按钮3次,复制3个动画帧,如图3-4所示。

图 3-4　复制动画帧

(7)选中动画面板上的第1帧,并在图层面板上设置图层1为当前图层。向右拖动图层1中的白色矩形框至露出"白"字,如图3-5所示。

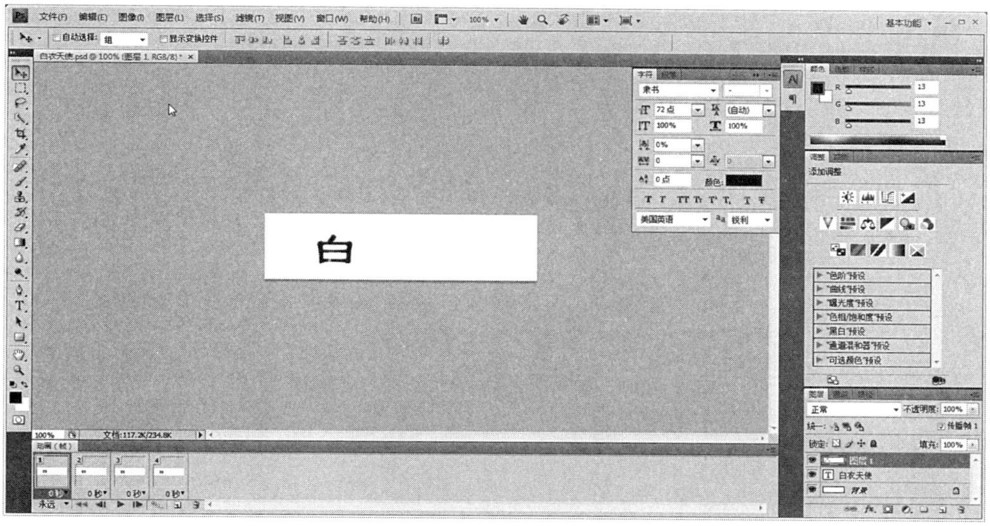

图 3-5　第1帧设置

(8)选中动画面板上的第2帧,并在图层面板上设置图层1为当前图层。向右拖动图层1中的白色矩形框至露出"衣"字。

(9)选中动画面板上的第3帧,并在图层面板上设置图层1为当前图层。向右拖动图层1中的白色矩形框至露出"天"字。

(10)选中动画面板上的第4帧,并在图层面板上设置图层1为当前图层。向右拖动图层1中的白色矩形框至露出"使"字,如图3-6所示。

(11)单击动画面板下方的 0秒▼ 按钮,在弹出菜单中将4帧播放延迟时间均设置为0.2秒,如图3-7所示。

(12)单击"文件"→"存储为"→"web和设备所用格式",在弹出的对话框中,选择 GIF 格式,单击"存储"按钮完成保存。

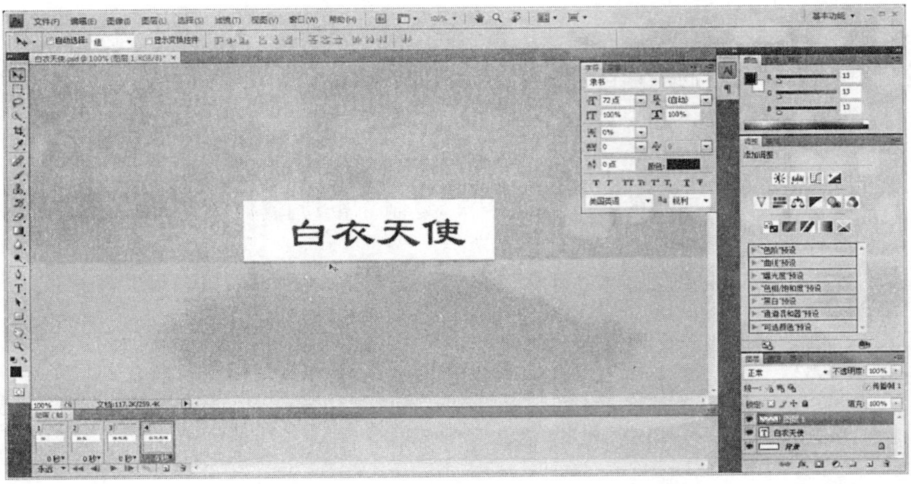

图 3-6　完成设置后效果

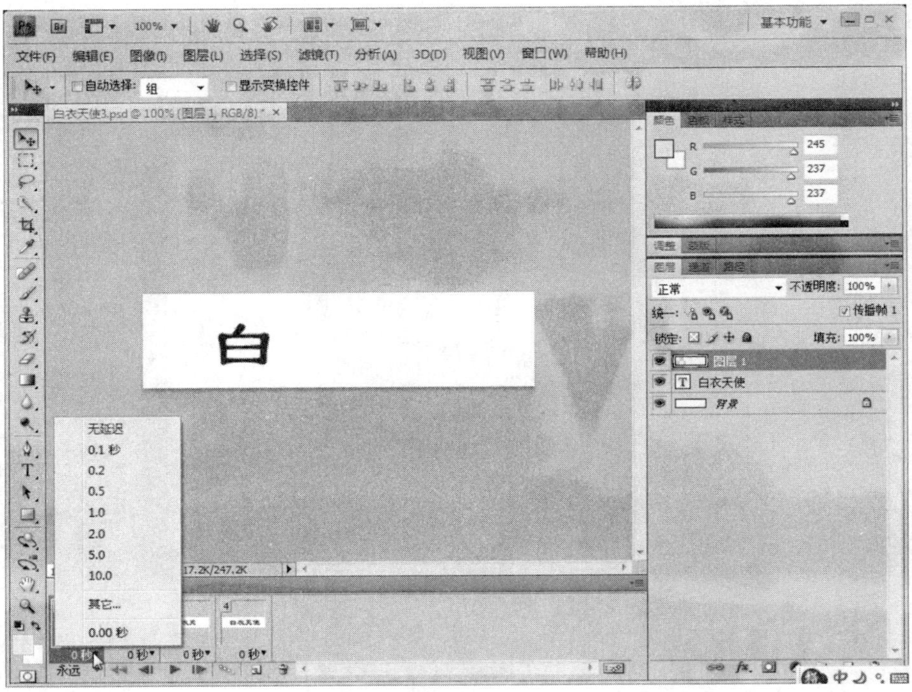

图 3-7　延迟时间设置

(四)请扫码观看文字动画制作

1. 请扫码观看文字动画效果

文字动画效果

2.请扫码观看文字动画制作演示视频

文字动画制作演示视频

二、实例 2　闪烁星光

(一)实例简介

本范例通过 1 个图片层、2 个星光层,设置星光层隐藏,实现星光闪烁效果。

(二)知识要点

◆　画笔工具

◆　添加、删除帧

◆　图层隐藏

(三)操作步骤

(1)执行"窗口"→"动画",打开动画面板,执行"文件"→"打开",打开一幅夜空图片。

(2)单击"图层"面板上的 按钮 2 次,新建 2 个空白图层。

(3)选中"图层 1",单击工具箱中的画笔工具,单击左上方 右方的 按钮,打开画笔设置窗口,选择"混合画笔",单击"追加",如图 3-8、图 3-9 所示。

(4)选中 画笔形状,设置前景色为白色,在工作区中单击鼠标,并修改 参数,画出不规律的大小不一的星光,如图 3-10 所示。

(5)在图层面板上,在图层 1 前方单击,将图层 1 设置为 。选中图层 2,按照与以上相同的步骤绘制一组与图层 1 交错的星光,如图 3-11 所示。

(6)单击动画面板左下方的 按钮 1 次,复制 1 个动画帧。

(7)选中动画面板的第 1 帧,在图层面板上隐藏"图层 2",如图 3-12 所示。

(8)选中动画面板的第 2 帧,在图层面板上隐藏"图层 1"。

(9)单击动画面板下方的 按钮,在弹出菜单中设置播放延迟时间为 0.1 秒。

(10)单击"文件"→"存储为"→"web 和设备所用格式",在弹出的对话框中,选择 格式,单击"存储"按钮完成保存。

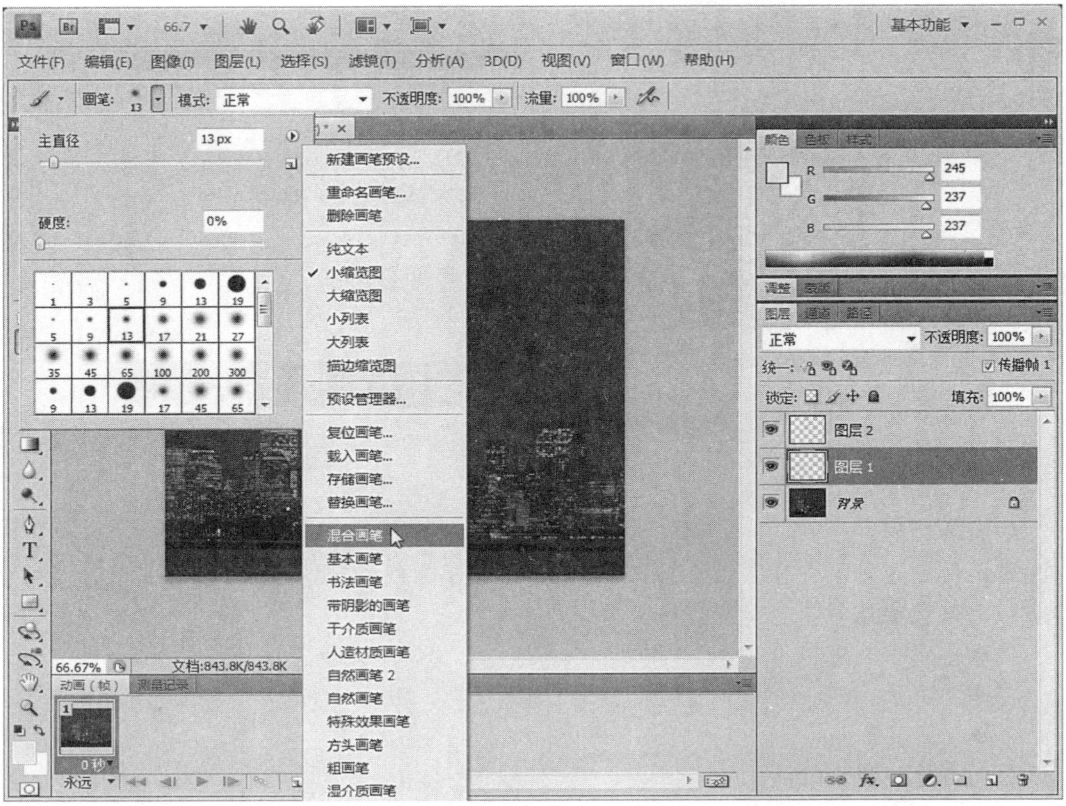

图 3-8　画笔设置(一)

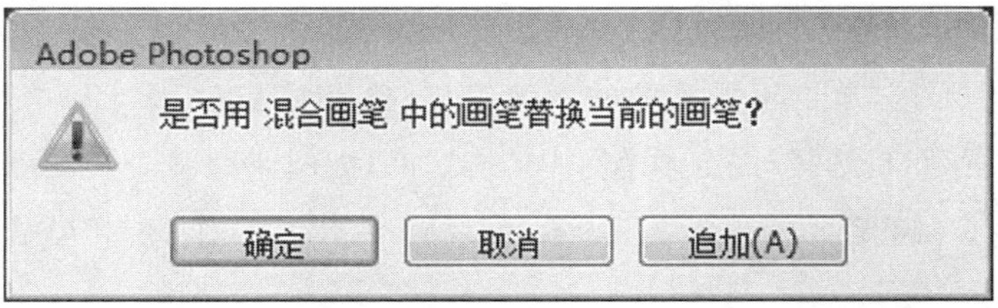

图 3-9　画笔设置(二)

图 3-10　图层 1 上绘制星光

图 3-11　图层 2 上绘制星光

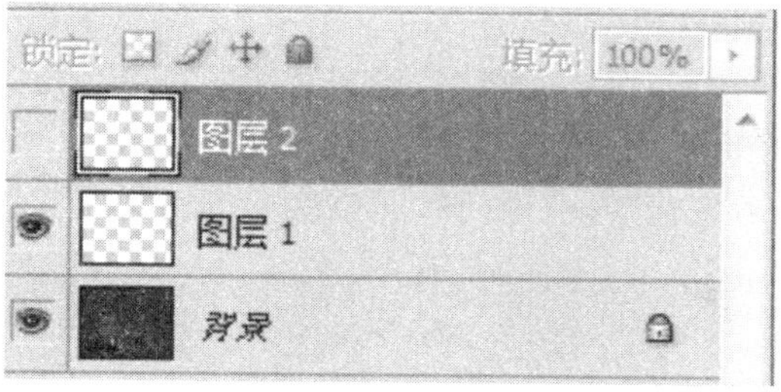

图 3-12　隐藏图层 2

(四)请扫码观看星星动画制作

1.请扫码观看星星动画效果

星星动画效果

2.请扫码观看星星动画制作演示视频

星星动画制作演示视频

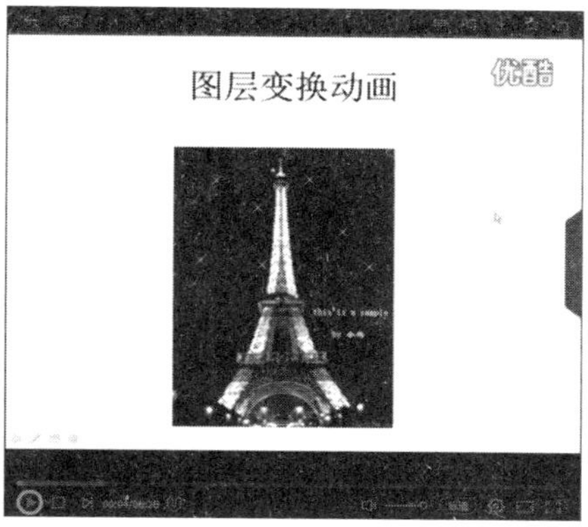

三、实例 3　眨眼动画

(一)实例简介

本范例通过动画面版配合图层的隐藏和显示功能制作一幅眨眼 GIF 动画。

(二)知识要点

◆　添加、删除帧

◆　仿制图章的使用

◆　图层隐藏

(三)操作步骤

(1)执行"窗口"→"打开",打开一幅女孩人脸图像。

（2）双击背景图层，解锁背景图层。

（3）在背景图层处右击，复制图层。单击"确定"，复制背景图层。

（4）将图层 0 副本的显示比例设置为 300％（操作方法：在左下方的显示比例处直接输入 300％，或在工作区中单击后按住"Alt"键同时向前滚动鼠标滚轮），效果如图 3-13 所示。

图 3-13　图像局部放大

（5）选择仿制图章，主直径设为 10，按住"Alt"键，在眉毛下方单击完成取色。在复制的图层中用仿制图章工具把眼睛涂抹掉。涂抹过程中可以多次取色，颜色尽量逼真（如果图片不是很复杂，也可能直接用涂抹工具来涂抹），如图 3-14 所示。

图 3-14　涂抹眼睛

（6）用画笔和铅笔画出眼睫毛。前景色设置为黑色,画笔设置为柔角 5 像素,不透明度设置为 70%,在下眼皮处画一弧线。将铅笔设置为尖角 1 像素,不透明度设置为 50%画出眼睫毛,如图 3-15、图 3-16 所示。（注:在实际操作中,该步骤可省略。）

图 3-15　设置画笔

图 3-16　用画笔画眼睫毛

（7）单击"窗口"→"动画"，打开动画面板。在动画面板左下方，单击"图层"面板上的

按钮2次，新建2个空白图层。

（8）单击第1帧，在图层0副本处单击 👁，使其隐藏，如图3-17所示。

图 3-17　隐藏图层0

（9）单击第2帧，在图层0副本处单击 👁，使其显示，在图层0处单击 👁，使其隐藏，如图 3-18 所示。

图 3-18　显示图层0

（10）单击动画面板下方的 ⌈0秒▾⌉ 按钮，在弹出菜单中将3帧播放延迟时间均设置为0.2秒。

（11）单击"文件"→"存储为"→"web 和设备所用格式"，在弹出的对话框中选择 ⌈GIF　　　　　▾⌉ 格式，单击"存储"按钮完成保存。

（四）请扫码观看眨眼动画制作

1. 请扫码观看眨眼动画效果之一

眨眼动画效果之一

2. 请扫码观看眨眼动画效果之二

眨眼动画效果之二

3. 请扫码观看眨眼动画制作演示视频

眨眼动画制作演示视频

四、实例4　花开动画

（一）实例简介

本范例通过4个不同花朵开放状态的图片，建立4个不同图层，通过设置图层隐藏和透明度，实现花开的动态播放效果。

(二)知识要点

◆　添加、删除帧

◆　图层隐藏

◆　图层透明度

(三)操作步骤

(1)运行 Photoshop CS3,打开 4 幅不同花朵图片(花开-1. jpg、花开-2. jpg、花开-4. jpg、花开-4. jpg),如图 3-19 所示。

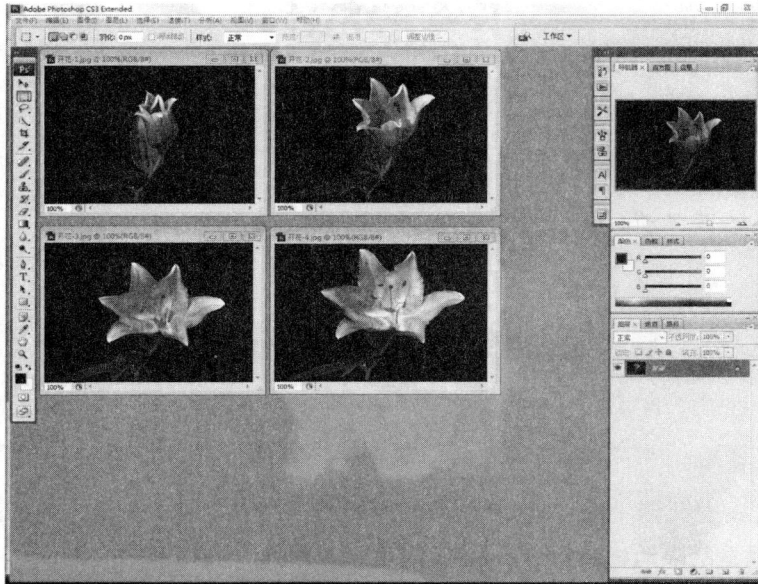

图 3-19　打开 4 幅花朵图片

(2)选中任意一幅图片,比如第 4 幅花朵图片(花开-4. jpg),可以看到图层面板上显示了该图片的图层。接下来要做的是将 4 幅花朵图片分别放到 4 个不同图层中去,这可以用两种方法来实现。

第一种方法:选中花开-3. jpg 图片框,将花朵全部选中(Ctrl+A),复制(Ctrl+C),然后单击花开-4. jpg 图片框,把刚才复制的花开-3. jpg 粘贴到花开-4. jpg 图片中,这时我们可以看到花开-4. jpg 图片的图层中多了一个新图层(图层的内容是花开-3. jpg 图片),以此类推,将花开-2. jpg 和花开-1. jpg 图片也都复制粘贴到花开-4. jpg 图片中,那我们就看到 4 个不同图层的内容了,为了区分方便,我们将 4 个图层分别命名为花开-1、花开-2、花开-3、花开-4,如图 3-20 所示。

第二种方法:可以先在花开-4. jpg 图片的图层上新建其他 3 个空图层,然后把其他 3 个图片复制粘贴到相应的图层,效果是一样的。

(3)执行"窗口"→"动画",打开"动画"面板,可以看到动画面板里已经有了 1 帧动画帧了,该帧包含了 4 个图层,如图 3-21 所示(最上面的图层内容会盖住下面的图层,所以显示的是花开-1 图片)。

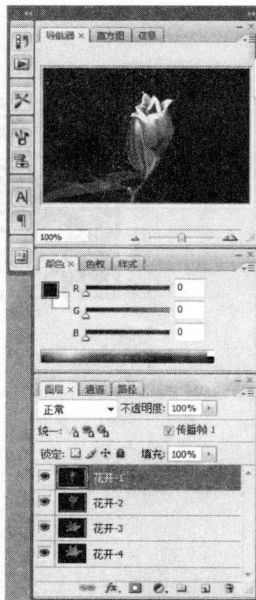

图 3-20　4 幅花朵图层

图 3-21　启动动画面板

（4）接下来我们要制作花开的动画过程了，首先我们单击动画面板的复制帧按钮（动画面板的右下倒数第二个，删除按钮旁边），将动画帧复制 11 帧，如图 3-22 所示（具体帧数可以适当增减，一般来说帧数越多，越容易做出细腻的动画效果）。

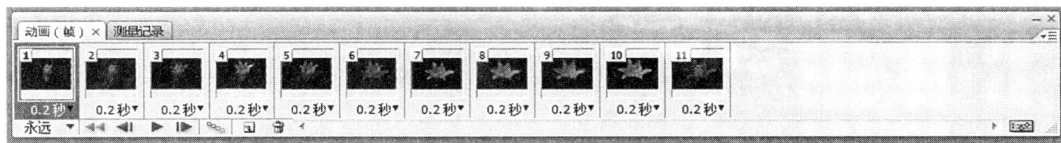

图 3-22　复制动画帧

（5）为了能做出花开动画的效果，我们依次将每个花开的状态保持一段时间，同时慢慢过渡到下一个状态，这样连续起来就有花开动画的效果了，具体如下：

第 1 帧：

花开-1 图层，透明度 100％；

花开-2 图层，透明度 100％；

花开-3 图层，透明度 100％；

花开-4 图层，透明度 100％。

第 2 帧：

花开-1 图层，透明度 75％；

花开-2 图层，透明度 100％；

花开-3 图层，透明度 100％；

花开-4 图层，透明度 100％。

第 3 帧：

花开-1 图层，透明度 40％；

花开-2 图层，透明度 100％；

花开-3 图层，透明度 100％；

花开-4 图层，透明度 100％。

第 4 帧：

花开-1 图层，透明度 0％（隐藏）；

花开-2 图层,透明度 100%;

花开-3 图层,透明度 100%;

花开-4 图层,透明度 100%。

第 5 帧:

花开-1 图层,透明度 0%(隐藏);

花开-2 图层,透明度 75%;

花开-3 图层,透明度 100%;

花开-4 图层,透明度 100%。

第 6 帧:

花开-1 图层,透明度 0%(隐藏);

花开-2 图层,透明度 40%;

花开-3 图层,透明度 100%;

花开-4 图层,透明度 100%。

第 7 帧:

花开-1 图层,透明度 0%(隐藏);

花开-2 图层,透明度 0%(隐藏);

花开-3 图层,透明度 100%;

花开-4 图层,透明度 100%。

第 8 帧:

花开-1 图层,透明度 0%(隐藏);

花开-2 图层,透明度 0%(隐藏);

花开-3 图层,透明度 75%;

花开-4 图层,透明度 100%。

第 9 帧:

花开-1 图层,透明度 0%(隐藏);

花开-2 图层,透明度 0%(隐藏);

花开-3 图层,透明度 40%;

花开-4 图层,透明度 100%。

第 10 帧:

花开-1 图层,透明度 0%(隐藏);

花开-2 图层,透明度 0%(隐藏);

花开-3 图层,透明度 0%(隐藏);

花开-4 图层,透明度 100%。

第 11 帧:

花开-1 图层,透明度 50%;

花开-2 图层,透明度 0%(隐藏);

花开-3 图层,透明度 0%(隐藏);

花开-4 图层,透明度 100%。

说明:第 11 帧是为了动画的循环,与起始的第 1 帧平滑过渡用的。

（6）为了控制花开动画的速度，可以将第 1 帧到第 11 帧全部选中，在帧的右下角设置时间，我们设置为 0.2 秒（不同的延时，会产生不同的动画速度）。

（7）好了，到这里我们的花开动画已经完成，可以单击动画面板的播放按钮预览一下花开动画，如图 3-23 所示。

（8）最后，我们可以将动画保存导出，单击"文件"→"存储为"→"web 和设备所用格式"，在弹出的对话框中，选择 GIF 格式，单击"存储"按钮完成保存。

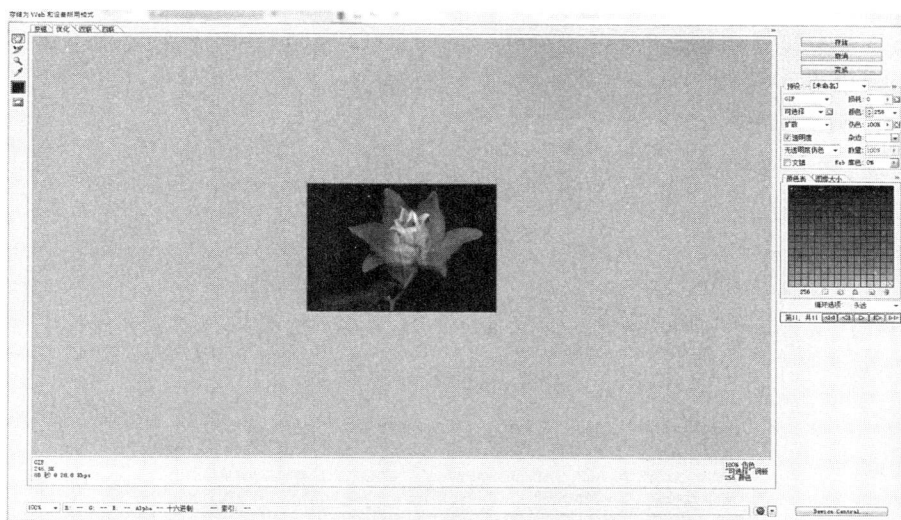

图 3-23　花开动画效果预览

(四)请扫码观看花开动画制作

1. 请扫码观看花开动画的效果

花开动画效果

2. 请扫码观看花开动画制作视频

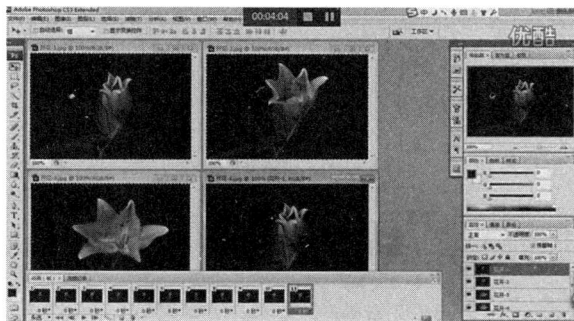

花开动画制作视频

第三节　Flash CS3 制作动画

一、实例 1　小球跳动

(一)实例简介

本范例通过设置笔触颜色和填充颜色,绘制小球,通过调整时间轴,实现小球跳动效果。

(二)知识要点

◆　文档的建立

◆　小球的绘制

◆　时间轴制作

◆　补间动画

(三)操作步骤

(1)执行"文件"→"新建"→"Flash 文件(Actionscript 2.0)"。

(2)设置工具栏笔触颜色为无▨,界面如图 3-24 所示。

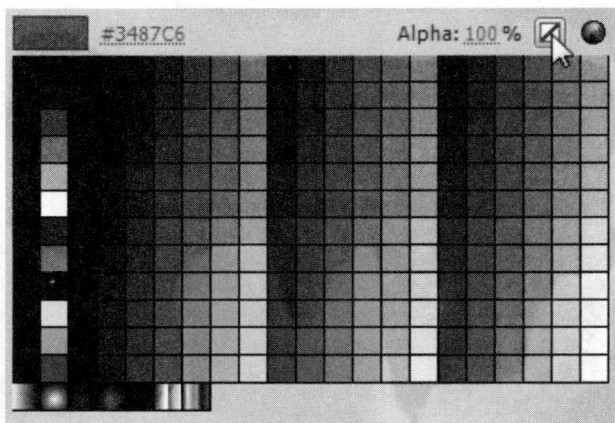

图 3-24　设置笔触颜色

(3)设置填充颜色为红色球心渐变▨。单击工具栏,选择矩形工具▢,单击右下方小箭头,选择椭圆工具。在文档中间绘制红色小球。

(4)使用选择工具▶单击文档上的小球,在属性窗口将小球位置和大小设置为 X:231.00,Y:40.00,高度和宽度设置为 61.00,如图 3-25 所示。

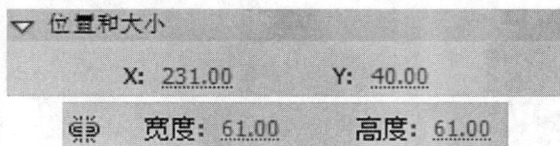

图 3-25　位置和大小、高度和宽度设置

（5）在图层 1 的第 10 帧处右击选择"插入关键帧"。

（6）在属性窗口将小球位置和大小设置为 X:231.00,Y:173.00,如图 3-26 所示。

图 3-26　位置和大小设置

（7）在图层 1 的第 20 帧处右击选择"插入关键帧"。

（8）在属性窗口将小球位置和大小设置为 X:231.00,Y:289.00。

（9）在图层 1 的第 30 帧处右击选择"插入关键帧"。

（10）在属性窗口将小球位置和大小设置为 X:231.00,Y:150.00。

（11）在图层 1 的第 40 帧处右击选择"插入关键帧"。

（12）在属性窗口将小球位置和大小设置为 X:231.00,Y:80.00。

（13）单击时间轴左下方新建按钮 ，在图层 1 之上新建图层（图层 2）。

（14）选中图层 2 第 1 帧,使用工具栏铅笔工具 ，将笔触颜色设置为黑色,在文档下部位置画一直线。

（15）使用选择工具 单击文档上的直线,在属性窗口将直线位置和大小设置为 28 和 350,如图 3-27 所示。

图 3-27　位置和大小设置

（16）按"Ctrl＋Enter"键可以预览效果。使用"文件"→"导出"→"导出影片"可以将文档导出为 swf 文件进行随时播放,效果如图 3-28 所示。

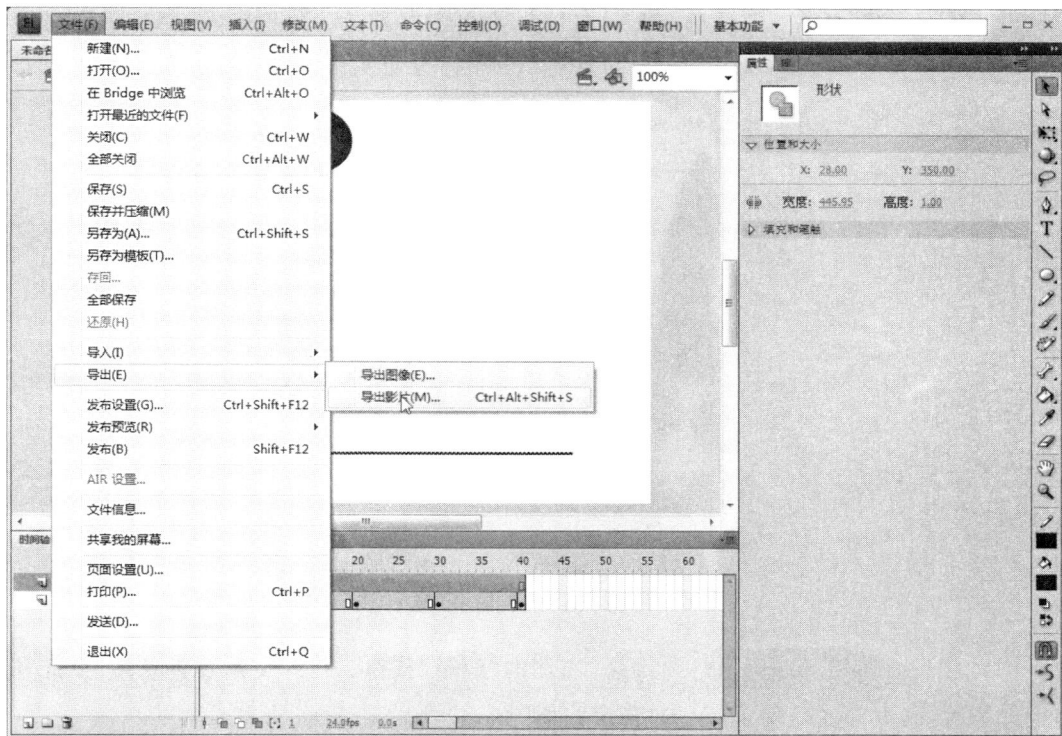
图 3-28　文件导出

（四）请扫码观看小球跳动动画制作视频

小球跳动动画制作视频

二、实例 2　写字动画（逐帧动画）

（一）实例简介

本范例通过创建一个背景图层，并在背景图层逐帧打字，创建"笔"图层，并逐帧移动笔的位置，实现写字的动画效果。

（二）知识要点

◆　图片导入到舞台、库

◆　文本的输入

◆　关键帧的插入

（三）操作步骤

（1）执行"文件"→"新建"→"Flash 文件（Actionscript 2.0）"。

（2）单击属性编辑，界面如图 3-29 所示。

图 3-29　设置文档大小

（3）单击 右侧的"编辑"按钮。打开文档设置界面，设置宽度为 600 像素，高度为 490 像素，单击"确定"，如图 3-30 所示。

（4）单击"文件"→"导入"→"导入到舞台"，将素材"信纸"导入到舞台，如图 3-31 所示。

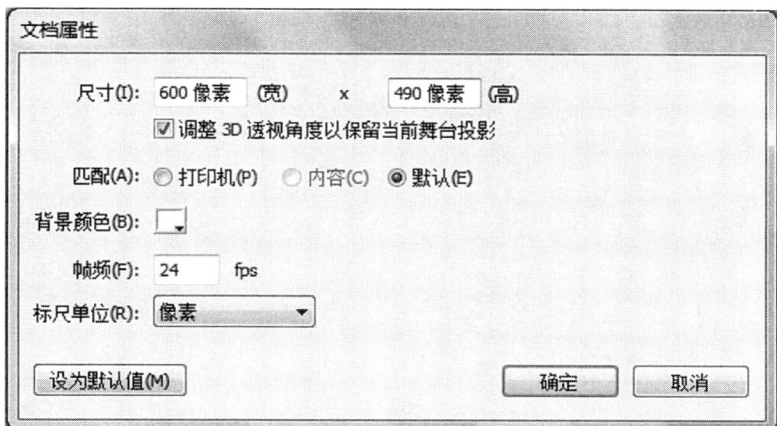

图 3-30　文档设置

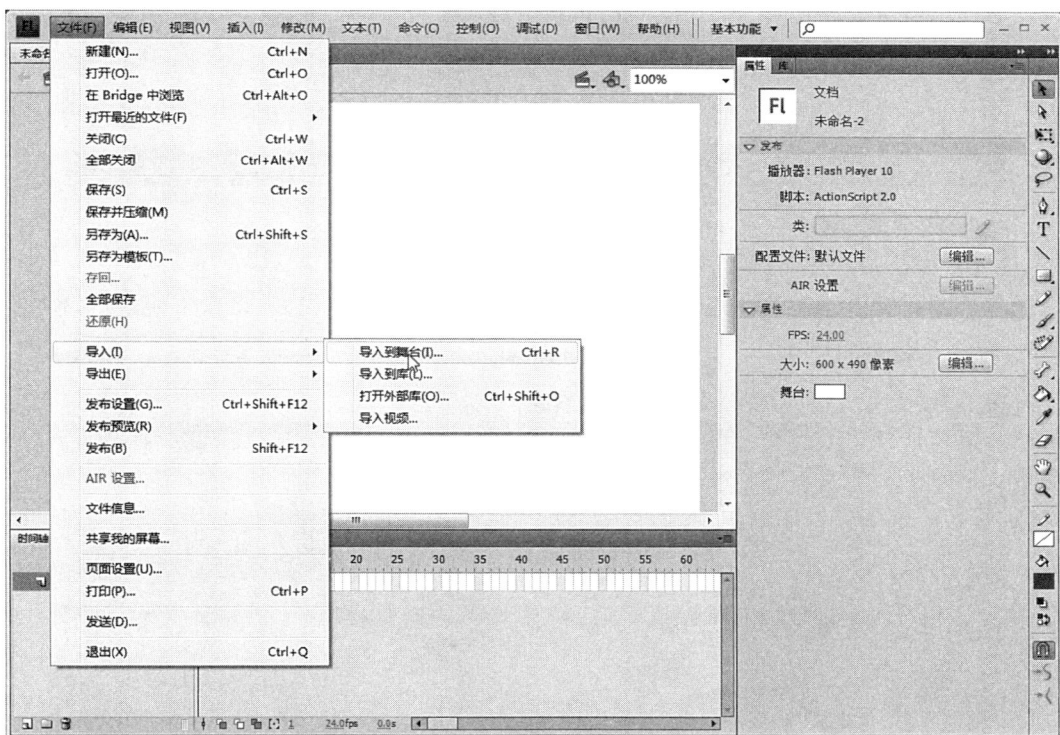

图 3-31　导入素材

（5）单击"文件"→"导入"→"导入到库"，将素材"笔.png"导入到库，如图 3-32 所示。

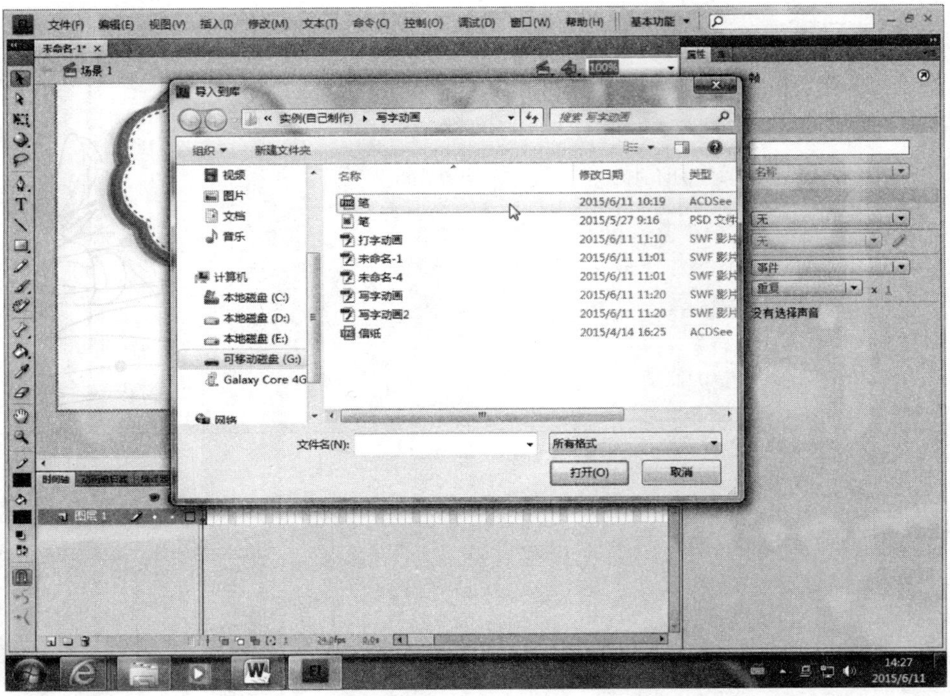

图 3-32　导入素材

（6）在图层 1 的第 20 帧处右击"插入关键帧"。

（7）单击图层 1 的第 1 帧处，使用文本工具 **T** 输入"亲爱的妈妈:母亲节快乐!"，输完一个字后插入关键帧再输下一个字，如图 3-33 所示。

图 3-33　输入文本

（8）在图层 1 上面新建一个图层（即图层 2），单击图层 2 的第 1 帧处，单击右上方"库"，使用选择工具 ，将"库"中的笔尖移动到信纸的第 1 行左上方"亲"字后面的位置，如图 3-34 所示。

图 3-34　笔位置设置（一）

（9）单击图层 2 的第 2 帧处，右击选择插入关键帧，将笔尖移动到"爱"字右下方位置，如图 3-35 所示。

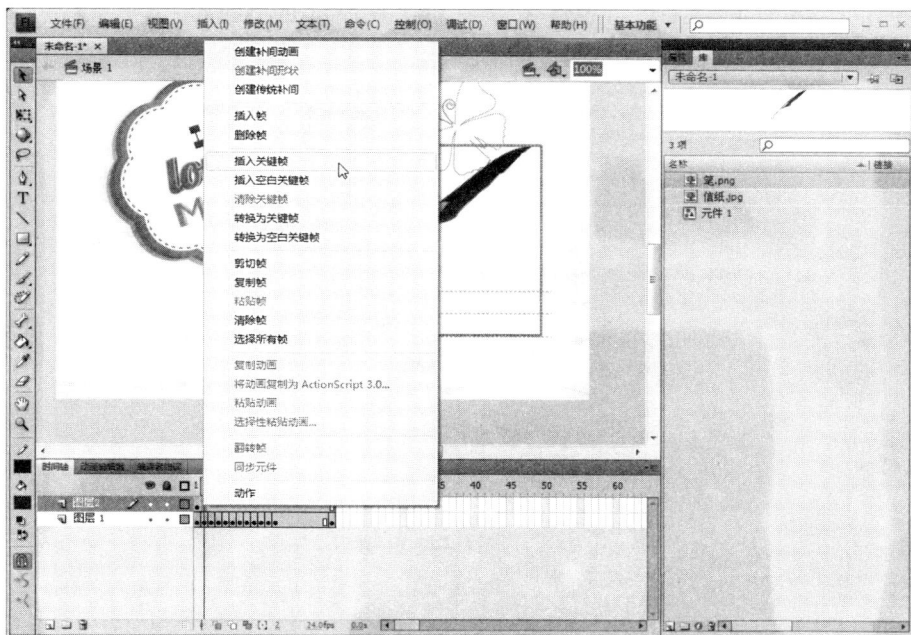

图 3-35　笔位置设置（二）

（10）按照第 9 步操作方法，依次插入关键帧，将笔尖往后移动一个字的位置（除了使用移动工具外也可使用键盘上的上下左右方向键进行移动）。

（11）按"Ctrl＋Enter"键查看动画效果。可以通过改变帧频来实现不同的写字速度效果。

（四）请扫码观看写字动画制作视频

写字动画制作视频

三、实例 3　跳动的心脏（补间动画）

（一）实例简介

本范例使用钢笔工具和转换锚点工具绘制心脏轮廓，使用填充工具进行填充来完成心脏的绘制，使用变形工具实现心脏大小的变化，使用补间动画完成跳动效果的设置。

（二）知识要点

◆　钢笔工具的使用

◆　转换锚点工具

◆　变形工具

◆　补间动画

（三）操作步骤

（1）执行"文件"→"新建"→"Flash 文件（Actionscript 2.0）"。

（2）设置工具栏笔触颜色为红色。

（3）设置填充颜色为红色。

（4）单击工具栏上的钢笔工具 ，在场景 1 上按照三角形的起点、中点、终点、对角线点、起点依次单击，效果如图 3-36 所示。

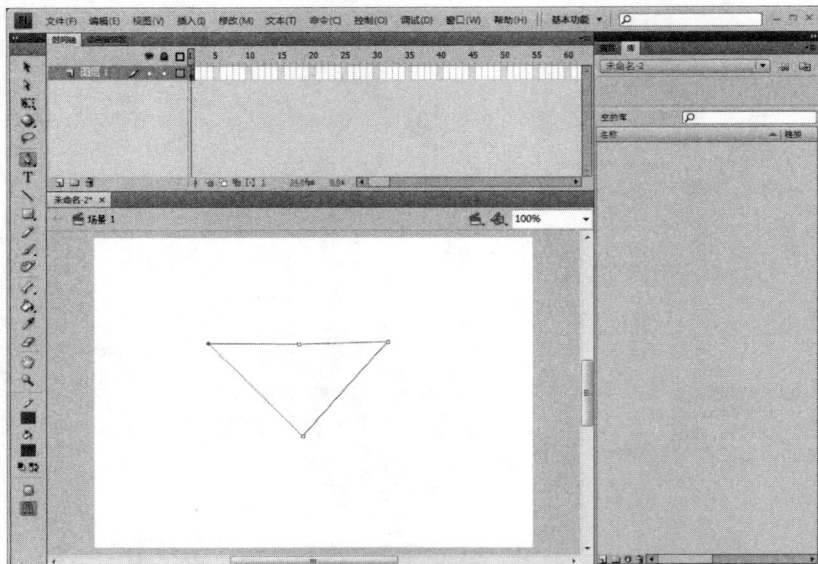

图 3-36　绘制红心

（5）单击钢笔工具右下方的小三角形，选择"转换锚点工具"，单击起始点，向上转动，效果如图 3-37 所示。

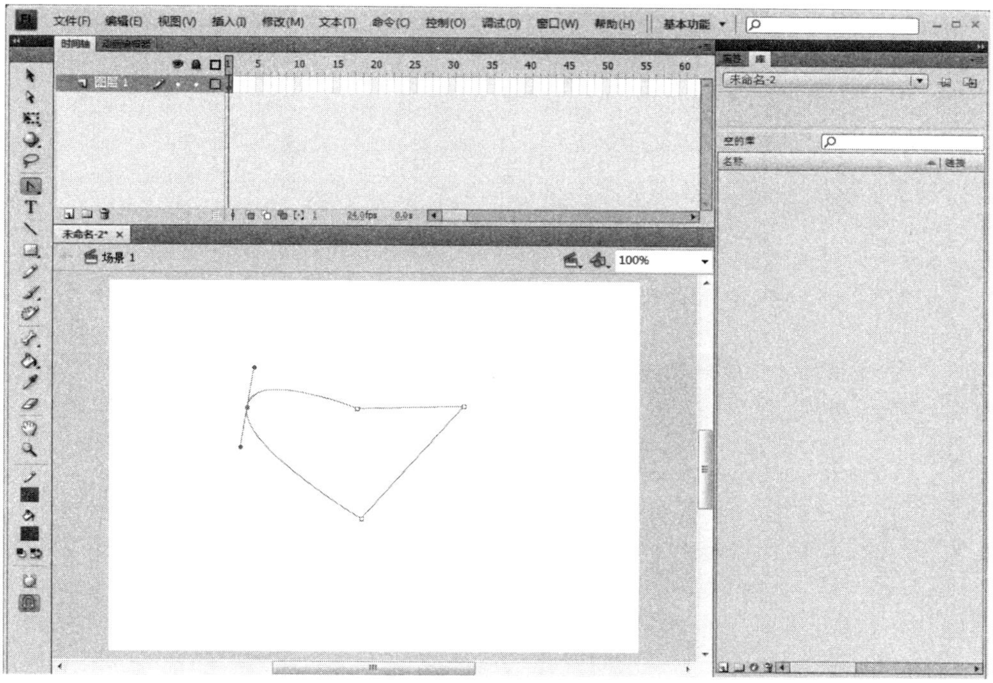

图 3-37　转换锚点

（6）使用同样方法，单击右上角，使用"转换锚点工具"向上转动，效果如图 3-38 所示。

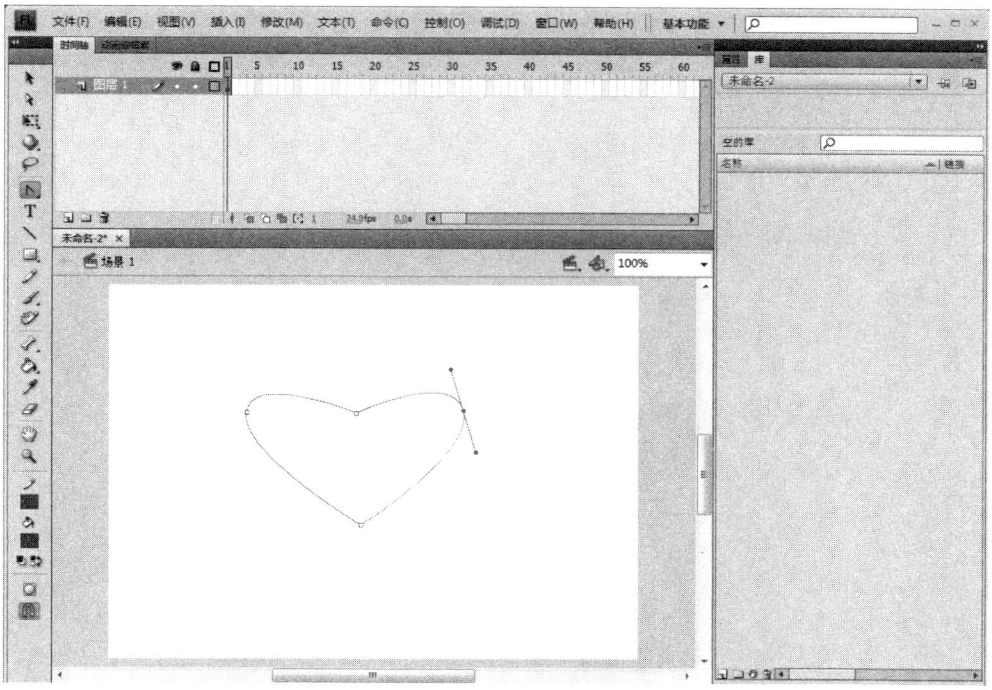

图 3-38　转换锚点

（7）选择颜料桶工具 ，在心脏内单击，完成填充，效果如图 3-39 所示。

图 3-39　填充

（8）在第 5 帧处右击，选择"插入关键帧"。按"Ctrl＋T"键，打开自由变换窗口，在变形窗口中缩放宽度和缩放高度中分别输入 80％，按"Enter"键，效果如图 3-40 所示。

图 3-40　缩放

（8）在第 10 帧处右击，右击选择"插入关键帧"。按"Ctrl＋T"组合键，打开自由变换窗口，在变形窗口中缩放宽度和缩放高度中分别输入 50％，按"Enter"键。

（9）在第 1 帧和第 5 帧处分别右击选择"创建传统补间"。

（10）按"Ctrl＋Enter"组合键测试影片。

（四）请扫码观看跳动的心脏动画制作视频

跳动的心脏动画制作视频

四、实例 4　美丽校园（遮罩动画）

（一）实例简介

本范例通过在遮罩层上创建一个任意形状的"视窗"，遮罩层下方的对象可以通过该"视窗"显示出来，而"视窗"之外的对象将不会显示，从而达到遮罩动画的效果。

（二）知识要点

◆　图片导入到库

◆　遮罩层设置

◆　补间形状

（三）操作步骤

（1）执行"文件"→"新建"→"Flash 文件（Actionscript 2.0）"。

（2）单击属性编辑，如图 3-41 所示。

（3）单击 大小：550 x 400 像素　编辑…　右侧的"编辑"按钮。打开文档设置界面，设置宽度为 1914 像素，高度为 1299 像素，单击"确定"。

（4）单击"文件"→"导入"→"导入到舞台"，将素材"美丽校园"导入到舞台，如图 3-42 所示。

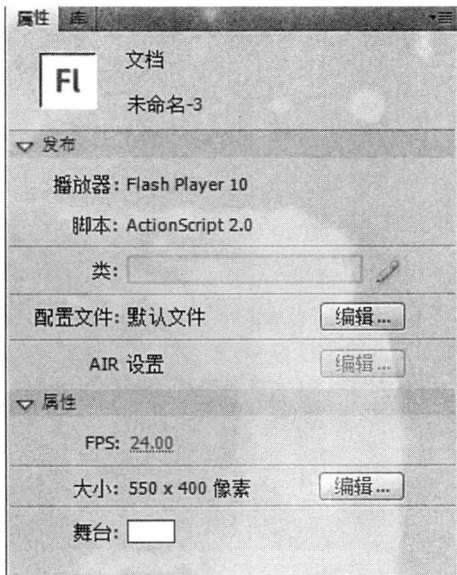

图 3-41　设置文档大小

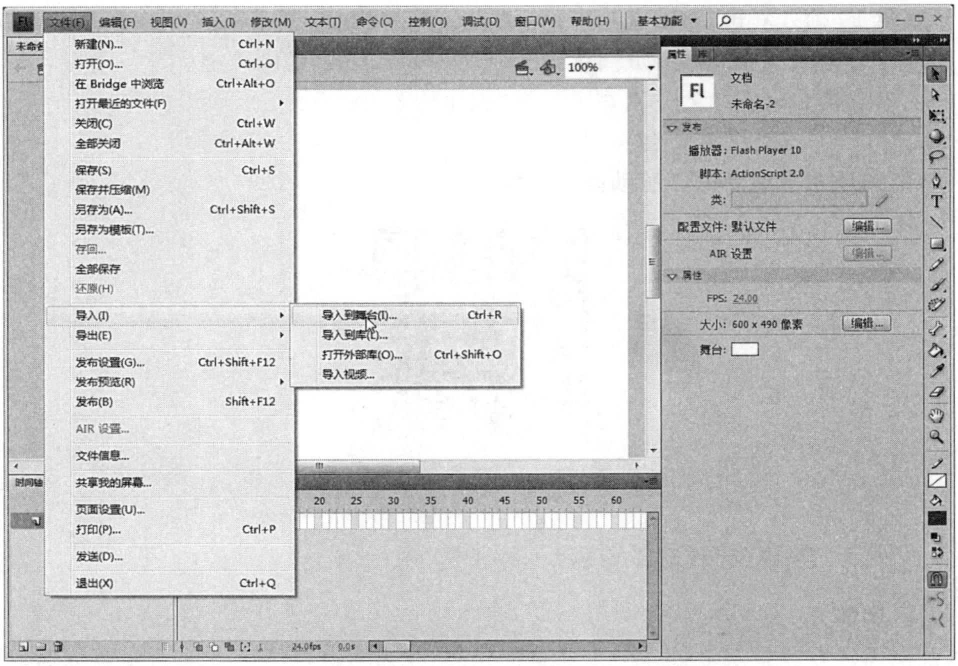

图 3-42　导入素材

（5）在图层 1 的第 50 帧处右击，选择"插入关键帧"。

（6）单击时间轴左下方的新建按钮 ，在图层 1 之上新建一图层（即图层 2）。

（7）单击图层 2 的第 1 帧，选择矩形工具 ，在场景的中间绘制一任意大小的矩形。

（8）在图层 2 的第 50 帧右击，选择"插入空白关键帧"，如图 3-43 所示。

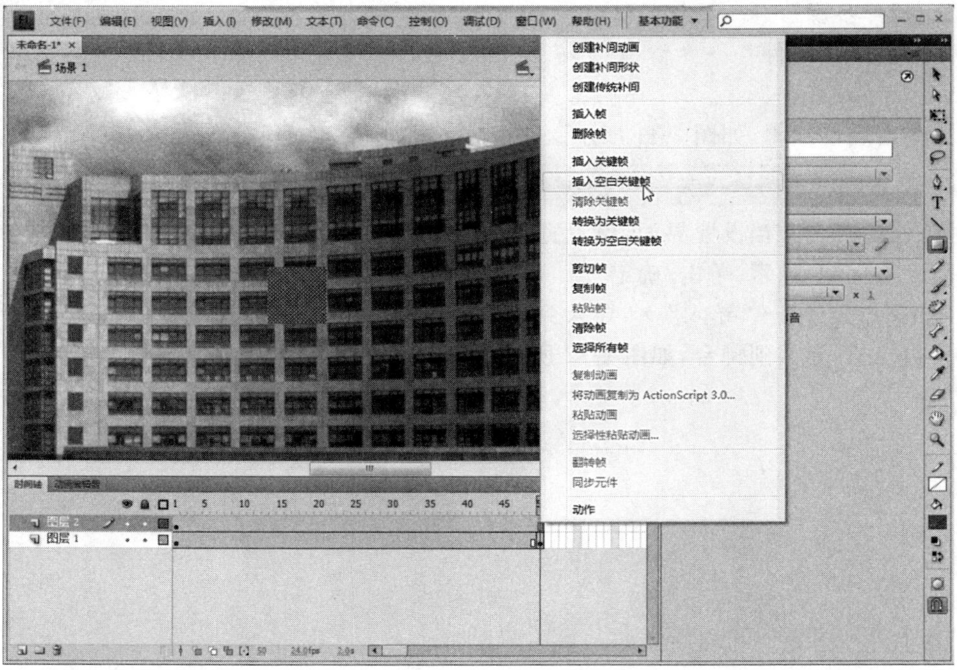

图 3-43　插入空白关键帧

（9）选择矩形工具 ▱，在场景的中间绘制一任意大小的矩形，使用选择工具单击画好的矩形，在位置和大小处设置 X 为 0，Y 为 0，使其覆盖图片，宽度为 1914 像素，高度为 1299 像素，效果如图 3-44 所示。

（10）在图层 2 的第 1 帧处右击选择"创建补间形状"。

（11）在图层 2 处单击选择"遮罩层"，效果如图 3-45 所示。

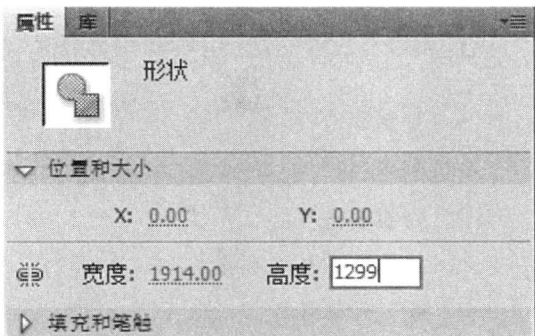

图 3-44　设置宽度和高度

图 3-45　设置遮罩

（12）按"Ctrl＋Enter"键测试影片。

（四）请扫码观看美丽校园动画制作视频

美丽校园动画制作视频

五、实例 5　蝶恋花(引导动画)

(一)实例简介

本范例通过设置引导动画,实现蝴蝶沿着用铅笔绘制的路线飞舞的动画效果。

(二)知识要点

◆　图片导入到舞台

◆　引导层

◆　滤镜效果设置

◆　补间动画

(三)操作步骤

(1)执行"文件"→"新建"→"Flash 文件(Actionscript 2.0)"。

(2)单击属性编辑,如图 3-46 所示。

图 3-46　设置文档大小

(3)单击 大小: 550 x 400 像素　　编辑... 右侧的"编辑"。打开文档设置界面,设置宽度为
1024 像素,高度为 602 像素,单击"确定"。

(4)单击"文件"→"导入"→"导入到舞台",将素材"花"导入到舞台,如图 3-47 所示。

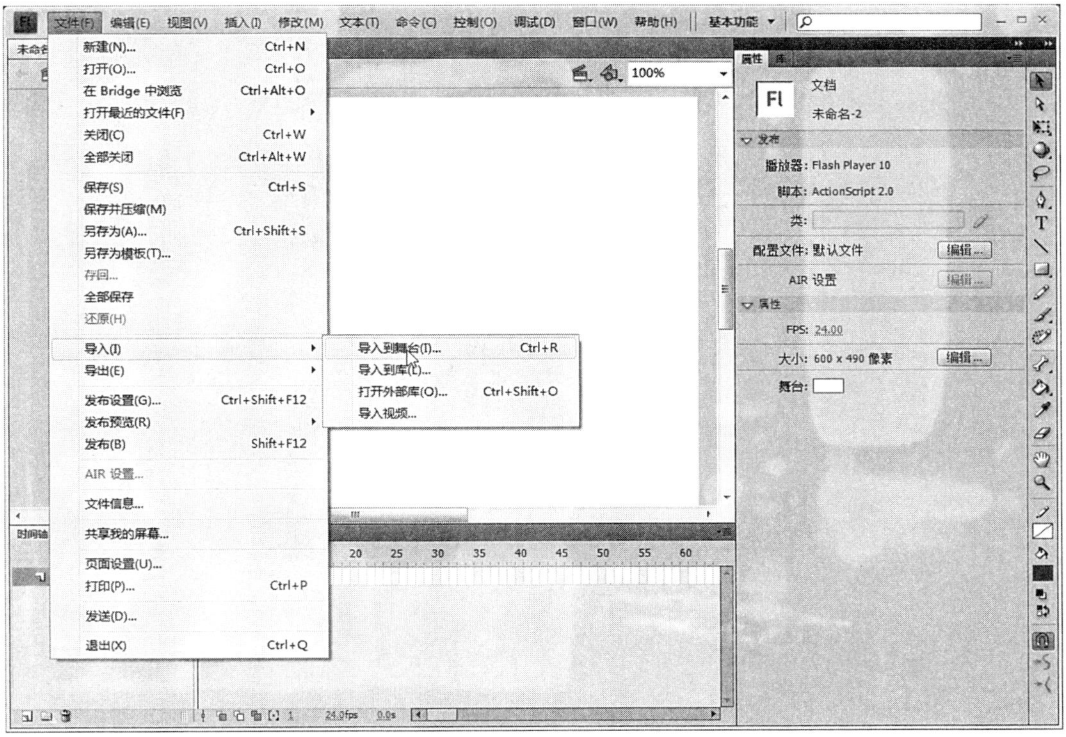

图 3-47　导入素材

（5）在图层 1 的第 50 帧处右击执行"插入关键帧"。

（6）单击时间轴左下方的新建按钮 ，在图层 1 之上新建一图层（即图层 2）。

（7）单击"文件"→"导入"→"导入到库"，将素材"蝴蝶"导入到库。

（8）单击图层 2 的第 1 帧处，使用选择工具 ，单击右上方的库，将"蝴蝶. png"从库中拖到场景中的左下方位置。

（9）单击"蝴蝶"，按"F8"将其转换为影片剪辑元件，界面效果如图 3-48 所示。

图 3-48　转换为影片剪辑元件

（10）单击"蝴蝶"元件后右击，选择"任意变形"，如图 3-49 所示。

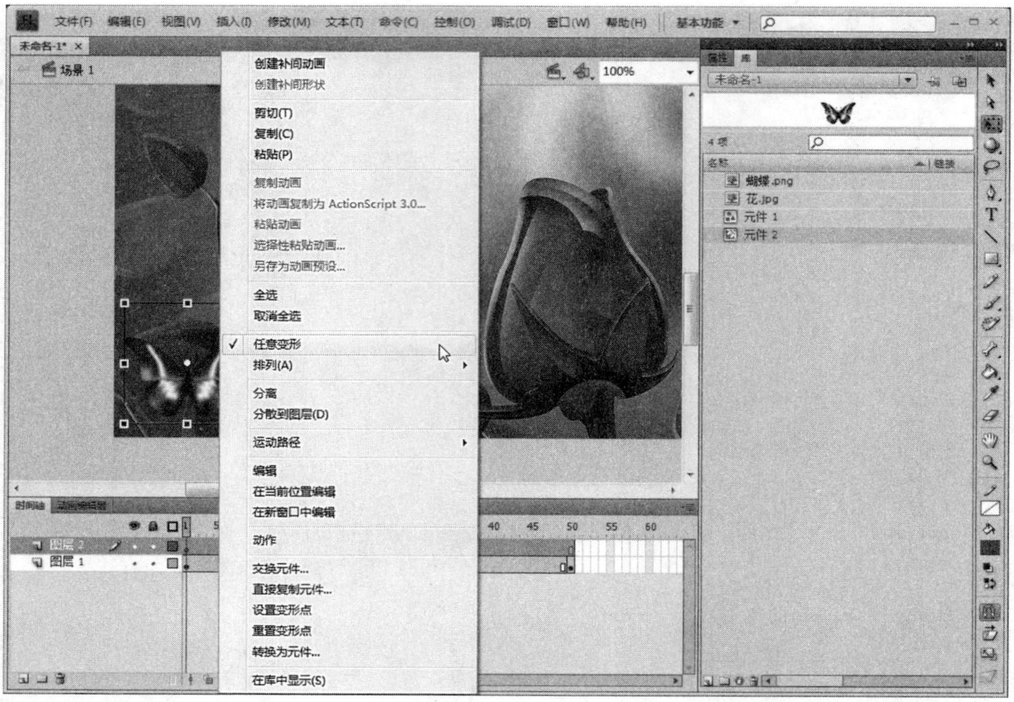

图 3-49　任意变形

（11）单击"蝴蝶"元件右上方的小圆圈形图标并按住鼠标左键进行旋转，将"蝴蝶"调整为头朝右，效果如图3-50所示。

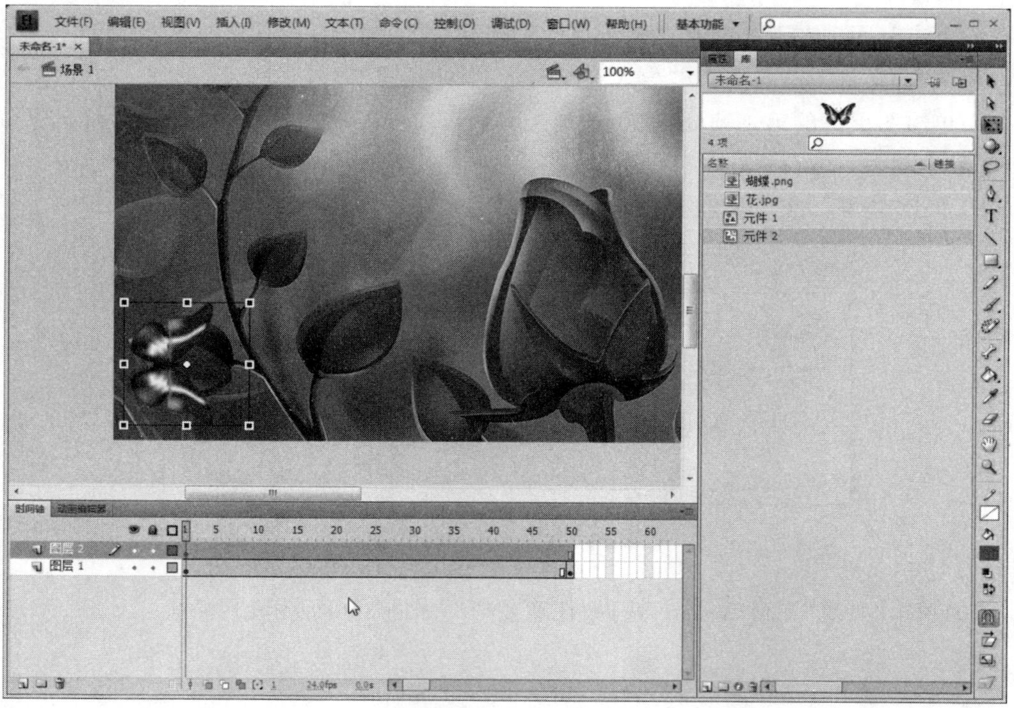

图 3-50　调整蝴蝶方向

（12）双击"蝴蝶"元件，对"蝴蝶"元件进行编辑。

（13）在元件编辑区，选中"蝴蝶"元件，连按两下"Ctrl＋B"，将"蝴蝶"元件打散，效果如图3-51所示。

（14）在元件编辑区选中时间轴，单击第5帧，右击执行"插入关键帧"，在第5帧处选中"蝴蝶"元件，使用选择工具 将蝴蝶"元件上半部分选中，右击执行"任意变形"，如图3-52、图3-53所示。

图 3-51　元件操作

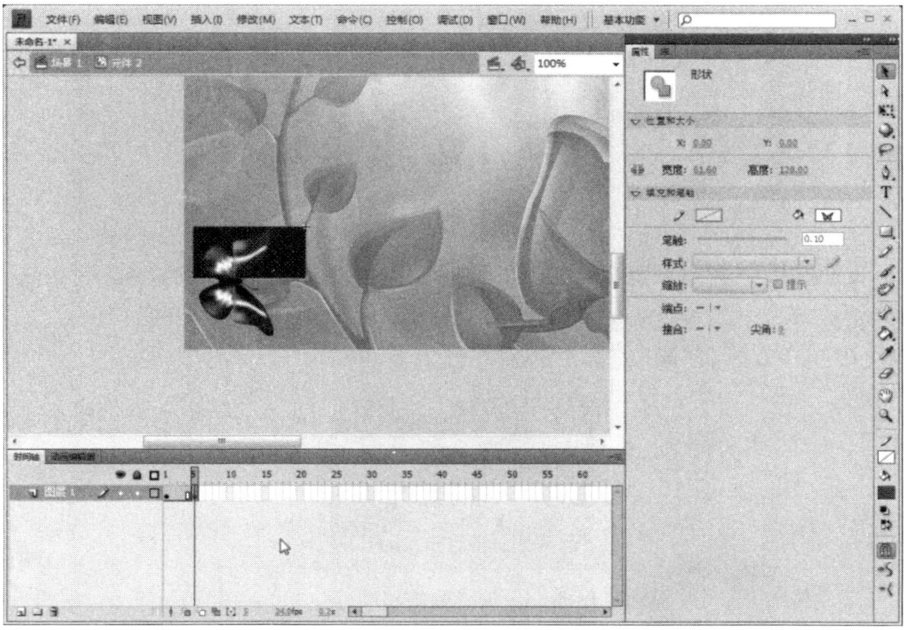

图 3-52　元件编辑

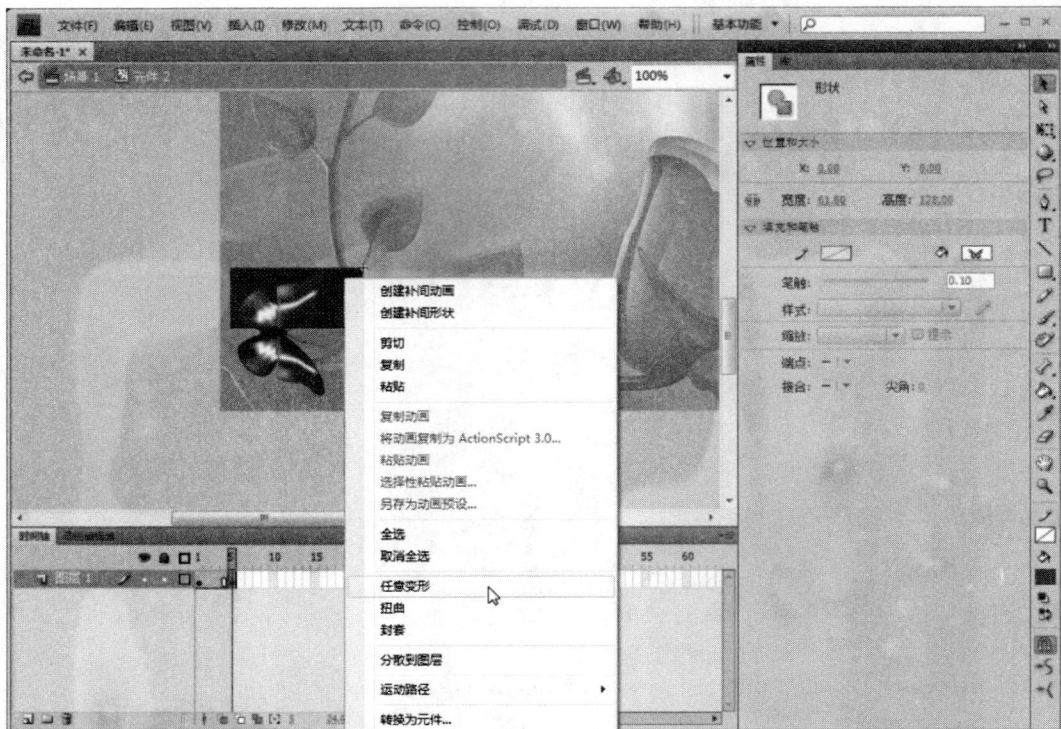

图 3-53　元件编辑

（15）将鼠标移动到选中区域的最上方，按住上下小箭头往下拖动，拖动到中间小圆圈位置，效果如图 3-54、图 3-55 所示。

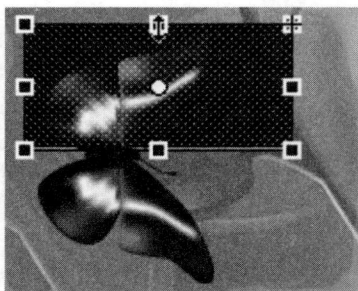

图 3-54　编辑蝴蝶翅膀（一）

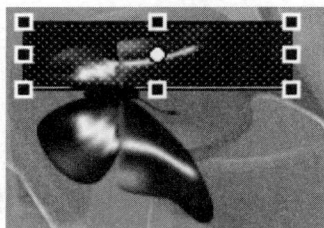

图 3-55　编辑蝴蝶翅膀（二）

（16）使用同样方法将"蝴蝶"下半部分进行变形，效果如图 3-56 所示。

图 3-56　编辑蝴蝶翅膀（三）

（17）单击左上方的场景 1，回到场景，效果如图 3-57 所示。

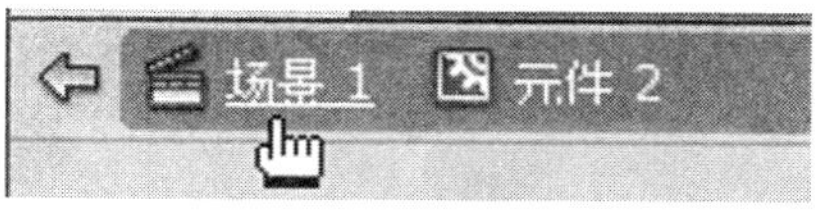

图 3-57 回到场景

（18）在图层 2 的第 10、20、50 帧处分别右击，执行"插入关键帧"，效果如图 3-58 所示。

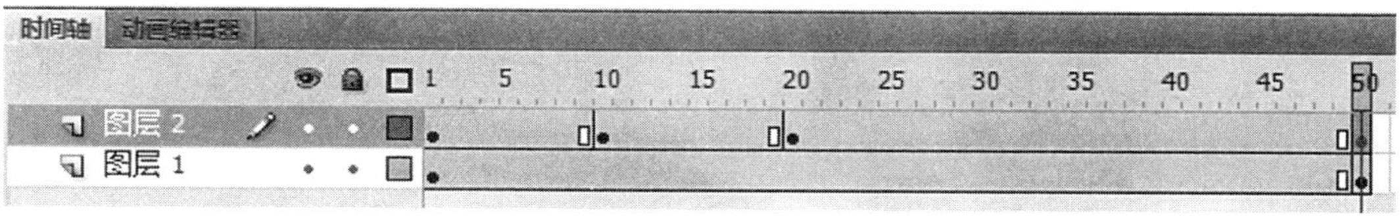

图 3-58 插入关键帧

（19）单击右上方的窗口大小调整 ，将窗口设置为 50%，在图层 2 位置右击，执行"添加传统运动引导层"，效果如图 3-59 所示。

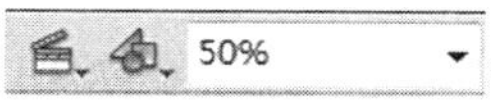

图 3-59 设置引导层

（20）定位到引导层的第 1 帧处，选择铅笔工具 ，在场景中绘制引导线，效果如图 3-60 所示。

(21)选择橡皮擦工具 ，在引导线上，用橡皮擦工具在想要蝴蝶停留的位置上擦出一个小缺口（例如小玫瑰花处），如图 3-61 所示。

图 3-60　绘制引导线（一） 　　　　　　图 3-61　绘制引导线（二）

(22)定位到图层 2 第 1 帧处，用箭头工具将蝴蝶元件拖到引导线的最左端，蝴蝶的中心点一定要压在引导线上，如图 3-62 所示。

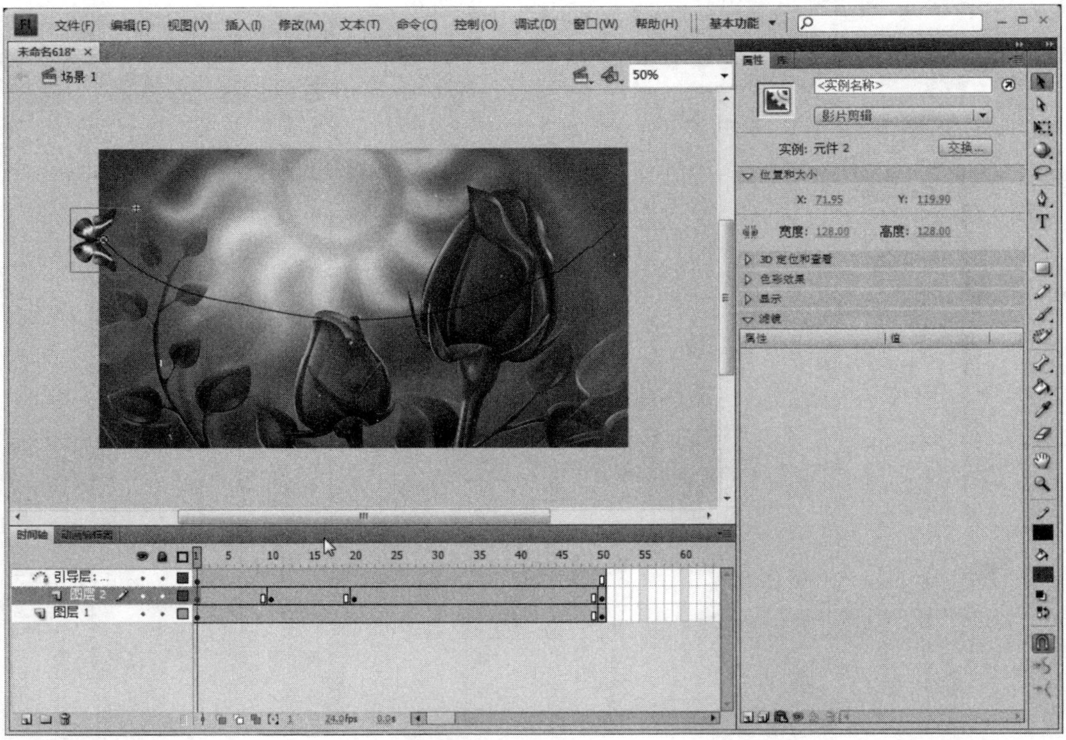

图 3-62　设置引导线

(23)在图层 2 的第 10 帧，用箭头工具将蝴蝶元件拖到缺口的左端，蝴蝶的中心点一定要压在引导线上，如图 3-63 所示。

图 3-63　设置引导线

(24)在图层 2 的第 20 帧,用箭头工具将蝴蝶元件拖到缺口的右端,蝴蝶的中心点一定要压在引导线上,如图 3-64 所示。

图 3-64　设置引导线

　　(25)在图层 2 的第 50 帧,用箭头工具将蝴蝶元件拖到引导线的末端,蝴蝶的中心点一定要压在引导线上,如图 3-65 所示。

图 3-65　设置引导线

　　(26)在图层 2 的第 1、10、20 帧处分别右击执行创建传统补间。

　　(27)单击图层 2 的第 1 帧处,单击右上方属性,勾选"调整到路径"选项。用同样方法对图层 2 的第 10、20 帧勾选"调整到路径"选项,使得运动更自然、顺畅,如图 3-66 所示。

图 3-66　调整到路径

　　(28)按"Ctrl+Enter"键测试影片。

　　(四)请扫码观看蝶恋花动画制作视频

蝶恋花动画制作视频

六、实例 6　模糊变清晰式图片展示动画

（一）实例简介

本范例通过设置图层的滤镜（模糊），实现图片的模糊效果，使用模糊图层被遮罩的方法，结合形状补间，实现图片由模糊变清楚的图片展示动画效果。

（二）知识要点

◆　图片导入到库

◆　将图片转换为影片剪辑元件

◆　滤镜效果设置

◆　补间形状

（三）操作步骤

（1）单击"文件"，选择"新建"，选择"Flash 文件（ActionScript 2.0）"，单击"确定"。

（2）单击属性编辑，如图 3-67 所示。

图 3-67　设置文档大小

（3）单击 大小：550 x 400 像素　　编辑... 右侧的"编辑"。打开文档设置界面，如图 3-68 所示。

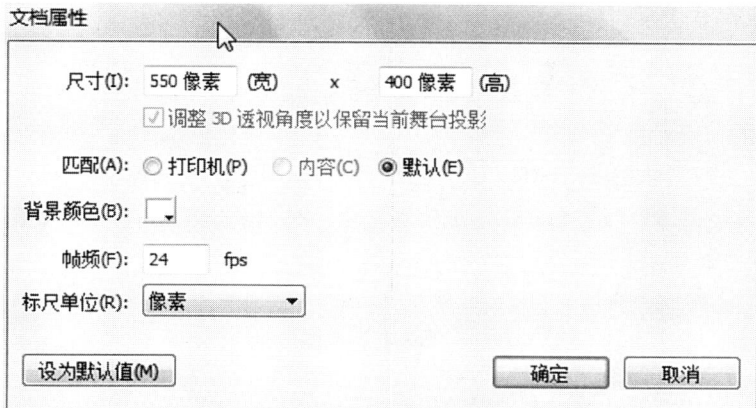

图 3-68　文档设置

（4）在尺寸框中输入宽 960 像素、高 307 像素（依据图片大小）。

（5）单击"文件"→"导入"→"导入到库"，如图 3-69 所示。

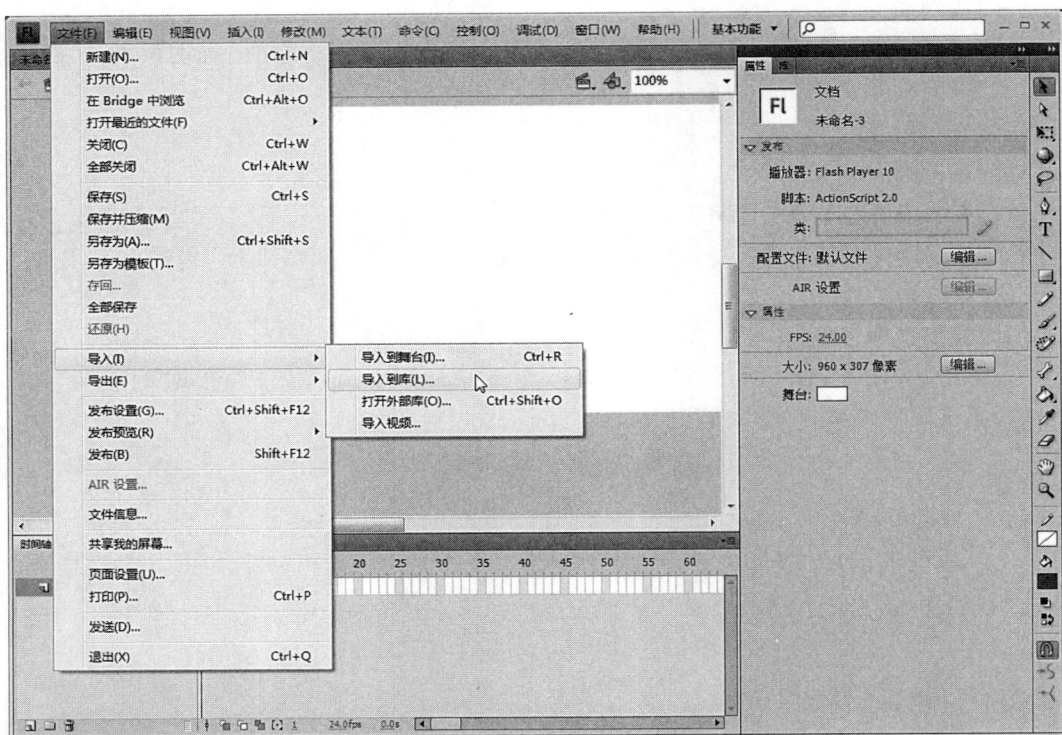

图 3-69　导入素材

（6）按住"Ctrl"键，分别单击四个图片，选择"打开"，完成图片导入到库。

（7）回到场景，选择"库"，选中选择工具后单击"1.jpg"，按住鼠标左键将图片 1 拖入图层 1，使用选择工具将图片移动到文档上（可以选中图片，选择属性中的位置和大小，设置 X 为 0，Y 为 0，快速将图片定位到文档上）。

（8）选中"图层 1"第 1 帧，按"F8"，类型选择"影片剪辑"，单击"确定"，将其转换为影片剪辑元件，如图 3-70 所示。

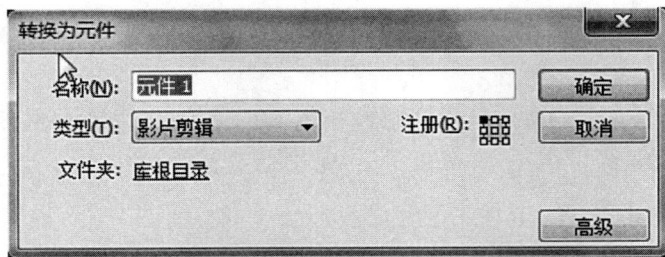

图 3-70　转换为影片剪辑元件

（9）在右上方选择"属性"，选择下方的"滤镜"，在左下方单击添加滤镜，选择"模糊"，如图 3-71 所示。

图 3-71　设置滤镜(一)

(10)模糊 X 处输入 15,按"Enter"键,如图 3-72 所示。

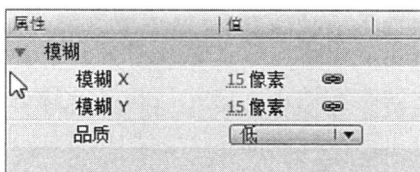

图 3-72　设置滤镜(二)

(11)在图层 1 的第 20 帧处右击,单击插入关键帧。

(12)单击时间轴下方的新建图层图标 ,新建图层 2,选中"图层 2"第 1 帧,在库中选中"1.jpg",将图片拖入场景,并使用移动工具将"1.jpg"覆盖在模糊的"1.jpg"上。

(13)在图层 2 的第 20 帧处右击,单击插入关键帧。

(14)在图层 2 上面新建图层 3。

(15)选中图层 3 第 1 帧,将"2.jpg"拖入场景,覆盖在清晰的"1.jpg"上。

(16)选中图层 3 第 1 帧,按"F8",类型选择"影片剪辑",单击"确定",将其转换为影片剪辑元件。

(17)在右上方选择"属性",选择下方的"滤镜",在左下方单击 ,选择"模糊"。模糊 X 处输入 15,按"Enter"键。

(18)在图层 3 的第 20 帧处右击,单击插入关键帧。

(19)单击时间轴下方的 图标,新建图层 4,选中"图层 4"第 1 帧,在库中选中"2.jpg",将图片拖入场景,并使用移动工具将"2.jpg"覆盖在模糊的"2.jpg"上。

(20)在图层 4 上面新建图层 5。

(21)选中图层 5 第 1 帧,将"3.jpg"拖入场景,覆盖在清晰的"2.jpg"上。

(22)选中图层 5 第 1 帧,按"F8",类型选择"影片剪辑",单击"确定",将其转换为影片剪辑元件。

(23)在右上方选择"属性",选择下方的"滤镜",在左下方单击 ,选择"模糊"。模糊 X

处输入 15,按"Enter"键。

(24)在图层 5 的第 20 帧处右击,单击插入关键帧。

(25)单击时间轴下方的 🔲 图标,新建图层 6,选中"图层 6"第 1 帧,在库中选中"3.jpg",将图片拖入场景,并使用移动工具将"3.jpg"覆盖在模糊的"2.jpg"上。

(26)单击图层 4 的第 1 帧,一直按住"Shift"键不放,单击图层 4 的第 20 帧,单击图层 3 的第 1 帧,单击图层 4 的第 20 帧。将图层 3 和图层 4 选中。

(27)放开"Shift"键,将图层 3 和图层 4 的起始位置移动到第 21 帧。

(28)使用(26)步方法选中图层 2 和图层 1,将图层 2 和图层 1 的起始位置移动到第 41 帧。

(29)在图层 6 上面新建图层 7。笔触颜色设置为无,填充色设置为蓝色,使用矩形工具在图层 7 第 1 帧处右击插入关键帧,在文档的正中间位置绘制一小矩形(长 20,宽 20)。

(30)在图层 7 的第 20 帧处右击插入空白关键帧,笔触颜色设置为无,填充色设置为蓝色,使用矩形工具在图层 7 第 1 帧处,在文档的正中间位置绘制一大矩形(长 960,宽 307)。

(31)笔触颜色设置为无,填充色设置为蓝色,使用矩形工具在图层 7 第 21 帧处右击插入空白关键帧,在文档的正中间位置绘制一小矩形(长 20,宽 20)。

(32)在图层 7 的第 40 帧处右击插入空白关键帧,笔触颜色设置为无,填充色设置为蓝色,使用矩形工具在图层 7 第 1 帧处,在文档的正中间位置绘制一大矩形(长 960,宽 307)。

(33)笔触颜色设置为无,填充色设置为蓝色,使用矩形工具在图层 7 第 41 帧处右击插入空白关键帧,在文档的正中间位置绘制一小矩形(长 20,宽 20)。

(34)在图层 7 的第 60 帧处右击插入空白关键帧,笔触颜色设置为无,填充色设置为蓝色,使用矩形工具在图层 7 第 1 帧处,在文档的正中间位置绘制一大矩形(长 960,宽 307)。

(35)在图层 7 的第 1、21、41 帧处分别右击选择"创建补间形状"。

(36)在图层 7 处右击,选择"遮罩层",效果如图 3-73 所示。

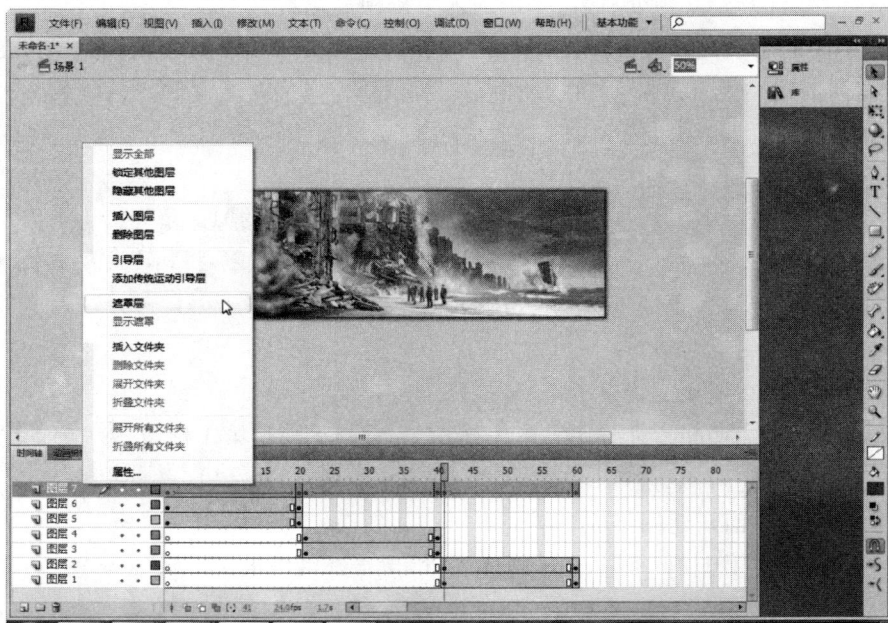

图 3-73　遮罩层

(37)使用选择工具,选中图层4拖到图层6下方,选中图层2拖到图层4下方。按住"Ctrl＋Enter"键可以测试影片。

(四)请扫码观看模糊变清晰动画制作视频

模糊变清晰动画制作视频

七、实例7　淡入淡出式图片展示动画(综合)

(一)实例简介

本范例通过设置图片为图片元件,调整图片元件的Alpha值,实现图片的淡入淡出效果(淡入0.5秒,正常显示1秒,淡出0.5秒),使用时间轴上帧的位置实现图片的切换,使用动作代码实现按钮控制。主要分自动切换、按钮制作和手动切换三部分来制作。

(二)知识要点

◆　图片导入到舞台
◆　将图片转换为图片元件
◆　Alpha值设置
◆　按钮的制作
◆　动作脚本的使用

(三)操作步骤

第一部分:自动切换

(1)单击"文件"选择"新建",选择"Flash文件(ActionScript 2.0)",单击"确定"。单击属性编辑,文件大小设置为1003×364像素(根据图片的大小),帧频为12。

(2)单击"文件"→"导入"→"导入到舞台",将图片导入到舞台。

(3)单击图片,设置"属性"→"位置和大小",将X和Y均设置为0,使图片完全覆盖在文档上。在场景中右击,选择分散到图层,系统将自动新建三个图层。

(4)分别选中3个图层的第1帧按"F8",将图片转换为图片元件。

(5)选中第1到第3图层,在第24帧处右击插入关键帧,在第6、18帧插入关键帧。

(6)单击图层1的第1帧,然后按住"Shift"键,单击图层2和图层3的第1帧,将其第1帧全部选中,在文档上单击,选择"属性"→"色彩效果",将其Alhpa值设置为0;使用同样的方法将第24帧的Alpha值设置为0,效果如图3-74所示。

图 3-74　Alpha 值设置

【注意】通过设置第 1～6 帧的 Alpha 值由 0～100,实现淡入 0.5 秒(帧频为 12,故 6 帧正好 0.5 秒),第 6～18 帧 Alpha 值保持 100 不变,实现正常显示 1 秒,第 18～24 帧 Alpha值由 100～0,实现淡出 0.5 秒的效果。

(7)在第 1～6 帧和第 18～24 帧处创建传统补间动画。

(8)单击图层 2 的第 1 帧,按住“Shift”键,单击图层 2 的第 24 帧,将图层 2 的所有帧选中,往后拖动,使其起始位置为第 26 帧。使用同样的方法将图层 3 的起始位置移动到第 49帧处,效果如图 3-75 所示。

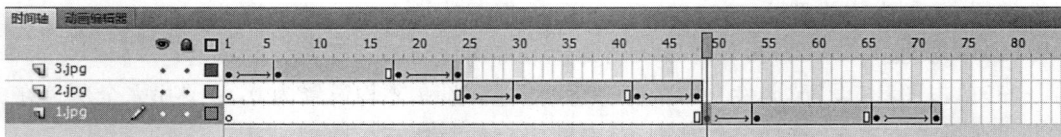

图 3-75　帧结构设置

请扫码观看淡入淡出动画制作第一部分视频。

淡入淡出动画制作视频(一)

第二部分：按钮制作

（9）执行"插入"→"新建元件"，类型选择"按钮"，制作一个按钮，如图 3-76 所示。

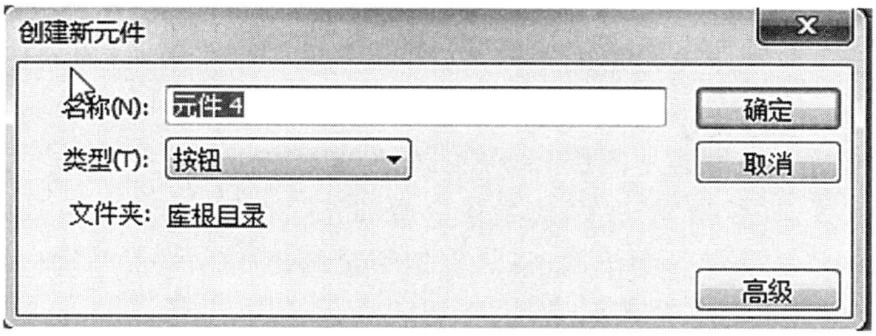

图 3-76　新建按钮

（10）将笔触颜色设置为无，颜色设置为♯666666，使用矩形工具在文档的中心位置绘制一矩形。使用选择工具选中矩形，单击右上方属性，将按钮大小设置为宽度 40、高度 20。

（11）在时间轴处单击"弹起"，右击选择"复制帧"，单击"指针…"，右击选择"粘贴帧"，单击"指针…"，确保当前处于指针状态，使用选择工具单击文档中的矩形，设置填充颜色为红色。使用同样的复制帧→粘贴帧→修改填充色的方法，将按钮的按下颜色设置为绿色，单击颜色设置为黄色。效果如图 3-77 所示。

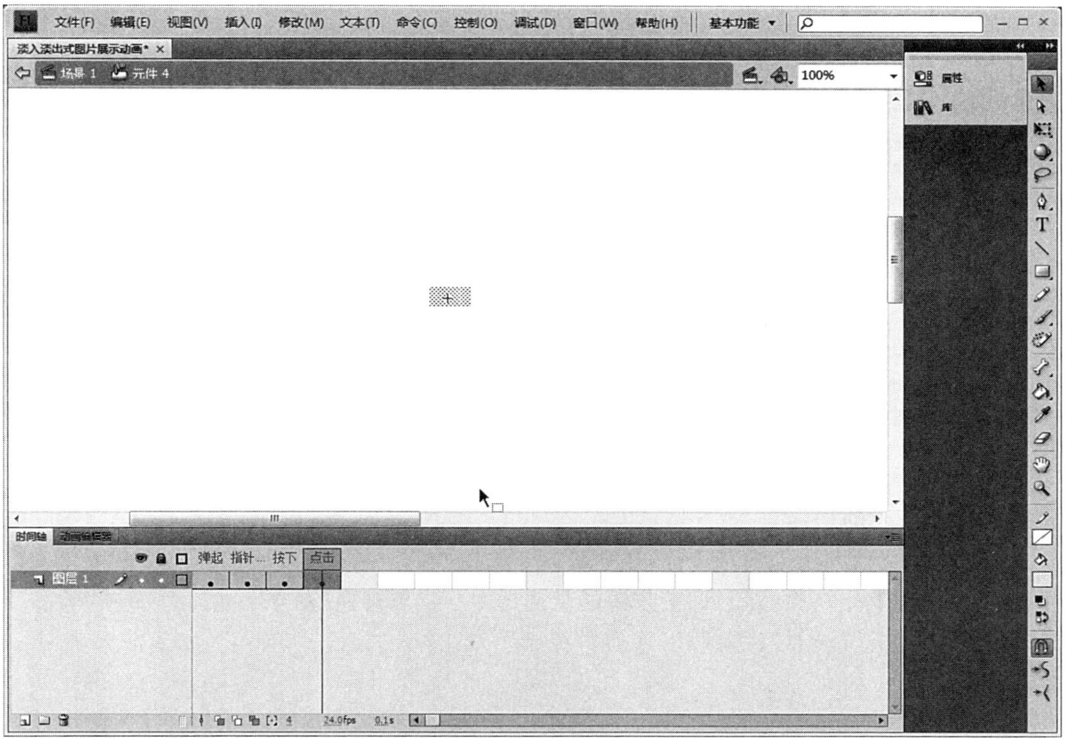

图 3-77　颜色设置

（12）单击上方场景 1，回到场景。在场景最上方新建一图层，命名为"按钮背景"（双击图层直接修改），作为摆放按钮的背景层，以使外观更加精致、漂亮。

（13）填充颜色设置为♯006699,笔触颜色设置为无。用矩形工具在舞台底部绘制一个长方形,使用选择工具单击矩形,选择属性,宽度设置为1003像素,高度设置为40像素,大小和位置处将X设置为0,Y设置为324(或使用选择工具直接移动到文档的底部)。

（14）使用选择工具选中刚绘制的矩形,按"F8"键将其转换为图片元件,单击矩形元件,选择"属性"→"色彩效果"→"Alpha",设置它的Alpha值为40%。

（15）在时间轴最上方新建一图层,命名为按钮,单击右上方"库"将按钮元件拖动到按钮背景图层的右方放置,连续拖动三次,使场景中增加三个按钮。

（16）按住"Shift"键单击三个按钮,将三个按钮全部选中。单击"修改"→"对齐"→"垂直居中"。按住"Shift"键单击三个按钮,取消按钮的全部选中,如图3-78所示。

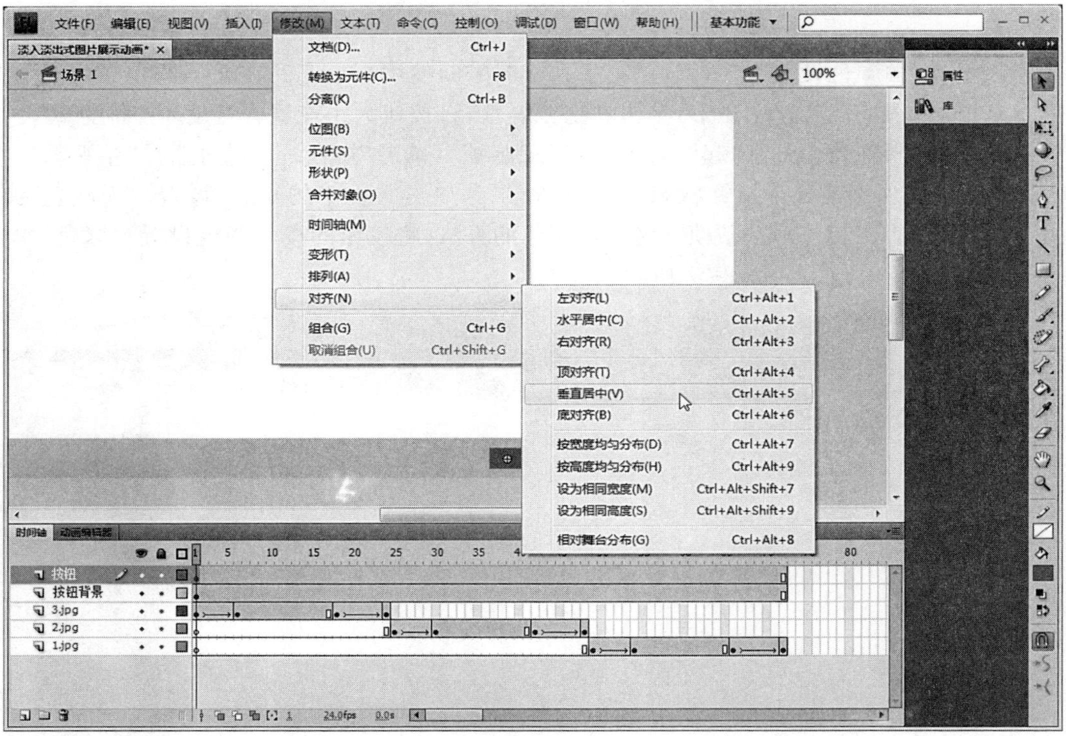

图3-78　对齐设置

第三部分:手动切换

（17）单击"按钮"图层,选中下面左边第一个按钮(若其他两个按钮也是选中的状态,则按住"Shift"键单击其余两个按钮,取消按钮的全部选中),右击选择"动作",如图3-79所示。

（18）单击"全局函数",选择"影片剪辑控制",双击"on",双击"press",如图3-80所示。

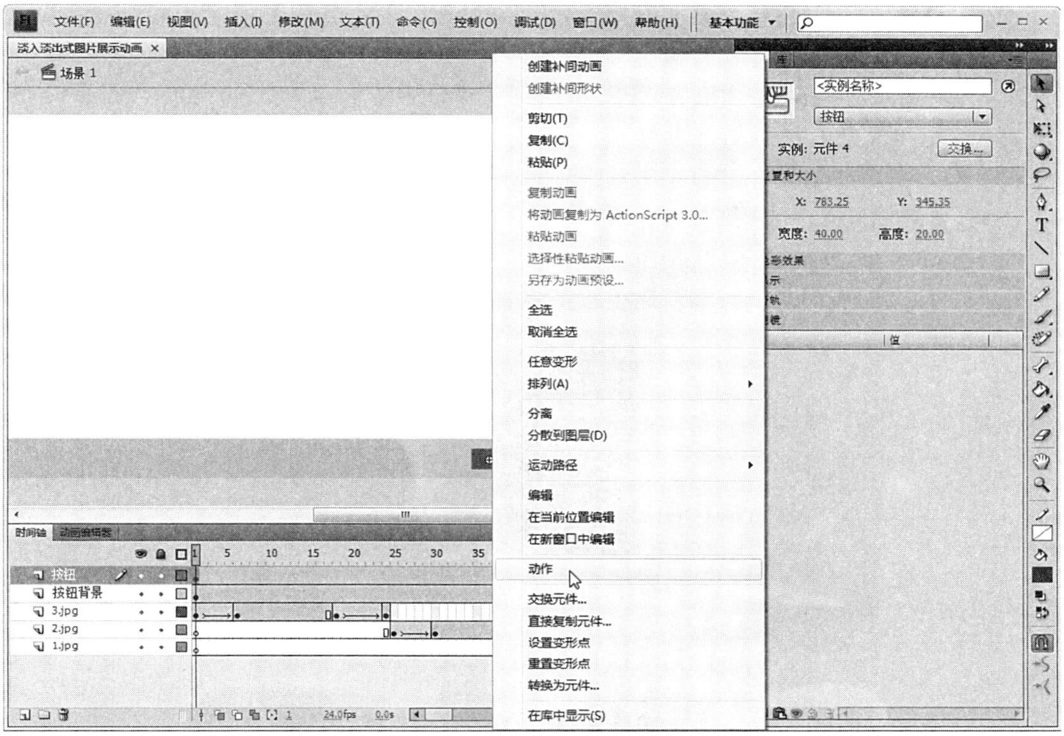

图 3-79　设置动作

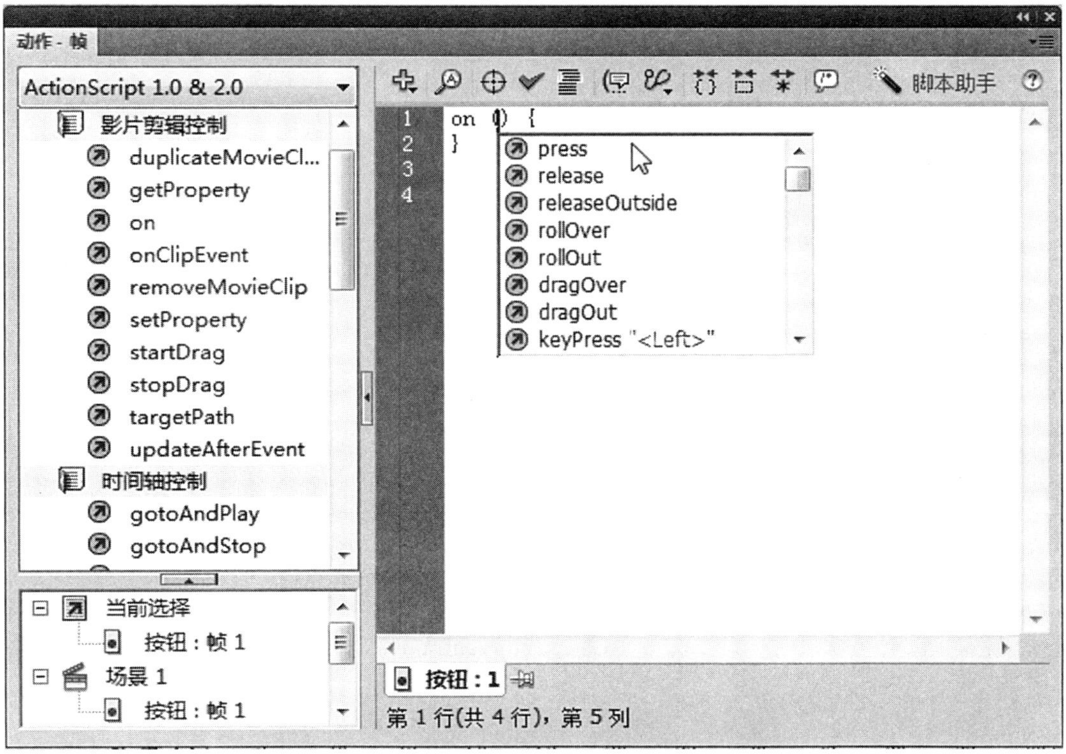

图 3-80　设置动作脚本

(19)在"{"后选择时间轴控制,双击 gotoAndplay,在 gotoAndPlay()的括号内输入"1",设置单击按钮后显示第一张图片。最终按钮 1 的动作中的代码为

     on(press){gotoAndPlay(1);}

(20)按照上述同样方法设置按钮 2 的动作代码为

     on(press){gotoAndPlay(25);}

(21)按照上述同样方法设置按钮 3 的动作代码为

     on(press){gotoAndPlay(49);}

请扫码观看淡入淡出动画制作第二部分视频。

淡入淡出动画制作视频(二)

第四节　Ulead Gif Animator 动画制作

一、认识窗口

Ulead Gif Animator 是友立公司出品的一款动画制作软件,用它可以很方便地制作出 Gif 图片来。下面我们来认识一下它的窗口。

(一)安装

(1)原版的 Ulead Gif Animator 是英文版的,可以在它的主页上下载 15 天的试用版,也可以在线下载(http://www.onlinedown.net/soft/579.htm)。

(2)我们一般使用汉化版或安装汉化包来学习(http://www.onlinedown.net/soft/580.htm)。

(3)安装版会在桌面放置一个快捷图标,绿色版解压后可在文件夹中找到一个绿色地球图标 。

(二)启动

双击这个绿色地球图标,即可启动 Ulead Gif Animator,打开一个窗口,中间有一个向导对话框,如图 3-81 所示。

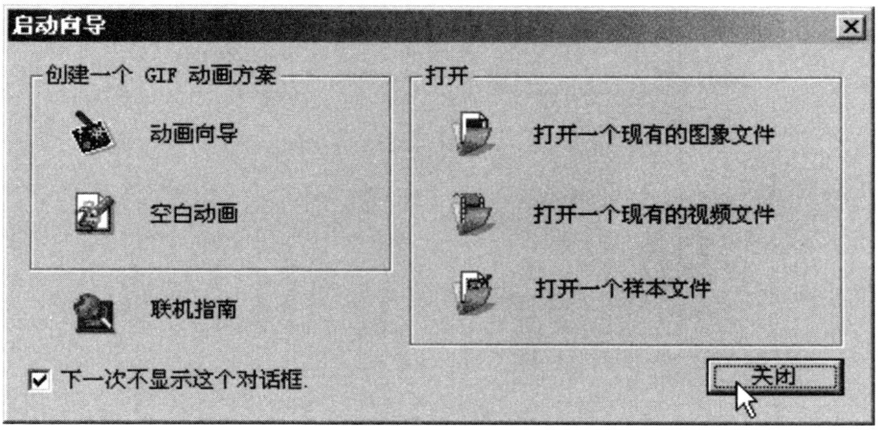

图 3-81 "启动向导"对话框

这儿可以选中左下角的复选框,然后下次就不出现这个对话框了。

(三)窗口

(1)进入默认窗口后,中间的工作区里是一个白色的长条,边上有一圈虚线,表示选中状态,鼠标一进入工作区变成黑色的移动指针,如图 3-82 所示。

图 3-82 工作区

(2)窗口左边是工具箱,里面有选择工具和绘图工具,制作动画的时候可以按要求选择,如图 3-83 所示。

把鼠标移到工具按钮上,就会出来一个提示。

左边第一个箭头是选择工具 ，第二排的 **T** 是文字工具,下面的是画笔 和橡皮擦工具 。

右边一列主要是其他选择工具,像框选 、圆形选区 、魔术棒选区 和套索选区 。

油漆桶工具 可以给一个选区填充颜色。

下面的两个颜色块 ,白色是背景色,黑色是前景色,单击后可以选取其他颜色。

图 3-83 动画工具箱

(3)窗口右边是对象窗口,工作区中每个内容都会显示在这儿,用它还可以在原来图像上新添加一个图层,如图 3-84 所示。

图 3-84　对象窗口

第 1 层是背景层,第 2 层是空白层,第 3 层是文字层,这样互不干扰,便于修改。

(4)窗口下边是帧面板,帧相当于一个一个的小格,每一帧里可以放一幅图像,许多帧图像连续播放就可以形成动画,如图 3-85 所示。

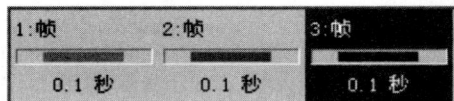

图 3-85　帧面板

帧面板的下边是各个命令按钮,可以播放图像、添加帧、删除帧和帧属性等,如图 3-86所示。

图 3-86　命令按钮

练习:

观察 Ulead Gif Animator 窗口,说一下它的三个组成部分各是什么。

二、空白动画

动画的形成原理是许多图片快速连续播放,人眼睛看着就是一个连贯的画面了。下面我们来制作一个简单的动画。

(一)运行程序

(1)在桌面双击 Ulead Gif Animator 图标,或者在文件夹中双击它的图标,就可以启动程序。

(2)启动成功后,显示一个默认的空白文档,如果出现向导提示,单击"关闭"。

(二)制作动画

(1)选择画笔工具 ,在下面的黑色颜色块上单击一下,弹出颜色面板,在下边选中绿色,然后单击右上角的"OK"按钮确定,如图 3-87 所示。

图 3-87 颜色面板

（2）在白色的画布上单击一下，发现笔画太粗了，得调细小些，同时按"Ctrl＋Z"组合键，撤销刚才画的一笔。

在窗口上边的画笔工具栏中，把大小中的 10 改成 2，其他不变，如图 3-88 所示。

图 3-88 画笔工具栏

（3）在画布上写上"美丽的校园"几个字，这是第一幅图片，也就是第 1 帧，如图 3-89 所示。

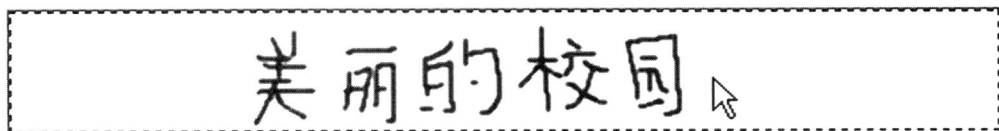

图 3-89 画布上写字

（4）在下面的帧面板中，单击下边的一个白色按钮，添加一个空白帧，如图 3-90 所示。

图 3-90 添加空白帧

这样就有了两帧，第 1 帧里面有文字，第 2 帧里面是空的，单击一下工作区上边的"预览"标签可进入预览窗口，如图 3-91 所示。

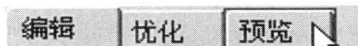

图 3-91 预览窗口

看一下动画效果,再单击"编辑"返回到编辑窗口。

(5)单击菜单"文件"→"保存"命令,以"美丽"为文件名,保存文件到自己的文件夹中。

再单击菜单"文件"→"另存为"→"Gif 文件..."，也以"美丽"为文件名,保存文件到自己的文件夹中,这次保存的是 Gif 图片文件,如图 3-92 所示。

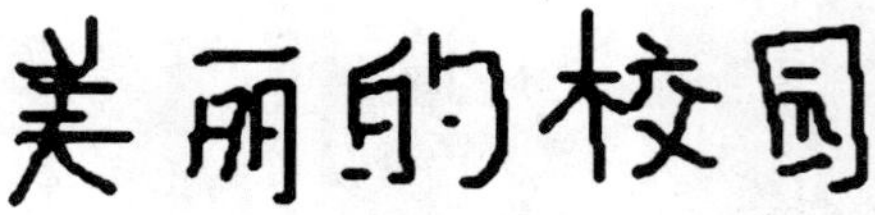

图 3-92　保存 Gif 图片文件

本小节学习了制作动画的一般步骤,以及保存和另存文件的方法,如果你成功地完成了练习,请继续学习下一课内容。

三、闪光字

动画的原理是,许多图片快速连续播放,人眼睛看着就是一个连贯的动画了。下面我们来看一个简单的动画,它是利用颜色的变化来产生闪光字效果。

(一)运行程序

(1)在桌面双击 Ulead Gif Animator 图标,或者在文件夹中双击它的图标,就可以启动程序。

(2)启动成功后,显示一个默认的空白文档,如果出现向导提示,单击"关闭"。

(二)第 1 帧文字

(1)在左边的工具箱里单击选中文字工具 **T**,然后在中间的白色画布上单击一下,在右下角出来一个文本面板,光标在下面的文本框中闪动,提示输入文字,如图 3-93 所示。

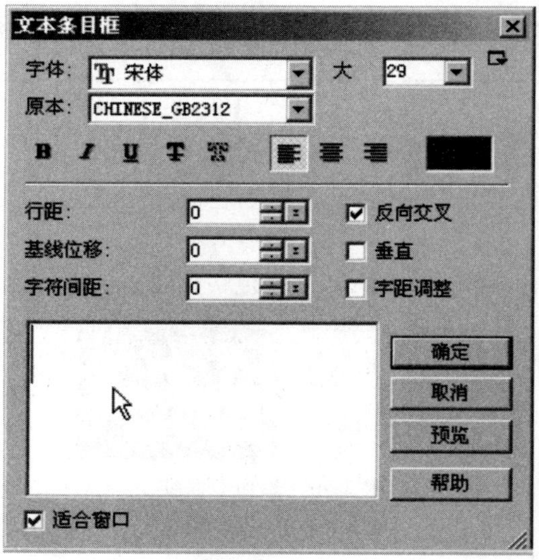

图 3-93　文本面板

(2)调出汉字输入法,在里面输入自己的姓名,然后单击上边的黑色颜色块,在出来的菜单中,选择第一个"Ulead 颜色选择器",如图 3-94 所示。

图 3-94　选择 Ulead 颜色选择器

（3）在出来的颜色面板中选择绿色，单击右上角的"OK"按钮返回文本框，如图 3-95 所示。

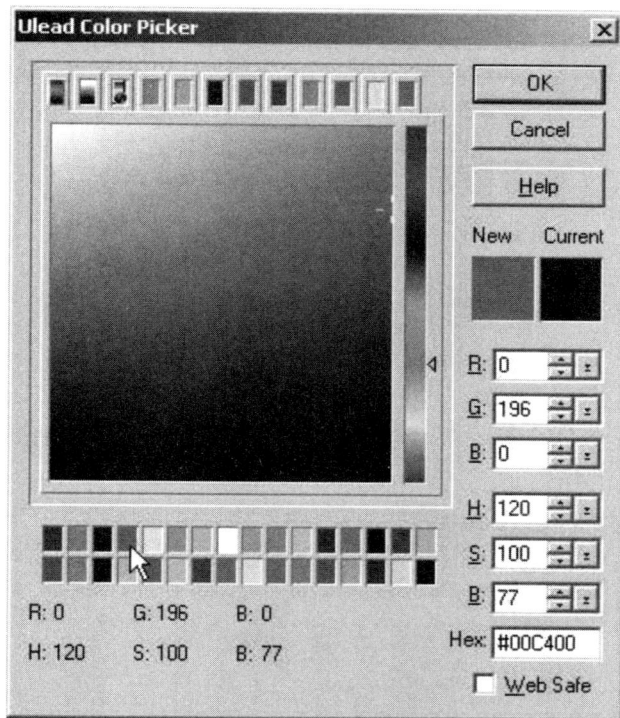

图 3-95　颜色面板

（4）然后单击"确定"按钮，工作区里面有一个虚线框包围的文字，如图 3-96 所示。

图 3-96　文本框面板

（5）单击菜单"编辑"→"修整画布"命令，把多余的白色部分裁切掉，注意保持虚线框的
选中状态，如图 3-97 所示。

图 3-97　裁切画布

(三)第 2 帧文字

（1）单击菜单"编辑"→"复制"命令,把第一帧的文字复制一下。

图 3-98　粘贴文字

（2）单击下面帧面板的白色"添加帧"按钮 🔁,添加一个空白帧。

（3）单击菜单"编辑"→"粘贴"命令,粘贴一个相同的文字对象,注意第一帧有白色背景,第 2 帧是透明背景,如图 3-98 所示。

（4）把鼠标移到窗口的工作区中,瞄准绿色文字右击,出来一个菜单,选择"文本"→"编辑文本"命令,注意瞄准绿色笔画,如图 3-99 所示。

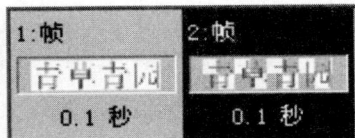

图 3-99　选择编辑文本

（5）这时右下角出现文本框面板,单击上面的绿色颜色块,把它改成蓝色,然后单击"确定"返回,如图 3-100 所示。

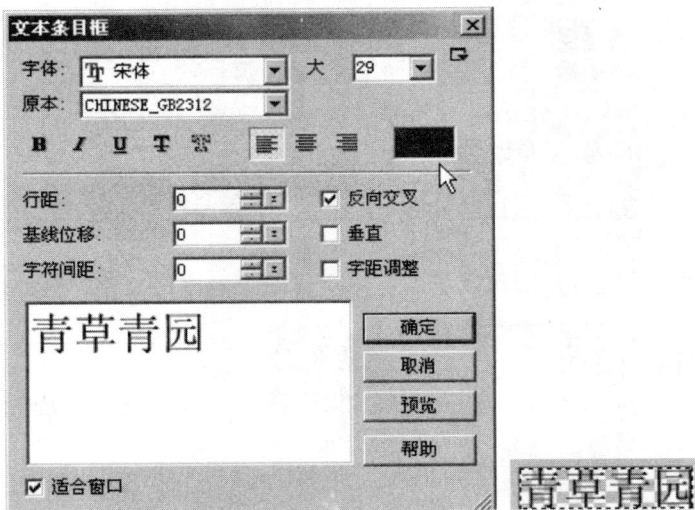

图 3-100　文本框面板

（6）单击菜单"文件"→"保存"命令,以"文字"为文件名,保存文件到自己的文件夹。

再单击菜单"文件"→"另存为"→"Gif 文件..."，也以"文字"为文件名,保存文件到自己的文件夹,这次保存的是 Gif 图片文件。

再单击"文件"上边的"预览"标签,看一下动画效果(图 3-101),再单击"编辑"标签返回。

青草青园

图 3-101　操作效果

四、透明动画

GIF 动画还有一个特点,就是可以制作成透明的,这样就可以更好地跟背景融合在一起,下面我们来看一个简单的动画。

(一)运行程序

(1)在桌面双击 Ulead Gif Animator 图标,或者在文件夹中双击它的图标,就可以启动程序。

(2)启动成功后,显示一个默认的空白文档,如果出现向导提示,单击"关闭"。

(二)制作动画

(1)进入后默认是一个白色背景,按一下"Delete"键,删除白色底色,显示棋盘格图案,表示透明背景,如图 3-102 所示。

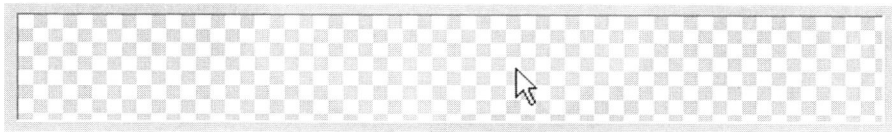

图 3-102　删除白色背景

(2)在工具箱中选择"文本"工具 **T**,在画布里单击一下,在右下角的文本对话框中输入"透明动画"四个字,颜色为红色,单击"确定"返回,如图 3-103 所示。

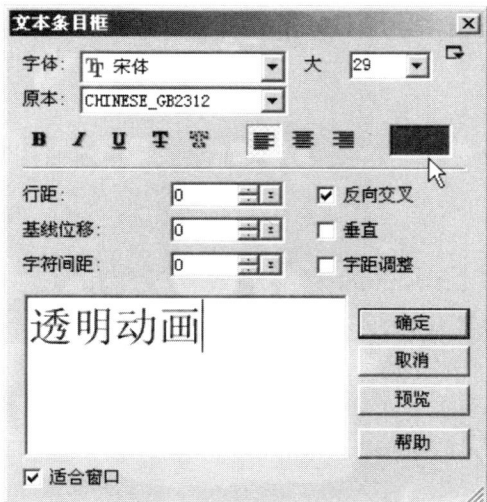

图 3-103　文本框面板

(3)单击菜单"编辑"→"修整画布"命令,将多余部分画布裁切掉,如图 3-104 所示。

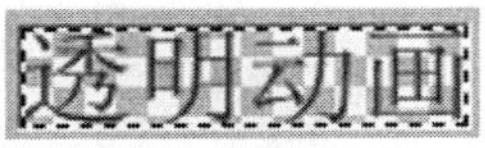

图 3-104　操作效果

（4）单击下面帧面板中的"添加帧"按钮 ，添加一个空白帧，这一帧的背景也是透明的。

选择文本工具 ，在画布上单击一下，然后输入"透明动画"，把颜色改成绿色，如图 3-105 所示。

图 3-105　操作效果

（5）选择箭头工具 ，在上边的对齐工具栏中单击最后面的那个按钮，把文字排列在画布中央，如图 3-106 所示。

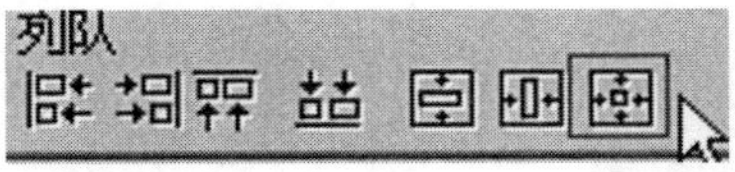

图 3-106　对齐工具栏

（6）单击菜单"文件"→"保存"命令，以"透明"为文件名，保存文件到自己的文件夹。

再单击菜单"文件"→"另存为"→"Gif 文件..."，也以"透明"为文件名，保存文件到自己的文件夹，这次保存的是 Gif 图片文件，如图 3-107 所示。

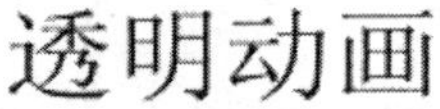

图 3-107　操作效果

五、拆分文本

在文字动画中有一种效果是文字逐渐显示，也称为打字机效果，下面我们来看一个练习。

（一）运行程序

（1）在桌面双击 Ulead Gif Animator 图标，或者在文件夹中双击它的图标，就可以启动程序。

（2）启动成功后，显示一个默认的空白文档，如果出现向导提示，单击"关闭"。

（二）制作动画

（1）按"Delete"键删除白色背景，选文字工具，单击一下画布，输入"拆分文本"，颜色为红色。

单击菜单"编辑"→"修整画布"，裁去多余部分。

（2）在右上角的对象面板中，瞄准文字，右击，选"文本"→"拆分文本"命令，将四个字拆开，如图 3-108、图 3-109 所示。

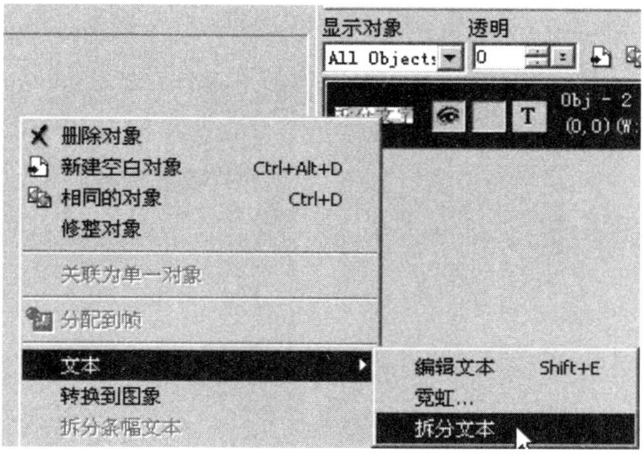

图 3-108　选择"拆分文本"菜单

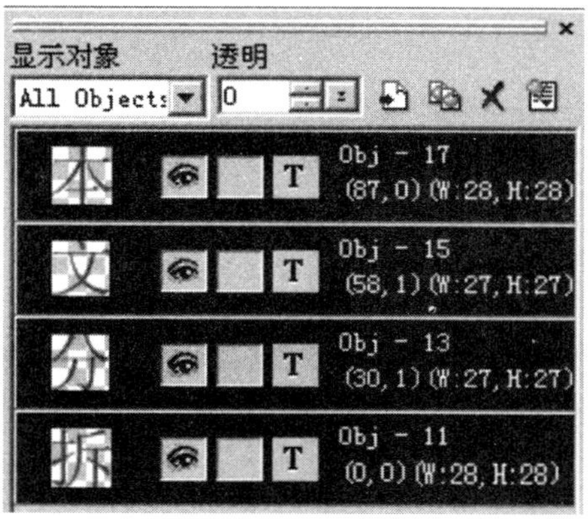

图 3-109　拆分文本

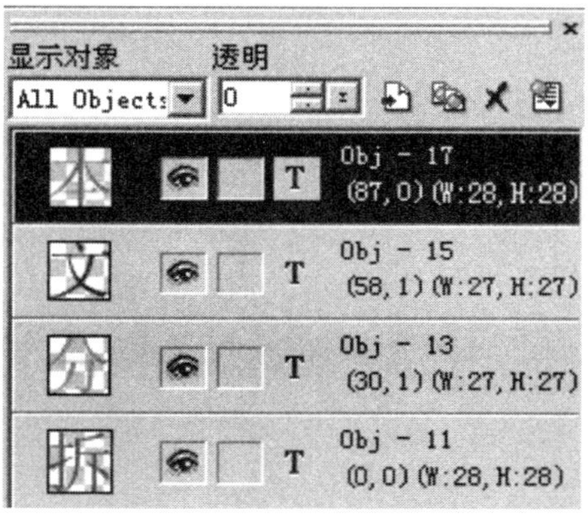

图 3-110　编辑拆分的文字

（3）在对象面板中，单击空白处取消全选，然后在每个字上右击，选"文本"→"编辑文本"命令，改成不同的颜色，如图 3-110 所示。

（4）在下面的帧面板中，单击三次"相同帧"按钮 ，复制三个相同的帧，如图 3-111 所示。

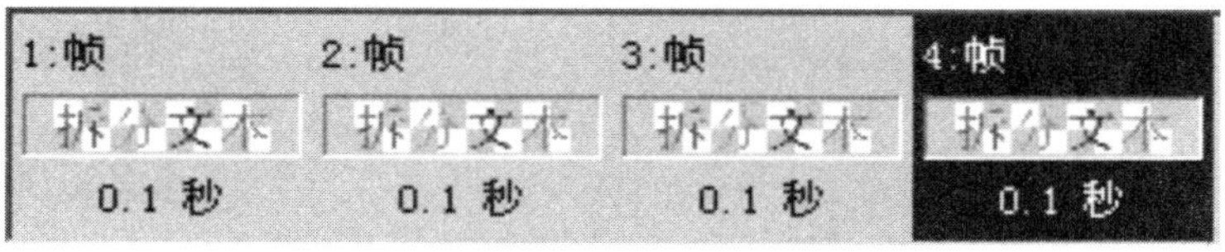

图 3-111　复制相同的帧

（5）选中左边的第 1 帧，在上面的对象面板中，单击"分、文、本"旁边的眼睛图标隐藏对象，只留下"拆"显示，如图 3-112 所示。

再在帧面板中选中第 2 帧,单击"文、本"旁边的眼睛图标隐藏对象,如图 3-113 所示。

图 3-112　显示"拆"字　　　　　　　图 3-113　显示"拆分"字

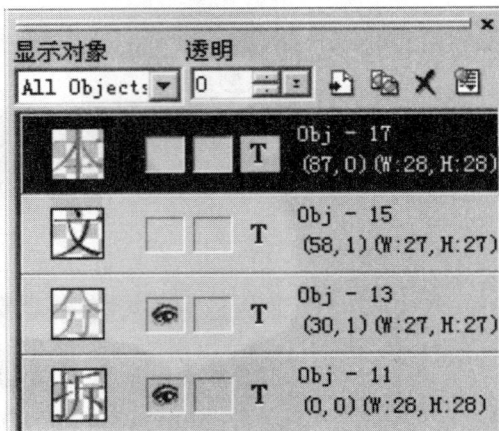

同样选中第 3 帧,单击"本"旁边的眼睛图标隐藏对象,如图 3-114 所示。

图 3-114　显示"拆分文"字

选中第 4 帧,单击一下帧面板下面的"添加帧"按钮 ,添加一个空白帧,这样就有了五帧,如图 3-115 所示。

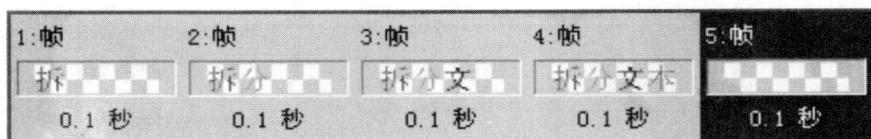

图 3-115　添加空白帧

(6)按住"Ctrl"键,分别单击第 1、2、3、4 帧,全选中所有帧变蓝,如图 3-116 所示。

图 3-116　选中第 1、2、3、4 帧

单击一下帧面板下面最右边的"帧面板命令"按钮 ，选择"帧属性"命令，把 10 改成 50，如图 3-117 所示。

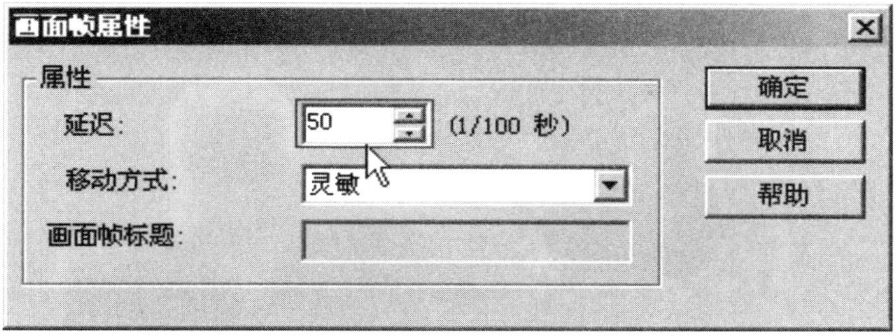

图 3-117　帧属性面板

这样每一帧的时间为 0.5 秒，播放速度会变慢一些，如图 3-118 所示。

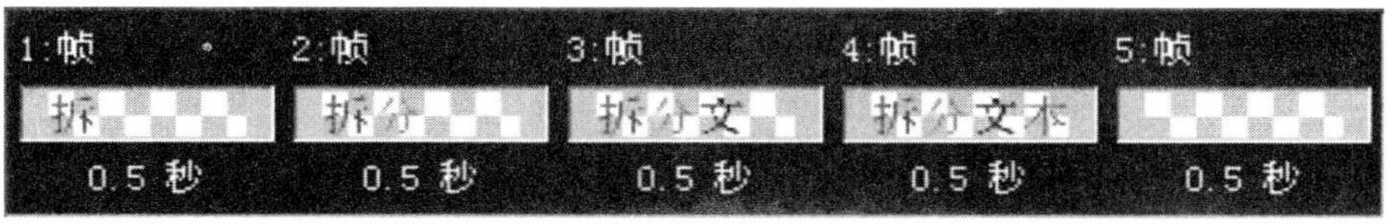

图 3-118　为每一帧设置延时

(7)单击菜单"文件"→"保存"命令，以"拆分"为文件名，保存文件到自己的文件夹。

再单击菜单"文件"→"另存为"→"Gif 文件..."，也以"拆分"为文件名，保存文件到自己的文件夹，这次保存的是 Gif 图片文件。

六、霓虹字

霓虹字是在文字的周围有一圈灯光效果，在帧面板中有一个"添加文本条"按钮，可以创造出变化多样的霓虹效果，下面我们来看一个练习。

(一)运行程序

(1)在桌面双击 Ulead Gif Animator 图标，或者在文件夹中双击它的图标，就可以启动程序。

(2)启动成功后，显示一个默认的空白文档，如果出现向导提示，单击"关闭"。

(3)按一下"Delete"键删除画布中的白色背景。

(二)制作动画

(1)在帧面板下边单击一下添加文本条按钮 ，出来一个文本条对话框，删除文本框里的内容，在字体中选择"宋体"，颜色为红色，输入"爱你永远"，先不设置阴影，如图 3-119 所示。

图 3-119　添加文本面板

（2）单击"霓虹"标签，打勾选中"霓虹"效果，将宽度改为 3，如图 3-120 所示。

图 3-120　设置霓虹效果

（3）单击"效果"标签，在左边选择"放大（旋转）"，右边选择"减弱"，单击一下"开始预览"，看看效果，如图 3-121 所示。

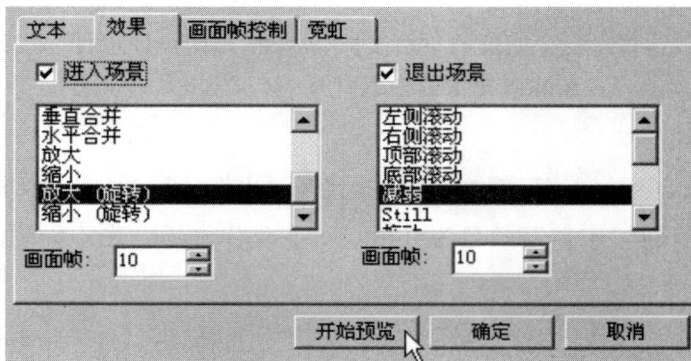

图 3-121　选择文本放大效果

（4）单击"确定"→"创建为文本条（推荐）"按钮，创建一个文字对象，帧面板自动产生动画帧，如图 3-122 所示。

（5）单击菜单"文件"→"保存"命令，以"霓虹"为文件名，保存文件到自己的文件夹。

图 3-122　选择"创建为文本条"

再单击菜单"文件"→"另存为"→"Gif 文件…"，也以"霓虹"为文件名，保存文件到自己的文件夹，这次保存的是 Gif 图片文件。

七、图片动画

图片动画的原理是，几幅略有不同的图片放在一起，形成一个完整的动作。下面我们来看一个猎豹奔跑的例子。

（一）运行程序

（1）在桌面双击 Ulead Gif Animator 图标，或者在文件夹中双击它的图标，就可以启动程序。

（2）启动成功后，显示一个默认的空白文档，如果出现向导提示，单击"关闭"。

（3）按一下"Delete"键删除白色背景。

（二）制作动画

（1）单击菜单"文件"→"添加图像"命令，找到 images 文件夹中的图片文件 b1，打开它，这是第一幅，如图 3-123 所示。

图 3-123　添加图像文件 b1

单击菜单"编辑"→"修整画布"，把多余的部分裁切掉。

（2）单击一下帧面板中的"添加帧"按钮，添加一个空白帧。

再单击菜单"文件"→"添加图像"命令，这次添加图片 b2，如图 3-124 所示。

图 3-124　添加图像文件 b2

（3）同样再添加图片 b3、b4，一共四幅图片，如图 3-125 所示。

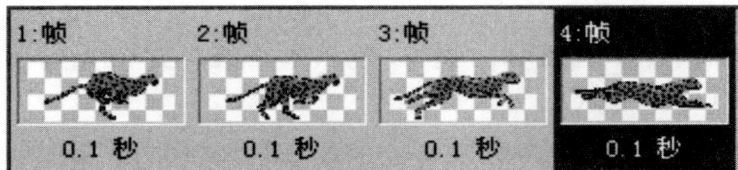

图 3-125　添加 4 幅图片的动画帧

（4）这样四幅图片就形成了一个连续的动作，单击"预览"看一下效果。

（5）单击菜单"文件"→"保存"命令，以"奔跑"为文件名，保存文件到自己的文件夹。

再单击菜单"文件"→"另存为"→"Gif 文件…"，也以"奔跑"为文件名，保存文件到自己的文件夹，这次保存的是 Gif 图片文件。

八、优化向导

在 Ulead GIF Animator 中还有一个功能，可以对动画进行优化后输出，这样便于网络播放和传输。下面我们来看一个练习。

（一）运行程序

（1）在桌面双击 Ulead Gif Animator 图标，或者在文件夹中双击它的图标，就可以启动程序。

（2）启动成功后，显示一个默认的空白文档，如果出现向导提示，单击"关闭"。

（二）优化动画

（1）单击菜单"文件"→"打开图像…"命令，找到上节课做的动画"奔跑"，单击打开，如图 3-126所示。

图 3-126　添加"奔跑"图像文件

（2）再单击菜单"文件"→"优化向导..."命令，弹出一个对话框，把上面的"使用一个预设优化："打勾选中，简单的可以直接用，如图 3-127 所示。

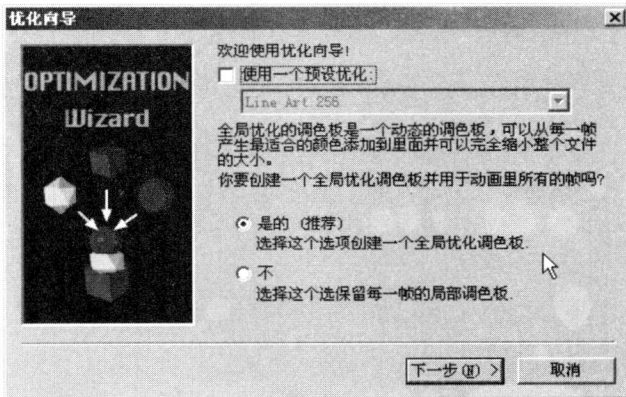

图 3-127　文件优化向导

（3）把上面的"使用一个预设优化："打勾选中后单击一下右边的下拉按钮，在弹出的下拉列表中，选择"Photo 16"，颜色少一些，如图 3-128 所示。

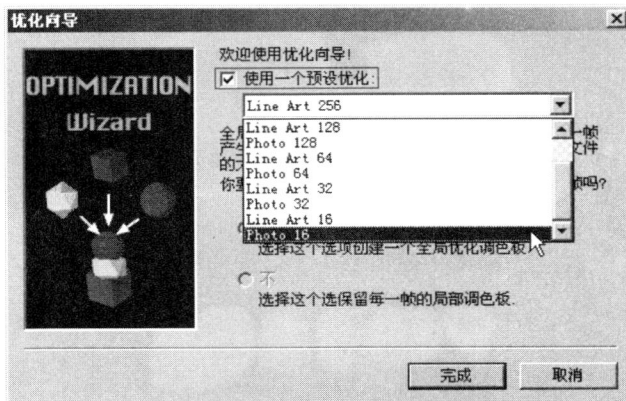

图 3-128　选择预设优化

（4）然后单击"完成"，出来一个对话框面板，里面有优化前后的文件大小对比，可以发现有很大差别，如图 3-129 所示。

图 3-129　优化对比

（5）单击右边的"另存为..."按钮，以"奔跑 1"为文件名保存文件到自己的文件夹中，然后单击"确定"按钮完成优化。

九、翻页特效

动画的原理是，许多图片快速连续播放，人眼睛看着就是一个连贯的动画了。下面我们来看一个简单的动画。

（一）运行程序

（1）在桌面双击 Ulead Gif Animator 图标，或者在文件夹中双击该图标，就可以启动程序。

（2）启动成功后，显示一个默认的空白文档，如果出现向导提示，单击"关闭"。

（3）按一下"Delete"键，删除白色背景。

（二）制作动画

（1）选择文本工具 **T**，在画布上单击一下，然后输入文字"翻转特效"，颜色设为红色，单击"确定"。

单击菜单"编辑"→"修整画布"，把多余部分裁切掉，如图 3-130 所示。

（2）在下面的帧面板中，单击"添加帧"按钮 ，添加一个空白帧。

图 3-130　修整画布

（3）再选中文本工具 **T**，单击一下画布，输入文字"翻转特效"，颜色设为绿色，单击"确定"，如图 3-131 所示。

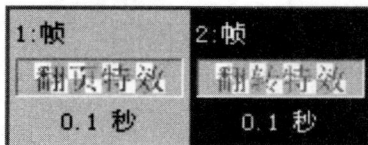

图 3-131　输入文字

选择箭头工具 ，在上面的工具栏中单击最后的居中按钮，排到中央，如图 3-132 所示。

图 3-132　对齐面板

（4）单击菜单"视频 F/X"→"降落"→"翻转降落..."，出来一个效果对话框，选中第一个向右下的箭头，如图 3-133 所示。

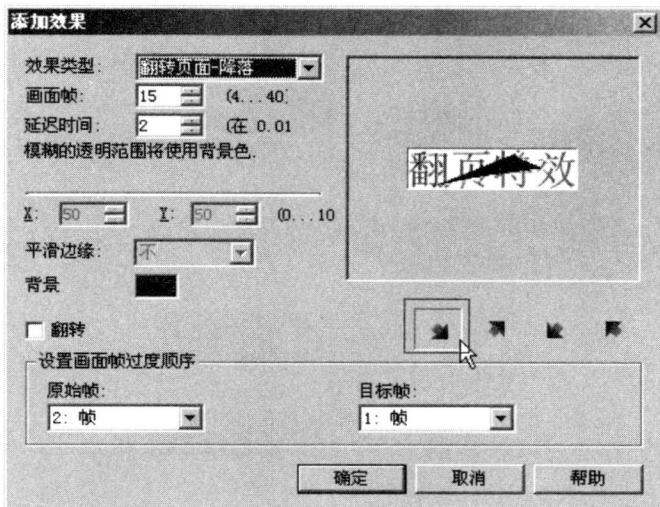

图 3-133　添加翻转效果

单击"确定"，帧面板中自动添加了许多动画帧。

（5）单击菜单"文件"→"保存"命令，以"翻页"为文件名，保存文件到自己的文件夹。

再单击菜单"文件"→"优化向导..."，选择"Photo 16"，以"翻页"为文件名，保存文件到自己的文件夹，这次保存的是 Gif 图片文件（图 3-134）。

图 3-134　操作效果

十、动作动画

动作动画一般是各个帧的图片因位置有所改变，从而产生动画效果。下面我们来做一个练习。

（一）运行程序

（1）在桌面双击 Ulead Gif Animator 图标，或者在文件夹中双击它的图标，就可以启动程序。

（2）启动成功后，显示一个默认的空白文档，如果出现向导提示，单击"关闭"。

（二）制作动画

（1）单击菜单"文件"→"打开图像..."命令，打开文件夹中的 images 里面的 che 文件，这是一幅小车图片（图 3-135）。

（2）选择箭头工具，在小车上单击一下，周围出现虚线框，表明选中小车（图 3-136）。

单击菜单"编辑"→"复制"命令，复制一下这个小车。然后把小车往左边拖动，只露出车头（图 3-137）。

图 3-135　操作效果(1)　　　图 3-136　操作效果(2)　　　图 3-137　操作效果(3)

（3）单击帧面板中的"添加帧"按钮 ⬛ ，添加一个空白帧，如图 3-138 所示。

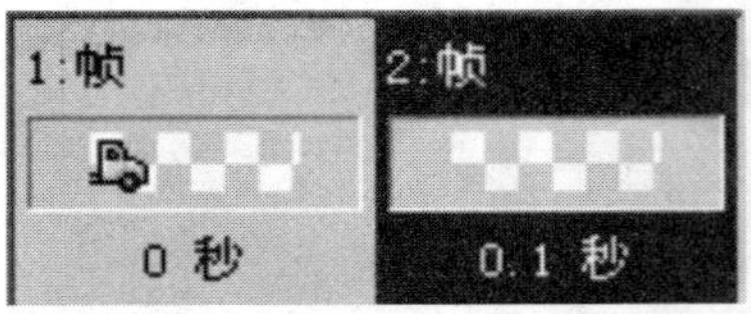

图 3-138　添加空白帧

（4）单击菜单"编辑"→"粘贴"命令，拷贝一个小车过来，这个车就放中间，如图 3-139 所示。

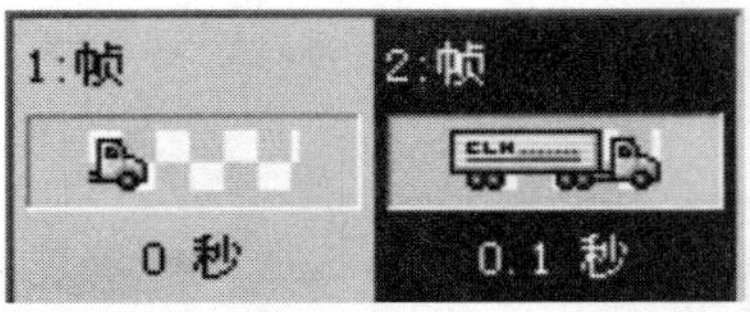

图 3-139　粘贴帧

（5）同样再单击"添加帧"按钮，单击"编辑"→"粘贴"，这个小车往右边移动，只露出车尾，如图3-140所示。

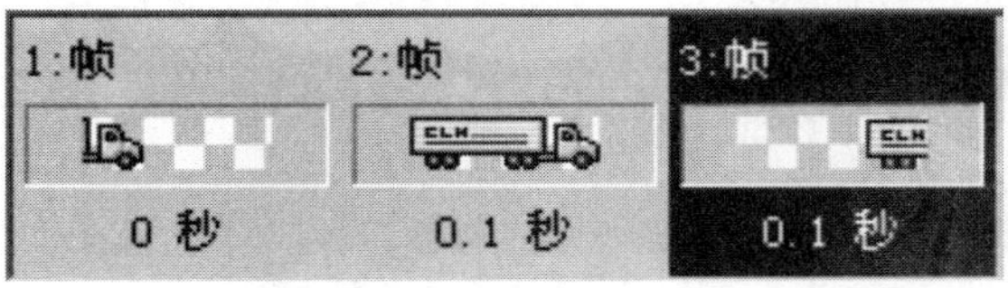

图 3-140　编辑帧

（6）再单击"添加帧"按钮，添加一个空白帧，按住"Shift"键单击一下第 1 帧，全部选中，单击下边的"帧面板命令"按钮 ⬛ ，选择"帧属性"命令，把时间设为 30，这样每帧 0.3 秒，如图 3-141 所示。

图 3-141　为每一帧设定延时

（7）单击菜单"文件"→"另存为"→"UGA"命令，以"小车"为文件名，保存文件到自己的文件夹。

再单击菜单"文件"→"另存为"→"Gif 文件…"，也以"小车"为文件名，保存文件到自己的文件夹，这次保存的是 Gif 图片文件。

本章小结

通过学习,我们对计算机动画的原理有了一定的认识和了解,并掌握如何利用动画软件来制作一些简单的动画。动画的原理是利用人眼的视觉暂留现象,将相邻的多幅画面连续快速播放,形成动画。目前,绝大多数动画都是利用计算机来进行辅助生成,很多逼真的三维动画游戏就是利用计算机制作的。计算机动画一般可分为二维动画和三维动画。二维动画中按照动画生成原理不同分为 GIF 位图动画和 FLASH 矢量动画。Adobe Photoshop CS3 和 Ulead GIF Animator 是比较常用的制作逐帧 GIF 动画的工具,而 Adobe Flash 是制作矢量动画的工具。

习　题

1. 动画的原理是什么?
2. GIF 位图动画和 FLASH 矢量动画有什么区别?
3. 请利用 Adobe Photoshop CS3 制作一个逐字出现的动画并保存为 gif 格式动画。
4. 请利用 FLASH 制作一个跳动的小球的矢量动画,并保存为 swf 格式动画。
5. 请利用 Ulead Gif Animator 制作一个翻页效果的动画,并保存为 gif 格式动画。
6. 请制作一个小人走路的 gif 格式动画。连续的小人图片可以自己画,也可以网络下载。

第四章

数字音频处理

声音包含的信息量多而准,是人类传播信息的一种主要媒体。声音被用来传递消息、表达情感,是人们最熟悉和最易接受的交流方式。声音有以下三种类型:

(1)波形声音:包含了所有声音形式。

(2)语音:不仅是波形声音,而且还有丰富的语言内涵(抽象→提取特征→意义理解)。

(3)音乐:与语音相比,形式更规范。音乐是符号化的声音。

声音在一个多媒体应用系统中是不可缺少的表现手段。随着多媒体信息处理技术的发展,计算机硬件速度的加快和功能的加强,数字音频技术被广泛应用。背景音乐、游戏音响效果、解说、电子有声读物、语音识别、声音模仿等音频技术的使用,使多媒体的表现形式更加丰富多彩。

在传统的音乐制作过程中,音乐与乐器是不能分开的,乐器与乐手同样是不能分开的。为了听到丰富多彩的音乐效果就必须有多种多样的乐器,还需要有演奏这些乐器的乐手。对那些能演奏多种乐器的专业音乐工作者,当需要将自己的音乐构思变成实际的音响效果时,由于一个人无法同时演奏出乐曲中的所有声部,必须请整个乐团来进行演奏,还要经过反复修改才能最终完成一部完整的音乐作品。

然而,随着数字媒体技术的发展,利用计算机强大的处理功能,通过数字音乐,从作曲、配器到分部演奏、录音、合成,直至制作出音乐的最终产品(如 CD 光盘),整个流程都完全可以在一台计算机上轻松完成。计算机数字音乐的出现为个人的音乐创作提供了无限广阔的自由创作空间,计算机对多媒体文件的强大处理能力令使用者能够随心所欲地编配乐曲。任何人都可以借助计算机通过作曲软件以任何可以想象的风格谱写音乐作品。对于演奏者,借助音乐软件强大的编辑功能,可以打破自身演奏水平的限制。

通过本章学习,应掌握以下内容:

(1)了解音频素材及音频设备。

(2)多媒体声音数字化的概念。

(3)常见音频编辑工具 Audition 3.0 的使用方法。

(4)GoldWave 音频编辑工具的使用方法。

第一节　音频素材及音频设备

一、数字音频

声音媒体是较早引入计算机系统的多媒体之一,从早期的利用 PC 内置喇叭发声,发展到利用声卡在网上打网络电话,声音一直是多媒体计算机中最重要的媒体信息。在软件或多媒体作品中使用数字化声音是多媒体应用最基本、最常用的手段。通常所讲的数字化声音是数字化语音、声响和音乐的总称。在多媒体作品中可以通过声音直接表达信息、制造某种效果和气氛、演奏音乐等。逼真的数字声音和悦耳的音乐,拉近了计算机与人的距离,使计算机不仅能播放声音,而且能“听懂”人的声音,是实现人机自然交流的重要方式之一。

模拟音频和数字音频在声音的录制和播放方面有很大不同。模拟音频的录制是将代表声音波形的电信号转换到适当的媒体上,如磁带或唱片,播放时将记录在媒体上的信号还原成波形。模拟音频技术应用广泛,使用方便,但模拟的声音信号在多次重复转录后会使模拟信号衰弱,造成失真。数字音频技术就是将模拟的(连续的)声音波形数字化(离散化),将一些连续平滑变化的模拟信号,即连续的波峰波谷状的信号通过模拟/数字(A/D)转换器来转变成计算机能够理解的“0”和“1”序列串,以便利用数字计算机进行处理和加工,然后再使用数字/模拟(D/A)转换器将二进制信号还原为模拟信号,以更友好的方式展示给用户。

二、音频设备——声卡

作为多媒体计算机的象征,声卡的历史远不如其他 PC 硬件来得长久,毕竟早期的计算机在人们的心目中只是一种纯粹的计算工具,唯一需要声音的地方就是某些警告或提示信号,但是,随着多媒体应用的流行,刺激了声卡的产生和发展,PC 喇叭发出的单调的蜂鸣声早就不能令人满意,用户需要体验与现实一样的音效,于是产生了专门处理音效的硬件——声卡。把处理声音的工作交给声卡,一切变得轻松而容易。第一块声卡是 ADLIB AUDIO 公司于 1984 年推出的 ADLIB 卡。

声卡不仅能使游戏和多媒体应用发出优美的声音,也能帮助用户创作、编辑和打印乐谱,还可以用它弹奏钢琴、录制和编辑数字音频等。

(一)声音的本质

人们之所以能听到声音,是由于两个或多个物体互相碰撞,释放出一种能量波——声波。声波再强行改变环境中的空气压力。人耳朵里的鼓膜会侦测到这种压力的变化,而人脑将其解释成声音。声波会向所有方向发散,就像石头掉进池塘里泛起的涟漪。

从本质上说,所有声卡都采用类似的发声方式,其任务是产生声波。声波在计算机里的原始形态是电流的变化,这些变化会被音频放大器放大,使喇叭产生震颤。这些震颤当然又会造成空气压力的变化,最终形成人耳所能听到的声音。

(二)声卡的结构

1. 音效处理芯片

音效处理芯片是声卡(图 4-1)最核心的芯片,决定了声卡的性能和品质,它的基本功能包括采样和回放控制、处理 MIDI 指令集等,有的还有混响、合成功能。能开发设计声卡芯片的厂商并不是很多,如著名的 CREATIVE 公司和 ESS 公司等。现在很多制作声卡的厂家都是用别人制造好的声卡芯片,自己加工集成声卡,再以自己的品牌出售。

图 4-1　声卡

2.功率放大芯片

功率放大芯片简称功放。从音效处理芯片出来的信号不能直接驱动扬声器,功率放大芯片将信号放大以后驱动扬声器。

3.总线连接端口

总线连接端口(俗称金手指)是声卡与主板连接的部分,是声卡与计算机交换信息的途径。根据总线种类可把声卡分为 ISA 声卡和 PCI 声卡。

4.输入/输出端口

(1)Speaker Out:连接外部的无源音箱和耳机。

(2)Line In:把外界的音源输入计算机,可连接单放机或者外部音响的音频输出端。

(3)Line Out:连接外部的有源音箱或音响设备。

(4)MIC:用于连接话筒。可通过此端口录制语音、进行语音识别或者打网络电话等。

(5)游戏杆接口/MIDI 接口:为了便于操作游戏,游戏杆接口用于连接游戏控制杆或游戏手柄。同时它也是连接 MIDI 设备的 MIDI 接口。

上述 5 种端口传输的都是模拟信号,如图 4-2、图 4-3 所示。高档声卡能够实现数字声音信号的输入/输出功能。端口的外形和排列顺序会随厂商不同而不同,具体可查看随声卡配送的使用说明书。现在有些声卡为了降低成本已经将 Line Out 插口和 Speaker Out 插口合二为一了。

图 4-2　台式电脑的声卡输入/输出端口

图 4-3　笔记本电脑的声卡输入/输出端口

(三)声卡的主要功能

声卡是负责录音、播音和声音合成的一种多媒体板卡,其功能包括:

(1)录制、编辑和回放数字音频文件。

(2)控制和混合各声源的音量。

(3)记录和回放时进行压缩和解压缩。

(4)语音合成技术(朗读文本)。

(5)具有 MIDI 接口(乐器数字接口)。

（四）声卡的性能指标和分类

1.采样的位数

声卡的主要作用之一是对声音信息进行录制与回放，在这个过程中采样的位数和采样的频率决定了声音采集的质量。采样位数可以理解为声卡处理声音的解析度。这个数值越大，解析度就越高，录制和回放的声音就越真实。

计算机中的声音文件是用数字 0 和 1 来表示的，所以在计算机上录音的本质就是把模拟声音信号转换成数字信号；反之，在播放时则是把数字信号还原成模拟声音信号输出。声卡的位是指声卡在采集和播放声音文件时所使用数字声音信号的二进制位数。声卡的位客观地反映了数字声音信号对输入声音信号描述的准确程度。8 位代表 2 的 8 次方——256，16 位则代表 2 的 16 次方——64K。比较一下，一段相同的音乐信息，16 位声卡能把它分为 64K 个精度单位进行处理，而 8 位声卡只能处理 256 个精度单位，造成了较大的信号损失，最终的采样效果自然是无法相提并论的。如今市面上的主流产品都是 16 位的声卡，将来多媒体数字音频的采样位数会随着计算机技术的发展而不断提高。

2.采样的频率

采样频率是指录音设备在一秒钟内对声音信号的采样次数，采样频率越高，声音的还原就越真实、越自然。在当今的主流声卡中，采样频率一般分为 22.05kHz、44.1kHz、48kHz 三个等级，22.05kHz 只能达到调频广播的声音品质，44.1kHz 则是理论上的 CD 音质界限，48kHz 则更加精确一些。对于高于 48kHz 的采样频率，人耳已无法辨别，所以在计算机上没有多少使用价值。

3.调频

调频是声卡中被广泛采用的音乐合成技术。该技术是 20 世纪 70 年代早期由美国斯坦福大学的 John Chowning 博士发明的。调频合成器通过产生一个正弦波来发出声音，这种正弦波又称为"载波"。随后，将这个波与另一个波形（调波）叠加，若两个波形在频率上接近，就会产生一个复杂的新波形。通过同时控制载波与调波，就可产生不同的音色，或者说模拟出不同的乐器音色。尽管调频技术在 20 世纪 80 年代曾风靡一时，但在今天的波表技术面前，却显得非常单调乏味。

4.波表技术

波表技术不用载波和调波产生声音。波表的英文名称为 Wave Table，从字面上翻译就是"波形表格"的意思。其实，它是将各种真实乐器所能发出的所有声音（包括各个音域、声调）录制下来，存储为一个真实声音样本文件，这就是波表文件。ISA 声卡通常将样本保存在板载的 ROM 中，而新型的 PCI 声卡则可以直接将其存储在 PC 的主存里。从理论上说，后者应该更加灵活，可以方便地编辑和添加新声音样本。

5.声卡的声道数

单声道是比较原始的声音复制形式，早期声卡采用单声道比较普遍。当通过两个扬声器回放单声道信息时，可以明显感觉到声音是从两个音响中间传递到人们耳朵里的。这种缺乏位置感的录制方式在声卡刚刚起步时还算比较先进，但现在这种技术已较为落后。

单声道缺乏对声音位置的定位，而立体声技术则彻底改变了这一状况。声音在录制过程中被分配到两个独立的声道，从而达到了很好的声音定位效果。这种技术在音乐鉴赏中显得尤为有用，听众可以清晰地分辨出各种乐器的方向和位置，从而使音乐更富想象力、更加接近于临场感受。立体声技术广泛应用于自 Sound Blaster Pro 以后的大量声卡中,成了影响深远的一个音频标准。时至今日,立体声依然是许多产品遵循的技术标准。

人们的欲望是无止境的,立体声虽然满足了人们对左右声道位置感体验的要求,但是随着技术的进一步发展,人们逐渐发现双声道已经越来越不能满足听众的需求。而四声道环绕规定了 4 个发音点,即前左、前右、后左、后右,听众则被包围在中间。同时还建议增加一个低音音箱,以加强对低频信号的回放处理(这也就是如今 4.1 声音音箱系统广泛流行的原因)。就整体效果而言,四声道系统可以为听众带来来自多个不同方向的声音环绕,可以获得身临各种不同环境的听觉感受,给用户以全新的体验。如今,四声道技术已经广泛融入各类中高档声卡的设计中,是发展的主流趋势。目前,更高品质 5.1 声道和 7.1 声道也已经出现,并已广泛运用于各类传统影院和家庭影院中,譬如杜比 AC-3(Dolby Digital)、DTS 等都以 5.1 声音系统为技术蓝本。

6. 三维音效

三维(3D)音效时下非常流行。PCI 声卡的大宽带带来了许多新技术,其中发展最为迅速的当数三维音效。三维音效的主旨是为人们带来一个虚拟的声音环境,通过特殊的头部相关变换函数(Head-Response Transfer Function,HRTF)技术营造一个趋于真实的声场,从而获得更好的游戏听觉效果和声场定位。而 API(Application Programming Interface)是应用程序编程接口的含义,其中包含着许多关于声音定位与处理的指令与规范。它的性能将直接影响三维音效的表现力。如今比较流行的 API 有 Direct Sound 3D、A3D 和 EAX 等。

(五)声卡的安装和使用

声卡的安装比较简单,先断掉计算机电源,再释放掉手中静电,打开主机箱,将声卡插入主板上相应空闲的功能扩展槽中,目前的声卡大多是 PCI 接口,所以插入主板上白色的 PCI 插槽即可。插好后,安装好固定螺钉并盖好主机箱。启动计算机,进入 Windows 操作系统,系统会提示发现新的硬件设备,如果声卡的芯片为主流产品,Windows 操作系统会自带其驱动程序,系统会自动识别声卡种类并安装完成。如果 Windows 环境未带有声卡芯片的驱动系统,系统会提示插入随卡配送的驱动程序光盘,插入后选择相应驱动程序所在路径,系统自动完成安装。一般而言,声卡安装成功的标志是屏幕右下角出现小喇叭标志。安装成功后,可双击屏幕右下角的小喇叭标志,进行音量调节。音量调节界面如图 4-4 所示。Windows 7 将当前所有有声音输出的应用程序全都集合在此,可以进行有针对性的静音或者音量调节,如图 4-5 所示。

图 4-4 音量调节界面 　　　　　　　　图 4-5 针对性设置声音

三、音频素材的采集

（一）利用声卡进行录音采集

采集音频素材最常见的方法就是利用声卡进行录音采集。如果使用话筒录制语音，需要首先把话筒和声卡连接，即将话筒连线插头插入声卡的 MIC 插孔。如果要录制其他音源的声音，如磁带、广播等，需要将其他音源的声音输出接口和声卡的 Line In 插孔连接。连接完成后，需要在音量调节界面正确设置将要录制声音的来源和音量。

接下来介绍一下 Windows 7 录音机的使用操作。

（1）要使用录音功能前先检查录音的硬件是否开启：鼠标移动至右下角的小喇叭图标处右键单击，在弹出的菜单上选择"录音设备"，如图 4-6 所示。

图 4-6　右击小喇叭选择"录音设备"

（2）在声音设置界面，右击弹出选项框，单击选择"显示禁用的设备"，如图 4-7 所示。

（3）右击"立体声混音"，在弹出选项框上单击"启用"，如图 4-8 所示。

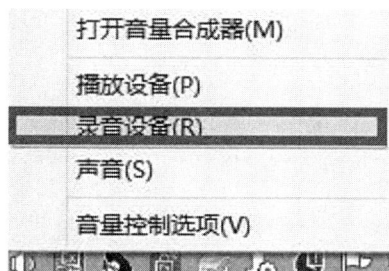

图 4-7　右击选择"显示禁用的设备"

图 4-8　右击"立体声混音"选择"启用"

（4）单击"开始"菜单，选择"所有程序"，如图 4-9 所示。

（5）在"附件"下单击"录音机"，使用 Windows 7 自带的录音软件就可以进行录音了，如图 4-10 所示。

图 4-9　单击"开始"菜单，选择"所有程序"

图 4-10　选择"附件"下的"录音机"

（6）单击"红色"图形的录音按钮，就可以录制声音了。录制完毕，单击"黑色方块"按钮（暂停按钮），如图 4-11 所示。

图 4-11　录音的开始与暂停

（7）选择"文件"菜单下的"保存"选项，修改文件名，选择保存类型，就可以把刚才录制的声音文件存放到计算机中形成数字音频文件，如图 4-12 所示。

可以说，这时已经完成了对声音从模拟信号到数字信号的采集。

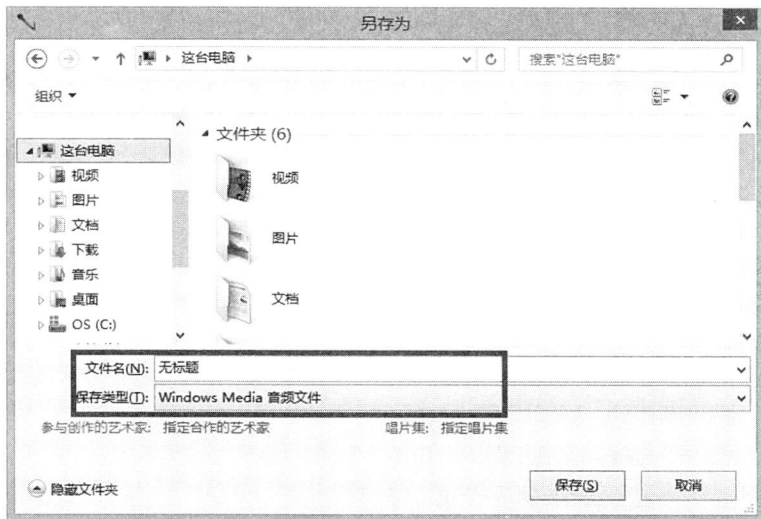

图 4-12　录音文件的保存

【注意】Windows 7 录音时间不受限制,XP 及之前的录音机一般最多只能录制 60 秒钟的声音。

扫一扫下方二维码,观看 Windows 7 录音机录音操作视频。

录音机录音操作

(二)从光盘中采集

除了通过录制声音的方式采集音频素材外,还可以从 VCD 电影盘或者 CD 音乐盘中采集需要的音频素材。因为 CD 音乐盘中的音乐是以音轨的形式存放的,不能直接复制至计算机中形成文件,所以需要特殊的抓音轨软件来从 CD 音乐盘中获取音乐。同样,VCD 电影盘中的声音和影像是同步播出的,声音也不易分离出来单独形成音频文件,这也需要特殊的软件才能做到。国产优秀多媒体播放软件"超级解霸"就可以轻松做到从 CD 音乐盘和 VCD 电影盘中获取音频素材。

(三)连接 MIDI 键盘采集

对于 MIDI 音频素材的采集,可以通过 MIDI 输入设备弹奏音乐,然后让音序器软件自动记录,最后在计算机中形成音频文件,完成数字化的采集。

四、音频素材的保存形式及压缩标准

(一)音频素材的保存形式

数字音频信息在计算机中是以文件的形式保存的,存储声音信息的文件可以有多种格式,如 WAV、MIDI、MP3、RA、WMA 等。

1. WAV 格式

WAV 格式的文件又称波形文件,是用不同的采样率对声音的模拟波形进行采样得到的一系列离散的采样点,以不同的量化位数(16 位、32 位或 64 位)把这些采样点的值转换成二进制数得到的。WAV 由三部分组成:文件头(标明是 WAV 文件、文件结构和数据的总字节数)、数字化参数(如采样率、声道数、编码算法等),最后是实际波形数据。CD 激光唱片中包含的就是 WAV 格式的波形数据,只是扩展名没写成".wav"。一般来说,声音质量与其 WAV 格式的文件大小成正比。WAV 是数字音频技术中最常用的格式,它声音层次丰富,还原的音质较好,但因未经压缩,文件数据量很大。Windows 下录音机的声音就是这种格式。

2. MIDI 格式

MIDI 是 Musical Instrument Digital Interface(乐器数字接口)的缩写。它是由世界上主要电子乐器制造厂商建立起来的一个通信标准,并于 1988 年被正式提交给 MIDI 制造商协会,便成为数字音乐的一个国际标准。MIDI 标准规定了电子乐器与计算机连接的电缆硬件以及电子乐器之间、乐器与计算机之间传送数据的通信协议等规范。MIDI 标准使不同厂家生产的电子合成乐器可以互相发送和接收音乐数据。通过使用 MIDI 序列器可以大大降低作曲和配器成本,根本用不着庞大的乐队来演奏。音乐编导在家里就可把曲子创作好,然后进行配器,再也用不着大乐队在录音棚里一个声部一个声部地录制了。只需要用录音棚里的电脑或键盘,把存储在键盘里的 MIDI 序列器的各个声部的全部信息输入到录音机上即可。MIDI 文件记录的是一系列指令而不是数字化后的波形数据,所以它占用的存储空间比 WAV 文件要小很多。

3. MP3 格式

MP3 是 MPEG Layer 3 的简称,是目前热门的音乐文件。其技术采用 MPEG Layer 3 标准对 WAVE 音频文件进行压缩而成,特点是能以较小的比特率、较大的压缩率达到接近 CD 音质,其压缩率可达 1∶12,每分钟 CD 音乐大约需要 1MB 的磁盘空间,且音质优美。网上音乐大量使用 MP3 格式。

4. RA 格式

RA 是 Real Audio 的简称,是 Real Networks 公司制定的音频压缩规范,也是目前在 Internet 上相当流行的跨平台的客户/服务器结构多媒体应用标准,它采用音频/视频流和同步回放技术来实现在 Internet 上全带宽地提供最优质的多媒体,同时也能够在 Internet 上以 28.8KB/s 的传输速率提供立体声和连续视频。其最大特点就是可以采用流媒体的方式实现网上实时播放,即边下载边播放。

5. WMA 格式

WMA 是 Windows Media Audio 的缩写,是微软自己开发的 Windows Media Audio 技术,它支持流式播放。WMA 格式的文件可保护性极强,甚至可以限定播放机器、播放时间及播放次数,具有相当强的版权保护能力,与 MP3 压缩技术相比较,WMA 无论从技术性能(支持音频流)还是压缩率(比 MP3 高一倍)都超过了 MP3 格式。用它来制作接近 CD 品质的音频文件,其文件大小仅相当于 MP3 的 1/3。

从播放形式上,后两种声音文件(RA 和 WMA)都支持"音频流"播放,即可以一边下载一边收听,而不需要等整个压缩文件全部下载到机器后才可以收听。

(二)音频素材的压缩标准

1.音频压缩方法概述

音频压缩方法如图 4-13 所示。

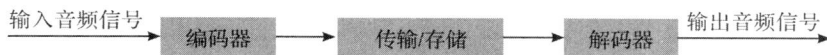

图 4-13　音频压缩方法

音频信号(Audio)是带有语音、音乐和音效的有规律的声波的频率、幅度变化信息的载体。音频信号能压缩的基本依据有:①音信号中存在大量的冗余度;②人的听觉具有强音能抑制同时存在的弱音现象。

2.音频压缩技术标准

音频压缩技术标准如表 4-1 所示。

表 4-1　音频压缩技术标准

分　类	标　准	说　明
电话语音质量	G.711	采样频率 8kHz,量化 8bit,码率 64kbps
	G.721	采用 ADPCM 编码,码率 32kbps
	G.723	采用 ADPCM 有损压缩,码率 24kbps
	G.728	采用 LD-CELP 压缩技术,码率 16kbps
调幅广播质量	G.722	采样频率 16kHz,量化 14bit,码率 224(64)kbps
高保真立体声	MPEG 音频	采样频率 44.1kHz,量化 16bit,码率 705kbps(MPEG 有三个压缩层次,MPEG-1 采用 384kbps,MPEG-2 采用 192kbps,MPEG-3 采用 64kbps)

第二节　声音信号数字化

声音是通过空气传播的一种连续的频波。声音的强弱体现在声波振幅的大小上,音调的高低体现在声音的频率高低上。声波具有普通波所具有的特性,如反射(Reflection)、折射(Refraction)和衍射(Diffraction)等。

在人耳的声域范围内,声音听觉心理的主观感受主要有响度、音度、音色等特征和掩蔽效应、高频定位等特性,其中响度、音度、音色成为声音的三要素。振幅、频率和相位可以用来描述任何复杂的声音。

声音的质量,是指经传输、处理后音频信号的保真度。根据声音的频带把声音的质量分成 5 个等级,由低到高分别是电话(Telephone)、调幅(Amplitude Modulation,AM)广播、调频(Frequency Modulation,FM)广播、激光唱盘(CD-Audio)和数字录音带(Digital Audio Tape,DAT)的声音。下面列出在这 5 个等级中,MP3 文件使用的采样频率、样本精度、通道数和数据率,如表 4-2 所示。

表 4-2　声音质量和数据率

质量指标	采样频率/kHz	样本精度/(B/s)	声道数	数据率/(KB/s)	频率范围/Hz
Telephone	8	8	单声道	8	200～3400
AM	11.025	8	单声道	11.0	20～15000
FM	22.05	16	立声道	88.2	50～7000
CD	44.1	16	立声道	192.0	20～20000
DAT	48	16	立声道	321.0	20～20000

要将音乐数字化,首先必须将声音信号数字化,如图 4-14 所示。

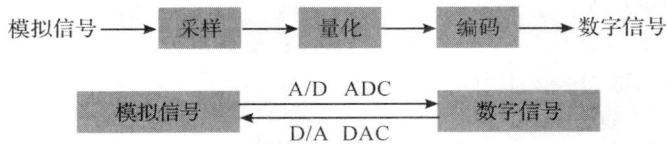

模拟信号 ──→ 采样 ──→ 量化 ──→ 编码 ──→ 数字信号

模拟信号 ←── A/D ADC ──→ 数字信号
　　　　　　　D/A DAC

图 4-14　声音数字化过程

将声音信号数字化的方式有很多,最常见的方式是通过脉冲编码调制(Pulse Code Modulation,PCM)。音乐 CD 就是记录此种格式的数字信号。

在自然状况下,声波是一个连续的波段,而计算机只能处理非连续的 0、1 两种状态,所以这种连续波在计算机中不能直接处理。声音的数字化是指在声音连续的声波信号上按一定的时间间隔取值,得到一系列的声音采样值,再把每个采样值的幅度用一个数字来表示。采样的间隔称为采样时间,而采样时间的倒数即为采样频率,其含义是每秒钟取得声音样本的次数。采样频率是反映数字音频质量的一个重要参数,一般情况下,采样频率越高,声音的质量也就越好。由于人耳听觉的频率上限为 20kHz 左右,根据采样理论,为了保证声音完全不失真,采样频率应在 40kHz 以上。采样频率一般分为 22.05kHz、44.1kHz、48kHz 三个等级,在实际采样中常采用 44.1kHz 作为高质量声音标准。另外常用的音频采样频率还有 8kHz 电话话音质量、22.05kHz 调频广播的声音品质。44.1kHz 则是理论上的 CD 音质界限,48kHz 则更加精确一些。采样后的数据必须经过量化处理。量化的过程就是将采样得到的采样值量化为有限多个幅度值的数据,以便于存入计算机中,量化位数越高,音质越好,数据量也就越大。

声道是反映数字音频质量的参数,单声道技术指一次只能生成一个声波数据。双声道技术是每次能够生成两个独立的声波数据,从而实现了声音的定位,因此又把双声道称为立体声。在新的声波处理系统中,为了体现三维立体声的效果,出现了四声道环绕立体声技术和 5.1(即 5 个独立全频道声道加上一个超重低音的 0.1 声道)声道的 Dolby AC-3 音效技术。

数字化的最大好处是便于数据传输与保存,信息不易失真。只要记录信息的数字值不改变,记录的信息内容就不会改变。传统的模拟信号,如 LP 黑胶唱片是通过表面的凹凸起伏,录音磁带是通过表面的磁场强度来表达振幅大小,也就是通常所说的模拟音频的一种记录方式,在对数据进行复制时,无论电路设计多么严谨,总是无法避免噪声的介入及原始信号的衰减。这些噪声在复制后成为信息的一部分,造成失真,且复制次数越多,信噪比(信号大小与噪声大小的比值)会越低,有意义的信息细节也越少。如果用户曾经复制过录音磁带或是录像带,一定会发现复制版噪声较大。而在数字化的世界里,数字转换为二进制,以电压的高低判读 1 与 0,并可加上各种校验码,使得出错概率非常小,处理过程也相对简单。

第三节　Audition 音频编辑工具

计算机音乐制作技术是科学技术与音乐技术发展相结合的产物,属于交叉学科。计算机音乐制作技术涉及音乐理论、音乐创作、MIDI 与数字音频制作技术、电子乐器演奏、计算机应用、音乐声学和数码录音技术等横跨文科与理科的诸多专业。

用一台普通个人计算机和一个输入设备(可以是 MIDI 键盘、鼠标或者话筒)组成的最小结构,在功能上绝不比那些昂贵而复杂的专业设备和专业 MIDI 制作系统逊色。由于充分利用和发挥了计算机、软硬件的强大功能,可以最大限度地减少设备投资。下面就从声音的录制处理开始,介绍计算机音乐的制作过程。

声音工具(Audio Tools)用来录放、编辑和分析声音文件。声音工具使用得相当普遍,但它们的功能相差很大,在本节中主要介绍优秀的音频处理工具 Adobe Audition 3.0。

一、Audition 3.0 概述

虽然使用 Windows 自带的录音机软件也可完成一些简单的录音操作,但其编辑功能有限,因特网上有许多站点提供试用的或者是免费的音频处理工具。Audition 音频处理工具是一款功能强大的多音轨音频混合编辑软件,集录音、混音、编辑于一体。如图 4-15 所示是 Audition 的运行界面。该软件包含高品质的数字效果组件,可在任何声卡上进行 64 轨混音,也可以进行任意时间长度录音,使用简捷、方便,很受广大音频产品制作用户的欢迎。在因特网上,可以免费下载 Audition 的试用版。下面以 Audition 3.0 为例介绍制作、编辑音频时经常用到的功能。

用于安装 Audition 软件的计算机可采用普通的桌面计算机配置,内存 512MB 以上为合适,安装两块硬盘,将素材盘和系统盘分开,有利于提高系统的处理速度和稳定性。Audition 3.0 具有音频多轨编辑功能,具备 64 轨音频编辑功能,在实际工作过程中,最多能够同时稳定运行的音频轨道取决于计算机中硬盘的读写速度和计算机整机的运行速度,如果希望能够同时处理更多的音频轨,还可以采用 RAID 硬盘阵列作为工作站中的素材盘,或采用 SCSI 硬盘阵列来提高硬盘的工作速度。

安装了 Audition 软件的计算机,如果只是对非线性编辑系统中的音频素材进行预处理,而不经过工作站中的声卡采集音频素材,只需要选用普通声卡,不会影响到非线性编辑系统的音频质量;如果要使用计算机进行录音,或对模拟音频信号进行采集,则需要选用高档、优质的声卡,以保证所获取的数字音频信号的质量。由于 Audition 在操作使用上具有简捷、方便、快捷等优点,直接利用工作站进行录音、剪辑、音效处理,往往能得到事半功倍的效果,会让用户感觉到其超强的音频处理能力和较高的编辑效率。

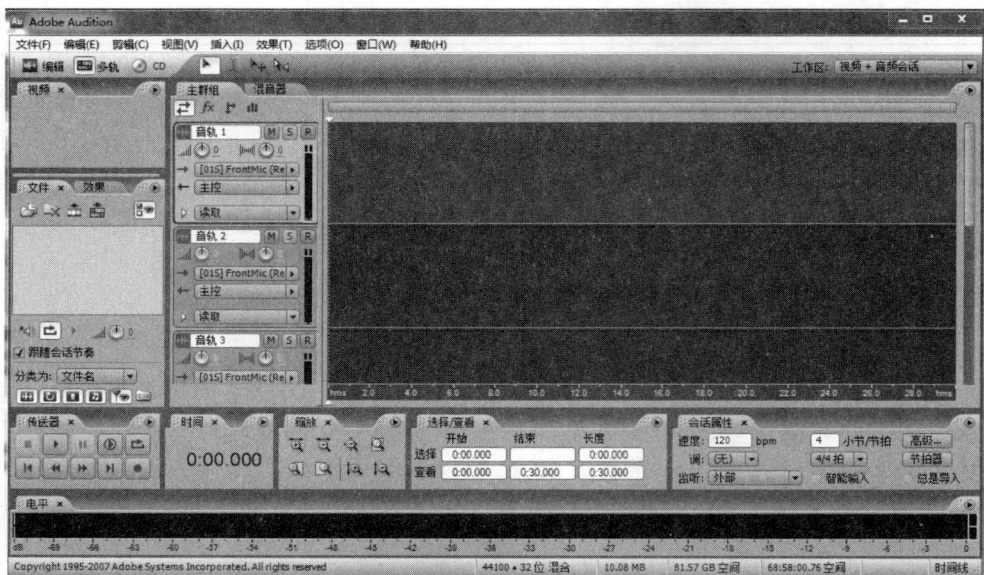

图 4-15　Audition 的运行界面

二、安装运行 Audition 3.0

（1）安装 Audition 3.0，选择要安装软件的路径，单击"确定"按钮，进入软件安装界面，如图 4-16 所示。

图 4-16　Audition 3.0 的安装界面

（2）单击"完成"按钮，软件安装成功。正常启动软件，首次启动软件时会弹出如图 4-17 所示的对话框。由于在音频处理过程中将产生很大的临时文件，所以选择一个计算机硬盘上剩有最大可用空间的盘作为临时文件暂存盘。

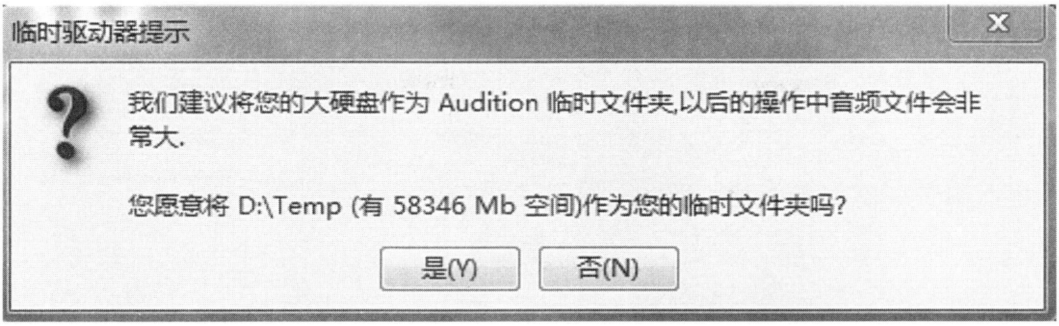

图 4-17　"临时驱动器提示"对话框

（3）Audition 3.0 将声音可视化，打开一个声音文件，看到 Audition 3.0 中显示了该声音的左右声道的波形（上为 L，下为 R），在默认情况下，可以对两个声道同时操作，也可以单独对其中的一个声道进行操作，如图 4-18 所示。

图 4-18　用 Audition 3.0 对单一声道进行编辑

（4）用鼠标选择波形的一部分，被选中的部分将会高亮显示，可以像操作文件一样对声音进行编辑（如复制、插入、删除等），如图 4-19 所示。

图 4-19　选定声音中的一部分

（5）请扫描二维码，观看声音编辑基本操作视频。

声音编辑基本操作

三、自制歌曲声音录制

（1）打开 Audition 软件，进入多音轨界面，右击音轨一空白处，插入所要录制歌曲的 MP3 伴奏文件，将其放入音频轨道 1，如图 4-20 所示。

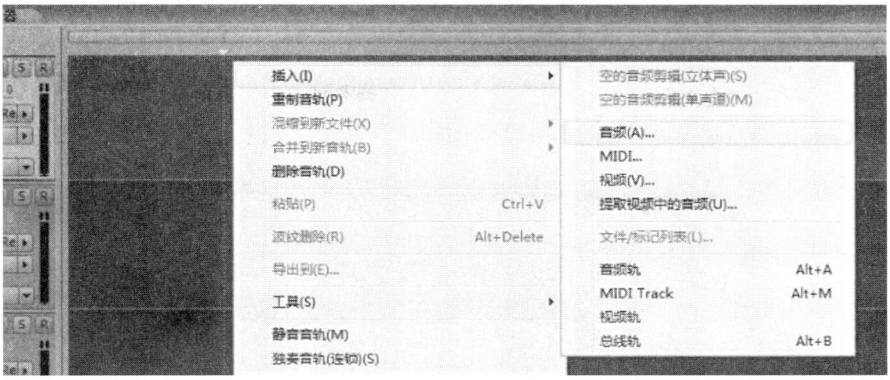

图 4-20　在音频轨道 1 插入伴奏

（2）用鼠标单击轨道 2 的 R 按钮，将音轨频道 2 作为人声录制轨，如图 4-21 所示，其中 R 按钮高亮显示。

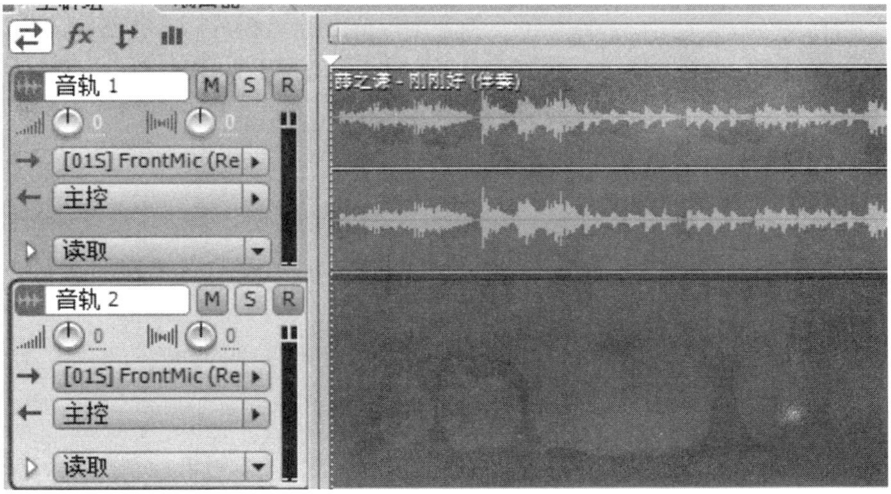

图 4-21　在音频轨道 2 进行录音

（3）确保话筒处于工作状态，按下左下方"传声器"的红色录音按钮，跟随伴奏音乐开始演唱和录制，如图 4-22 所示。

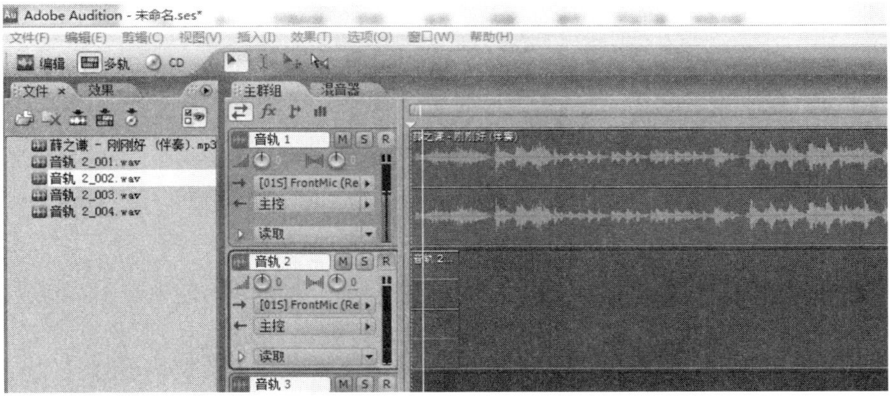

图 4-22　人声录制

（4）录音完毕后，可通过单击左下方"传声器"里的播放按钮，或按下"Space"键进行监听，看有无差错，是否需要重新录制，如图 4-23 所示。

图 4-23　人声录制完毕

（5）双击人声轨，即音轨 2 进入单轨波形编辑界面，如图 4-24 所示。

图 4-24　单轨波形编辑界面

（6）选择"文件"→"另保存"命令，为所录制的这段音频命名后，单击"保存"按钮进行人声文件输出，如图 4-25 所示。

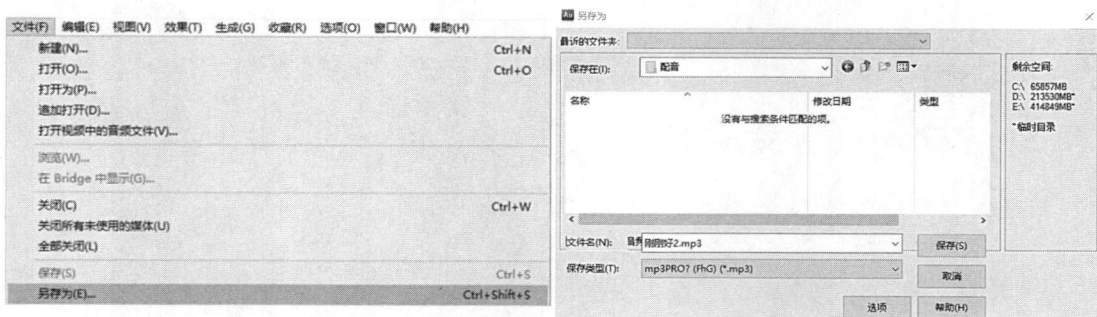

图 4-25　录音文件的输出保存

（7）最后请扫二维码，观看清唱录制和伴奏合唱录制的操作视频。

①清唱录制视频。

清唱录制视频

②伴奏合唱录制视频。

伴奏合唱录制视频

四、音频降噪处理

通常，我们自己录制的语音或歌曲，会包含较大的背景噪声，在说话和唱歌的停顿间隙处背景噪声特别明显。这时，我们可以利用 Audition 的降噪功能将背景噪声降低或消除。

（1）使用 Audition 录音的时候先空几秒的时间采集背景噪声，如果是已经录好的音频可以导入到 Audition 里面，找到有杂音"嗡嗡"声的背景噪声段，并用鼠标选中，如图 4-26 所示。注意：选取背景噪声段时尽量不要包含人声或乐曲声音。

图 4-26　选取背景噪声音频段

　　(2)选取了背景噪声音频部分后,选择音频处理界面中的"效果"→"恢复"→"降噪器(进程)"选项,如图 4-27 所示。

图 4-27　选择降噪器界面

（3）双击"降噪器（进程）"选项，就会弹出"降噪设置"对话框，单击"获取特性"按钮对选取的背景噪声进行采样，出现噪声采样图形，如图 4-28 所示。将噪声级别设置为 85，衰减设置为 40dB，单击"波形全选"按钮，即选中整个音频文件。这时，可以单击"按钮（P）"按钮来进行降噪效果的试听，如果觉得满意，就点击"确定"按钮，就开始降噪处理了，如图 4-29 所示。

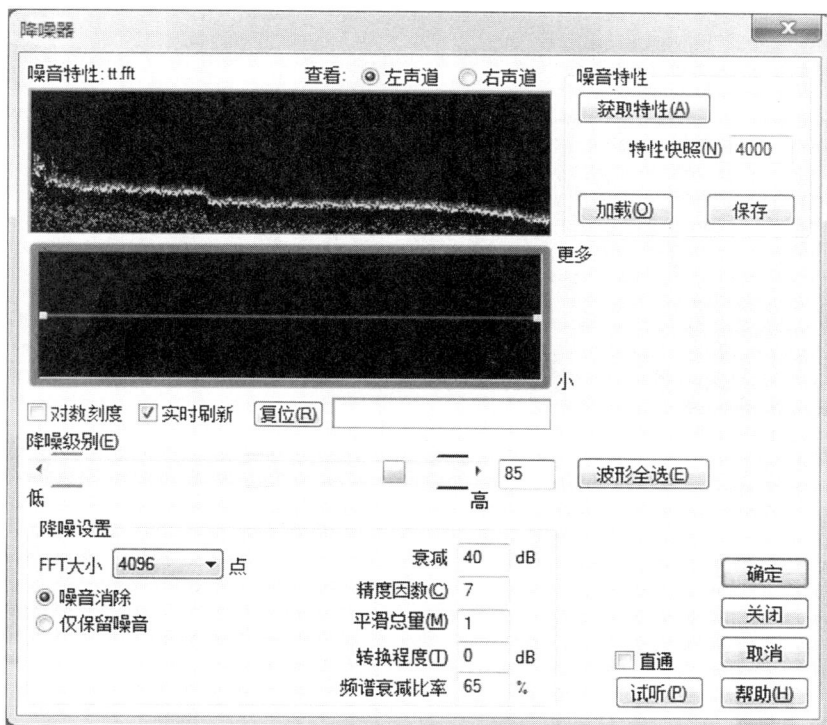

图 4-28　降噪器设置界面

图 4-29　对音频文件进行降噪处理

（4）降噪完成后，播放几遍听听效果是否还有明显的噪声。放大音频波段可以看到，原来的杂音时段的波纹基本上消失，有波纹的时段就是我们的声音段了。图 4-30 显示降噪前后的音频波纹对比，可见经过降噪后背景噪声基本消除了。

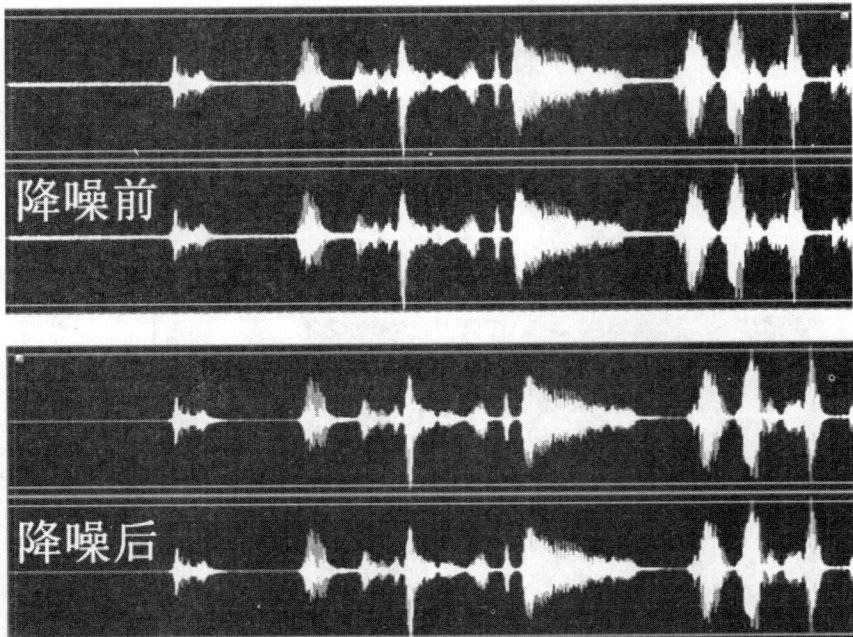

图 4-30　降噪前后对比图

五、播放节奏的调整

（1）打开 Audition 3.0 软件。

（2）导入"早上好 伴奏.mp3"，并进入单轨编辑模式，如图 4-31 所示。

图 4-31　在单轨模式下导入伴奏乐

（3）选择"效果"→"时间/间距"→"变速（进程）"选项，准备进行变调处理，如图 4-32 所示。

图 4-32 打开"变速（进程）"对话框

（4）如果要进行恒变速，则选择"常量变速"选项，如要进行变速，则选择"流畅变速"选项，此处选择"常量变速"选项。同时，调整变速比率值为 180，精度为"高精度"，变速模式选择为"变速不变调"，单击"确定"按钮，如图 4-33 所示。

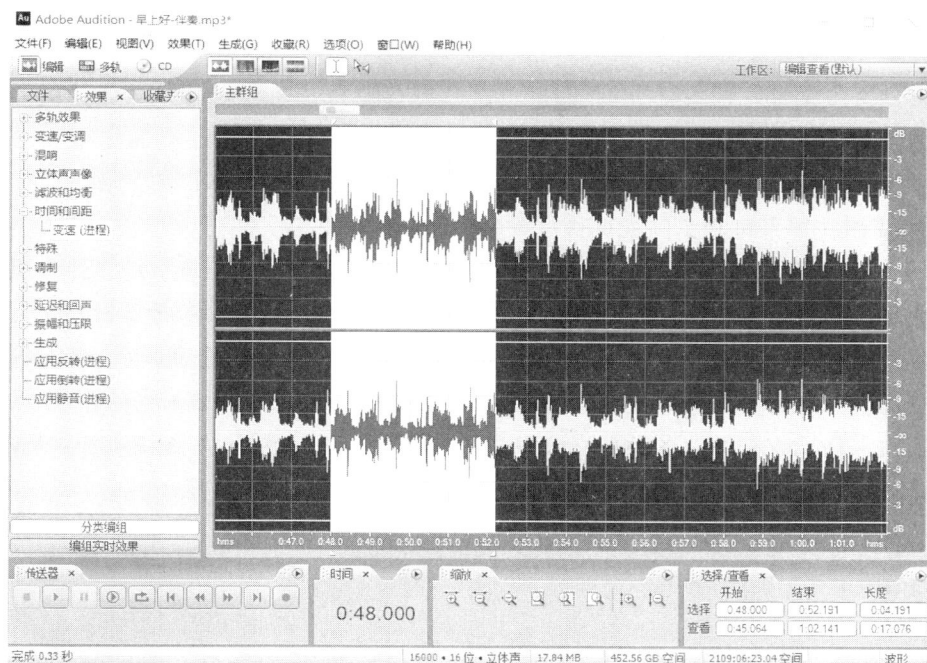

图 4-33 做变速处理后的前后两段音频波形对比

（5）单击软件左下角播放按钮或按下"Space"键，将听到伴奏节奏变快。

六、声音文件格式的转换

Audition 3.0 支持多种格式以及它们的转换，下面介绍转换声音文件的格式，如图 4-34 所示。

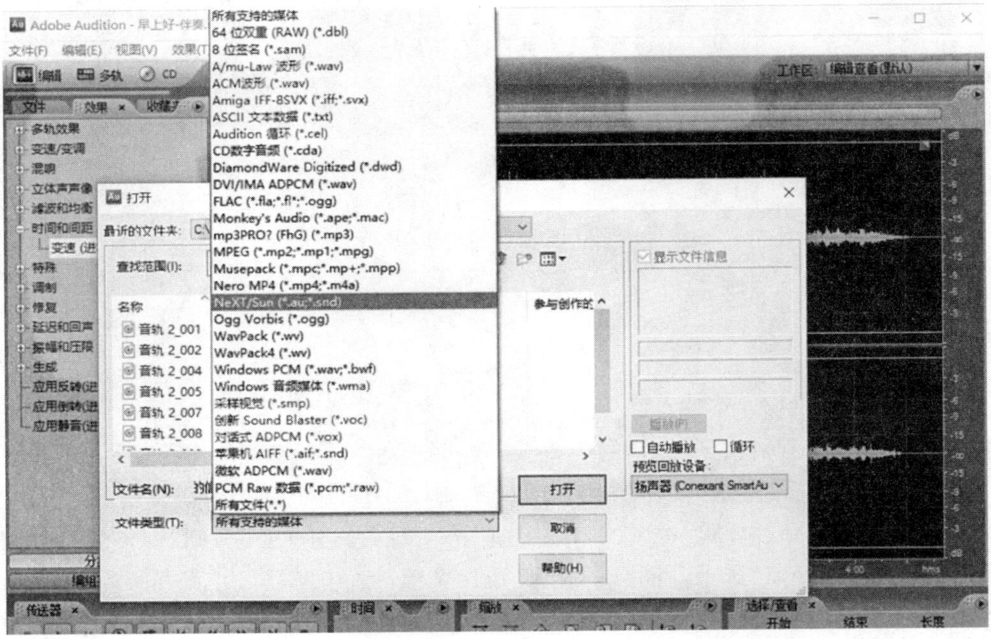

图 4-34　转换声音文件格式

与存储文本文件一样，存储声音数据也需要有存储格式，在因特网上，各种机器上运行的声音文件格式很多，但目前比较流行的有 *.wav、*.mp3、*.au、*.aiff 和 *.snd 文件格式。*.wav 和 *.mp3 格式主要用在 PC 上，*.au 主要用在 UNIX 工作站上，*.aiff 和 *.snd 主要用在苹果机和美国视算科技有限公司的工作站上。

以 .wav 为扩展名的文件格式称为波形文件格式（Wave File Format），它在多媒体编程接口和数据规范 1.0（Multimedia Programming Interface and Data Specifications 1.0）文档中有详细的描述。该文档是由 IBM 和微软公司于 1991 年 8 月联合开发的，是一种为交换多媒体资源而开发的资源交换文件格式（Resource Interchange File Format，RIFF）。

波形文件格式支持存储各种采样频率和样本精度的声音数据，并支持声音数据的压缩。为便于读者辨认文件的属性，表 4-3 列出了部分声音文件的扩展名。

表 4-3　常见的声音文件扩展名

文件的扩展名	说　明
. au	Sum 和 NeXT 公司的声音文件存储格式(8 位编码或者 16 位线性编码)
. aif(Audio Interchange)	Apple 计算机上的声音文件存储格式
. cmf(Creative Music Format)	声霸(SB)卡的 MIDI 文件存储格式
. mct	MIDI 文件存储格式
. mff(MIDI Files Format)	MIDI 文件存储格式
. mid(MIDI)	Windows 的 MIDI 文件存储格式
. mp2	MPEG Layer Ⅰ、MPEG Layer Ⅱ
. mp3	MPEG Layer Ⅱ
. mod(Module)	MIDI 文件存储格式
. rm(Real Media)	Real Networks 公司的流放式声音文件格式
. ra(Real Audio)	Real Networks 公司的流放式声音文件格式
. rol	Adlib 声卡文件存储格式
. snd(Sound)	Apple 计算机上的声音文件存储格式
. seq	MIDI 文件存储格式
. sng	MIDI 文件存储格式
. voc(Creative Voice)	声霸卡的声音文件存储格式
. wav(Wave Form)	Windows 采用的波形声音文件存储格式
. wrk	rCakewalk Pro 软件采用的 MIDI 文件存储格式

七、制造大厅演唱效果

(1)打开 Audition 3.0,单击"单轨编辑"按钮,切换到单轨编辑模式下。

(2)执行"文件"→"打开"命令,打开"早上好.mp3"文件。

(3)按"Ctrl＋A"组合键,选中全部波形,如图 4-35 所示。

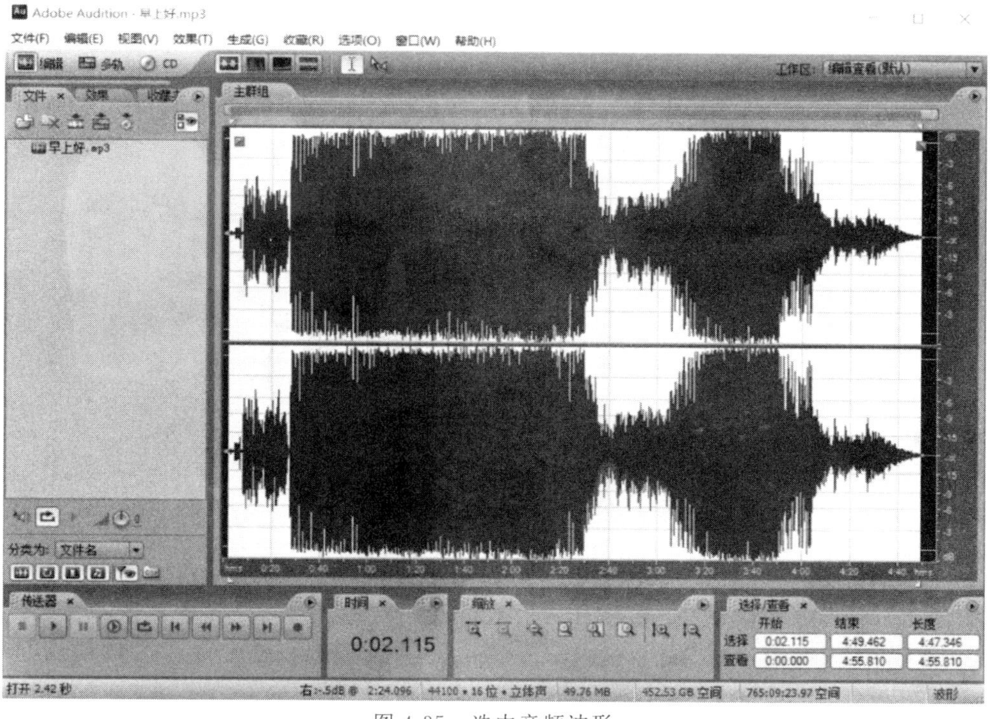

图 4-35　选中音频波形

（4）执行"效果"→"混响"→"完美混响"命令，双击打开完美混响效果。

（5）预置效果里有 Church、Full Resrt、Vocal Double、Lecture Hall 等，选择Lecture Hall 效果，如图 4-36 所示，并试听其效果。

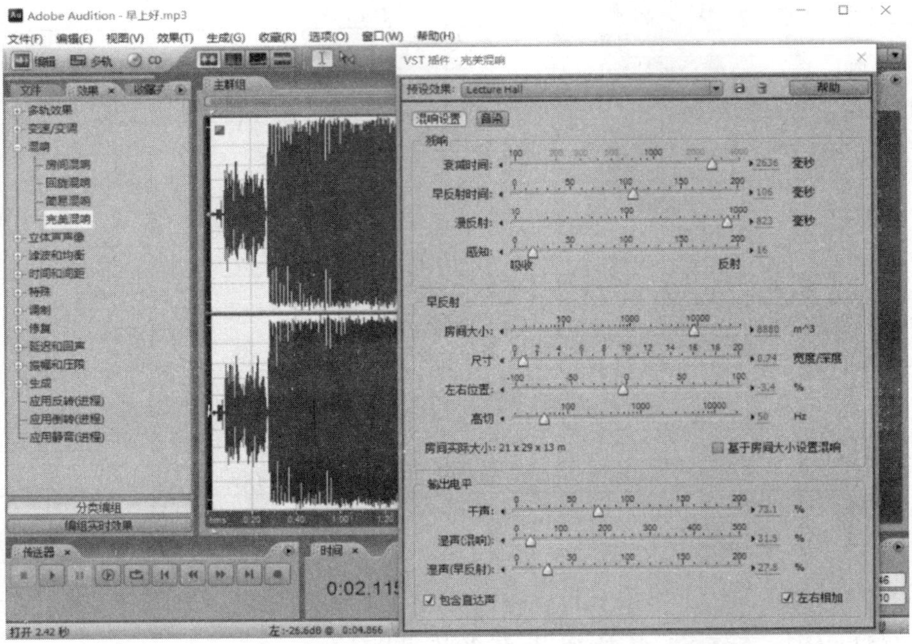

图 4-36　为音频添加混响效果

（6）在"混响设置-完美混响"对话框中，对早反射时间、漫反射、感知、湿声（混响）等参数 进行设置，如图 4-37 所示，并再次试听效果。

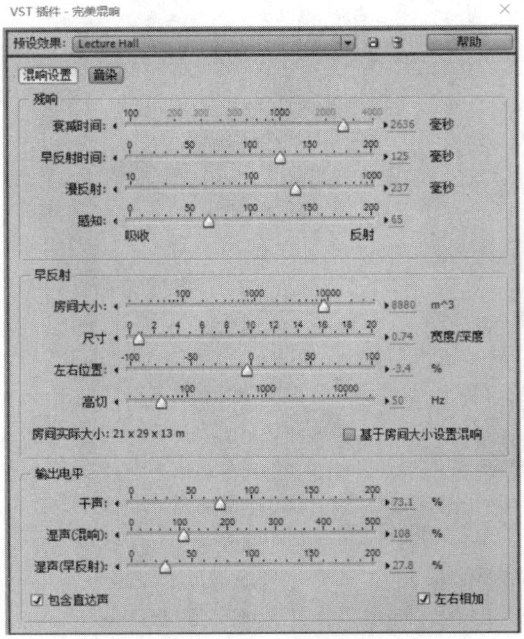

图 4-37　"混响设置-完美混响"对话框

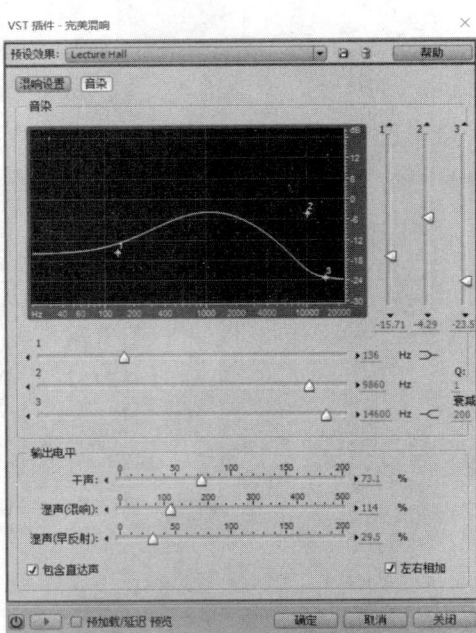

图 4-38　"音染完美混响"对话框

（7）切换到"音染完美混响"对话框中,调整频率混响量曲线,由于人声主要在中间段,所以在调整混响量曲线时,可以将低频与高频段衰减,形成带通型,并根据试听结果多次微调。频率混响量曲线如图 4-38 所示。

（8）取得了需要的音场混响效果后,单击"确定"按钮,进行混响效果的处理。

八、音频包络曲线对声音的控制

（1）打开 Audition 3.0 软件,单击"多轨编辑"按钮,切换到多轨编辑模式。

（2）执行"文件"→"导入"命令,将"早上好.mp3"导入。

（3）从文件列表中拖曳该音频文件到多轨,并将其与多轨首部对齐。

（4）执行"视图"→"快捷栏"→"显示"命令,打开快捷按钮栏。

（5）执行"视图"→"显示编辑音量包络"和"显示编辑声相包络"命令。

（6）执行"视图"→"启用剪辑包络编辑"命令,以使包络曲线处于可编辑状态,此时 Audition 的工作界面如图 4-39 所示。

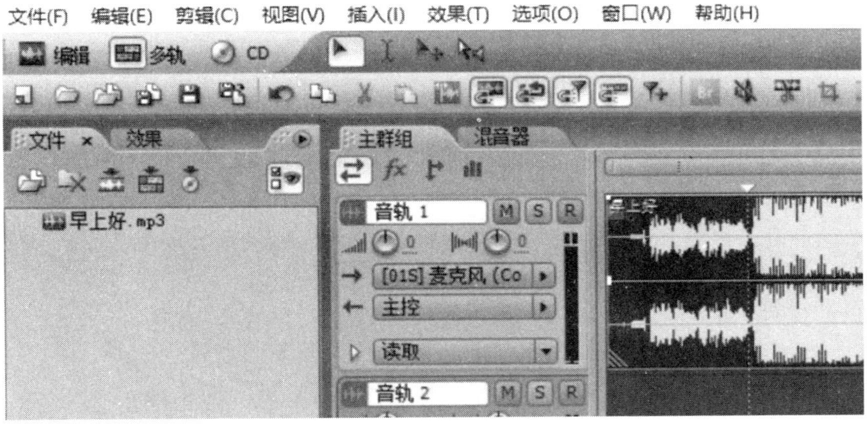

图 4-39　Audition 的命令快捷按钮

（7）设定音量控制包络曲线:在第 5 秒处单击鼠标左键并拖曳控制点至底部,形成"V"字形音量虚线,如图 4-40 所示。

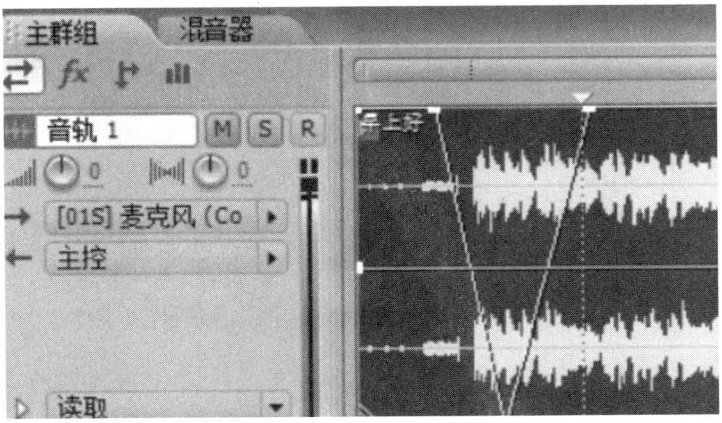

图 4-40　调整 Audition 的音量控制包络曲线

（8）按下"Space"键进行监听，听到主题区音量从开始时的正常音量逐渐变小再逐渐变大的变化过程。

（9）同样道理，可以看到在波形的中间有一条蓝色线，就是相位控制包络曲线，用同样的办法可以调整相位控制包络曲线，如图 4-41 所示。

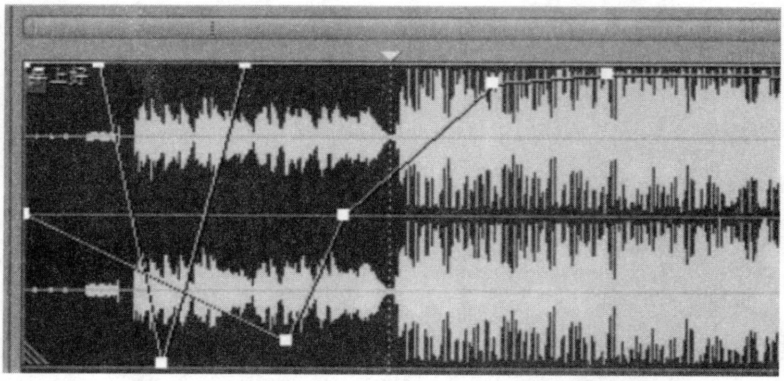

图 4-41　调整 Audition 的相位控制包络曲线

（10）通过耳机监听，会发现通过对相位曲线的上下控制可以改变音频输出在左右声道之间的转换。

九、使用自动控制曲线控制音频

（1）打开 Audition 3.0 软件，单击"多轨编辑"按钮 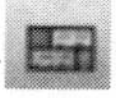 ，切换到多轨编辑模式。

（2）执行"文件"→"导入"命令，将"早上好.mp3"导入。

（3）从文件列表栏中拖曳音频文件到多轨中并将之与多轨首部对齐。

（4）拉大轨道 1 的显示比例，单击轨道左边小三角，在下拉列表框内选择"静音：开/关"选项，如图 4-42 所示。

图 4-42　打开自动控制曲线

（5）调整静音控制线并回放试听，发现曲线取点在中间以上为正常播放，中间以下则为静音，如图 4-43 所示。

（6）在静音自动控制曲线左侧单击按钮 [+]，增加一条自动控制曲线，单击按钮 [▶]，在弹出的菜单中选择"插入 FX"→"湿/干混合"选项，如图 4-44 所示。

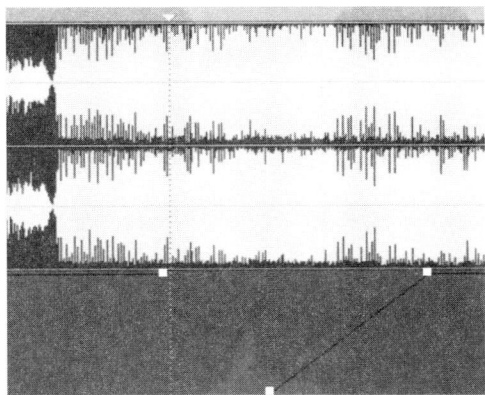

图 4-43　静音控制曲线

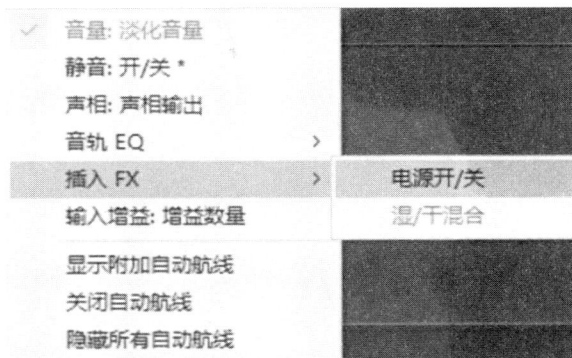

图 4-44　选择"插入 FX"→"湿/干混合"选项

（7）此时出现黄色控制线，调整曲线的高低，没有发现明显变化。

（8）单击按钮 [fx]，以插入效果器的方式添加混响效果器到当前音轨，如图 4-45 所示。

图 4-45　增加混响效果

（9）根据前述混响效果的设置方法做出调整，再次调整黄色曲线，按下"Space"键进行监听，可以发现随着曲线的升高，混响效果从无到有变化，如图 4-46 所示。

（10）在播放状态下单击按钮 **混音器**，上下调节主控调节器，发现音量混响效果随之高低变化，如图 4-47 所示。

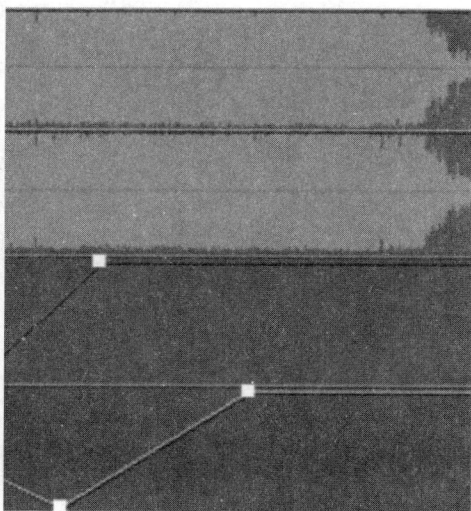

图 4-46　FX 控制曲线

图 4-47　音频混音器

十、音频混缩综合案例

(1)打开 Audition 3.0 软件,单击"多轨编辑"按钮 ,切换到多轨编辑模式。

(2)执行"文件"→"导入"命令,将"宠爱""小精灵""是你"导入编辑软件。

(3)从文件列表中将"是你"文件拖曳到轨道 1,将"小精灵"文件拖曳到轨道 2,将"宠爱"文件拖曳到轨道 3,如图 4-48 所示。

图 4-48　将各种音频元素分轨道放置

(4)根据鼓点及人声进行编辑剪辑,剪辑后得到如图 4-49 所示的波形文件。

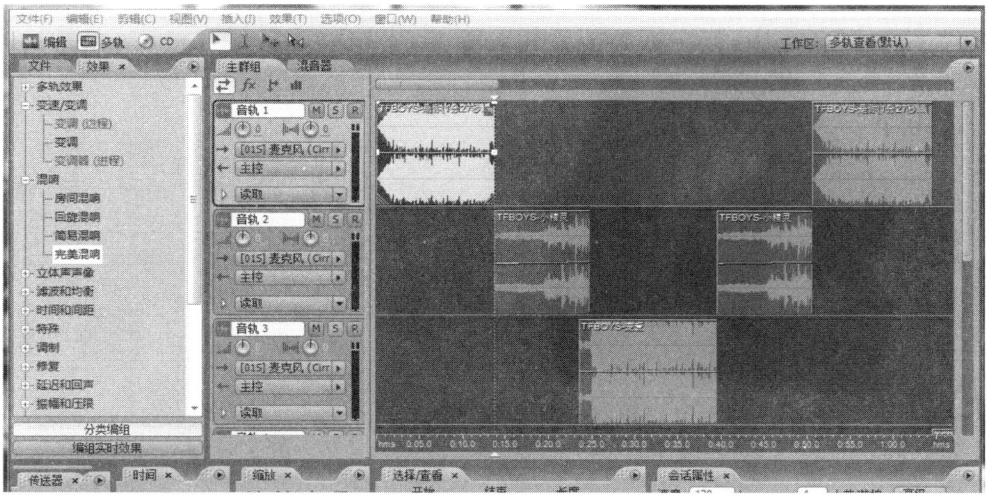

图 4-49 剪辑后各个轨道的音频文件

（5）根据前述对人声去噪、润色、添加各种音频效果，选择"文件"→"导出"→"混缩音频"选项，进行音乐混缩输出。

（6）请扫一扫下方二维码，观看混缩音频操作视频。

混缩音频操作

第四节　GoldWave 音频编辑工具

一、运行程序

GoldWave 是一款音乐编辑软件，体积小巧，操作简单，用来处理音乐文件非常方便。下面我们通过一个练习来学习如何运行它。

（一）启动 GoldWave

（1）单击桌面上的 GoldWave 图标（图 4-50），或者在安装文件夹中双击GoldWave图标，就可以运行 GoldWave。

图 4-50　GoldWave 图标

（2）第一次启动时会出现一个如图 4-51 所示的提示，这儿单击"是"即可，自动生成一个当前用户的预置文件。

（3）顺利进入后出现一个如图 4-52 所示的灰色空白窗口，旁边是一个暗红色的控制器窗口，它是用来控制播放的。

图 4-51　启动时出现提示

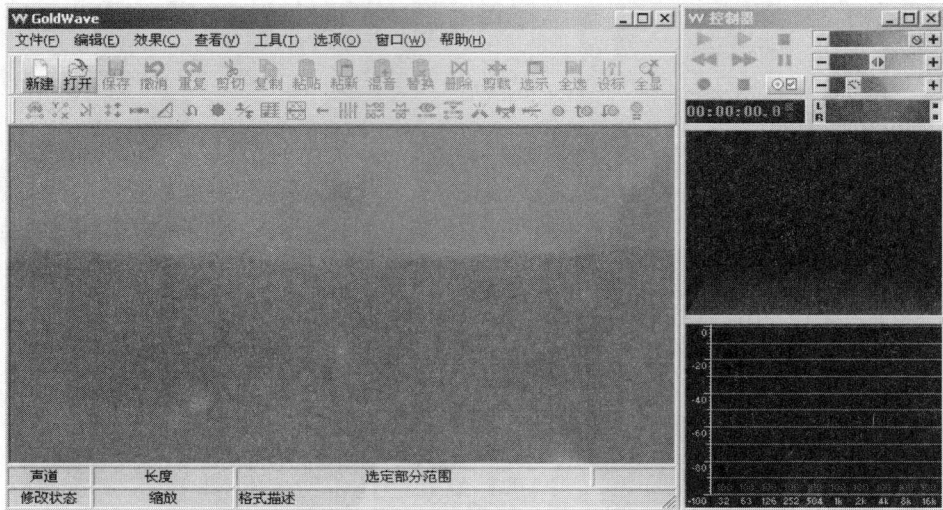

图 4-52　进入后出现灰色空白窗口

（二）打开文件

（1）单击工具栏上的第二个按钮"打开"按钮，在出现的打开对话框中选择一首音乐文件，打开它，如图 4-53 所示。我们找一首 wma 声音文件来做练习。

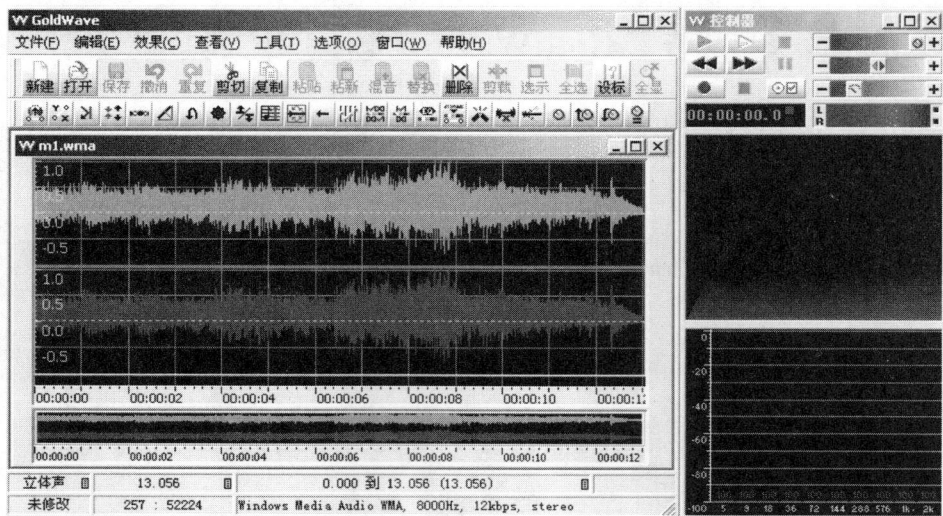

图 4-53　打开一首 wma 声音文件

（2）打开文件后，窗口中间出来彩色的声波，中间两个表示立体声两个声道，下面有音乐的时间长度，右边的播放控制器也可以用了。

绿色三角是播放按钮![图标]，蓝色方块是停止按钮![图标]，下面的两道竖线是暂停按钮![图标]，红色圆点是录音按钮![图标]。

（3）单击一下绿色的播放按钮，窗口中出现一条移动的直线，表示当前播放的位置，如图4-54所示；右边的控制器里显示了精确的时间，如图4-55所示。

图 4-54　表示当前播放的位置　　　　　图 4-55　显示精确的时间

二、音量调节

有时候音乐的音量太高或太低，需要适当调整下，在 GoldWave 中有一个效果菜单中可以修改，下面我们来看一个练习。

（1）单击工具栏上的第二个按钮"打开"按钮![图标]，在出现的打开对话框中选择一首音乐文件，打开它，如图4-56所示。

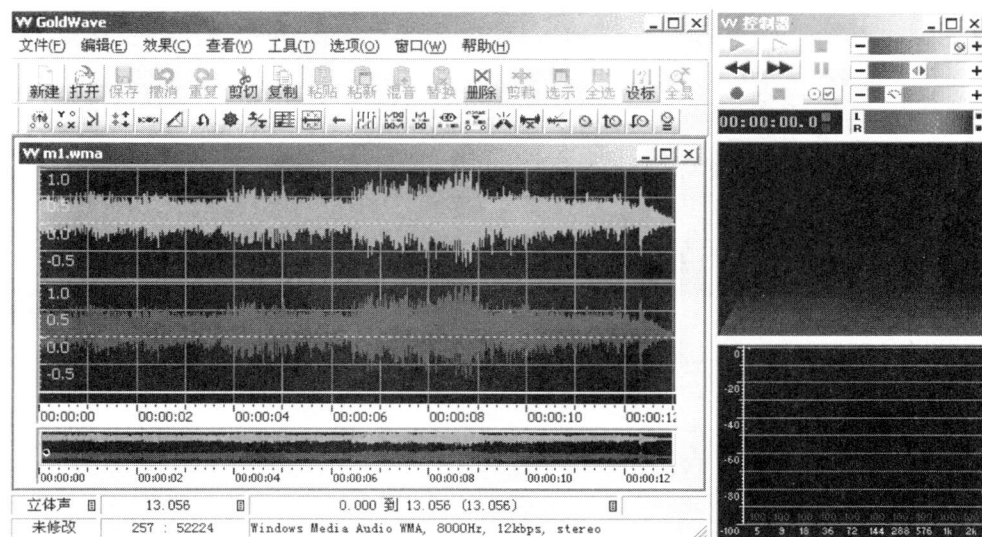

图 4-56　打开一首音乐文件

（2）单击菜单"效果"→"音量"→"更改音量"命令，弹出一个如图4-57所示的对话框。

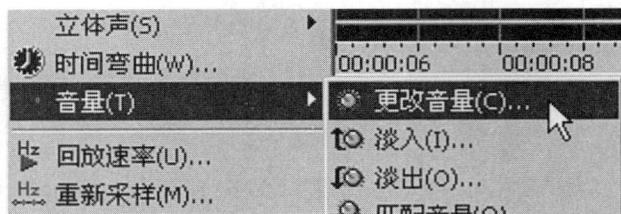

图 4-57　菜单"效果"→"音量"→"更改音量"对话框

在如图 4-58 所示的对话框中,单击右上角的下拉按钮,选择"-6.0206",负数表示降低音量,也可以自己输入。

图 4-58　"更改音量"对话框

单击下边的绿色播放按钮,试听一下效果,然后单击"确定",回到窗口中,可以发现波形变小了,如图 4-59 所示。

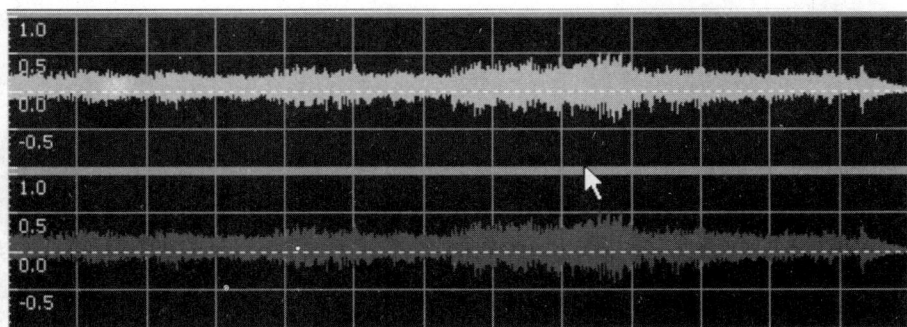

图 4-59　试听效果后发现波形变小

(3)单击"文件"→"另存为",以 m1a 为文件名,保存文件到自己的文件夹,除了可以调整音量外,还可选中开头部分,设为淡入,把结尾部分设为淡出。

三、格式转换

音乐格式常见的有 mp3、wma、wav、rm 等,它们各有优点,因而在不同的场合中运用。下面我们通过练习来学习如何转换格式。

（1）单击工具栏上的第二个按钮 ，在出现的"打开"对话框中选择一首音乐文件，打开它。

（2）单击菜单"文件"→"另存为"命令 ，出来一个如图 4-60 所示的"保存"对话框，选择文件保存的路径和文件名。

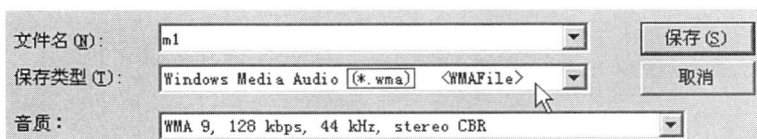

图 4-60 "保存"对话框

从下边的"保存类型"中可以看出是 wma 格式文件，我们要把它转为 mp3 格式。

（3）在保存类型旁边的下拉按钮上单击一下，选择 mp3 格式，如图 4-61 所示。

图 4-61 转化为 mp3 格式

（4）然后在下边的"音质"旁边的按钮上单击一下，选择"Layer-3,22050Hz,48kbps,立体声"，如图 4-62 所示。

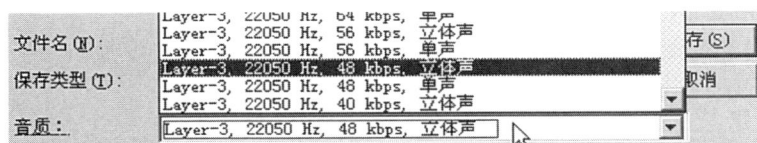

图 4-62 选择音质

（5）选择好了以后，单击"保存"按钮，就可以生成一个 mp3 格式的 m1 文件，在如图 4-63 所示的"确认"对话框中单击"是"即可。

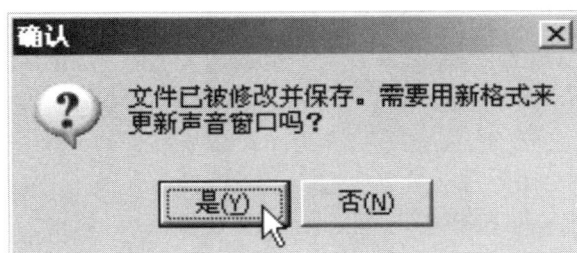

图 4-63 "确认"对话框

四、截取音乐

有时候我们只需要音乐中的片段，在 GoldWave 中是如何操作的呢？下面我们来看一个练习。

（1）单击工具栏上的第二个按钮 ，在出现的"打开"对话框中选择一首音乐文件，打开它，如图 4-64 所示。

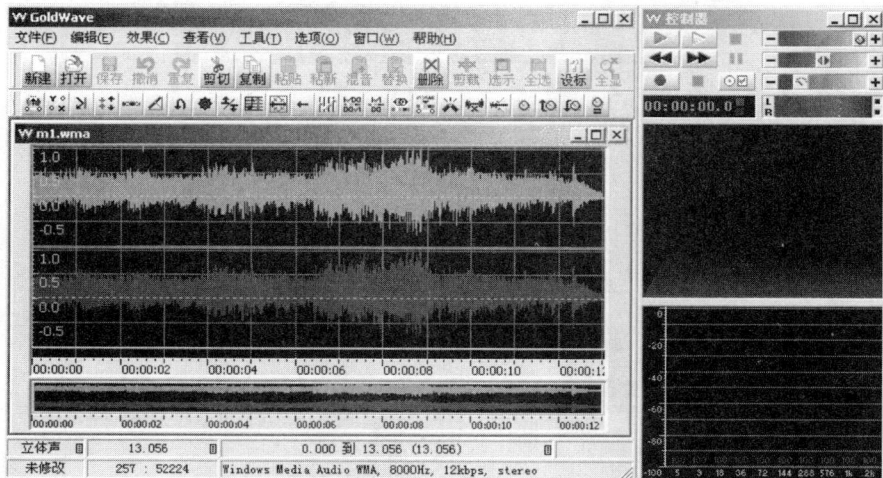

图 4-64　打开一首音乐文件

（2）这时候音乐是全部选中的，我们把第三格截取出来，点左键是选择开始点，如图 4-65 所示，瞄准第三格左边的格线单击，这样前两格就变灰了。

（3）如图 4-66 所示，在第三格的右边格线上右击，选择第二个"设置结束标记"，如图 4-67 所示，这样就可以把第三格选中了，其他部分是灰色的。

图 4-65　选择开始点

图 4-66　设置结束标记

（4）单击菜单"文件"→"选定的部分另存为..."命令，以 m1c 为文件名，格式不变，保存文件到自己的文件夹。

（5）如果要精确截取某一段音乐，在控制面板播放音乐后，单击"暂停"按钮暂停音乐，然后单击菜单"编辑"→"标记"→"放置开始标记"，如图 4-68 所示。

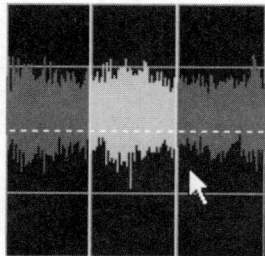

图 4-67　选中片段

图 4-68　精确截取某一片段

　　然后继续播放，到位置后，同样再单击"放置结束标记"，这样也可以选取好。

　　如果知道播放的时间，可以选上面的"设置标记"命令，把起始和结束时间填上就可以了，如图 4-69 所示。

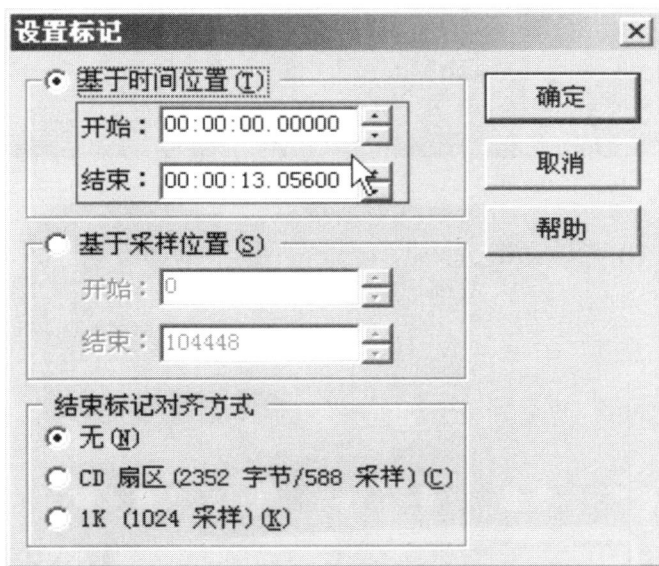

图 4-69　设置标记

五、声道分离

　　有时候我们需要把歌曲中的音乐部分存下来，如果这首音乐是立体声的，那么两个声道可以单独存下来。下面我们来看一个练习。

　　(1)单击工具栏上的第二个按钮，在出现的"打开"对话框中选择一首音乐文件，打开它。

　　(2)单击菜单，选择"编辑"→"声道"→"左声道"，如图 4-70 所示。

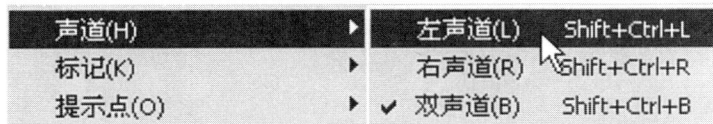

图 4-70　选择左声道

（3）这时候在中间如图 4-71 所示的面板中，只选中了上面的绿色波形，下面的红色波形是灰色的。

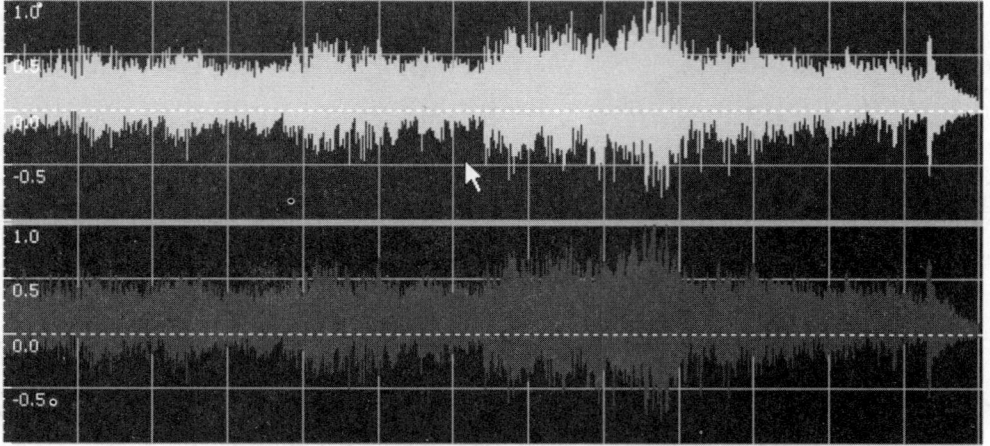

图 4-71　绿色波形表示选中的声道

（4）单击菜单"文件"→"选定部分另存为..."命令，以 m1d 为文件名保存文件到自己的文件夹。

六、如何录音

现在来学习在 GoldWave 中的录音操作，我们一般是录制麦克风中的语音。下面我们来看一个练习。

（1）单击菜单"文件"→"新建"，出来一个如图 4-72 所示的对话框。

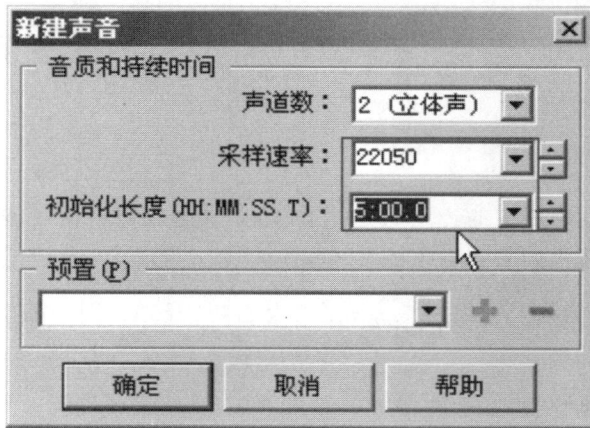

图 4-72　"新建声音"对话框

把采样速率改为 22050，下边的初始化长度改为 5 分钟，单击"确定"，窗口中出来空白文件。

（2）单击菜单"选项"→"控制器属性..."，出来一个面板，在第三个标签"音量"上单击一下，如图 4-73 所示。

图 4-73　控制器属性面板

在面板中间的输入设备中，选择下边的"麦克风"，也就是从麦克风中录音，单击"确定"。

（3）将麦克风插到电脑上，红色插头插到红色插孔中。在 Goldwave 右侧控制面板上，单击红色圆点的"录音"按钮■，然后对着麦克风说话就可以了。

红色的方块按钮■是停止，两条竖线▊▊是暂停录音。

（4）如果录音音量太小，可以到"音量属性"中修改。

①在任务栏右下角的小喇叭图标上双击，打开音量属性，如图 4-74 所示。

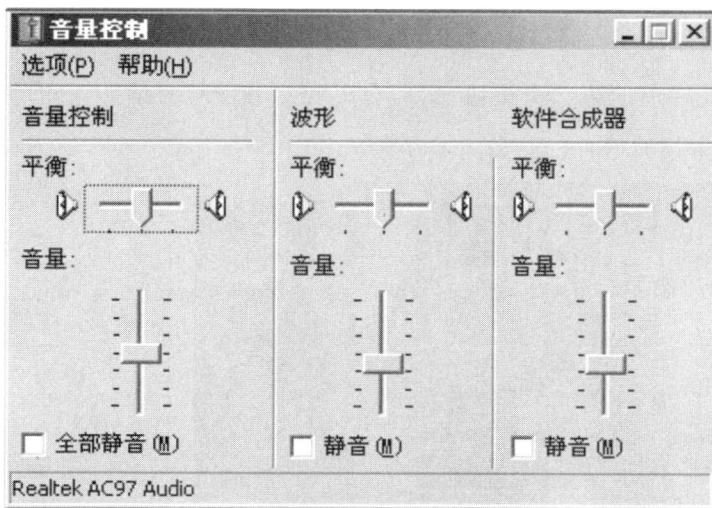

图 4-74　打开音量属性

②单击菜单"选项"→"属性"命令,出来一个面板,在中间选择"录音",在下面打勾选中"麦克风",其他不选中,单击"确定",如图 4-75 所示。

③再单击菜单"选项"→"高级控制"命令,在面板下面出来一个"高级"按钮,单击这个按钮。

④把如图 4-76 所示的下面的 1 Mic Boost 打勾选中,这样录音音量会增加许多,单击"关闭"回到面板中,把音量适当降低,如图 4-77 所示。

图 4-75　选择"麦克风"

图 4-76　麦克风的高级控制

这样就调整好了音量,回到 GoldWave 中继续录音即可。

七、降噪处理

用话筒等录音往往有一定的背景噪音,在 GoldWave 中有一个降噪命令,可以过滤掉一些噪音。下面我们来看一个练习。

(1)单击工具栏上的第二个按钮 ![打开],在出现的"打开"对话框中选择一首音乐文件,打开它,如图 4-78 所示。

图 4-77　适当降低音量

图 4-78　打开一首音乐文件

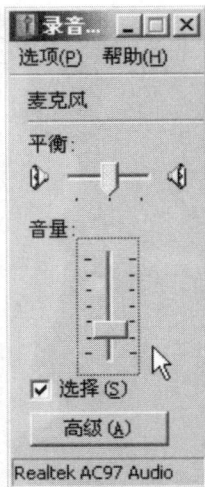

可以发现在两个音波之间有一些锯齿状的杂音。

（2）用鼠标拖动的方法选中开头的那一段杂音，然后单击菜单"编辑"→"复制"命令，如图 4-79 所示。

图 4-79　"编辑"→"复制"命令

（3）单击工具栏上的"全选"按钮，如图 4-80 所示。选中所有音波，也就是对所有音波进行降噪处理。

（4）单击菜单"效果"→"滤波器"→"降噪..."命令，出来一个如图 4-81 所示的面板。

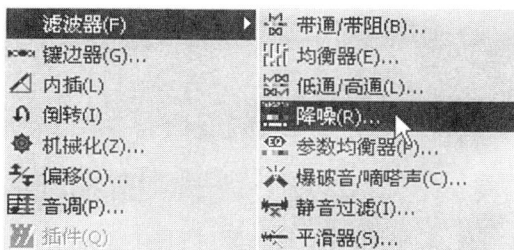

图 4-80　单击"全选"按钮

图 4-81　单击菜单"效果"→"滤波器"→"降噪..."命令

（5）在出现的面板左侧，单击下边的"剪贴板"，如图 4-82 所示，然后单击"确定"按钮回到窗口中。

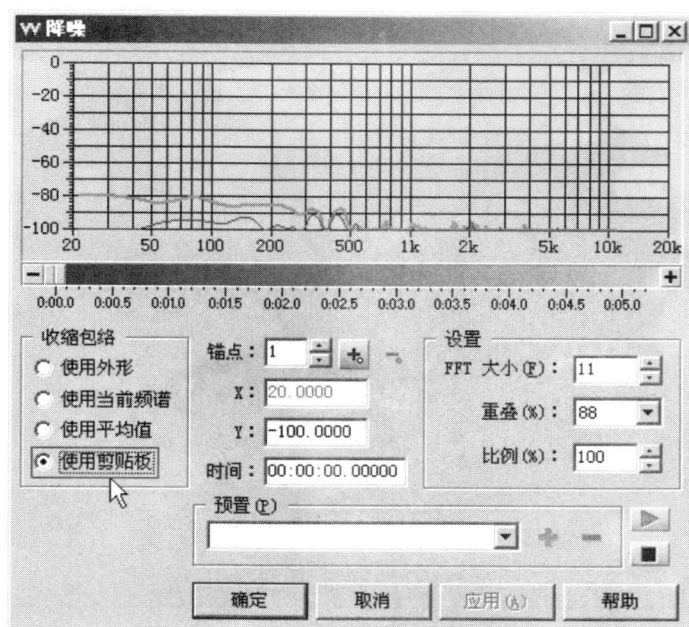

图 4-82　单击下边的"剪贴板"

　　可以发现窗口中的波形上的那些锯齿杂音都没了,单击右边控制器里的绿色播放按钮,可以听到很清晰的语音了,如图 4-83 所示。

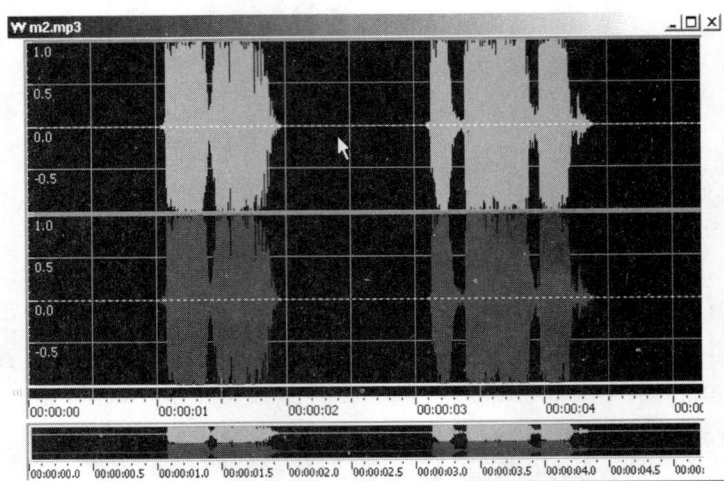

图 4-83　锯齿杂音消失

　　(6)以 m2a 为文件名,保存文件到自己的文件夹。

八、录制电脑播放的音乐

　　有时候碰到一些好听的音乐或是在线电影,可以用 GoldWave 录下来。下面我们来看一个练习。

(一)设置录音设备

　　(1)单击"开始"→"所有程序"→"附件"→"娱乐"→"音量控制",也可以双击屏幕右下角的小喇叭图标,如图 4-84 所示。

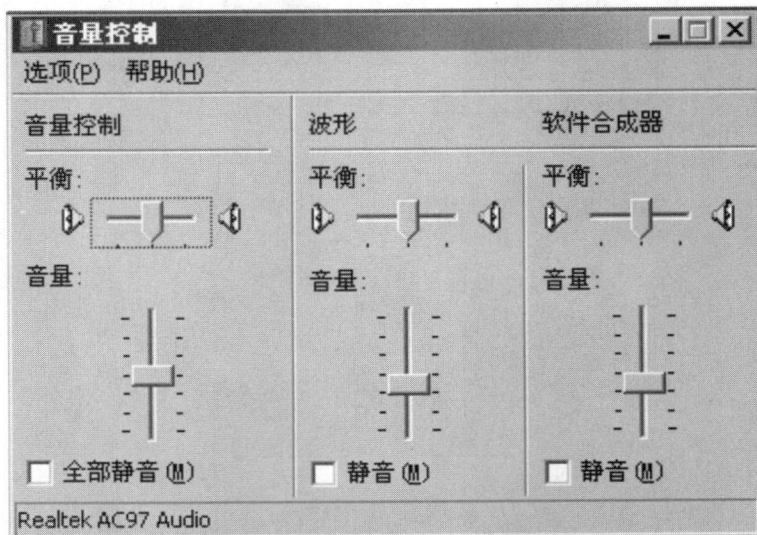

图 4-84　音量控制

（2）单击菜单"选项"→"属性"命令，出来一个如图 4-85 所示的面板，在中间选择"录音"，在下面把混合立体声 Stereo Mix 打勾选中，其他取消选中后单击"确定"。

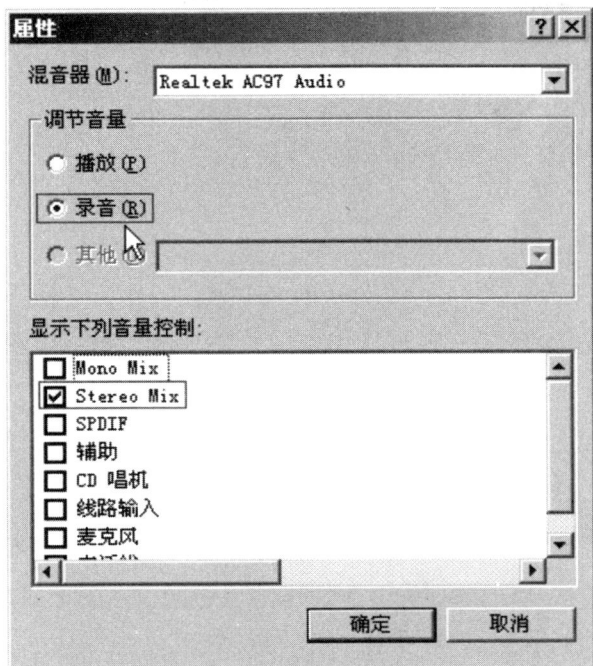

图 4-85　属性面板

（3）适当调整滑块音量大小，也可以先最小化，录一段试听后再调整，如图 4-86 所示。

（二）录制音乐

（1）在 GoldWave 中新建一个音乐文件，一般歌曲采样速率可以用 22050 和持续时间为 5 分钟，然后单击红色的录音按钮。

（2）播放音乐文件，这样 GoldWave 就可以录制了，录好后保存一下文件。

九、降调

在有些音乐设备上，可以把一首歌的音调降低，这样就可以唱出里面的高音部分。下面我们来看一个练习。

（1）单击工具栏上的第二个按钮，在出现的"打开"对话框中选择一首音乐文件，打开它。

（2）单击菜单"效果"→"音调…"命令，出来一个如图 4-87 所示的对话框。

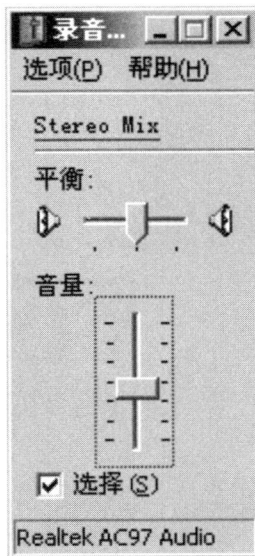

图 4-86　调整音量

图 4-87　音调面板

　　(3)选中上边的半音,单击减号按钮,或者直接在右边文本框里输入"-4",把下边的"保持节拍"打勾选中,单击"确定"开始处理,如图 4-88 所示。

　　【注意】如果音乐较长,会需要大量的时间来处理,可先用短的音乐来练习。

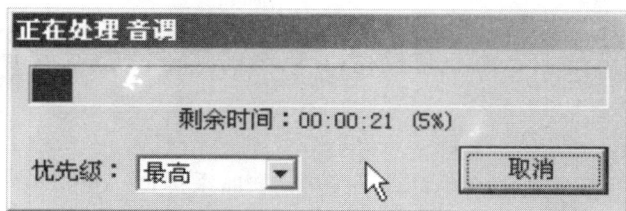

图 4-88　正在处理音乐

　　(4)处理完成后,如图 4-89 所示的窗口里的音波变小,播放一下也可发现声音很低沉。

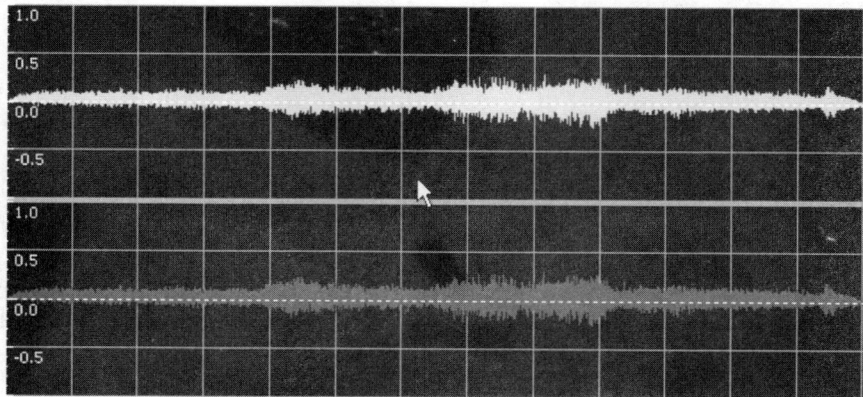

图 4-89　处理完成后的音波

本章小结

本章主要介绍了数字音频处理的基本概念,Windows 系统下自带的录音机软件,典型的音频处理软件 Audition、GoldWave 的常用功能和操作。通过本章的学习,掌握 Windows 录音机、Audition、GoldWave 录音软件的基本操作,学会自己录制音乐、制作音乐效果。

习　题

1. 填空题

(1)立体声也称为 _____。

(2)声音的三要素是 _____ 、_____ 、_____。

(3)常见的音频保存形式有 _____。

2. 选择题

(1)数字音频采样和量化过程所用的主要硬件是　　　　　　　　　　　　　　　(　　)

    A. 数字编码器　　　　　　　　　　　B. 数字解码器

    C. A/D(模/数)转换器　　　　　　　　D. D/A(数/模)转换器

(2)在数字音频预处理过程中,下列正确的操作顺序是　　　　　　　　　　　(　　)

    A. A/D 转换、采样、压缩、存储、解压缩、D/A 转换

    B. 采样、压缩、A/D 转换、存储、解压器、D/A 转换

    C. 采样、A/D 转换、压缩、存储、解压缩、D/A 转换

    D. 采样、D/A 转换、压缩、存储、解压缩、A/D 转换

(3)波形文件格式的扩展名是　　　　　　　　　　　　　　　　　　　　　(　　)

    A. rm　　　　　　　B. wav　　　　　　　C. mid　　　　　　　D. wmv

(4)MID 和 MP3 是因特网上流行的(　　　)压缩格式。

    A. 视频　　　　　　B. 音频　　　　　　C. 图像　　　　　　D. 动画

3. 简答题

(1)简述电话、AM、FM、CD 和 DAT 五种声音质量指标各自的采样频率、样本精度和声道数。

(2)简述声音数字化的种类和方法。

(3)简述 MIDI 音效的概念和特点。

(4)USB 和 IEEE1394 接口在多媒体硬件中有哪些应用? 请举例说明。

4. 操作题

利用 Audition 软件录制一短声音作品(唱歌、配乐诗歌朗诵等)。要求:至少两个音轨的声音,其中一个是伴奏,一个是你自己的声音,并对你自己的声音进行声音效果的适当处理,最后将两个音轨合成,保存为 mp3 格式。

第五章

数字视频处理

多媒体技术日新月异,随着视频捕获压缩卡、CD-ROM 刻录机、DVD 刻录机等硬件产品的普及,更多的用户不需要专业设备就可以制作出内容精彩、质量上乘的多媒体产品。视频信息处理是多媒体制作中的一个重要内容,比如新闻联播的片头、教学录像、影视作品中的一些特写镜头以及令人眼花缭乱的广告片都是采用数字视频信息处理技术制作的,是基于现实基础加工的产品。

通过本章的学习,应掌握以下内容:

◆ 视频制作中的基本概念。

◆ 非线性编辑方法和过程。

◆ 视频编辑软件 VideoStudio 的使用。

◆ 视频编辑软件 Adobe Premiere 的使用。

◆ 视频编辑软件 Photo Story 的使用。

第一节　视频素材及视频设备

一、数字视频

数字视频就是先用摄像机之类的视频捕捉设备将外界影像的颜色和亮度信息转变为电信号,再记录到存储介质(如录像带)中。在播放时,视频信号被转变为帧信息,并以约每秒30 帧的速度投影到显示器上,使人类的眼睛认为它是连续不间断地运动着的。电影播放的帧速度大约是每秒 24 帧。如果用示波器来观看,未投影的模拟电信号看起来就像脑电波的扫描图像,由一些连续锯齿状的波峰和波谷组成。为了存储视觉信息,模拟视频信号的波峰和波谷必须通过模拟/数字(A/D)转换器来转变为数字的“0”或“1”。这个转变过程就是视频捕捉(或采集)。若要在电视机上观看数字视频,则需要一个从数字到模拟的转换器将二进制信息解码成模拟信号,才能进行播放。数字视频信号与模拟视频信号相比最大的优点就是可以不失真地进行无限次的复制和处理。

广义的视频文件又可分为两类,即动画文件和影像文件。动画文件指由相互关联的若干帧静止图像所组成的图像序列,这些静止图像连续播放便形成一组动画,通常用来完成简单的动态过程演示;影像文件主要指那些包含了实时的音频、视频信息的多媒体文件,其多媒体信息通常来源于视频输入设备,由于包含了大量的音频、视频信息,影像文件往往相当庞大,动辄就几 MB 甚至几十 MB。

二、视频设备介绍

(一)显示卡

1.显示卡概述

无论是声音还是影像,在交由计算机处理时都是以二进制数码方式存在的。在完成处理后,计算机必须把这些数字信号转换成模拟信号,才能够让人们识别。对于声音,完成这一工作的是前面讲过的声卡。可以说,在显示器上显示的任何内容都要先经过显示卡的处理。

2.显示卡的相关基本指标

显示卡种类繁多,但有三项最基本的指标:分辨率、色深和刷新率。

(1)分辨率:它表现了显示卡在显示器上所能描绘的点的数量,一般以横向点数×纵向点数来表示,如 800×600 像素、1024×768 像素等。

(2)色深(颜色数):它是指显示卡在当前分辨率下能同时显示屏幕的色彩数量,一般以多少色或多少位来表示,比如常见的 256 色或 8 位、32 位的真彩色等。

(3)刷新率:它是指影像在显示卡上更新的速度,也就是影像每秒钟在屏幕上出现的帧数,单位是 MHz。目前大部分流行的显示卡都能在 800×600 像素的分辨率下达到 85Hz 的刷新率。刷新率越高,屏幕上图像的闪烁感就越小,图像越稳定,视觉效果也越好。

3.显示卡的基本结构

显示卡分为专业型和娱乐型两类。无论何种类型的显示卡,都有着相同或相近的结构。显示卡的结构归纳起来主要由显示芯片、显示内存、RAMDAC、VGA BIOS 等几个重要部件组成,如图 5-1 所示,此外还包括一些连接插座和插针等。

图 5-1　显示卡

显示卡的安装方法和声卡的安装类似,显示卡安装成功后,就可以在“控制面板”的“显示”项中正确设置显示卡的分辨率、色深和刷新率,如图 5-2 所示。

(二)显示器

与计算机打交道通常要用到计算机的主要输出设备——显示器。

1.显示器的分类和原理

按照显示色彩分类,显示器可分为单色显示器和彩色显示器。如图 5-3 所示,单色显示器已经成为历史,现在已很难见到。按照显示器采用的显示管分类,可分为传统的采用电子枪产生图像的阴极射线管(Cathode Ray Tube,CRT)显示器和液晶显示器(Liquid Crystal Display,LCD)。

图 5-2　"显示属性"对话框

图 5-3　显示器

CRT 显示器的显示系统与电视机类似，主要部件是显像管（电子枪）。在彩色显示器中，通常有三个电子枪；索尼 Trinitron 则是将三个电子枪组合在一起，也称为单枪。显示器的屏幕上涂有一层荧光粉，电子枪发射出来的电子击打在屏幕上，使被打击位置的荧光粉发光，从而产生图像。每一个发光点又由红、绿、蓝三个小发光点组成，这个发光点也就是一个像素。电子束分为三条，它们分别射在屏幕上形成三种不同的发光小点，从而在屏幕上出现绚丽多彩的画面。显像管一般可以分为球面显像管、平面直角显像管、柱面显像管和现在很流行的纯平面显像管。

LCD 也称平板显示器。在实际应用中，LCD 基本上分为无源阵列彩显（DSTN-LCD，俗称伪彩显）和薄膜晶体管有源阵列彩显（TFT-LCD，俗称真彩显）。DSTN-LCD 显示器不能算是真正的彩色显示器，因为屏幕上每个像素的亮度和对比度不能独立控制，它只能显示颜色的深度，与传统的 CRT 显示器颜色相比相距甚远，因而也被叫作伪彩显。

薄膜晶体管（Thin Film Transistor，TFT）显示器的每个液晶像素点都是由集成在像素点后面的薄膜晶体管来控制的，使每个像素都能保持一定电压，也是现在笔记本电脑和台式机上的主流显示设备。

2. 显示器的技术指标

（1）点距：点距是指显像管水平方向相邻同色荧光粉像素的间距。常见的点距有 0.26mm、0.28mm 两种，性能更好的有 0.25mm 或 0.24mm。点距越小，屏幕越清晰。

（2）分辨率：分辨率是指构成一个影像的像素总和，常见的有 640×480 像素、1024×768 像素等。分辨率越高，影像越精细。

（3）扫描频率：扫描频率分为水平扫描频率和垂直刷新频率两种。水平扫描频率也叫行频，它指显示器屏幕每秒钟扫描的行数，单位是千赫［兹］（kHz）。垂直刷新频率也叫场频，它是指每秒钟整个屏幕重写刷新的次数，单位是赫［兹］（Hz）。

（4）最大可视区域：最大可视区域代表着显示器可以显示图像的最大范围，它一般是指屏幕左下角到右上角的长度。不同品牌的显示器，即使尺寸相同，其最大可视区域也有可能不一样，一般地，一台 14 英寸显示器的实际显示尺寸为 12 英寸左右，而 17 英寸显示器的实际显示尺寸则为 15～16.1 英寸。

显示器的功耗和辐射问题也非常值得关注。早期的显示器都有很强的辐射，由于它与电视机相比和人的距离更近,因此对人的伤害也很大。近年来相继推出了显示器低辐射标准,如 TCO95、TCO99、MPRⅡ等,其中以 TCO99 标准最为严格。目前,符合能源之星标准的显示器待机时功率只有几十瓦。

(三)触摸屏

触摸屏是一种定位设备,用户可以直接用手向计算机输入坐标信息,它与鼠标、键盘一样,是一种输入设备。在很多公共场合,使用键盘并不方便,例如,在购物中心、咨询处、导游点等,许多用户往往不会使用计算机,更不懂得如何操作键盘或鼠标,而且连接它们的导线容易被折断,设备也容易损坏,因此使用触摸屏是一种很好的选择。人们只要用手指点触摸屏上出现的图形符号和文字信息的位置,就可以将人的要求或回答输入计算机,计算机就能按照人的指令完成所需要的操作,因而使那些不懂计算机操作的人也能得心应手地使用计算机。

(四)视频采集卡

视频采集卡是将模拟摄像机、录像机、ID 视盘机、电视机等输出的视频数据或者视频、音频的混合数据输入计算机,并转换成计算机可辨别的数字信息,存储在计算机中,成为可被计算机编辑处理的活动图像数据文件,即视频数据文件。它与计算机二维平面图像软件和三维动画软件制作的计算机图像已无根本区别,可以进行很好的融合。

1. 结构和原理

视频采集卡将模拟信号转换成数字信号,其结构是由视频信号采集模块、音频信号采集模块和总线接口模块组成,如图 5-4 所示。

视频信号采集模块的任务是将模拟视频信号转换成数字视频信号,并将其送入计算机系统。

音频信号采集模块在音频采集过程中完成对声音信号的预处理和模/数转换。音频

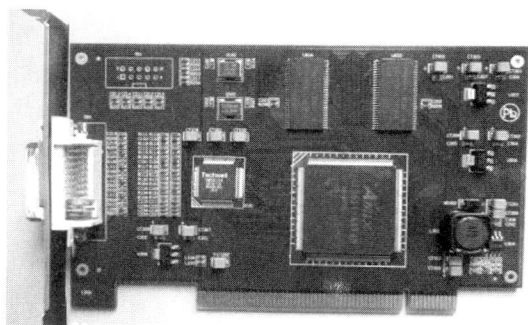

图 5-4 视频采集卡

信号采集模块在接收到被放大到一定幅度的音频信号后,经过衰减器、低通滤波器被送到模/数转换器,转换成相应的数字音频信号,从而完成对音频信息的采样量化。

总线接口模块是用来实现对视频、音频信号采集的控制,并将采样量化后的数字信息储存到计算机内部。

2. 分类和指标

视频采集卡按照其用途可分为广播级视频采集卡、专业级视频采集卡和民用级视频采集卡。不同档次的视频采集卡采集图像的质量不同。

广播级视频采集卡的特点是采集的图像分辨率高,视频信噪比高;缺点是视频文件所需硬盘空间大,每分钟数据量至少为 200MB,一般连接 Betacam 摄/录像机,所以它多用于电视台录制节目。

专业级视频采集卡的档次比广播级稍微低一些,两者的分辨率是相同的,但前者的压缩比稍微大一些,其最小的压缩比一般在 6∶1 以内,输入/输出接口为 AV 复合端子与 S 端子。此类产品适用于广告公司和多媒体公司制作节目及多媒体软件。

　　民用级视频采集卡的动态分辨率一般较低,绝大多数不具有视频输出功能。

　　在计算机上通过视频采集卡可以接受来自视频输入端的模拟视频信号,对该信号进行采集,量化成数字信号,然后压缩编码成数字视频。大多数视频采集卡都具备信号压缩的功能,在采集视频信号时首先在卡上对视频信号进行压缩,然后再通过 PCI 接口把压缩的视频数据传送到主机上。一般的 PC 视频采集卡采用帧内压缩的算法把数字视频数据实时压缩成 MPEG-1 格式的文件。

　　由于模拟视频输入端可以提供不间断的信息源,视频采集卡要采集模拟视频序列中的每帧图像,并在采集下一帧图像之前把这些数据传入 PC 系统,所以实现实时采集的关键是每一帧所需的处理时间,如果每帧视频图像的处理时间超过相邻两帧之间的相隔时间,则会出现数据丢失,即丢帧现象。采集卡都是把获取的视频序列先进行压缩处理,然后再存入硬盘,也就是说,视频序列的获取和压缩是在一起完成的,免除了再次进行压缩处理的不便。不同档次的采集卡具有不同质量的采集压缩性能。

　　因为目前的视频采集卡对视频采集和压缩同步进行,也就是说,视频流在进入计算机的同时就被压缩成 MPG 格式文件,所以这个过程就要求计算机有高速的 CPU、容量足够大的内存、高速的硬盘、通畅的系统总线。

(五)投影仪

1.投影仪概述

　　投影仪是一种应用十分广泛的大屏幕影像设备,如图 5-5 所示。投影仪既可以应用于临时会议、技术讲座、网络中心、指挥监控中心,还可以与计算机、工作站等进行连接,或连接录像机、电视机、影碟机以及实物展台等。

图 5-5　投影仪

2.主要技术指标

　　(1)亮度:亮度是一个比较重要的技术参数,单位是流明(lx)。投影仪的亮度受环境影响很大,如果环境较亮,则必须选择高亮度的投影仪。另外,投影仪的亮度还受画面尺寸的影响,在同样的亮度下,画面越大,亮度越暗。

　　(2)分辨率:投影仪的分辨率是描述图像清晰度的技术参数,直接影响画面的品质。由于投影仪经常连接计算机使用,所以应确保投影仪的分辨率能适应所有的计算机,如果投影仪的分辨率低于计算机显示的分辨率,就不能直播视频图像。目前市场上出现最多的是 800×600 像素和 1024×768 像素分辨率的投影仪。

　　(3)灯泡寿命:对于 CRT 投影仪来说,投影仪的灯泡寿命也是一个重要的参数。灯泡分为三种,一种是金属卤素灯,其特点是价格便宜但半衰期短,一般使用 2000 小时亮度会降低到原先的一半。另一种是 UHE 灯泡,特点是价格适中,在使用 2000 小时以前亮度几乎不衰减,由于发热量低,习惯上被称为冷光源。UHE 灯泡是目前中档投影仪中广泛采用的理想光源。还有一种是 UHP 高节能灯,使用寿命长,一般可以正常使用 4000 小时以上,并且亮度衰减很小。UHP 灯泡也是一种理想的冷光源,发热较少,亮度衰减慢,但价格昂贵,一般应用于高档投影仪上。

(六)数码摄像机

　　数码摄像机(Digital Video,DV)是将光信号通过 CCD 转换成电信号,再经过模拟/数字转换,以数字格式将信号存储在数码摄像带、刻录光盘或者存储卡上的一种摄像记录设备,如图 5-6 所示。最小的数码摄像机只有巴掌大小,价格一般也只有 1 万元左右,但用它拍摄出来的影像却非常清晰。数码摄像机的工作原理就是将视频信号经过数字化处理成 0 和 1 信号并以数字的方式记录,通过磁鼓螺旋扫描记录在 6.35mm 宽的金属视频录像带上。

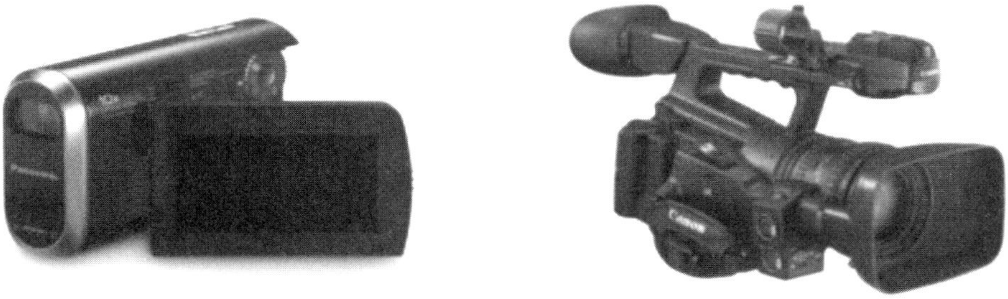

图 5-6　数码摄像机

1998 年,第一部家用数码摄像机面世,它让人们能够更加简单地进行摄像操作。日本两大摄像机制造商松下和索尼联合全球 50 多家相关企业开发出新的 DV 格式数码摄像机。它一经问世,就以其与专业水平毫无二致的图像、接近激光唱盘的音质和能够与计算机联机并进行编辑的特性受到使用者的好评。经过几年的发展,越来越多的人用它来拍片子,特别是纪录片。

在拍摄之初,也许很多人会觉得数码摄像机和模拟摄像机的效果相差并不大。的确,如果拍摄的作品是一次成功,不需剪辑、翻录的话,这种说法也是对的。但是如果需要剪辑、翻录的话,那么数码摄像机的优势就会显现无遗。普通模拟式录像带翻录十来次后简直就不堪入目了,而数码摄像带仍然能够保持原有的质量不变。

三、视频素材的采集

要从模拟视频设备(如录像机、电视机等)中采集信息,需要安装和使用视频采集卡,来完成从模拟信号向数字信号的转换。把模拟视频设备的视频输出和声音输出分别连接到视频采集卡的视频输入和声音输入端口,就可以启动相应的视频采集和编辑软件进行捕捉和采集。有些采集卡不带压缩功能,是先将影像采集到计算机中以文件尺寸巨大的 AVI 格式的文件存储,然后再利用压缩软件进行漫长的压缩。而现在性能比较好的采集卡都带有实时压缩功能,一边采集一边实时压缩,采集完成的同时压缩也完毕。

从数字设备(如数码摄像机)中采集视频素材,虽然可以仿照模拟设备采集卡来完成,但最好的方式是通过硬件的数字接口将数字设备与计算机连接,启动相应的软件进行采集和压缩。由于视频数据量大,目前数字摄像机与计算机进行数据交换大多使用 IEEE 1394 接口,如果计算机上没有集成 IEEE 1394 接口,可以通过安装 IEEE 1394 接口卡来给计算机增加 IEEE 1394 接口,然后通过该接口完成数码摄像机与计算机的连接,最后启动相应的视频采集和编辑。对于视频的编辑处理工作,使用 Ulead 公司出品的"会声会影"软件就可以轻松完成。

对于 VCD 光盘中的影片,可以截取片段作为视频素材,这可通过专用的视频编辑软件来完成。

四、视频素材的保存格式

数字视频信息在计算机中可以多种格式存放,常见的视频格式有 MPEG/MPG、AVI、MOV、ASF、RM 和 WMV 等。

(一)MPEG/MPG

MPEG(Motion Photographic Experts Group)是目前最常用的视频压缩方式,它采用帧间压缩技术,可对包括声音在内的运动图像进行压缩。它包括了 MPEG-1、MPEG-2 和 MPEG-4 在内的多种视频格式。MPEG-1 是人们接触最多的格式,被广泛地应用在 VCD 的制作和网上视频片段下载,可以说 99% 的 VCD 都是用 MPEG-1 格式压缩的;MPEG-2 则主要用于 DVD 的制作方面,同时也应用于 HDTV(高清晰度电视)和一些要求较高的视频编辑处理方面;MPEG-4 是一种新的压缩算法,使用这种算法的 ASF 格式可以把一部 120 分钟长的电影压缩成 300MB 左右的视频流,供网上观看,其他 DIVX 格式也可以压缩到 600MB 左右,但其图像质量比 ASF 要好很多。MPEG 的平均压缩比为 50∶1,最高可达 200∶1,压缩效率之高由此可见一斑。

除 MPEG 和 MPG 格式之外,部分采用 MPEG 格式压缩的视频文件还可以 dat 为扩展名,对于这些文件,用户应注意不要与同名的 *.dat 数据文件相混淆。

(二)AVI

AVI 是 Microsoft 公司早期开发的一种视频文件有损压缩方式,该方式的压缩率较高,并可将音频和视频混合到一起使用,因此尽管画面质量不太好,但其应用范围仍然很广泛。AVI 支持 256 色和 RLE 压缩。AVI 文件目前主要应用在多媒体光盘上,用来保存电影、电视等各种影像信息,有时也出现在 Internet 上,供用户下载、欣赏新影片的精彩片段。AVI 文件是 Microsoft Video 的标准动态影像,通过 Windows 系统的媒体播放器即可播放。

(三)MOV

MOV 是苹果(Apple)公司创立的一种视频格式,它是图像及视频处理软件 QuickTime 所支持的格式。在很长的一段时间里,它都只是在苹果公司的 MAC 机上存在,近几年随着个人多媒体计算机的飞速普及,苹果公司不失时机地推出了 QuickTime 的 Windows 版本。QuickTime 能够通过 Internet 提供实时数字化信息流、工作流与文件回放功能,它还为多种流行的浏览器软件提供了相应的 QuickTime Viewer 插件,能够在浏览器中实现多媒体数据的实时回放。QuickTime 插件的"快速启动(Fast Start)"功能,可以令用户几乎在发出请求的同时便收看到第一帧视频画面,而且 QuickTime 插件可以在视频数据下载的同时播放视频图像。

(四)ASF

ASF(Advanced Streaming Format)是 Microsoft 公司推出的高级流媒体格式,也是一个在 Internet 上实时传播多媒体的技术标准,它的主要优点包括本地或网络回放、可扩充的媒体类型、部件下载、扩展性等。由于它使用了 MPEG-4 的压缩算法,所以压缩率和图像的质量都很不错。它应用的主要部件是 NetShow 服务器和 NetShow 播放器。有独立的编码器将媒体信息编译成 ASF 流,然后发送到 NetShow 服务器,再由 NetShow 服务器将 ASF 流发送给网络上的 NetShow 播放器,从而实现单路广播或多路广播。

(五)RM

RM 格式是 Real Networks 公司开发的一种新型流式视频文件格式,又称 Real Media,是目前 Internet 上最流行的跨平台的客户/服务器结构多媒体应用标准,其采用音频/视频流和同步回放技术实现了网上全宽带的多媒体回放。而 RealPlayer 可以不必下载完音频/视频内容就能实现网络在线播放,更容易上网查找和收听、收看各种广播、电视节目。

(六)WMV

WMV 是一种独立于编码方式的在 Internet 上实时传播多媒体的技术标准,Microsoft 公司希望用其取代 QuickTime 之类的技术标准以及 wmv/avi 之类的文件拓展名。WMV 的主要优点包括本地或网络回放、可扩充的媒体类型、部件下载、可伸缩的媒体类型、流的优先级化、多语言支持、环境独立性、丰富的流间关系以及扩展性等。

第二节 组建数字视频信息处理系统

数字视频信息处理系统通常由计算机、视频采集卡、DVD 刻录机(或 CD-ROM 刻录机)、高速硬盘等硬件设备以及相应的控制和编辑软件组合而成。

一、硬件环境的构成

为了使制作出的视频画面流畅清晰,数字视频信息处理系统要对数据量很大的视频信号和音频信号进行有效的实时处理。因此,提高计算机的处理速度,增加硬盘存储容量和使用高速硬盘就会大大提高视频作品的质量。数字视频信息处理系统对计算机硬件环境的最低要求如下:

- ◆ Intel Petium4 或以上处理器。
- ◆ 512MB 内存(建议使用 1GB 或以上内存)。
- ◆ 7200r/min,20GB 以上的高速硬盘。
- ◆ 能与 Windows 操作系统兼容的显示器,至少具备 1024×768 像素的分辨率。
- ◆ CD-ROM 刻录机(或 DVD 刻录机)。

二、软件环境

多媒体节目中的信息内容种类主要有文本、图像、动画、声音和视频等,对这些媒体进行处理的常用工具有以下几种:

- ◆ 图像处理软件:Photoshop 等。
- ◆ 图形制作软件:CorelDRAW 或 Illustrator 等。
- ◆ 动画制作软件:3ds Max、Maya、Flash 和 Cool 3D 等。
- ◆ 声音编辑软件:Audition 等。
- ◆ 视频编辑软件:VideoStudio(会声会影)、Premiere、Edius、Photo Story 等。

第三节 视频编辑概述

视频编辑的发展经历了模拟视频编辑到数字视频编辑两个阶段,模拟视频编辑使用的编辑方法称为线性编辑,数字视频编辑使用的编辑方法称为非线性编辑。

一、与视频编辑有关的术语

在介绍线性编辑和非线性编辑之前,先介绍一些与视频编辑有关的术语。

1.捕获

视频捕获这个术语是从模拟视频时代延续下来的。在使用模拟视频设备时,计算机要得到视频内容,需要使用一种称为捕捉卡的高速数模(D/A)转换设备,将模拟信号转换为计算机能够识别的数字信号。当数字化视频技术普及以后,由于数字磁带的稳定性,在专业影视制作部门,人们更倾向于将视频记录在数字磁带上,视频内容从磁带到计算机的上载过程依然称为捕获。

2.镜头

镜头是视频作品的基本单元。视频编辑过程经常需要对拍摄的冗长场景进行剪切。非线性编辑软件在视频捕获过程中可以通过识别磁带上的时间码来判断独立的场景并进行切分;用户也可手动切分场景。

3.字幕

文字、图形、照片、标记都可以作为字幕放在视频作品中。字幕可以像台标一样静止在屏幕一角,也可以做成诸如节目播放结束后滚动的工作人员名单。

4.转场过渡

转场过渡是由程序自动生成的对两个场景衔接处进行处理的特殊部分,能够将两个片段平滑地衔接起来。

5.视频滤镜

动态视频处理中的滤镜与静态图像处理的滤镜非常相似。通过使用滤镜可以调整镜头的亮度、色彩、对比度等。

6.特殊效果

常见的如图像变形、飞来飞去的窗口等效果。

模拟视频编辑大多在专业编辑机上完成,由于素材始终是录制在以线性结构存储的磁带上的,所以称为线性编辑。数字技术发展起来之后出现了专门的非线性编辑机,可以不按照在磁带上的线性位置进行处理。实际上,计算机也是一台非线性编辑机,因为所有的素材都已捕捉到磁盘上,可随时处理任何时间线性位置上的内容。

二、非线性编辑的特点

非线性编辑的功能要远远超过线性编辑的功能,总结起来非线性编辑具有以下特点:

(1)非线性编辑系统可替代传统的切换台、编辑机、特技机、字幕机和调音台等制作设备,调取节目容易,可即时完成快速搜索和精确定位,可使编辑序列任意更换、安排,利用预演功能随时观看编辑效果,使工作效率大为提高。

(2)非线性视频节目的后期制作包括视频图像编辑、音频编辑。特技及声像合成等工序,是根据前期设置的节目素材按要求进行的再创作过程。制作完成后的电视画面,其表现力除了单个画面的自身作用外,更取决于画面剪辑的作用,即由镜头组接所产生的感染力与表现力。

(3)非线性编辑可实现任意层画面的二、三维数字视频编辑,如波动、翻页、光感等,并可使用不同的组合形式产生更多的视频效果,同时,新的视频效果可以直接作为自定效果模块保存。

三、视频编辑的基本流程

制作一个满意的视频作品,需要制作者完成导演、摄像师、后期编辑等许多人的工作。下面介绍数字视频编辑的基本过程:首先,要准备大量的视频素材、图像素材及声音、文字素材,再把视频素材捕捉到计算机上,所花去的时间和视频的长度相同;其次,编辑这些以时间为基础的素材;在输出时,所有的特殊效果、字幕等都需要计算机进行渲染才能得到希望看到的效果;最后,进行视频压缩。大量的数据处理工作需要处理器工作十几分钟甚至几个小时。

第四节　视频编辑软件——VideoStudio

在现代数字视频信息处理系统中,视频编辑软件起着至关重要的作用,所有的原始素材最终都要通过编辑软件组合在一起,包括在视频素材中加入各种特技效果等。本节介绍视频编辑软件会声会影(VideoStudio)及其使用方法。

一、VideoStudio 介绍

在一个完整的非线性编辑系统中,硬件能提供的只是对视频、音频数据进行输入、输出、压缩、解压缩、存储等操作的处理环境,对于视频/音频的编辑则要通过非线性编辑软件才能实现。

市场上的非线性编辑软件系统(简称非编软件)种类很多,大致可分成两类:专业影视制作部门使用的非线性编辑软件系统(专业非编系统)以及通用型非线性编辑软件(通用型非编软件)。专业非编系统包括常用于电影剪辑的 AVID 大型非编软件、用于电视台栏目编辑的大洋非编系统、索贝非编系统、新奥特非编系统,以及独立影像制作人、影视广告公司使用的由苹果公司研发的 Final Cut 非编软件;通用型非编软件主要有 Adobe 公司研发的用于编辑的 Premiere,用于合成包装的 After Effects、Canopus 公司研发的 Edius 非编系统,以及Ulead公司研发的 VideoStudio(会声会影)、Media Studio Pro 等。专业非编系统是由软件开发商根据专用的非线性卡的特点专门开发的,对硬件平台要求很高,价格昂贵,适用于专业领域;而通用型非线性编辑软件可以轻松地移植到普通计算机,Adobe 公司的 Premiere 软件和 Ulead 公司的 VideoStudio 软件都采用了时间轴和各种素材轨的编辑方法。表 5-1 是这两种通用非编软件特点的对比。

表 5-1　VideoStudio(会声会影)与 Premiere 的比较

软　件	公司	硬件要求	工作平台	特　点	主要应用
VideoStudio	Ulead	PC 工作站，Real Time 卡或其他非实时板卡（DC50、VPR 等）	Windows 2000/XP/Vista7/Win7/Win8	界面简单易用，集成了许多种特技效果，插件丰富。可与 Photoshop 以及其他 Ulead 软件（Morph、Cool3D）联合使用	电视剧及广告片头
Premiere	Adobe	Power Mac 或 PC 工作站，Real Time 卡或其他非实时板卡（DC50、VPR 等）	Power Mac 或 Windows 2000/XP/Vista7/Win7/Win8	特技及插件较多，但操作界面没有会声会影软件友好。可与 Photoshop、Illustrator、After Effects 联合使用	电视剧及广告片头

　　选择 Ulead 公司的 VideoStudio 作为数字视频制作的工具，是由于它比 Premiere 的界面更加友好，对于初学者来说比较容易掌握；VideoStudio 和 Premiere 的工作原理基本相似，所以掌握了 VideoStudio 对以后学习、使用 Premiere 也会比较容易。下面以 VideoStudio X7(会声会影 X7)为例说明如何制作数字视频作品。

二、VideoStudio 的安装与设置

（一）VideoStudio 的安装

　　将 VideoStudio X7(会声会影 X7)的安装光盘放入光盘驱动器中，计算机将会自动运行并显示安装界面，单击"安装 Ulead VideoStudio X7"后，程序就进入了安装向导。

　　(1)首先出现的是"许可证协议"界面，勾选"我接受许可协议中的条款"，然后单击"下一步"按钮，继续安装。

　　(2)在弹出的对话框中出现的说明文字是版权提示等信息，单击"是"按钮继续安装。然后出现的窗口是要求用户输入个人信息以及正确的产品序列号，输入完成后单击"下一步"按钮继续安装。

　　(3)在接下来弹出的对话框中，提示安装的路径，单击"浏览"按钮，可以更改安装路径，如果使用默认途径，则单击"下一步"按钮继续安装。

　　(4)在接下来弹出的对话框中，将视频标准设置为 PAL(因为中国地区的电视节目制式是 PAL)或者选择"同时使用 NTSC 和 PAL 标准"选项，单击"下一步"按钮继续安装。

　　(5)在弹出的对话框中选择需要安装的系统支持软件，这里可以根据自己的需要进行选择。

　　(6)单击"下一步"按钮，在弹出的对话框中给出安装信息，再单击"下一步"按钮继续安装。

　　(7)接下来进入软件安装界面，屏幕会出现安装进度窗口。当安装完成后，出现向导完成对话框，单击"完成"按钮则程序安装完成。

　　在桌面的 Corel VideoStudio Pro X7 应用程序图标上单击鼠标右键，执行"打开"命令，即可启动会声会影 X7 的应用程序，进入会声会影欢迎界面，如图 5-7 所示。

图 5-7　会声会影 X7 的欢迎界面

接着进入会声会影工作界面，如图 5-8 所示。

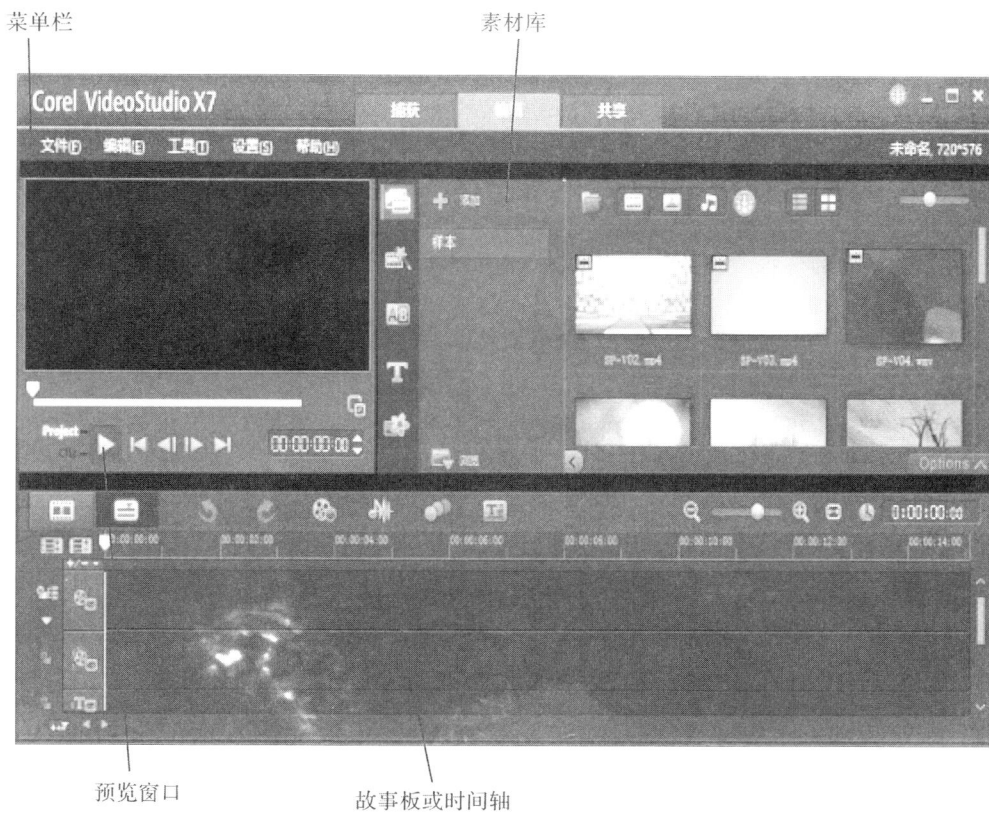

图 5-8　会声会影 X7 的工作界面

(二)菜单介绍

(1)菜单栏:列出了视频编辑的操作和流程,单击菜单栏中的按钮可以进入相应的编辑步骤。

(2)预览窗口:显示视频素材、视频滤镜、转场、标题的效果,也可以查看制作完成的影片效果。

(3)素材库:是一个资源中心,保存用户经常使用的素材,并提供一个便于存取特殊效果的方式。素材库将素材组织到不同的文件夹,并显示一个带素材文件名的略图。可以通过拖曳的方式将素材添加到影片。

(4)故事板:以略图的方式显示添加到影片中的各个视频素材。

会声会影提供了两种查看模式,故事板模式用于查看视频轨上的素材和转场效果的顺序;时间轴模式则用于查看所有轨。分别单击故事板左侧的两个按钮,可以在故事板模式和时间轴模式之间进行切换。

(三)常用参数设置

用户可以根据自己的喜好设置一些参数,设置这些参数对高级用户特别有用,可以节省大量的时间,提高视频编辑的工作效率。

在会声会影主界面上单击"设置"菜单,从弹出的菜单中选择"参数选择"命令(或按快捷键"F6"),将弹出"参数选择"对话框,可以设置最常用的一些参数。下面对其中一些重要的参数做详细的讲解。

1.常规属性

撤销:选中该项,将启用会声会影的撤销/重做功能。可以使用快捷键"Ctrl+Z"或者单击预览窗口下方的按钮 ⬅ 和 ➡ 执行撤销和重做操作。在"级数"文本框中可以指定允许撤销/重做的最大次数(最多为 99 次),指定的次数越多,使用的内存量就越大,因此用户应根据自己计算机的情况选择适当的级数。

重新链接检查:选中该项,程序会自动检测项目中对应的源文件是否存在。

媒体库动画:勾选该复选框可启用媒体库中的媒体动画。

将第一个素材插入到时间轴时显示消息:选中该选项,则在将第一个素材插入到时间轴上时弹出是否允许会声会影执行智能渲染的提示框。单击"是"按钮,就可以把当前项目设置修改为与该插入的视频文件相同,以便充分利用该软件的智能渲染技术。

即时回放目标:设置回放项目的目标设备,提供了 3 个选项,用户可以同时在预览窗口和外部显示设备上进行项目的回放。

素材显示模式:该下拉列表框主要用来设置时间轴上素材的显示模式,共有 3 种选择,分别为"仅略图""仅文件名"和"略图和文件名"。"仅略图"可以更好地观看帧图画的情况,比较受初学者欢迎;"仅文件名"比较节省系统资源,适用于对视频非常熟悉的环境;使用"略图和文件名"可以兼顾上述两者的优点,默认情况下时间轴使用这种显示方式。

工作文件夹:指定用于保存项目以及捕获视频文件的路径。单击右侧的"浏览"按钮就可以随意改变工作文件夹的路径。

自动保存项目间隔:在视频编辑过程中,会声会影软件每隔一定时间会自动保存一次项目文件,当因异常情况导致软件关闭时可以轻松找到已经编辑好的视频项目。

背景色:单击右侧的黑色方框图标,弹出颜色选项,选中相应颜色,即可完成会声会影预览窗口背景色的设置。

在预览窗口中显示标题安全区域：勾选复选框，在创建标题时，预览窗口中显示标题安全框，只要文字位于此矩形框内，标题就可完全显示出来。

在预览窗口中显示 DV 时间码：DV 视频回放时，可预览窗口上的时间码。这就要求计算机的显卡必须兼容 VMR（视频混合渲染器）。

2. 视频捕获属性

在"参数选择"对话框中单击"捕获"选项卡，就可以设置与视频捕获有关的参数。

按"确定"开始捕获：选中该选项后，当单击按钮 来捕获视频时，摄像机开始播放视频，同时将弹出一个对话框，只有在单击"确定"按钮时才开始捕获播放的视频。在这种情况下，必须为捕获的视频留出一个余量，当摄像机捕获到需要播放的位置后，单击"确定"按钮就可以开始捕获了。如果不选中该项，就需要将播放的视频调整到要捕获的精确位置，单击按钮 后，直接开始捕获。

从 CD 直接录制：选中该选项，可以直接从 CD 播放器上录制歌曲的数码数据，并保留最佳质量。

捕获静态图像的保存格式：在该下拉列表中有两个选项，一个是 BMP 格式，另一个是 JPEG 格式。

图像质量：如果在上一个选项中将静态帧的格式设置为 JPEG，则可以在这里设置图像的压缩质量，数值越大，图像质量越好。

捕获图像时去除交织：选中该选项，在捕获视频图像中的静态帧时将使用固定图像分辨率，而不采用交织型图像的渐进式图像分辨率。

捕获停止时，停止播放 DV 磁带：选中该选项后，当视频捕获完成后，允许摄像机自动停止磁带的回放；否则停止捕获后，摄像机将继续播放此视频。

3. 设置预览属性

在"参数选择"对话框中单击"预览"选项卡，可以设置视频的预览属性。

为预览文件指定附加文件夹：这里可以指定该软件用于保存预览文件的文件夹。如果有多个磁盘驱动器，就可以自己指定一个文件夹，否则就不要选中其他复选项。

硬盘：显示当前硬盘的剩余空间。在下拉列表里还可以查看其他磁盘的剩余空间。

将硬盘使用量限制到：该选项用来指定为会声会影分配内存。如果在操作系统里仅仅运行会声会影并想使其达到最佳的运行效果，可选择允许的最大值。如果操作系统中还在运行其他程序，可以将该值限制为原来的一半。如果不选择该选项，会声会影就会使用系统的内存管理软件来控制内存的使用和分配。

三、创建和管理项目文件

在运行会声会影后，制作影片的第一步就是在工作界面选择"文件"→"新建项目"选项来新建一个项目，或选择"文件"→"打开项目"选项打开一个已经存在的项目文件。

进入软件编辑窗口后，选择"文件"→"新建项目"选项或者使用快捷键"Ctrl＋N"就可以新建一个项目文件。在完成新建文件后，建议用户将项目文件及时保存，保存项目文件实际就是把影片中的视频素材、图像素材、声音文件、背影音乐字幕和特效等所有信息之间的项目关系保存在硬盘上。以后就可以随时打开该项目对影片中的视频、图像、声音等组成部分分别进行修改。会声会影提供了两种方法保存项目文件。

方法1：通过执行"文件"→"另存为"命令，选择一个留有足够硬盘空间的指定目录完成文件保存。

方法2：通过快捷键"Ctrl+S"，选择一个留有足够硬盘空间的指定目录完成文件保存。

在会声会影中可以通过两种方法来打开一个已经存在的项目文件。

方法1：单击"文件"菜单，选择"打开项目"选项，就可以在计算机中选择需要打开的项目文件了。会声会影项目文件的后缀是vsp，如01.vsp。

方法2：会声会影提供了更为快捷的文件打开方式。单击"文件"菜单，在菜单栏下方有最近打开过的文件列表，在列表中显示的文件名都是最近编辑过的文件，需要打开哪个文件就在相应的文件名上单击即可。

四、编辑视频素材

(一)视频文件的获取

会声会影中视频文件的获取一般有两种方法，一种是从摄像机、电视、VCD等视频源获取视频数据，另一种是从计算机上导入视频文件。

当进入会声会影程序主界面后，单击"获取"按钮，程序就会进入捕获工作界面。

1. 从视频源获取视频数据

进入捕获工作界面后，单击按钮 捕获视频 可以从摄像机、电视、VCD等设备直接得到视频数据，然后通过视频捕获卡或IEEE 1394卡接收和翻译视频数据，将视频信号保存到计算机的硬盘中。但是，如果计算机没有与摄像机等设备相连，或者没有正确安装驱动程序，那么会声会影就会出现一个错误提示信息。

同样通过单击 DV快速扫描 和 从数字媒体导入 ，会声会影还能完成从DVD或其他移动设备中提取视频数据。

2. 从计算机上直接导入视频文件

单击素材库窗口上的文件选择按钮 📁 ，在弹出的菜单中根据需要找到视频文件、图像文件或音频文件的保存路径，完成计算机中导入视频文件、图像文件或音频文件。选中用户想要的文件，单击浏览窗口上的"打开"按钮，则所选的视频就会出现在主界面的预览窗口里，同时素材库里也出现了该视频文件的缩略图，如图5-9所示。用同样的方法也可以导入图像文件、音频文件。

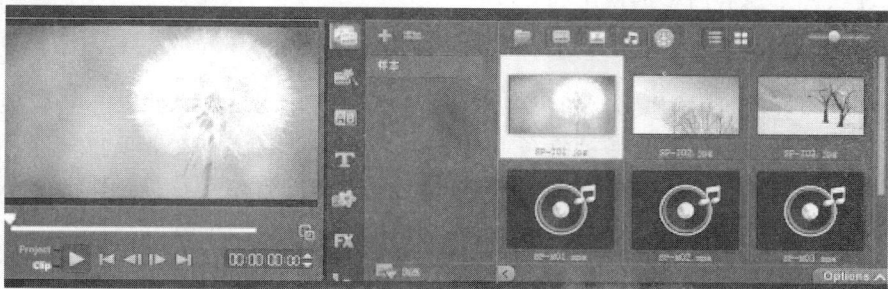

图5-9 新插入的视频

3.屏幕捕获视频

在捕获面板中单击"屏幕捕获"按钮,弹出"屏幕捕获"窗口,将光标放在捕获框的四周,手动拖动捕获窗口的大小,鼠标选中边框中心点,拖动并调整捕获窗口的位置,如图 5-10 所示。

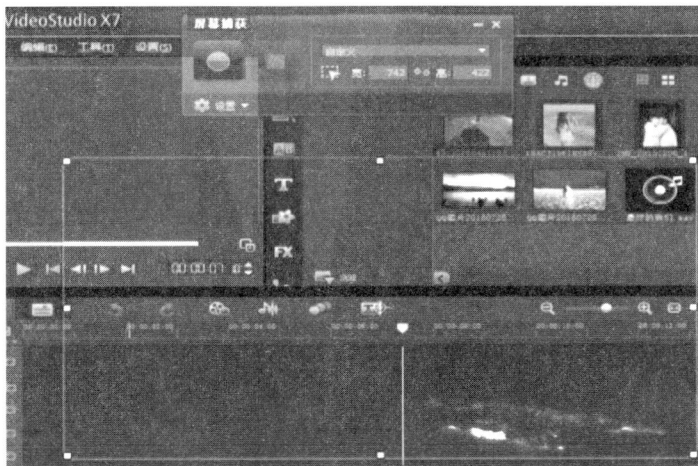

图 5-10 "屏幕捕获"窗口

再单击"设置"右侧的下三角按钮查看更多设置,在"文件设置"选项组中设置文件名称及文件保存路径,在"音频设置"选项组中单击"声音检查"按钮,在弹出的对话框中单击"录制"按钮,对麦克风试音,单击"停止"按钮可以停止,当默认的 10 秒音量输入时间过后,开始播放音频。再按"Esc"键停止音频播放,关闭"声效检查"窗口,然后单击"开始录制"按钮,界面出现 3 秒倒计时及快捷键停止/暂停操作的提示窗口,按快捷键"F10"停止录制后,视频录制完成,弹出提示对话框。最后单击"确定"按钮,进入会声会影的素材库中即可看到捕获到的视频。

(二)剪辑视频文件

当捕获视频素材或从计算机上导入视频素材后,就要对视频素材进行剪辑。这一步是在故事板中完成的。下面介绍具体的编辑方法。

(1)首先需要掌握的是故事板的两种视图模式。这两种模式是故事板模式和时间轴模式。单击故事板上面的"切换"按钮可以在两者之间切换,如图 5-11 所示。

(2)这两种模式各有特点,在不同的场合可以使用不同的模式。故事板模式是将素材添加到影片中最快也最简单的方式。故事板中的每个缩略图都代表了一个事件,这个事件可以是视频素材,也可以是图像素材或转场。缩略图是按照事件发生的

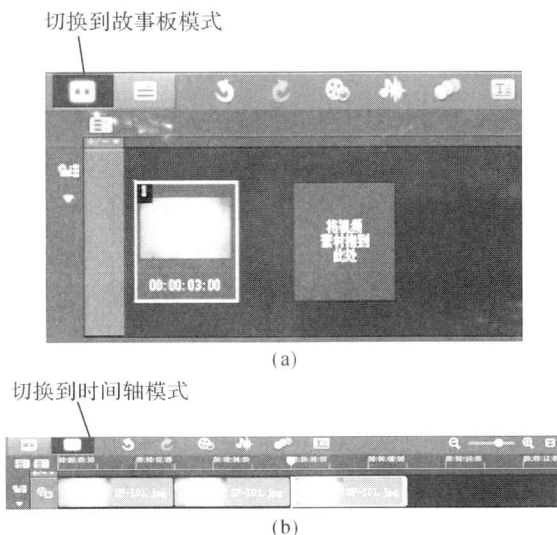

切换到故事板模式

(a)

切换到时间轴模式

(b)

图 5-11 在故事板和时间轴模式间切换

顺序依次出现的,所以在故事板中可以很方便地用拖曳的方法改变事件的顺序、插入新的素材或转场效果等。时间轴模式则准确地显示出事件发生的时间和位置,在该模式下故事板被水平分割为视频轨、覆叠轨、标题轨、声音轨和音乐轨 5 个轨,如图 5-12 所示。单击相应的按钮就可以切换到它们所代表的轨道,就可以选择编辑相应的素材。

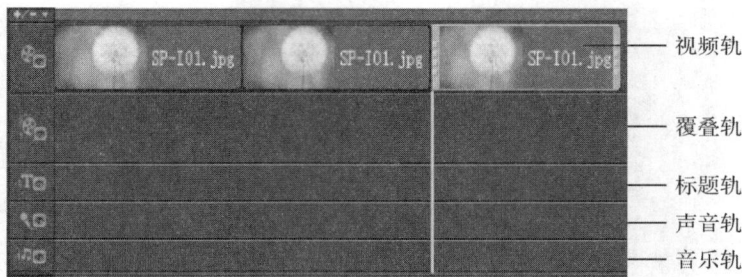

图 5-12　5 种不同的素材轨

(3)在导入素材后,可以通过单击时间轴上的轨道,分别调出位于预览窗口右侧相应的"视频"选项卡、"编辑"选项卡以及"音乐和声音"选项卡。如图 5-13 所示为视频选项卡。

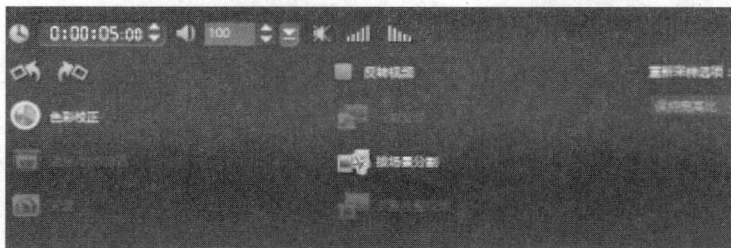

图 5-13　视频选项卡

0:00:05:00 :表示视频区间,显示当前选中视频的长度。先单击时间格上要更改的数值,然后单击区间右侧上下箭头或直接输入数值就可以调整素材的长度。

100 :音量控制。单击右侧的三角按钮就可以调整视频和音频素材的音量。

淰入 :淡入。按下该按钮表示已经将淡入效果添加到当前的素材中。它的效果是使素材起始部分的音量从零开始逐渐增加到最大。

淡出 :淡出。按下该按钮表示已经将淡出效果添加到当前的素材中。它的效果是使素材结尾部分的音量从最大开始逐渐减小到零。

静音 :静音。按下该按钮,视频素材中的音频转换为静音状态。当需要屏蔽视频素材中的原始声音而添加背景音乐时,这个功能很有用。

旋转 :旋转。按下该按钮,视频分别逆时针或顺时针旋转 90°,在处理照片时常用来调整旋转角度。

(4)另外,"色彩校正"按钮能够对拍摄到的图像做白平衡、色相、饱和度等调整,"回放速度"按钮能够方便地调整视频的播放速度,"保存为静态图像"功能能够迅速地从视频中截取一帧并保存为图片格式,"音频滤镜"效果能够给音频添加放大效果、混响效果、音调偏移等效果。

五、通过实例体验视频的编辑过程

通过以上介绍,了解了故事板及各种控制面板的功能,下面通过例子来体验视频的编辑过程。

实例5-1:去除视频的头和尾

使用缩略图修整素材是最为快捷和直观的素材修整方式。下面就用缩略图来修整素材。

(1)导入一个或多个视频素材后,单击切换到时间轴按钮,切换到时间轴模式。

(2)选中需要修改的素材,被选中的素材两端用黄色标记出来,如图5-14所示。

图5-14　被选中的素材在视频轨上两端用黄色标记

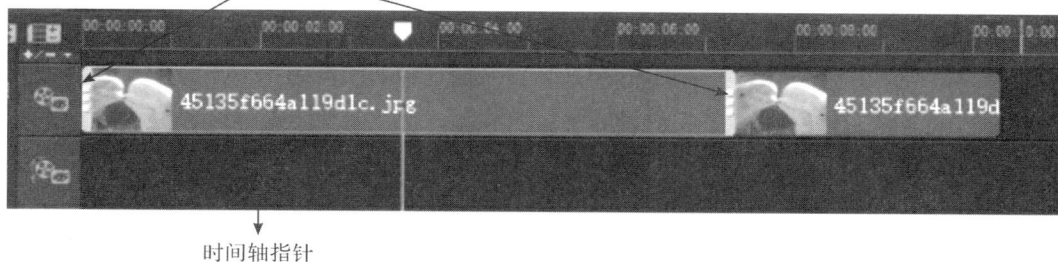

(3)单击时间轴指针上方的小三角,并长按不放,拖动鼠标可以在时间轴上移动时间轴指针,同时可以在预览窗口中查看当前时间轴指针所对应的视频内容。

(4)看到需要调整的位置后,释放鼠标则时间轴指针停留在当前位置,鼠标回到起始黄色标记位置,长按鼠标左键并拖动到时间轴指针则可删除视频起始不需要的部分。

(5)用同样的方法也可以删除视频尾部不需要的部分。拖动时间轴指针,观看预览窗口,让指针停留在想要删除的前一帧。

(6)选中视频尾部的素材,将鼠标移到素材尾部有黄色标记处按下左键并向左拖动鼠标,直到与设定好的时间轴重合时放开鼠标,则可完成对视频尾部的剪辑。

请扫码观看"去除视频的头和尾"操作视频。

"去除视频的头和尾"操作视频

实例 5-2：恢复误删除的影片片段

当编辑修整完影片后，被修改的部分并没有真正地去掉，只有通过打包渲染影片才能真正除去被编辑修改掉的部分。所以在最后渲染影片之前都可以按照自己的想法来随意修改影片，不用担心编辑失误破坏了原来的素材。恢复误删除的影片的方法如下：

在时间轴编辑模式下，选中被部分删除的素材，移动鼠标到视频的末尾处，按下左键并长按不放，往右拖动鼠标直到想要恢复的画面全部出现后放开鼠标。

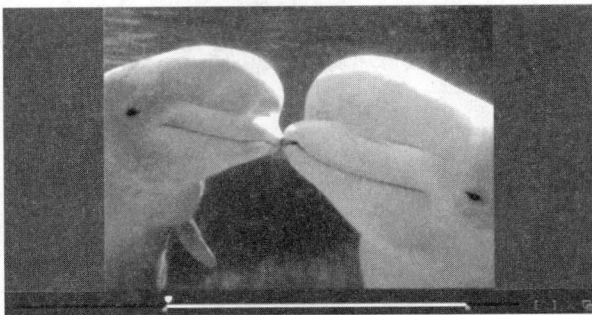

也可以在预览窗口上恢复被删除的部分素材。如图 5-15 所示，这段视频的前后各有一部分被删除，想要恢复被删除部分，只要向左拖动 ◤ 按钮，或向右拖动 ◣ 按钮就可轻松恢复被误删掉的部分视频。

图 5-15　前后被误删除的视频片段

请扫码观看"恢复误删除的影片片段"操作视频。

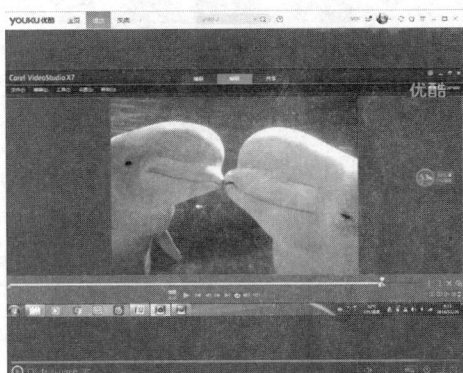

"恢复误删除的影片片段"操作视频

实例 5-3：删除视频的中间部分

在编辑视频素材的时候，经常会出现需要删除素材中的部分内容。删除操作步骤如下：

（1）导入视频素材后，视频轨上出现了导入的素材的缩略图。拖动时间轴指针滑块到需要删除部分的开始处，然后使用"上一帧"按钮 ◀Ⅰ 或者"下一帧"按钮 Ⅰ▶ 来精确定位。

（2）单击预览窗口右下方的"分割视频"按钮 ✂，从此处将整个视频分为两个部分。这步的过程如图 5-16 所示。

（3）在视频轨上单击分割后的后一段视频，再次拖动

图 5-16　从中间分割开视频

时间轴指针滑块到要删除部分的末尾,然后再单击  按钮。

（4）通过以上三步以后,原先的整个素材被分成了三块,中间的就是要删除的部分。此时,在视频时间线轨道上单击分割后中间的视频素材,按下键盘上的"Delete"键就可以将不需要的中间部分删除。

请扫码观看"删除视频的中间部分"操作视频。

"删除视频的中间部分"操作视频

实例 5-4：在一个连续的视频当中加入另一个视频

下面给出在视频段中插入另一段素材,完成场景转换的操作步骤。

（1）首先将所需的素材导入到视频素材库中,然后将其中一个视频加到视频轨。移动时间轴指针滑块到要分割处,单击按钮,如图 5-17 所示。

图 5-17　分割视频

（2）用鼠标将另一段素材从素材库中拖到视频轨上的分割处释放,这样就在原先连续的素材中加入了另外一段素材,如图 5-18 所示。

图 5-18　插入一个新的视频

（3）单击"分享"→"创建视频文件",根据需要就可最终完成视频制作。

请扫码观看"视频插入"操作视频。

"视频插入"操作视频

六、为视频增加特效

(一)视频滤镜的应用

在会声会影中可使用各种视频滤镜,能产生动态的扭变、模糊、风吹、幻影等特效,来增强影片的吸引力。添加视频滤镜后,滤镜效果可以应用到视频的每一帧上,通过调整滤镜属性,可以控制起始帧到结束帧之间的滤镜强度、效果和速度。下面将介绍会声会影中的视频滤镜的应用。

导入一个素材后,在视频轨上选中它,然后单击素材库上方右侧的三角按钮,从下拉菜单中选中视频滤镜项,这样素材库中就显示出了各种视频滤镜的效果图。然后单击一个选项中的滤镜效果,这时预览窗口中将显示这个滤镜的效果。找到合适的滤镜后只要将这个滤镜效果直接拖到故事板中选中的视频上就能完成滤镜的添加。

下面将演示如何添加单个滤镜。

(1)将素材库中的文件名称为"花.jpg"的图片素材添加到视频轨上。

(2)在素材库面板上单击"滤镜"按钮 FX,切换至"滤镜"素材库,如图5-19所示。

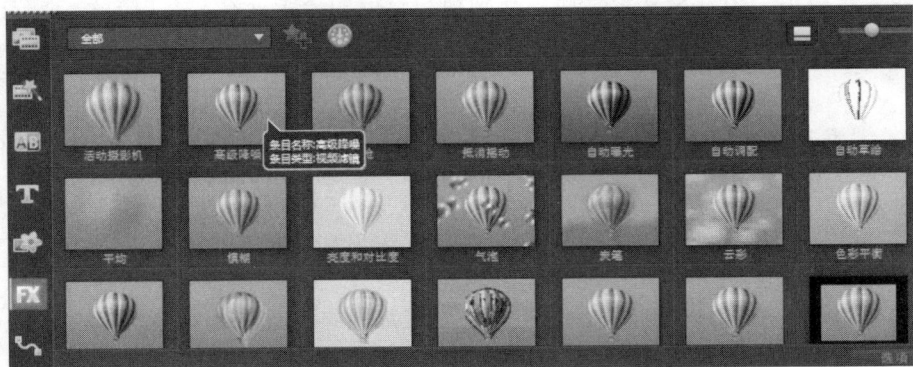

图 5-19　"滤镜"素材库

（3）在素材库中选择"镜头光晕"滤镜,将它拖曳到视频轨的素材上。选择视频素材,单击"选项"按钮,打开选项面板。单击滤镜预设样式图标右侧的三角按钮 ,从下拉列表中选择一种新的预设效果,如图 5-20 所示。在导览面板中单击"播放"按钮,就可以预览应用滤镜后的影片效果。

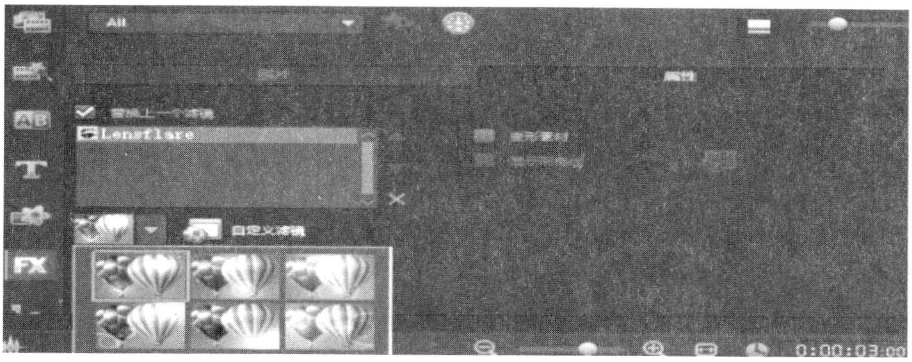

图 5-20　选择滤镜效果

（4）在单击不同的效果图时预览窗口里就会出现不同的滤镜效果。如果预设的效果还不能让你满意,那么也可以自定义滤镜效果。

如果要自定义滤镜效果,单击滤镜选项卡上的"自定义滤镜"按钮,将会弹出如图 5-21 所示的对话框。

图 5-21　滤镜的自定义设置

（5）单击如图 5-21 所示对话框左下角的黄色方框,将会出现色彩选取器,在这里可以根据自己的感觉选择不同的颜色,选中想要的颜色后单击"确定"按钮。

（6）返回主界面后,如果还有什么不满意的地方,也可以再通过上面的方法继续编辑,直到找到满意的滤镜为止。最后可以通过创建视频文件把文件保存起来。

在会声会影中,对于一个素材可以叠加应用多个滤镜效果,这样可以达到更加复杂、更加精彩的效果,但是最多不能超过 5 个滤镜效果。

（二）添加解说与背景音乐

为初步制作好的影片中加入解说和背景音乐，将使影片显得更加专业。

故事板的时间轴模式提供 5 种轨道，其中两个是专门为音频素材准备的，一个是声音轨，一个是音乐轨。也就是说，会声会影将音频文件分为了声音和音乐两种。声音通常是指影片的画外音，可以用来当作解说音，这样使影片中的各个场景表达得更加清楚。音乐则是指添加到影片中的背景音乐，主要用来烘托影片的气氛。

在两个轨上可使用的音频格式是相同的，如常用的 MP3 和 WAV 格式。下面先介绍与音频设置相关的音频选项面板。

1. 音频选项面板

当单击菜单栏上的音频按钮时，故事板上的声音轨和音乐轨处于当前可用的状态，素材库里显示的是该软件自带的声音文件。在素材库中单击一个文件，下方的"音乐和声音"选项卡面板就显示了该文件的相关信息，如声音长度、起始标记、结束标记、音量等，如图 5-22 所示。如果在故事板的声音轨和音乐轨上单击，则表示不选中任何声音素材，此时选项面板上的录音按钮和带预览录制选项处于可用的状态。

图 5-22 "音乐和声音"选项卡

(1)  ：画外音。单击该按钮就可以通过麦克风和声卡录制声音，并将录制的声音直接添加到影片中，这种功能常用来给影片配音。

(2)  ：声音区间，显示所选音频素材的长度。单击时间格直接输入数据或单击区间右侧的上下箭头来改变长度。

(3)  ："属性"4 个按钮的功能与前面介绍视频选项卡时所介绍的功能一样。

2. 声音文件的获取

会声会影中声音文件的获取有三种方式，一种是使用麦克风和声卡录制声音，一种是从计算机中直接导入声音文件，还有一种就是从 CD 中录制声音。

(1)使用麦克风，把它的插头插入声卡的 Line In 或者 MIC 接口。

将录音用的话筒与电脑进行连接，在桌面右下角右击喇叭图标，在弹出的菜单中选择"录音设备"选项，弹出"声音"对话框，选择"麦克风"选项，单击"确定"按钮，关闭对话框。设置好了，就切换到会声会影的主界面下，导入所要添加旁白的视频文件。不妨将程序自带的 V13. wmv 导入到视频轨上。然后单击菜单栏上的"音频"按钮，接着将时间轴视图窗口上的时间轴指针拖动到视频文件中需要添加旁白的位置（拖动的同时，预览窗口也会跟着变化，直到所需的画面出现后释放鼠标），然后单击"录制/捕获"按钮 ，再单击"画外音"按

钮  。

　　单击"画外音"按钮后,将会弹出一个测试音量大小的对话框,如图 5-23 所示。可以根据指示格亮的程度知道当前麦克风音量的大小,再通过调整音量就可以将麦克风的音量调整到适当的位置。

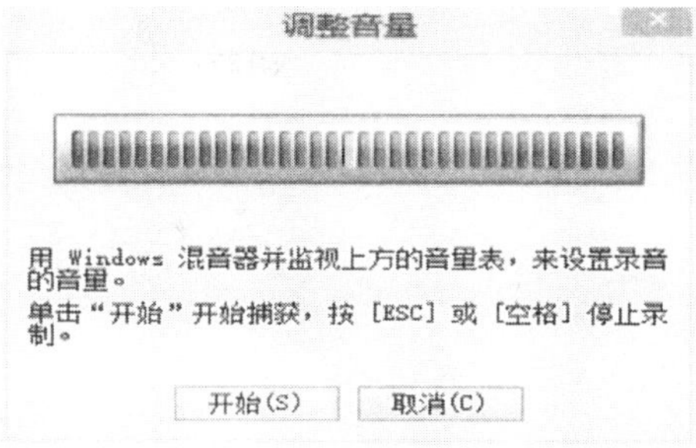

　　调整完后单击"开始"按钮就可以开始录制声音了。在录制声音的同时,预览窗口的画面也开始向前播放,用户可以根据画面的情况录制旁白,以确保录制的声音与视频同步。

图 5-23　音量调整

　　在录制过程中,选项面板上的声音区间  显示当前已经录制的时间。在录制旁白需要停止的时候,按下键盘上的"Esc"键或"Space"键就可以了。这时在故事板中的声音轨上就出现了刚才录制的声音文件,如图 5-24 所示。

图 5-24　录制的声音出现在声音轨上

　　(2)从计算机中直接导入声音文件。

　　在时间轴上右击,就会在鼠标右下方弹出如图 5-25 所示的菜单。用户可以选择"到声音轨"和"到音乐轨"两个命令。然后在计算机上选择所需要的声音文件,就可以将所选的文件添加到相应的轨上。

图 5-25　添加声音素材

　　【注意】在选择声音文件时,不仅可以选择 WAV、MP3、AU 等常用的声音文件,还可以选择 AVI、MOV、MPG 等视频文件格式。如果选择了视频文件,就将该视频文件的声音提取出来添加到相应的轨上,实际上就达到了从视频文件中提取声音的目的。

　　(3)从 CD 中录制声音。

　　会声会影还提供了把 CD 里的音乐录制到影片中当作背景音乐的功能。

　　导入影片到视频轨后,将要录制的 CD 放到光盘驱动器中,接着单击录制/捕获选项卡里的"从音频 CD 导入",出现声音导入界面,如图 5-26 所示。

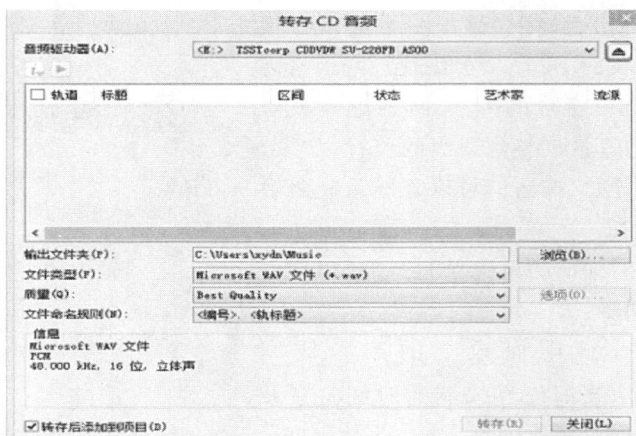

图 5-26　从 CD 中导入音乐

轨道、标题、区间分别代表了所要选择的音乐及音乐的创作者以及音乐持续的时间。

输出文件夹选项栏可以通过"浏览"按钮为文件在计算机上找到一个保存的位置,文件类型用于指定在计算机上存储的音频文件格式。

找到满意的音乐后,勾选"转存后添加到项目",单击"转存"按钮开始录制。转存完后单击面板的"关闭"按钮,则在时间轴上出现如图 5-27 所示图标。

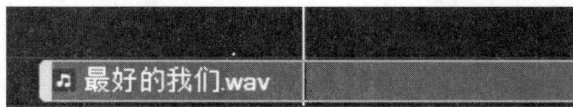

图 5-27　从 CD 中导入的文件出现在音乐轨上

在加入背景音乐之后,可以单击选项面板上的"淡入"按钮 ▉▉▉和"淡出"按钮 ▉▉▉,这样做的好处在于可以避免在播放和停止播放背景音乐的时候不至于让人觉得太突然,使声音有一个由小变大和由大变小的渐变过程。

3.混合音轨

在做完以上工作后,一般影片中会有三种类型的声音:一种是视频文件本身的影片现场声音,一种是添加到声音轨上的声音文件,如旁白等,还有一种是添加到音乐轨上的背影音乐。如果不对这些声音文件加以调整,那么将来制作出来的影片各种声音交织在一起将显得特别嘈杂。

在音频选项卡面板上都有音量控制选项。下拉列表中以百分比的形式显示调整后的音频素材的音量,100 表示原始的音量大小,0 表示不发出任何声音,200 表示将原始素材的音量增大一倍,50 表示将原始音量减小到一半。可以根据自己的需要选择不同轨上的音量。

下面通过一个实例来说明具体的操作方法。

在视频轨、声音轨和音乐轨添加相应的素材文件,例如将视频 IYW.avi 添加到视频轨上,然后单击菜单栏上的"音频"按钮。接着按照前面讲的录制旁白的方法在视频开始一段时间后录制一段旁白,如图 5-28 所示。

图 5-28　录制一段旁白

　　向音乐轨上导入一段背景音乐,这里使用电脑中存储的音频素材。将音频素材库中的 SP-M02.mpa 文件拖到音乐轨上,如图 5-29 所示。

图 5-29　将"音乐"素材库中的 SP-M02.mpa 加入音乐轨上

　　由于添加的音频文件长度超过了现有的视频文件,所以要对刚才添加的音频文件做一下裁剪。选中刚才添加的音频文件,此时选中的音频文件的两头出现了黄色的标记,将鼠标移到右端的黄色标记(也就是该文件的末尾),按下左键并向左拖动直到黄色标记和视频轨上的视频素材的末尾一致,释放鼠标,如图 5-30 所示。

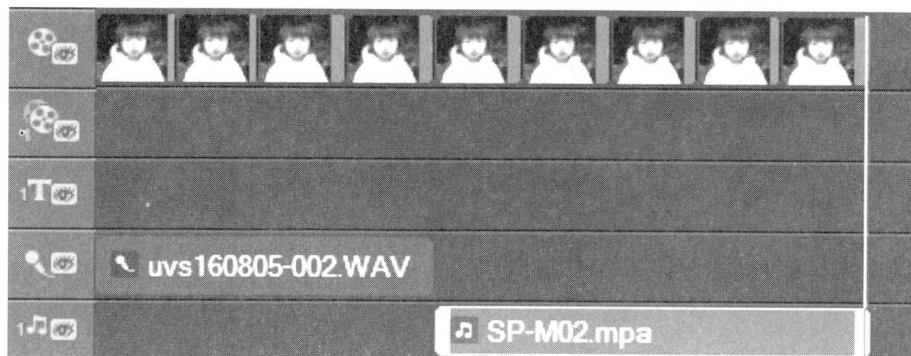

图 5-30　调整音乐轨上文件的长度

　　这时单击预览窗口下的"播放"按钮,会发现视频轨、声音轨和音乐轨上的声音以同样大小的音量交织在一起,十分嘈杂。现在需要做如下调整:在视频开始到声音轨的旁白的声音出现之前使用视频文件现场的声音,且在开始和结束时使用淡入和淡出的效果;再接着开始的一段带有旁白的视频里使用旁白的声音,而不要视频现场声音;最后在旁白结束后的一段视频里,背景音乐和视频现场声音一起使用,且背景音乐的开始和结束处都采用淡入和淡出的效果。

需要注意的是,整个视频素材的现场声音需要改变三次,所以要将视频素材分割成三段来做不同的处理。首先单击故事板上的"视频轨"按钮切换到时间轴视图模式,选中视频轨上的视频素材,拖动时间轴指针到声音轨上录制声音的开始处,然后单击预览窗口右下角的"分割视频"按钮 ✂ ,将文件分为两部分。

选中分割后的前一段视频,单击视频选项面板上的"淡入"按钮 ▅▅ 和"淡出"按钮 ▅▅ 。

然后采用与刚才同样的方法,将预览滑块移动到声音轨上旁白结束时所对应的画面,再单击预览窗口右下方的分割视频按钮。

此时,原来的视频素材被分成了三块,选中中间的一块视频文件,把选项卡中的音量设置为0,让此部分视频静音。

接下来选中故事板上音乐轨上的背景音乐文件,在"音乐和声音"选项卡中将音量设置为80,并单击视频选项面板上的"淡入"和"淡出"按钮。

将时间轴指针拖动到最前方,按下播放按钮就可重新预览一下编辑后的影片,看看是不是已经达到了所要的效果。

(三)转场特技效果的应用

在会声会影 X7 中提供了多种转场效果,帮助用户实现视频素材之间的自然切换。添加转场效果后,影片的艺术效果会大大增强。在会声会影 X7 中可以修改预设的转场,增加影片的艺术效果。会声会影 X7 一共预设了 17 类转场效果,有 3D、相册、取代、时钟、过滤、胶片、闪光、遮罩、NewBlue 样品转场、果皮、推动、卷动、旋转、滑动、伸展、擦拭、覆盖转场。在添加影片中的各种视频素材和图像素材后,单击菜单栏上的"转场"按钮,选择其中任一类型的转场效果,在素材库中可以看到各种转场的预览效果。具体添加转场效果的步骤如下:

导入两个以上的视频素材。单击素材库文本框右侧的按钮,在下拉列表中选择需要查看的转场类型,如图 5-31 所示。

选中其中一个类型后,在素材库中就会出现这个类别所包含的各种转场效果。在素材库中单击一个略图,选中的效果就会出现在预览窗口中。如果想预览这个转场效果就单击预览窗口下的"播放素材"按钮。预览窗口中的字母 A 和 B 代表的是用这个转场连接起来的两个视频素材。

选择好转场效果后,单击选中转场效果,直接拖动到前后两段视频之间就可将转场效果添加到指定的位置。图 5-32 和图 5-33 分别为故事板视图方式下和时间轴视图方式下添加的转场效果。

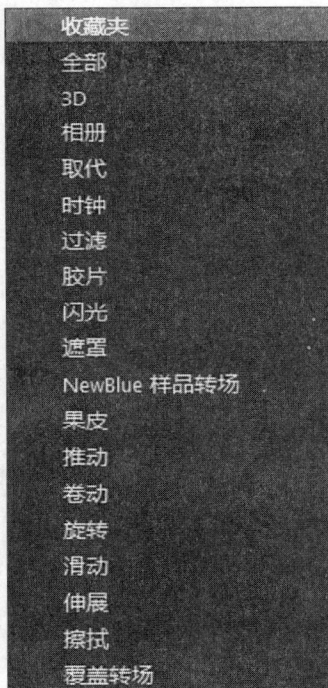

图 5-31　转场类型

图 5-32　故事板上的添加转场效果

图 5-33　时间轴上的添加转场效果

转场效果持续的时间可以通过选项面板上"区间" 来调整。

对于不同的转场效果,控制卡上有不同的属性按钮,有的可以调节柔化边缘、方向、边框以及色彩等属性,如图 5-34 所示。

接下来就可以预览编辑的影片了。如果发现对设置好的转场不满意,则可以先选中它,再按键盘上的"Delete"键。然后按照上面介绍的方法重新添加转场效果。

图 5-34　转场属性调节

(四)画中画、标题和字幕效果

会声会影还能够实现常见的画中画和字幕效果。

1. 添加画中画效果

在会声会影中覆叠视频轨可以很容易地制作出画中画效果。

首先应用前面学习的方法在会声会影中添加自己想要的视频和影像素材。这里将 V13. wmv 文件添加到视频轨上。然后单击 V13. wmv,将其拖动到覆盖层上,如图 5-35 所示。

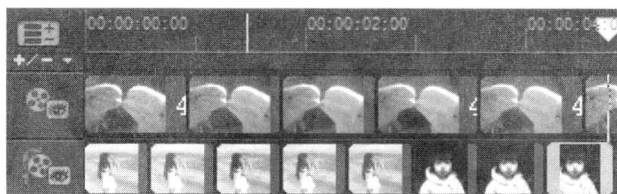

图 5-35　将 V13. wmv 拖到覆叠轨上

在覆盖层的"属性"选项卡下单击"选项"按钮,出现如图 5-36 所示的菜单,通过选择停靠在顶部、中央、底部、居左、居中、居右,可以轻松设定画中画的位置,通过调节宽高比、默认大小、重置变形等信息可以调节画中画的大小形状。

在"方向/样式"选项卡中(图 5-37),通过调节"进入""退出"选项,可以设定画中画入画、出画的方式,选中"旋转"按钮 和 ,可以让覆盖层旋转入画和旋转出画,选中按钮 和 ,可以让覆盖层淡入、淡出。

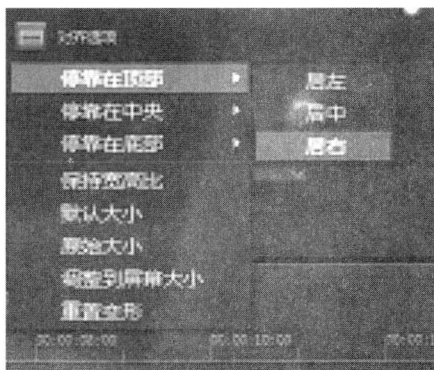

图 5-36　编辑窗口中的"选项"菜单

图 5-37　"方向/样式"选项卡

在"选项"中选择重置变形,在"方向/样式"中
选择右上角进入、右上角退出,旋转进入、旋转退
出。回到预览窗口,按下播放按钮即可看到旋转进
入、旋转退出的画中画效果,如图 5-38 所示。

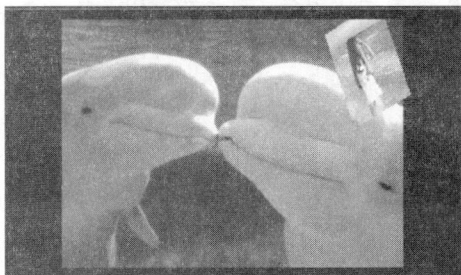

在画中画设置中,还可以为画中画设置遮罩,
将会有另一番风味,如上面的例子,在属性面板上
单击"遮罩和色度键"按钮(图 5-39),选择喜欢的遮
罩,则最终的预览窗口画面如图 5-40 所示。(注:
如果单击了遮罩后预览窗口无反应,则是你下载的
会声会影中没有自带遮罩图形。)

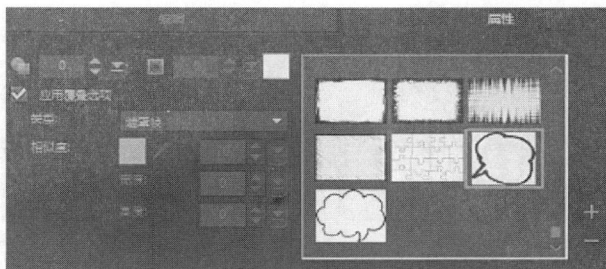

图 5-38　画中画效果

图 5-39　遮罩和色度键

图 5-40　加图形遮罩后的最终画面

2.标题和字幕效果的应用

在会声会影中可以方便、快捷地添加各种标题字幕效果,添加的方法一般有两种方法,一种是从素材库中添加预设的标题,还有一种就是新创建一个标题。下面通过一个实例来看看具体的使用。

实例5-5:为上面做好画中画的视频添加字幕标题

在上面做好的视频的基础上单击菜单上的"标题"按钮,这时在主界面右侧的素材库中就出现了预设的标题素材库。选中 Beautiful Girl 的缩略图,把它拖动到标题轨上,如图5-41所示。

图 5-41　添加标题到标题轨上

现在通过预览就会发现加入的标题已经出现在视频画面中了,如图5-42所示。但标题素材库里的二十几种字幕样式肯定不能完全满足视频制作的需要,用户一方面可以通过选定样式后对字幕进行修改,另一方面也可以完全脱离字幕样式自己进行设置。比如说在菜单栏上单击"标题"后,视频预览窗口则会出现提示画面,在视频预览窗口上双击后就可输入想要的文字,比如此处输入"美丽女孩",如图5-43所示。

图 5-42　标题出现在视频画面上

图 5-43　在预览窗口输入字幕

在标题素材库下,可以选择"编辑"标签,可以修改字体、颜色、排列方式、文字背景、文字边框、阴影等,如图5-44所示。

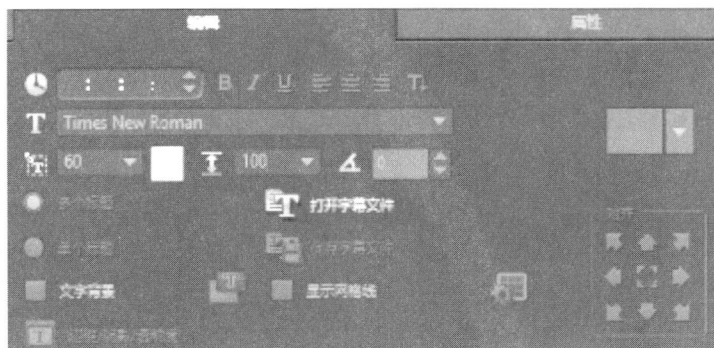

图 5-44　字幕"编辑"选项卡

在"区间"里将标题的显示时间改为 4

秒(),在"区间"里

可以依次调整字幕的字号大小为 70,字幕颜色为黄色,
字幕行间距为 120,以及字幕旋转 15。单击"边框/阴影/
透明度"按钮可以进一步对字幕进行设置,比如可以将
字幕的阴影设置为红色,如图 5-45 所示。

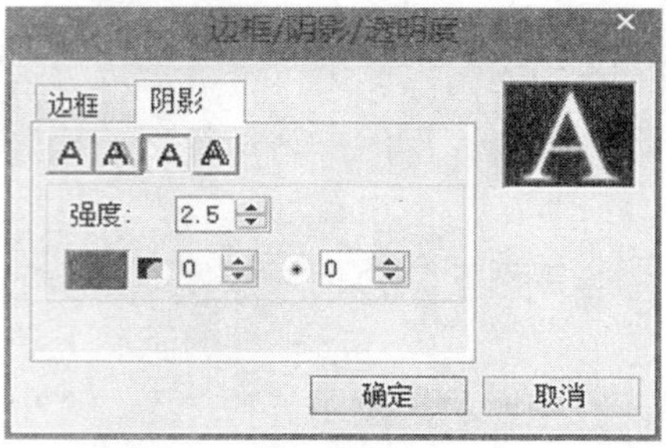

单击选项面板上的"动画"标签。在"类型"选项
里,可以设置标题运动的方式,在"飞行类型"复选框里
选择第二种飞行模式,如图 5-46 所示。

图 5-45　"边框/阴影/透明度"设置框

图 5-46　为标题设置运动方式

设置完成后,按住"Shift"键,同时单击"播放"按钮,就可看到完整的播放效果。如果感
觉达到了想要的效果就可在菜单栏单击"分享",然后在选项卡里单击"创建视频文件",会声
会影预设了 DV、HDV、DVD 等格式视频文件,可以迅速输出想要的视频格式,也可以在"自
定义"复选项中通过指定视频具体参数完成特定格式视频输出,如图 5-47 所示。

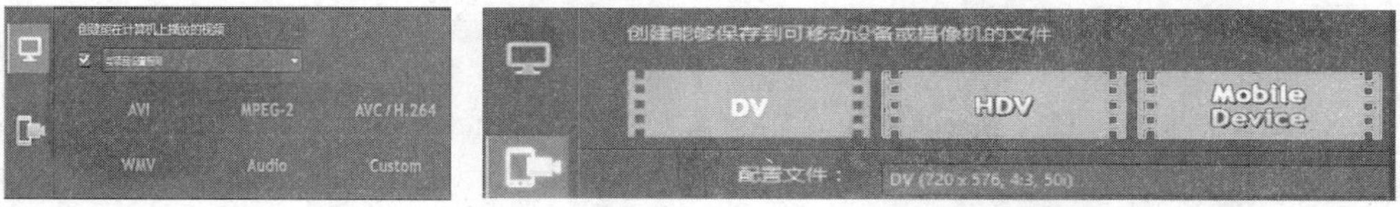

(a)

(b)

图 5-47　视频文件输出

七、视频制作综合实例

最后展示一个简易电子相册的制作,帮助我们更好地理解与操作。

实例 5-6:我的快乐假期

(1)进入会声会影工作界面,单击素材库上文件选择按钮,添加所需图片,如图 5-48 所示。

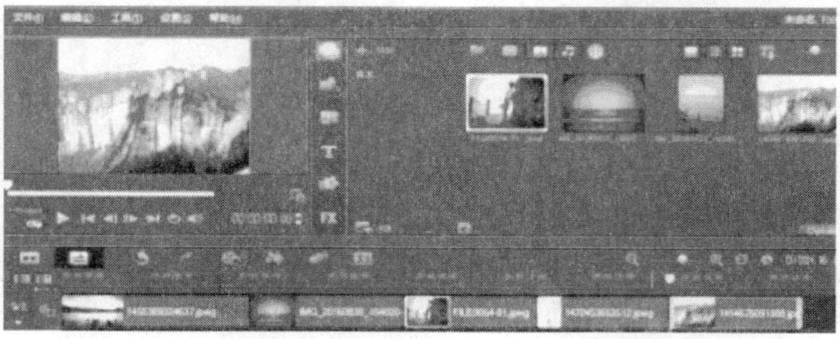

图 5-48　添加"我的快乐假期"图片素材

（2）接着在标题轨上输入文字"我的快乐假期"，调整其长度。单击转场效果按钮，为图片之间的转换添加效果，如图 5-49 所示。单击滤镜效果按钮，按照个人喜好为图片添加滤镜特效，使其画面变得生动、丰富多彩，如图 5-50 所示。

图 5-49　添加转场效果

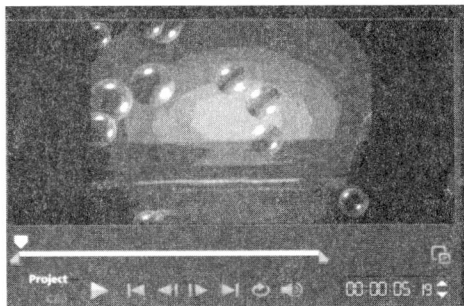

图 5-50　添加气泡滤镜效果

（3）在覆叠轨上选择位置添加图片素材，设定画中画效果。在画中画设置中，可以为画中画设置遮罩，效果如图 5-51 所示。

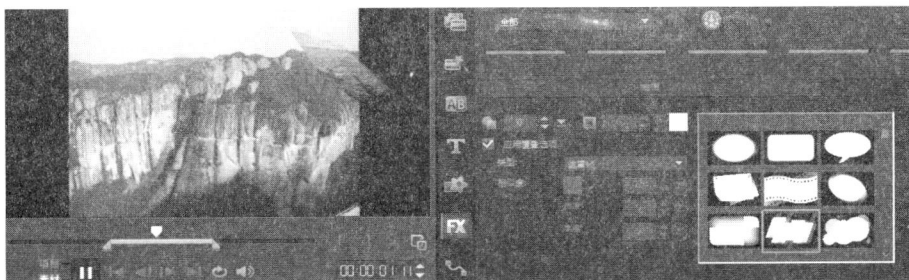

图 5-51　添加遮罩图形后的效果

（4）最后，在音乐轨上添加喜爱的音乐，剪切音乐长度，使其与做好的视频长度相一致，最终制作成"我的快乐假期电子相册"。

请扫码观看"我的快乐假期"完整操作视频。

"我的快乐假期"完整操作视频

第五节　视频编辑软件——Premiere

一、Premiere CS6 介绍

Premiere 是一款常用的视频编辑软件，由 Adobe 公司推出，现在常用的有 CS4、CS5、CS6 等版本。Premiere 的编辑画面质量比较好，有较好的兼容性，而且可以与 Adobe 公司推出的其他软件相互协作。目前这款软件广泛应用于广告制作和电视节目制作中。

二、Premiere CS6 制作视频

实例 5-7："美丽校园"电子相册制作

（一）实例简介

本范例通过新建项目、素材导入、音频添加，熟悉使用 Premiere 制作简单视频的基本操作过程。

（二）知识要点

- ◆ 新建项目
- ◆ 新建序列
- ◆ 素材导入
- ◆ 音频导入
- ◆ 视频特效

（三）操作步骤

（1）启动 Premiere pro CS6 软件，在软件界面中单击"新建项目"按钮。在弹出的对话框中新建项目，如图 5-52 所示，单击右下方的"浏览"按钮可以设置项目保存的位置。在名称框中设置新建项目的名称为"美丽校园"。

（2）单击"确定"按钮，将会出现如图 5-53 所示的"新建序列"对话框。选择 DV-PAL 中的"标准 48kHz"选项。序列名称使用默认的。

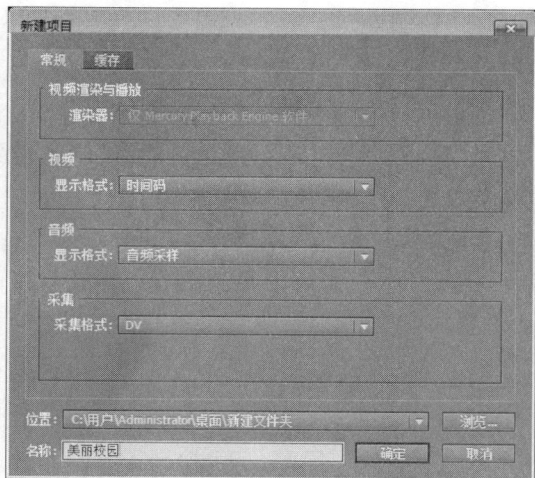

图 5-52　"新建项目"对话框　　　　　　图 5-53　"新建序列"对话框

【小贴士】现在常用的视频信号制式有 PAL、NTSC 和 SECAM，NTSC 电视标准主要用于美国、日本等国家和地区。SECAM 制式主要用于俄罗斯、法国、埃及等国家。PAL 电视标准主要用于中国、欧洲等国家和地区。

（3）单击"确定"按钮，进入编辑主界面，如图 5-54 所示。

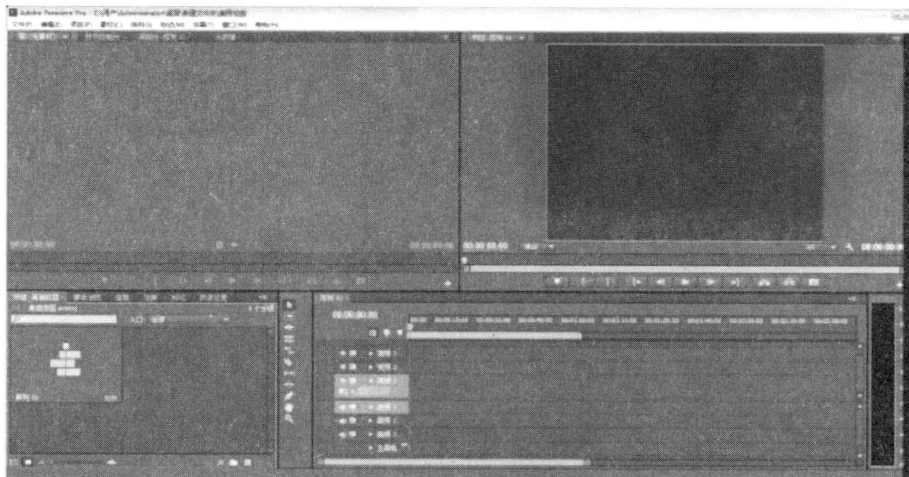

图 5-54　编辑主界面

（4）执行"文件"→"导入"（或按"Ctrl＋I"键），找到"美丽校园素材"文件夹，选中里面的 12 张图片，单击"打开"，效果如图 5-55、图 5-56 所示。

图 5-55　导入素材（一）

图 5-56　导入素材(二)

（5）在主界面的序列 01 里，按住"Ctrl"键，单击导入的图片，将导入的 12 张图片全部选中，拖到"时间线"窗口的"视频 1"轨道上，如图 5-57 所示。

图 5-57　视频 1 设置

（6）执行"文件"→"导入"命令，导入"美丽校园素材"文件夹中的"秋日私语-理查德·克莱德曼"钢琴曲，如图 5-58 所示。

图 5-58　导入钢琴曲

（7）将"素材监视"窗口中的"秋日私语-理查德·克莱德曼"钢琴曲拖至"时间线"窗口中的"音频1"轨道上，如图5-59所示。

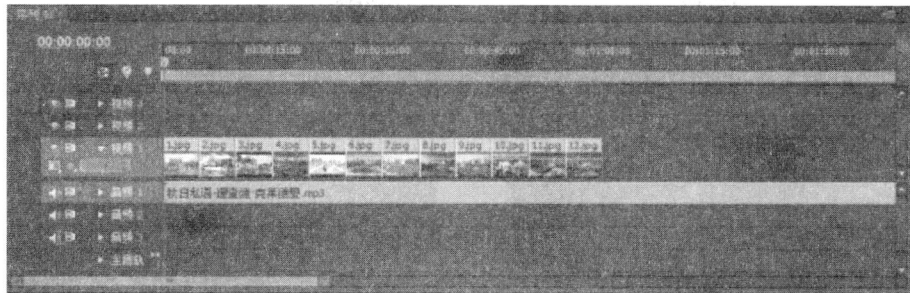

图 5-59　音频 1 设置

（8）音频明显过长，需要裁剪。拖动"时间线"下面的滚动条，拖到音频的末尾，将鼠标放至音频线末端处，当鼠标变为向左箭头时，将音频线拖动至与视频线对齐，如图5-60所示。

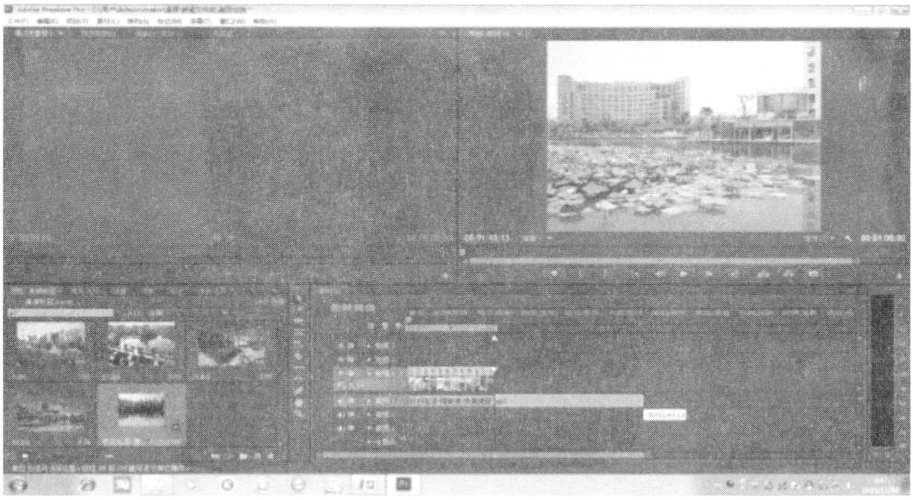

图 5-60　音频剪裁

（9）在"效果"窗口中，将"视频切换"下的三维运动特效组下的"向上折叠"特效拖入"视频1"轨道的1.jpg和2.jpg素材之间，如图5-61所示。

图 5-61　特效设置

(10)在"效果"窗口中,将"视频切换"下的三维运动特效组下的"帘式"特效拖入"视频1"轨道的2.jpg和3.jpg素材之间。将"摆入"拖入3.jpg和4.jpg素材之间。将"摆出"拖入4.jpg和5.jpg素材之间。将"旋转"拖入5.jpg和6.jpg素材之间。将"旋转离开"拖入6.jpg和7.jpg素材之间。将"立方体旋转"拖入7.jpg和8.jpg素材之间。将"筋斗过渡"拖入8.jpg和9.jpg素材之间。将"翻转"拖入9.jpg和10.jpg素材之间。将"门"拖入10.jpg和11.jpg素材之间。

(11)单击"节目"窗口中的"播放"按钮 ▶ 观看影片,如图5-62所示。

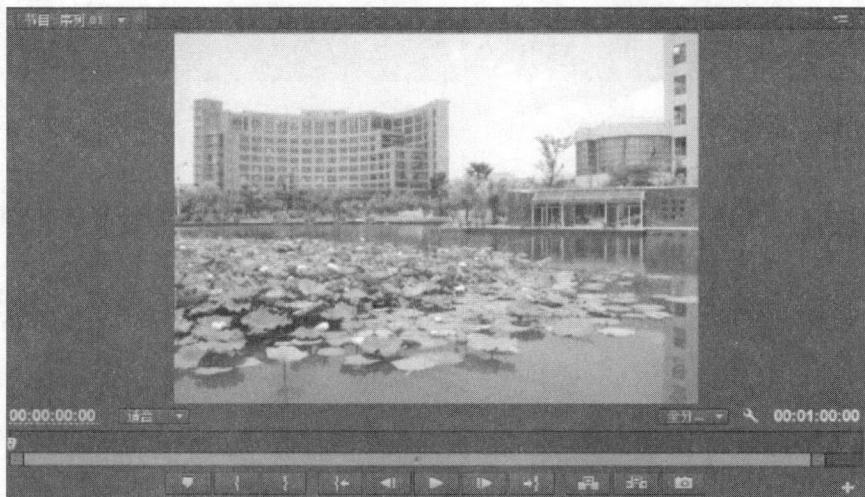

图5-62 测试影片

(12)执行"文件"→"导出"→"媒体"对话框,勾选"使用最高渲染质量"选项,在基本视频设置处可以根据需要设置宽度与高度等参数,如图5-63所示。

图5-63 导出影片

(13)单击"输出名称"后可以设置导出文件的保存位置及名称等。在文件名中输入"美丽校园",单击"保存",如图 5-64 所示。

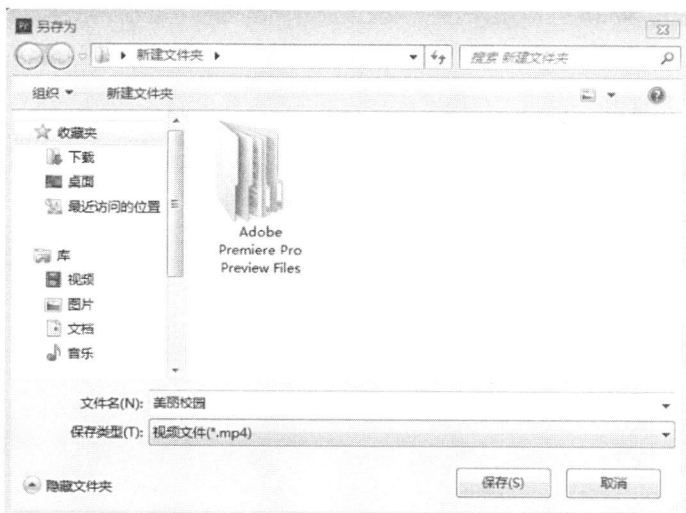

图 5-64　导出影片

(14)回到导入设置界面,单击"导出",如图 5-65 所示。

图 5-65　导出

请扫码观看"美丽校园"电子相册制作视频。

"美丽校园"电子相册
制作视频

实例 5-8:流动字幕

(一)实例简介

本范例通过新建项目、字幕创建,熟悉使用特效插件制作流动字幕效果。

(二)知识要点

◆　新建项目

◆　新建字幕

◆　字幕效果设置

(三)操作步骤

(1)启动 Premiere pro CS6 软件,在软件界面中单击"新建项目"按钮。在弹出的对话框中新建项目,如图 5-66 所示,单击"浏览"按钮可以设置项目保存的位置。在名称框中设置新建项目的名称为"晴空万里"。

(2)单击"确定"按钮,将会出现"新建序列"对话框。选择 DV-PAL 中的"标准 48kHz"选项。序列名称使用默认的。单击"确定"按钮,进入编辑主界面。

(3)执行"文件"→"导入"(或按"Ctrl＋I"键),找到"晴空万里"文件夹,选中里面的图片,单击"打开",如图 5-67 所示。在主界面的序列 01 里,将导入的 1 张图片选中,拖到"时间线"窗口的"视频 1"轨道上。

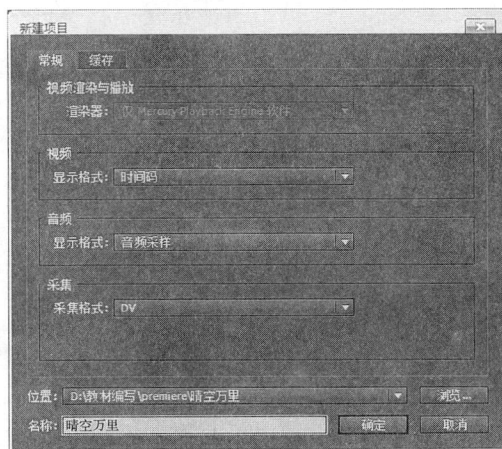

图 5-66　新建项目

(4)右击"视频 1"→"速度/持续时间",在对话框中设置持续时间为 10 秒,如图 5-68 所示。

图 5-67　导入素材

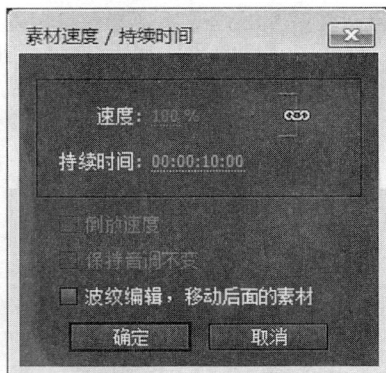

图 5-68　速度/持续时间设置

(5)单击"项目"窗口下方的"新建分项",单击"字幕",如图 5-69 所示。

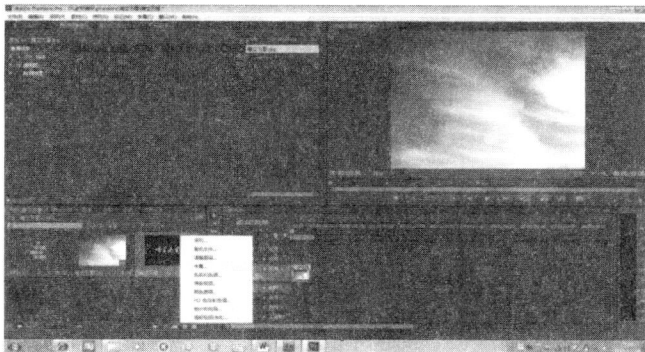
图 5-69　新建字幕(一)

(6)在"字幕"对话框中输入名称"晴空万里",如图 5-70 所示。

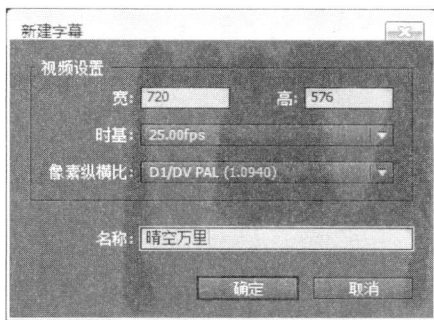
图 5-70　新建字幕(二)

(7)进入字幕设计窗口,在工具栏中选择文本工具,单击编辑区,输入文字"晴空万里"。设置字体样式为 2.0。单击字幕设计窗口右上方的"关闭"按钮,关闭字幕,如图 5-71 所示。

图 5-71　字幕文本设置

（8）将项目窗口中的字幕拖动到时间线的"视频 2"轨道上。右击"视频 2"→"速度/持续时间"，在对话框中设置持续时间为 10 秒，如图 5-72 所示。

图 5-72　速度/持续时间设置

（9）将"效果"窗口中的"扭曲"中的"紊乱置换"特效拖入视频 2（字幕）上，如图 5-73 所示。

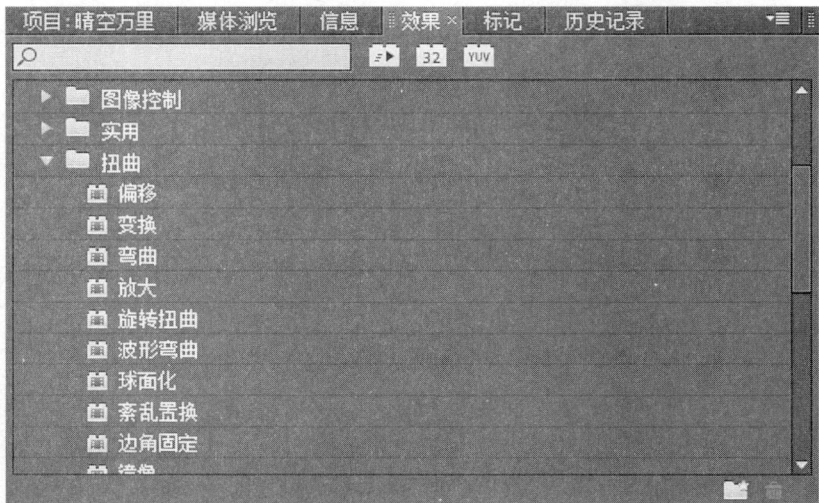

图 5-73　字幕效果设置

（10）将时间线上的时间标记移动到（可使用鼠标直接拖动标记或使用键盘上的左右箭头）字幕起始位置。在主面板左上方的特效控制台下单击 ，单击添加/移除关键帧 ，并设置置换为扭转，数量为 100，大小为 150，偏移为（150,300），复杂度为 1，演化为 60，如图 5-74 所示。

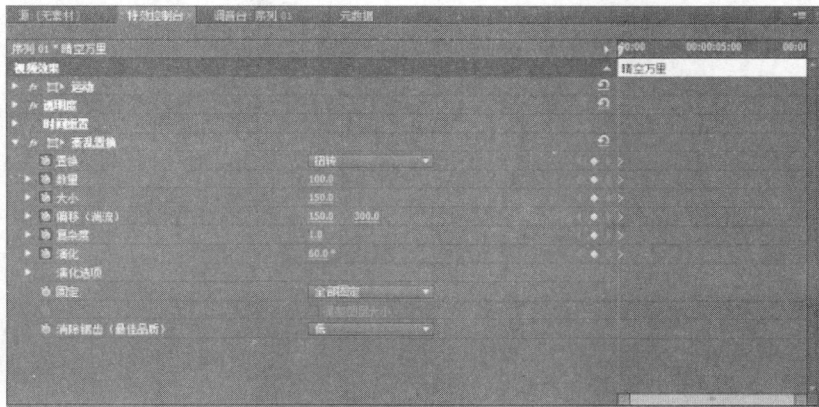

图 5-74　字幕特效设置

（11）将时间线上的时间标记移动到（可使用鼠标直接拖动标记或使用键盘上的左右箭头）字幕结束位置。在主面板左上方的特效控制台下单击，单击添加/移除关键帧，并设置置换为扭转，数量为 10，大小为 20，偏移为（10，50），复杂度为 1，演化为 0，如图 5-75 所示。

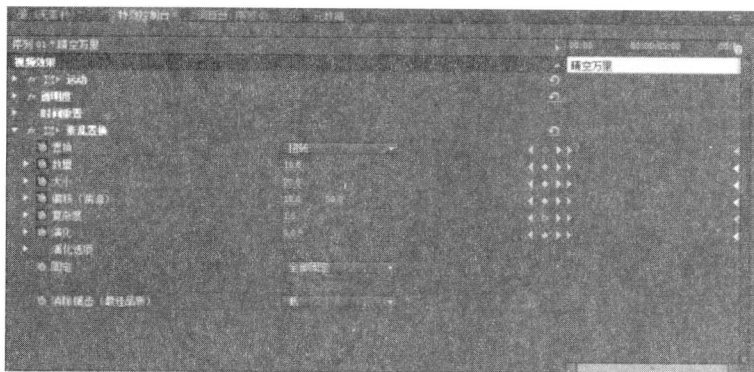

图 5-75　字幕特效设置

（12）单击"节目"窗口中的"播放"按钮，观看影片。

（13）执行"文件"→"导出"→"媒体"导出影片，或执行"文件"→"保存"保存项目。

请扫码观看流动字幕制作视频。

流动字幕制作视频

第六节　视频编辑软件——Photo Story

这里给大家介绍一款照片处理软件 Photo Story 3，它能把你的照片很方便、快捷地变成"照片视频故事"。使用 Photo Story 3 for Windows 向你的数码照片添加动画、效果、音乐和其他内容，以你最喜爱的方式记录生活。通过本节的学习，应学会用 Photo Story 软件对图片进行处理并合成视频。

一、Photo Story 3 for Windows 介绍

(一)概念

Photo Story 是微软公司推出的一款补充应用程序,其作用是将照片制作为幻灯片,并将幻灯片存储为 wmv 视频格式,这是微软公司专为正版 Windows 用户提供的一款产品,正版用户通过 WGA 正版验证后方可下载此软件。使用此软件必须有 Windows Media Player10作为底层支持软件。

(二)功能

Photo Story 具有强大的图片合成视频功能,操作简单,只要将选中的照片依次加到时间轴上,再从效果栏中选择合适的效果,或添加文字、背景音乐、涂鸦等,就可以制作出精彩的极具个性的家庭电子相册。在 Photo Story 官方网站上可以下载更多动画效果,给予用户更多自由发挥的空间。

(三)格式

Photo Story 提供多种视频格式,如 AVI、MP4、WMV、3GP、MPEG-2 等,让用户享受缤纷的多媒体生活。

二、Photo Story 的应用

(一)开始新的故事

Photo Story 的使用比较简单,我们只需单击几个按钮就能轻松地把照片变成一个"有声有色"的故事。在 Photo Story 的首页上选择"开始新的故事"开始制作,如图 5-76 所示。

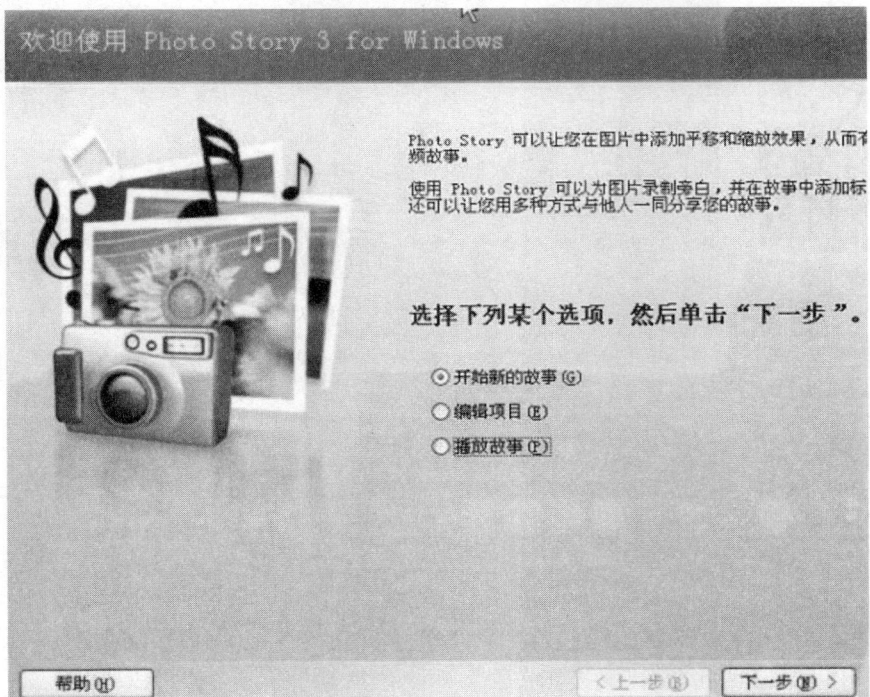

图 5-76　Photo Story 首页

(二)导入图片

这里导入我们想制作成为 Photo Story 的照片,按住"Ctrl"或"Shift"键可以一次选择多个图片,如图 5-77 所示。

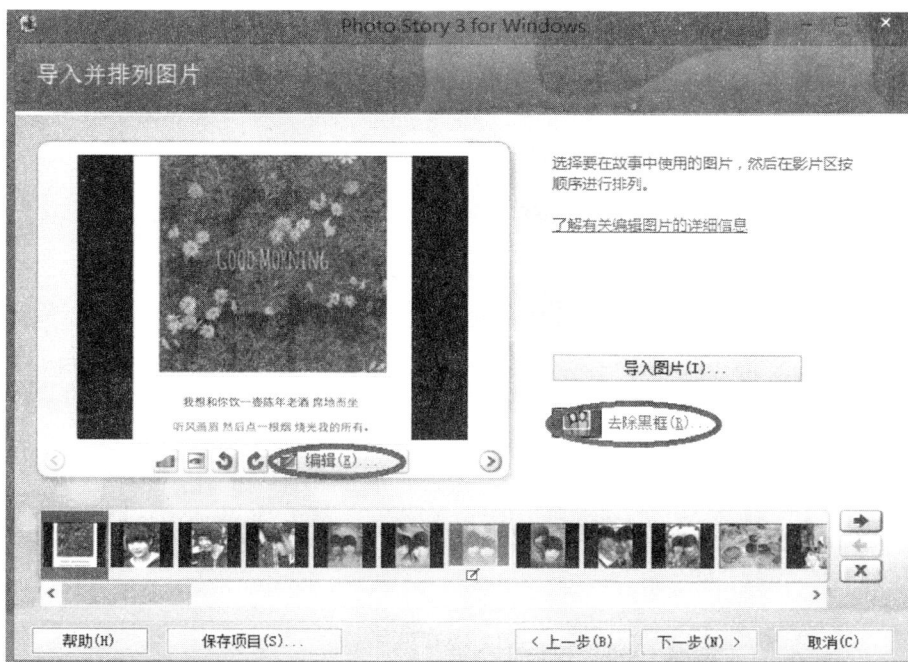

图 5-77　选择图片

(三)排列、编辑图片

(1)图下方是一个图片导航栏,在这里可以随意拖动图片到自己想要的位置,这里把花朵照片放在了第一张。当然,也可以使用右边的前移、后移按钮或者右键快捷菜单来排列。

(2)右边加圈部分有一个"去除黑框"的连接,单击可以根据向导去除照片上的黑边。

(3)左边加圈部分是一组图片编辑按钮,可以自动帮助你矫正色阶、矫正红眼及旋转图片,单击"编辑"可以更详细地编辑图片,比如裁剪、矫正对比度,还可以给图片加上一些很酷的效果。可以选择多种图片效果,这里选择一个"黑白"的效果,如图 5-78 所示。

(四)为图片添加文字和效果

我们可以为每一张照片都写上标记,比如旅游的地点、照片的人物、各种心情小故事等。可以选择字体、颜色、大小以及在图片中的位置等。

(五)设置图片过渡和添加图片叙述

(1)右边的加圈部分可以通过麦克风录制照片后面的故事,比如趣闻、心情、天气等。左边的"自定义动画"可以设置每一张照片的出现动画以及过渡方式,如图 5-79、图 5-80 所示。

(2)动画和持续时间,Photo Story 会自动帮你设置好,当然你也可以对每一张照片自行设置。

(3)再来看看"过渡",也就是两张照片之间的过渡方式。如图 5-80 所示,这里可以选择各种形式的过渡,Photo Story 一开始也是会随机给你设计好的,如果觉得预制的不满意,可以自己设计一下过渡。下边的导航按钮可以方便地切换到下一张照片。

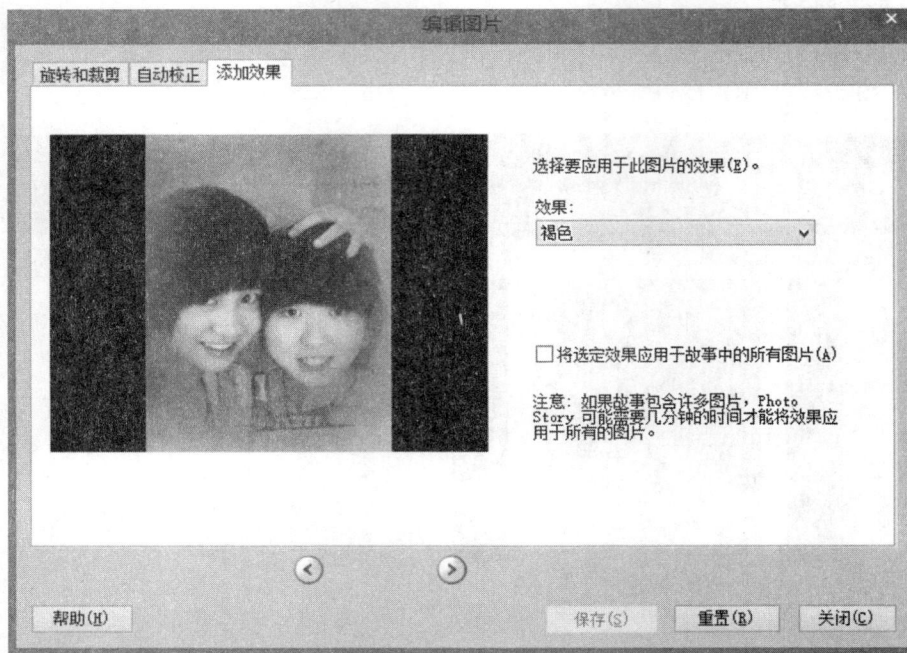

图 5-78　添加效果

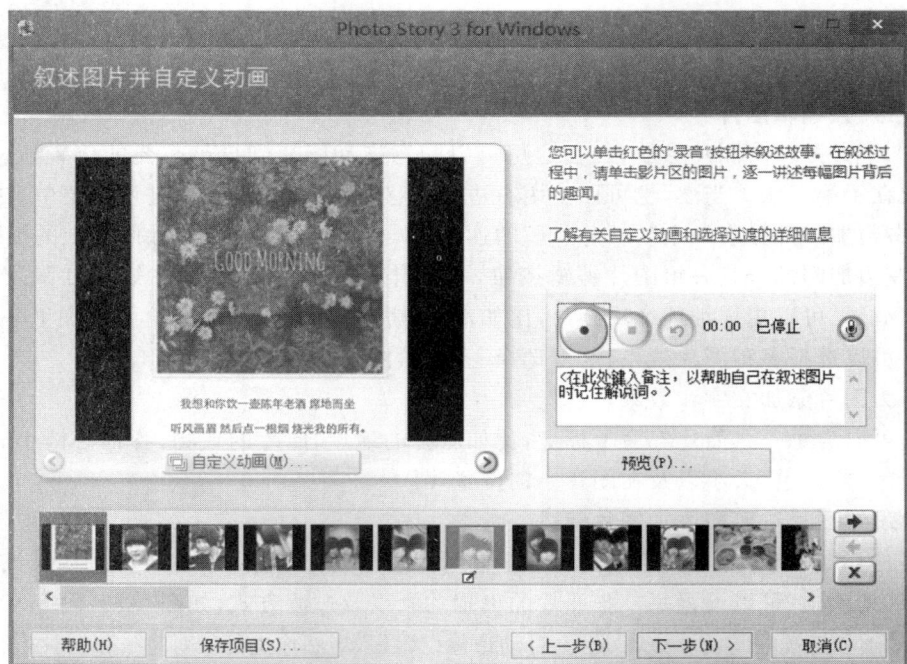

图 5-79　自定义动画

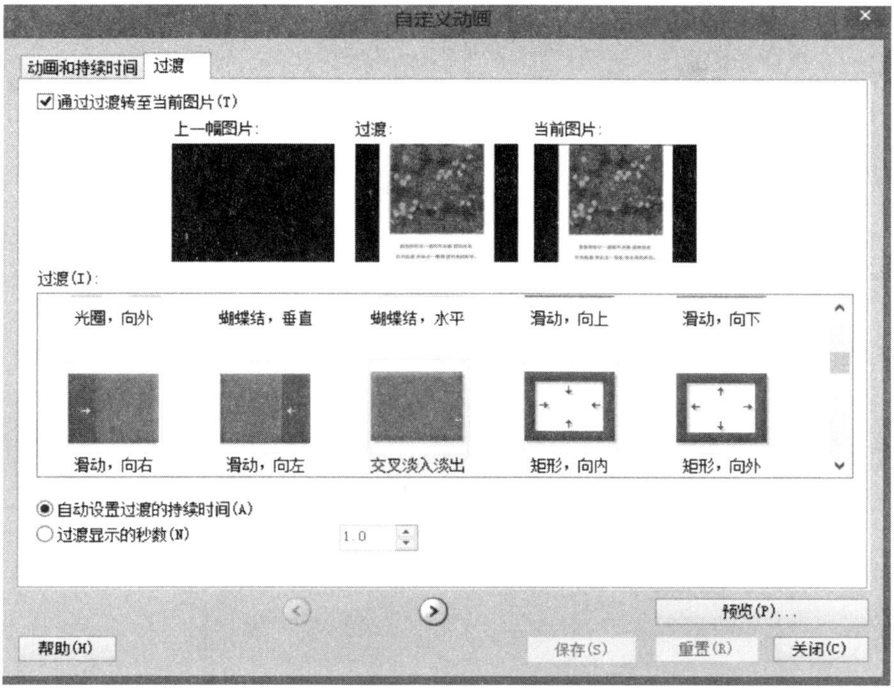

图 5-80　过渡方式

(六)添加背景音乐

可以选择我们喜欢的音乐作为 Photo Story 的背景音乐(图 5-81),支持 MP3、WMA、WAV 格式。可以在某一些照片用一首歌,另一些照片换一首,这样就不会单调。下面的导航栏会显示这首歌持续到哪一张照片。

图 5-81　添加背景音乐

如果手头上没有合适的音乐，可以利用 Photo Story 自己制作音乐，很简单地选择风格、流派等就行了，预览一下看看是否合适，如图 5-82 所示。

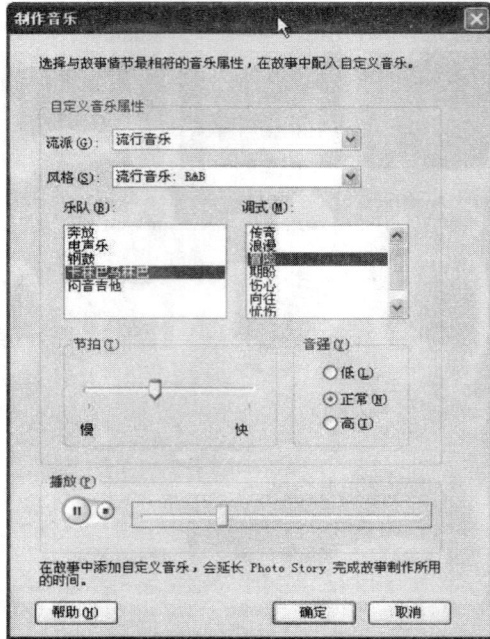

图 5-82　自己制作音乐

(七)保存 Photo Story 为 WMV 文件

Photo Story 可以很方便地保存 Pocket PC、Smart phone 等设备支持的文件，不过我们一般选择"保存故事以便在计算机上播放"。还可以单击下面的"设置"做更详细的设置，如图 5-83 所示。

图 5-83　保存文件

（八）大功告成

单击"下一步"，Photo Story 开始进行最后的压缩视频、混合视频工作，如图 5-84 所示。

图 5-84　创建成功

现在我们来欣赏一下刚才制作的电子相册"友谊年历"吧，扫码即可观看该视频。

"友谊年历"视频

还可以扫描以下二维码观看制作演示视频。

"友谊年历"制作演示视频

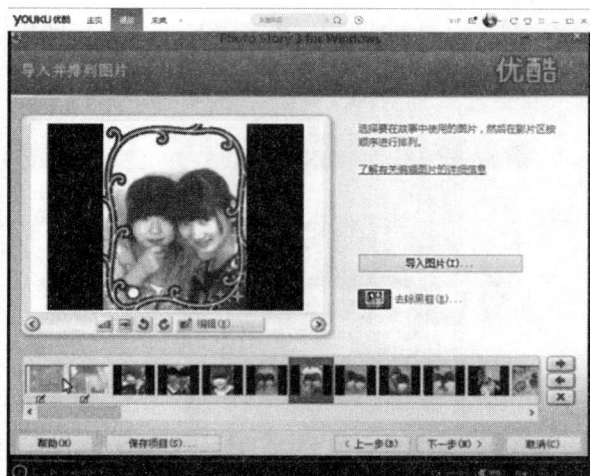

本章小结

通过本章的学习,读者对数字视频信息处理有了基本的认识,了解了线性编辑、非线性编辑以及视频编辑中常用的知识;明确了视频处理系统的设置、视频编辑软件在数字视频制作中所起的作用。

本章通过视频编辑软件 VideoStudio X7 中对原始视频素材的剪辑、修整,添加转场特效和解说及背景音乐,设置标题、增加画中画和字幕效果等内容的学习与工具的实际使用过程,介绍了数字视频制作中常用的基本方法。需要指出的是,制作出一个精彩的数字视频作品其实是一项庞大的工程,从最开始场景的设计、拍摄到把拍摄的原始素材捕获到计算机中,再通过视频编辑软件剪辑修整素材、添加各种效果,到渲染完成一个作品,这期间需要用到的相关技术很多,本章的这些内容只是引你入了门。

此外,本章还介绍了专业的视频编辑处理软件 Premiere,通过制作电子相册和流动字幕来了解 Premiere 工具的基本操作。最后介绍了一款向导式的电子相册工具 Photo Story 以及电子相册视频的制作方法。

创作一个精美的数字视频作品不是仅仅使用视频编辑软件就可以完成的,它需要将图像制作、图像处理、视频合成、动画制作以及音频编辑处理等多方面技术综合应用才能完成。

习 题

1. 填空题

(1)模拟视频时代,采用编辑控制台进行视频编辑的方法称作_____,当数字视频出现后,借助电脑技术,通过视频编辑软件进行视频编辑的方法称作_____。

(2)非线性编辑一般包括_____、_____、_____等工作流程。

(3)能够轻松移植于普通电脑使用的常见的非线性编辑软件有_____、_____、_____。

2.名词解释

非线性编辑;捕捉;场景;视频滤镜;视频转场。

3.简答题

(1)如何调整"会声会影 X7"的界面布局?

(2)简单描述如何将一个视频素材导入视频素材库中。

(3)视频滤镜的主要功能是什么?

(4)简单描述从 CD 中添加背景音乐的过程。

4.制作题

制作一个完整的数字视频,视频素材可以自己搜集。要求制作出的视频要有解说声音,有背景音乐;在视频的开始处有标题,视频当中有转场效果、画中画效果以及相应的字幕,要在视频中应用不少于两种滤镜效果;在视频的末尾有运动的字幕,运动方式不限。制作完成后视频长度不超过 5 分钟。

第六章

自媒体平台和作品制作

第一节　自媒体平台

一、自媒体的概念

社会变化日新月异,随着智能手机的不断普及,一种新的社交方式已经潜移默化地进入、改变着人们的日常生活,它,就是自媒体。

如今,我们越来越深刻地发现,自媒体已是当今社会一个不可或缺的存在,大街小巷,男女老少,只要人和手机在哪儿,自媒体的运用就延展到哪儿。自媒体让每个人都拥有了自己畅所欲言的平台,人们不再被动接受少数"主流"的声音,自媒体让他们更多地听到来自"四面八方"的声音。那么自媒体究竟是什么呢? 为什么它如此受欢迎,甚至不可或缺?

自媒体有别于由专业媒体机构主导的信息传播,它是由普通大众主导的信息传播活动,由传统的"点到面"的传播,转化为"点到点"的一种对等的传播。同时,它也是指为个体提供信息生产、积累、共享,传播内容兼具私密性和公开性的信息传播方式。

早在 20 世纪 60 年代,著名传播学家麦克卢汉就提出过"媒介即讯息"的相似理论,其含义是:媒介本身才是真正意义的讯息,即人类只有在拥有了某种媒介之后才有可能从事与之相适应的传播和其他社会活动。媒介最重要的作用就是"影响了我们理解和思考的习惯"。因此对于社会来说,真正有意义、有价值的"讯息"不是各个时代的媒体所传播的内容,而是这个时代所使用的传播工具所开创的可能性以及带来的社会变革。

自媒体平台包括博客、微博、微信、百度官方贴吧、论坛/BBS 等网络社区。在 WEB2.0 的世界里,被应用最多的就是作为个人门户的自媒体。以博客社区为代表,大部分网站都会给用户开设博客、日记等自媒体载体。自媒体通过"六度理论"和"病毒式"的传播,将信息的传递速度和规模无限放大,特别是 SNS 类社区。

二、自媒体的特点

(一)平民化、个性化

2006 年年终,美国《时代》周刊年度人物评选一反常态,封面上没有摆放任何名人的照片,而是出现了一个大大的"You"和一台个人计算机。《时代》周刊对此解释说,社会正从机构向个人过渡,个人正在成为"新数字时代民主社会"的公民。2006 年的年度人物就是"你",是互联网上内容的所有使用者和创造者。

美国著名硅谷 IT 专栏作家丹·吉尔默给自己的专著《自媒体》起的副标题是"草根新闻,源于大众,为了大众(*We the Media：Grassroots Journalism by the People，for the People*)",这便道出了自媒体最根本的特点——平民化。从"旁观者"转变成为"当事人",每个平民都可以拥有一份自己的"网络报纸"(博客)、"网络广播"或"网络电视"(播客),"媒体"仿佛一夜之间"飞入寻常百姓家",变成了个人的东西。人们自主地在自己的"媒体"上"想写就写""想说就说",每个"草根"都可以利用互联网来表达自己想要表达的观点,传递他们生活的阴晴圆缺,构建自己的社交网络。我国著名新闻传播学者喻国明形象地将此描述为"全民 DIY"："简单来说,DIY 就是自己动手制作,没有专业的限制,想做就做,每个人都可以利用 DIY 做出一份表达自我的'产品'来。"

自媒体成了平民大众张扬个性、表现自我的最佳场所。

(二)门槛低、运作简单

对电视、报纸等这样的传统媒体而言,媒体的运作无疑是一件复杂的事情,需要花费大量的人力和财力去维系,并且一个媒介的成立,需要经过国家有关行政部门的层层核实和检验,测评严格,门槛极高,让人望而生畏,几乎是"不可能的任务"。但是,在这个互联网文化高度发展的时代,我们坐在家中就可以看到世界上各个地方的美丽风景,就可以欣赏到最新的流行视听节目,就可以品味到各大名家的激扬文字……互联网似乎让"一切皆有可能",平民大众成立一个属于自己的"媒体"也成为可能。

在像新浪博客、优酷播客等所有提供自媒体的网站上,用户只需要通过简单的注册申请,根据服务商提供的网络空间和可选的模板,就可以利用版面管理工具,在网络上发布文字、音乐、图片、视频等信息,创建属于自己的"媒体"。拥有自媒体,不需要你投入任何成本,也不要求你有任何的专业技术知识。进入门槛低,操作运作简单,让自媒体大受欢迎,发展迅速。

(三)交互性强、传播迅速

没有了空间和时间的限制,得益于数字科技的发展,任何时间、任何地点,我们都可以经营自己的"媒体",信息能够迅速地传播,时效性大大增强。作品从制作到发表,迅速、高效,是传统的电视、报纸媒介所无法企及的。自媒体能够迅速地将信息传播到受众中,受众也可以迅速地对信息传播的效果进行反馈。自媒体与受众的距离几乎为零。

(四)良莠不齐

个人有千姿百态,代表着个人的自媒体也有良莠不齐。人们可以自主成立媒体,媒体的主人发布的信息也完全是按照自己的意愿随心所欲地编辑。这些信息有的是对生活琐事的流水账似的记录,有的是对人生境遇的深刻感悟的集锦,有的是对时事政治的观察评论,有的是对专业学问的探索与思考……著名作家王朔曾说："也许我有些发不出去的杂文,会放到网上。"这就表明在自媒体上可随意发表信息,自媒体取消了传统媒体编辑决定信息是否发表的权力,让各种信息"肆意"传播。

优秀的自媒体可以让受众得到生活的启发或者有助于事业的成功,让人们发现生活的意义与价值。但大部分的自媒体只是一些简单的"网络移植",记录一些不痛不痒的鸡毛蒜皮的内容,甚至是一些不健康的东西。李某是博客"夜色朦胧"的博主,因为在自己博客上转贴了数十篇色情小说而被北京警方刑拘,他也是国内首个因为在博客上传播色情内容而被刑拘的博主。这些内容虽然给他的博客带来了很大的点击率,但其影响却是负面的。

(五)可信度低

网络自媒体的数量庞大,其拥有者也大多为"草根"平民,网络的隐匿性给了网民"随心所欲"的空间。在平民话语权得到伸张的今天,"有话要说"的人越来越多。有的自媒体过分追求新闻发布速度或者说为了追求点击率而忽略了新闻的真实性,导致部分民间写手降低了自身的道德底线。这就导致了自媒体所传播的信息的可信度低。

(六)相关法律不健全

让个体声音得到充分释放的同时,势必也会让一些与法律、社会道德规范相悖的声音得以散播。虽然从宪法上来看自媒体是个人言论自由权的延伸,从一诞生就受到了诸多法律的限制,但是作为一种权利,自媒体当然有很多的界限是不能突破的。虽然我国目前有很多法令管制网上活动,但是这些法令显得不够全面,往往还只是停留在对网站的管理上。如何在法律上对自媒体进行规范与引导,迫切需要全社会来共谋良策。

三、自媒体现状

自媒体以悄无声息的姿态潜移默化地改变着人们的生活方式、学习方式、娱乐方式甚至是语言习惯。充分认识以互联网为代表的新媒体对大学生的影响,对于了解新时代的大学生的世界观、价值观、认知世界的角度有重大意义,进而对于学校在新形势下如何加强和改进大学生教育工作具有十分重要的意义。

大学生使用自媒体技术的现状及其影响有如下几个主要特点:接触时间早、上网时间长、信息获取重要通道等。大部分大学生在他的初中时期甚至小学时期就开始接触网络。随着经济的发展、家庭经济基础的厚实,电子产品迅速普及,几乎人手一部智能手机,电子产品大范围普及为大学生使用新媒体技术奠定了物质基础,同时也使得学生接触新媒体的时间大大提前。新媒体是大学生获取信息的重要途径。对于从互联网获得的信息,一半左右的学生会通过自己的综合判断来得出自己的看法,而不是简单地去相信网上的言论。

如今,QQ、微博、微信、博客等自媒体已经再熟悉不过了,这些工具对信息的发布与传播起到了非常好的作用。对于同样一个事件,信息会从各种不同的渠道传播,人们不再仅仅依靠电视、广播、报纸等传统媒体了解事情,判断事件的对与错、是与非,而是通过自媒体从多方面、多角度去分析事件的真相。当然,这对人们的分析能力是一个挑战。同时,这也说明了自媒体的传播力是相当强的。

在很多年前,人们还在担心网站的发展会对纸媒介产生很大的冲击,随着微博、博客、微信等自媒体的出现,网站对纸媒介的威胁已经成为过去,自媒体成了当前最流行的一种信息传播工具。每个人都可以利用自媒体创建一个媒体渠道,第一时间发布相关信息,表达自己的观点等。

四、网红的自媒体化

到底什么是网红?根据百度百科的释义,网红是网络红人的简称,是指在现实或者网络生活中因为某个事件或者某个行为而被网民关注从而走红的人。他们的走红皆因为自身的某种特质在网络作用下被放大,与网民的审美、审丑、娱乐、刺激、偷窥、臆想以及看客等心理相契合,有意或无意间受到网络世界的追捧,成为网红。

而 papi 酱的出现,打破了人们对网红的原有认知。关于 papi 酱制作的一系列搞笑短视频像病毒一样迅速扩散在各大社交媒体和视频网站上。她以一个大龄女青年的形象出现在公众面前,对日常生活进行种种吐槽,幽默的风格赢得不少粉丝追捧。

第二节　常用自媒体工具

俗话说得好:"工欲善其事,必先利其器。"如果想制作优秀的自媒体作品,那么一定要有一些得心应手的工具,有了这些工具,可谓如虎添翼,如鱼得水。

一、内容素材搜集整理工具

经营自媒体与经营淘宝是一样的,爆款的打造,运营技巧固然重要,但是拼到最后拼的都是内容,所以对于大多数运营者来说,内容是决定性的。追踪热点、快速锁定热点并准确评估热点发展走势,搜集整理相关资料,对于快速创作潜在爆款内容产品特别重要,如图6-1、图 6-2 和图 6-3 所示。

图 6-1　搜狗搜索(微信、知乎搜索)

图 6-2　西瓜公众号助手

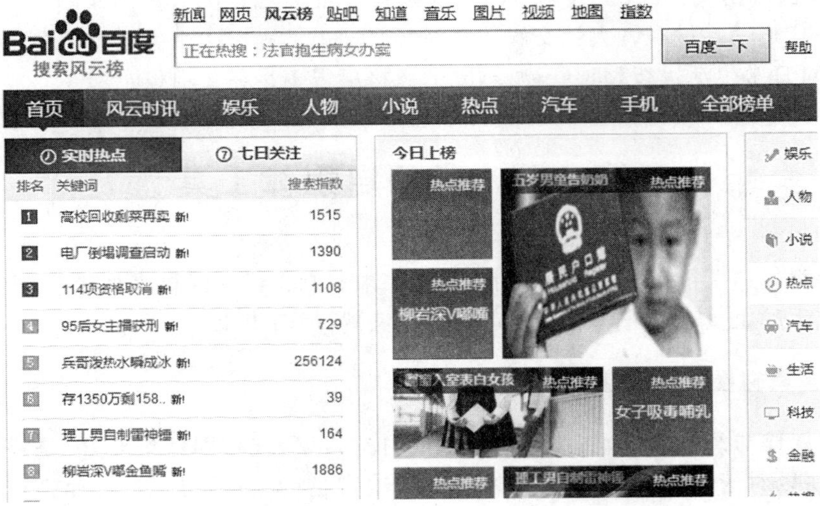

图 6-3　百度搜索风云榜

二、图片优化工具

"宝贝好不好卖，全靠图来带"，图片和视频承载的信息量比文字要大得多，一个优秀的自媒体当然离不开图片和视频，更有一部分自媒体是完全通过视频展示的，所以图片和视频的获取、制作、优化的工具尤其重要，如图 6-4、图 6-5 所示。

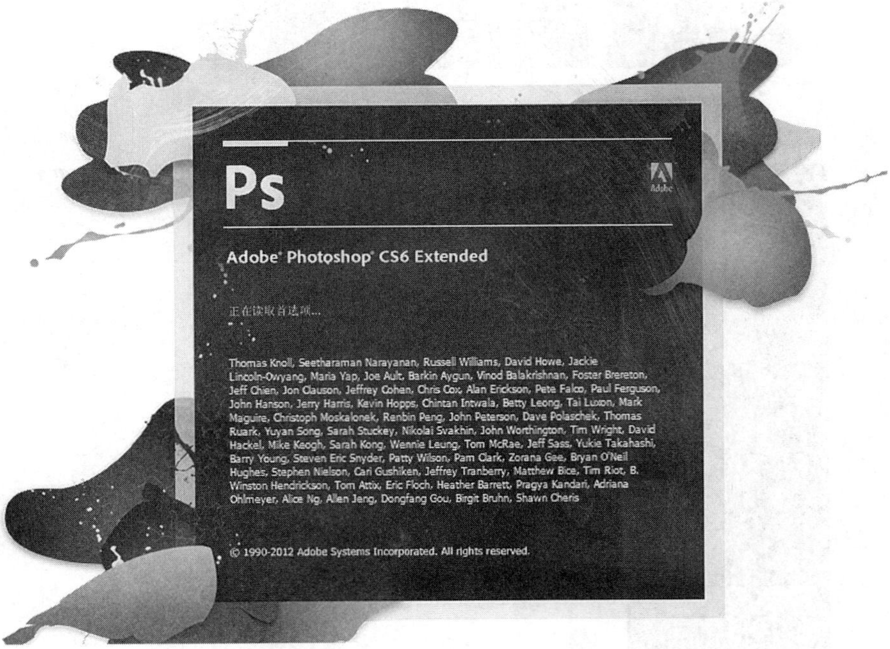

图 6-4　Photoshop

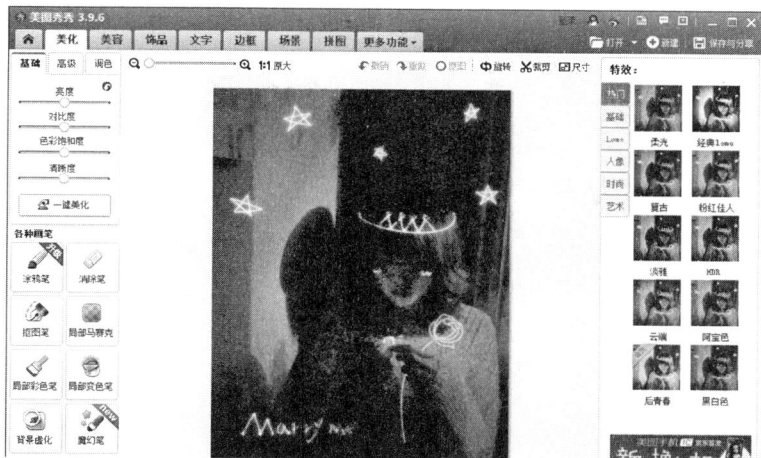

图 6-5　美图秀秀

三、文章排版编辑工具

相信各位在读文章的时候，一定不喜欢排得乱七八糟、长短不一的文章，看着不舒服，也不专业，很多人看一眼立刻就关了。对于那些工工整整、美观的文章不管内容怎么样，至少第一眼你会有看下去的冲动。在这个"看脸"的时代，网红们的整容化妆工具不可缺少，当然排版工具也是新媒体运用者要必备的，比如秀米（图 6-6）、135 排版、i 排版等。

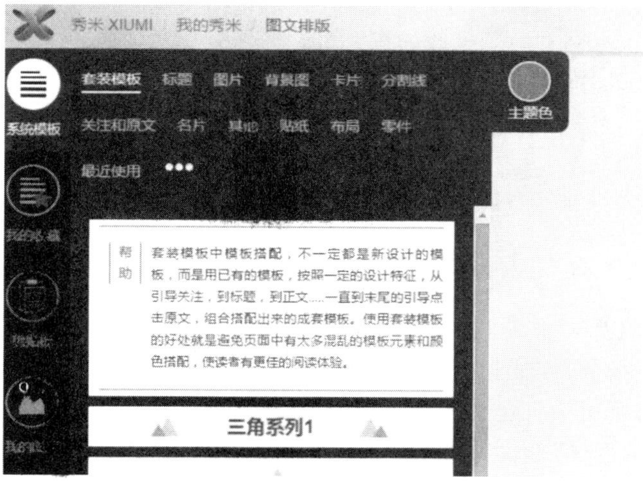

图 6-6　秀米

四、H5 制作工具

H5 是 HTML5 的简称，是手机端推广运营必备神器。现在很多自媒体运营者也都少不了 HTML5 制作工具，因为 HTML5 的场景制作把一件事融入场景中去，互动性特强，可读性很高，自然会成为自媒体运营者的必选，比较知名的工具有 MAKA（图 6-7a）、易企秀（图 6-7b）、秀堂（图 6-7c）、初页等。

图 6-7a　MAKA 界面

图 6-7b　易企秀界面

图 6-7c　秀堂界面

五、无线端建站工具

很多做自媒体的都要借助第三方平台来运营，比如企鹅媒体平台、今日头条、搜狐新闻客户端等，可以不需要用手机建站工具。但也不能忽视另外一部分群体，他们有自己的独立自媒体平台，比如个人博客，要想让自己的文章信息更容易传达给手机端的用户浏览，怎么办，那就需要手机建站工具，比如快站、风铃、魔云等。如图 6-8 所示为快站界面。

六、二维码制作与推广工具

随着移动互联网和智能手机的快速发展，

图 6-8　快站界面

二维码已被越来越多的人所接受，一方面扫二维码方便，再者二维码可以携带很多的信息，只要使用者扫一下，就可以快速准确地传递到手机。文字、图形、网址等都可以编码成二维码。现在电子支付的便捷也使得二维码迅速流行。二维码制作工具有草料（图 6-9a）、联图（图 6-9b）、二维工坊（图 6-9c）等。

图 6-9a　草料二维码制作工具

图 6-9b　联图二维码制作工具

图 6-9c　二维工坊二维码制作工具

七、流量变现工具

大部分自媒体都会经营自己的产品，有些是有形产品，有些是无形的服务，我们就要借助电商工具，这样更容易进行产品的交易。当然，有些自媒体就是靠微电商工具不断发展壮大的，如微店（图 6-10a）、生意宝（图 6-10b）、有赞等。

图 6-10a　微店

图 6-10b　生意宝

八、数据分析工具

电商运营,离开数据拼经验那无疑是盲人摸象了。数据分析工具自然必不可少,如百度 ECharts、新榜(图 6-11)等。

图 6-11　新榜

第三节　MAKA 自媒体作品制作

　　MAKA 平台是国内首家 HTML5 数字营销创作及创意平台,上线至今已积累 600 万以上注册用户,每月超过 3 亿人通过 MAKA 阅读 HTML5 图文交互信息。注:HTML5 是万维网的核心语言,是标准通用标记语言下的一个应用超文本标记语言,其设计目的是为了在移动设备上支持多媒体,真正改变用户与文档的交互方式。

　　MAKA 平台的基本功能如下:MAKA 平台内提供海量行业模板及图文编辑工具,让你更便捷且多元化地展示你想表达的任何天马行空的想法,如邀请函、活动推广、简历招聘、微贺卡、微喜帖、微相册、动态海报等微场景秀制作。精致的内容与社交关系的完美结合,能以最短的时间抓住用户眼球,让人们对快速响应的动态效果印象深刻。在与他人分享世界的同时,MAKA 会用数字了解效果与趋势,从访问人数、城市分布、来源分析等数据来多维度寻找隐藏的问题,推送精准报表分析结果,满足企业宣传、问卷调查、数据收集等群体的需求。

　　MAKA 的六大优势,让复杂的 HTML 代码不再成为障碍。

　　极简操作:通过简单单击选择即可轻松创作自己的 HTML5 页面。

　　海量模板:包含 17 个行业、20 个应用场景的行业模板,上百个页面通用版式,方便用户快速进行制作。

　　优质图片:近万张优质图片任君挑选。

　　行业动态:首页展示优秀案例,更有标签精准筛选出行业翘楚的 HTML5 项目,学习HTML5 设计趋势和新媒体营销方向。

　　便捷分享:便捷分享项目到微信、朋友圈、微博、QQ、QQ 空间等渠道进行推广和营销。

　　云数据:HTML5 微场景一经发布,立即同步到云服务器,双端均可管理项目和数据,监控传播效果。

一、注册和登录

(一)注册

电脑登录 MAKA 官方平台(www.maka.im),单击正中间 MAKA 二维码下方的"免费注册",或者右上角"注册 SIGN UP"直接进入注册页面,如图 6-12 中加框放大所示。

图 6-12 注册页面

在提示框的相应表单中输入内容,登录账号即输入常用的邮箱,并设置安全级别较高的 MAKA 密码,随后在第三栏中输入展示的验证码并且单击"同意 MAKA 用户服务协议"前的方框,最后单击下方"注册"即可,如图 6-13 所示。

(二)登录

注册成功后转入登录界面,在页面中表单位置按提示输入相应内容,即注册所用的邮箱账号和自己设置的 MAKA 密码,随后单击"登录"即可。下方有 QQ、微信、微博、明道四个快捷关联登录,如有相应账号也可直接关联登录,如图 6-14 所示。

图 6-13 注册表单框

图 6-14 登录表单框

如果在注册和登录中遇到困难,可在 www.maka.im/help 中寻求相应帮助。

二、MAKA 制作步骤

(一)添加模板

如果没有一定的设计能力或者想尽快完成一份精致的微场景来表达你的想法,MAKA

海量模板可以满足你的需求。只需在顶部菜单栏中单击"模板"即可查看所有场景模板（图 6-15），你挑选并购买符合自己行业特色的场景模板后，回到项目列表，在"已购模板"将看到所有你购买的场景模板，单击即可使用。

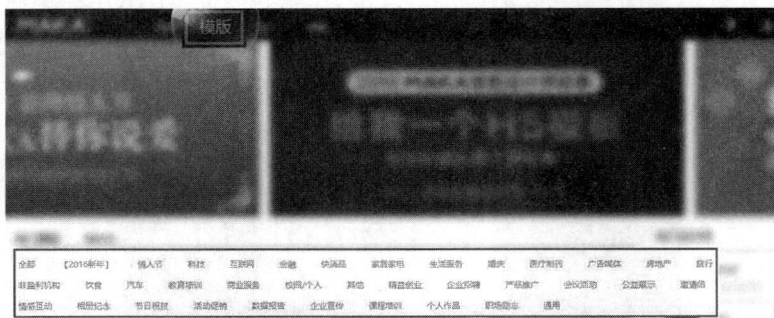

图 6-15 场景模板索引

单击免费添加后便会出现马上使用按钮（图 6-16），继续单击即可进入模板编辑页面。

图 6-16 添加编辑页面

（二）文本编辑

1. 普通字体

文本插入是 MAKA 微场景秀作为传播媒介的重要部分。

在已经添加的模板中编辑文本，可以单击要修改的文字，此时文字四周会出现蓝色文本框（图 6-17），表示已经选中并且可以在右侧的编辑栏中进行编辑。

图 6-17 文本编辑页面

　　除了对模板已有文字的修改，还可以再新建文本表达更多的想法。

　　单击场景编辑器上方"新建文本"，编辑区中将出现一个新的文本框，单击文本框可在右侧的编辑栏添加文字。

　　你可修改文字的字体、大小、风格、边框形状颜色、背景颜色、行距、透明、阴影、旋转、圆角、对齐以及位置。还可以直接伸缩、拖曳文本框改变文本框位置来调整文本的整体风格和内容。

　　【备注】MAKA 微场景里一个文本框只支持一种文字格式，如你可设置同一文本框的所有文字为红色，但无法设置部分文字红色、部分文字蓝色。

　　2.艺术字体

　　MAKA 作为微场景秀需要更多、更便捷地在移动端进行分享传播，但由于大部分手机只能默认识别微软雅黑字体，因此大家在 MAKA 平台上还无法使用其他字体。更多的字体表现形式可以呈现更丰富的视觉效果。如果希望在自己的微场景秀中添加更炫酷的字体，则需要将文字转换为透明背景的图片添加进微场景。

　　将文字转换为透明背景的图片，步骤如下：

◆　打开 www.qt86.com 网页后，在文本框输入需要展现的文字；

◆　选择字体样式、大小、颜色，选择背景透明，并单击生成（图 6-18）；

◆　生成透明背景的图片后，下载预览图到电脑中，就能作为图片上传到 MAKA 微场景使用（图 6-19）。

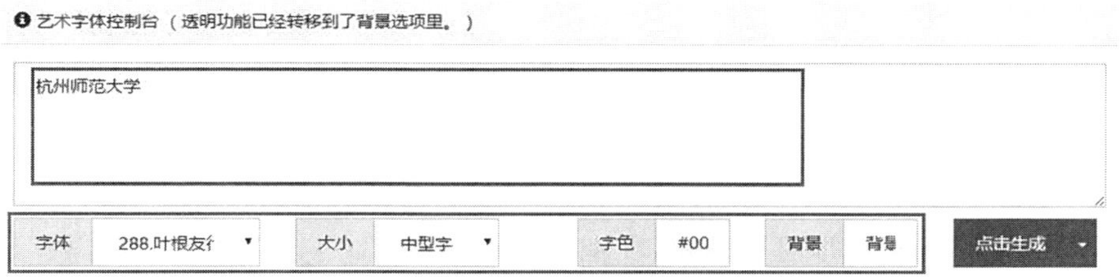

图 6-18　艺术字编辑页面

图 6-19　艺术字下载页面

（三）图片使用

　　在场景秀中插入图片能更加具体、透彻、丰富地表达自己的想法，让我们以上一节"如何将生成的艺术字图片插入场景秀中"为例来演示。

　　打开微场景编辑器的"图片库"，就会弹出你在 MAKA 平台使用的图片库（如图6-20中加框放大所示）。

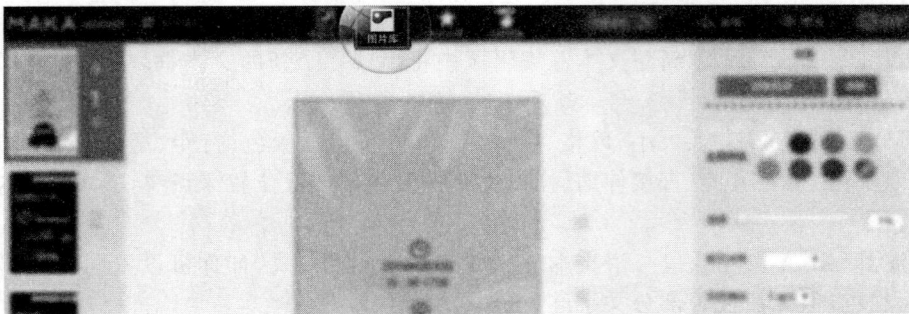

图 6-20　图片库按钮

单击"＋上传图片"从本地上传图片到图片库。选中你想添加的图片,图片边框会变绿,单击右下角"添加图片",就可以添加在你的邀请函里(图 6-21)。

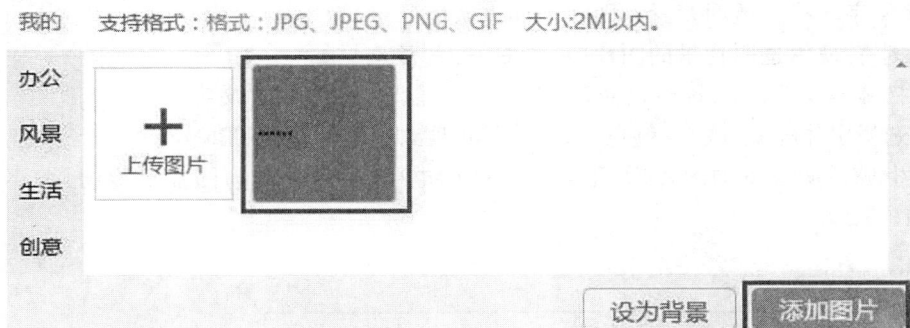

图 6-21　添加图片

【小贴士】添加进场景秀中的图片大小尺寸若不符合你的要求,则可以双击图片进行剪裁,然后调整到合适的位置即可。同时,在编辑过程中建议开启网格辅助,这样有利于对文字图片的排版(图 6-22)。

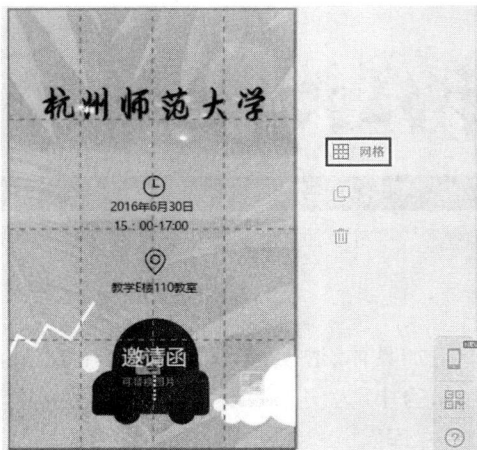

图 6-22　网格辅助页面

　　图片库中也内置了很多优质的图片,在场景秀中插入图片时可以在其中挑选使用。若需要将一张心仪的图片设置为背景,只需要在图片库中选中并且单击右下角"设为背景"即可(图 6-23)。

图 6-23　设为背景

　　【提示】MAKA 微场景支持 gif、png、jpg、jpeg 等图片格式,背景图片的要求大小是 640×1008 像素,并支持图片上传大小为 2MB 以内,其他格式或过大的图片将无法上传到微场景。

(四)添加音乐

　　在微场景秀中配一首动听的音乐能更完美地衬托主题,达到赏心悦目的效果。

　　单击 MAKA 编辑页面上的菜单栏"背景音乐"会出现系统内置的几首音乐。系统对于不同风格的音乐都有描述,你可以根据要制作的微场景秀的主题来选择。单击音乐名旁的播放按钮可以试听,直接单击音乐名即可把音乐添加进微场景秀中。

　　如果线上音乐无法满足要求,单击"+上传音乐"就可上传自己喜欢的音乐到场景秀中,如图 6-24 中加框放大部分所示。

　　【提示】音乐格式:小于 2MB 的 MP3 格式的音乐。

图 6-24　上传音乐页面

　　【小贴士】根据个人制作的微场景内容来搭配合适应景的音乐会带来更好的表达效果。如制作的是一份简历,配上一首淡雅动听的钢琴曲是再好不过的了;如制作一份贺卡,则一首欢快的曲子更容易动人。

(五)按钮链接

如果希望在 MAKA 微场景秀中加入外部链接跳转，按钮是一个好的选择。另外，按钮还能实现更多有趣的功能。

1. MAKA 微场景提供多种按钮

通用按钮：可以调整按钮大小，添加外部链接；

跳转链接：可选择不同的按钮样式添加外部链接，实现包括关注、购物、电影、应用等功能；

呼叫拨号按钮：可输入电话号码，实现一键拨号功能；

互动按钮：可以实现集赞功能，包含送花、喜欢、顶起和悼念等图标样式；

倒计时按钮：可实现倒计时功能，尤其适用于促销活动等场景。

【小贴士】按钮链接的功能不仅如此，下面介绍它的延伸用法。

2. 利用按钮链接实现插入视频直接播放

文字、图片以及视频是传播的重要媒体元素，MAKA 微场景秀完美兼容多样的文本和图片插入，虽然目前不支持插入视频直接播放，但我们可以使用按钮链接功能，跳转至视频播放页面进行观看。

制作按钮链接可大致分为以下三个步骤：

（1）添加按钮（若要页面统一美观，可修改按钮原始样式色调，使之与整体一致）；

（2）设置按钮文字；

（3）添加视频播放网址。

单击按钮后，可从邀请函跳转至视频网址观看视频（图 6-25）。

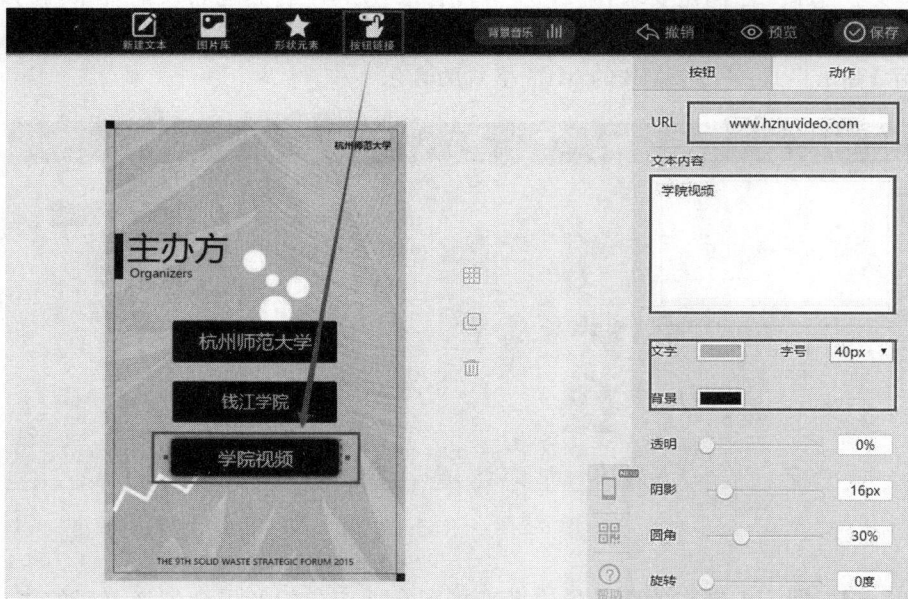

图 6-25　视频链接按钮

3. 实现图片上添加超链接

很多情况下我们需要在一个图片展示页链接视频以丰富场景秀内容，但单独添加按钮势必会影响页面的布局与美观,那么我们可以用图片超链接的方法来解决问题。通过按钮与图片的结合,可轻松实现单击图片实现外链跳转。

添加超链接按钮可大致分为以下三个步骤:

(1)在编辑页上同时添加图片和按钮,并在按钮处添加跳转链接;

(2)将按钮移动到图片上层(必须置于上层),如果发现按钮在图片底部,右键单击按钮,再单击"置顶"即可将按钮置于图片上层;

(3)接着,你只需将按钮设置为透明(透明样式设置为100%),这样单击图片即可跳转到你设置的网址上(图6-26)。

图 6-26　图片超链接按钮

(六)单页模板

MAKA 提供海量的 HTML5 海报模板,其中包括场景模板和单页模板。

场景模板里含有 9 页以上由设计师制作好的全套模板,能完美应用于行业场景中。你在登录平台后,单击"模板商店"可查看所有场景模板,挑选并购买符合自己行业特色的场景模板后,回到项目列表"已购模板"将看到所有你购买的场景模板,单击即可使用(如第一节讲解)。

MAKA 提供了丰富的单页模板,让你可以轻松制作自己的 HTML5 海报,在场景编辑页面,单击界面左下角"+"号,即可选择和添加单页模板。单页模板包括普通模板、统计模板和特效模板,为你的 HTML5 海报创作带来更多创意。

1.封面

在封面模板菜单中有 30 余款精心设计的封面单页,有着合理的布局,最大程度呈现微场景秀封面的品质,让自己的 HTML5 封面更具个性。

2.图文

图文模板中同样也内置了 70 余款布局合理的图片单页模板。高质量地优化图片与图片、图片与文字之间的布局，让你的 HTML5 场景秀更具美感。

3. 滑块

滑块模板中内置 5 款不同风格的模板。在普通场景秀上下翻页的同时还可以在单页进行多图滑动轮播，减少了翻页的麻烦，并且提高了单页内容的丰富程度。多图配文更容易让读者沉浸其中。

4. 表单

MAKA 内置 8 款表单模板，在美观的同时也带来了收集信息的便捷。表单的使用可以在场景秀中设置报名、招聘、建议、联系方式等信息。添加表单后，可以修改表单内的输入框文字、按钮文字、颜色以及按钮的反馈，还可通过右侧样式栏更改表单页的背景图片或者颜色，让你的图表更加精致(图 6-27)。

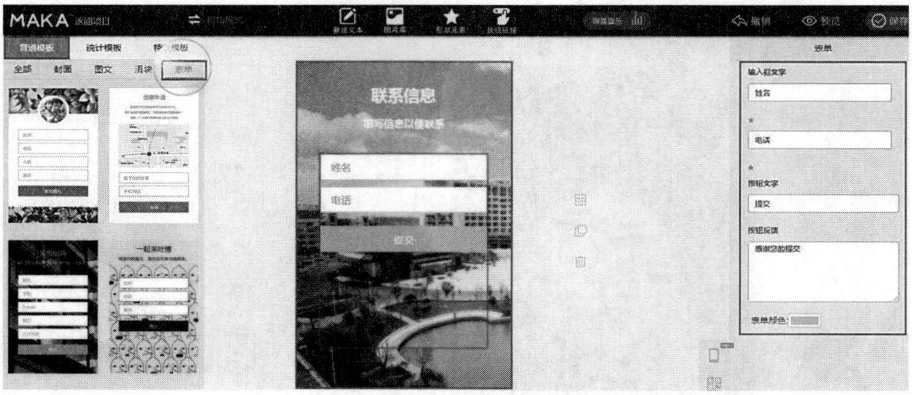

图 6-27　表单编辑页面

插入表单后，你可把鼠标移到项目封面显示“表单”按钮，单击即可查看浏览者提交的所有信息，并且支持导出 EXCEL 表格形式(图 6-28)。

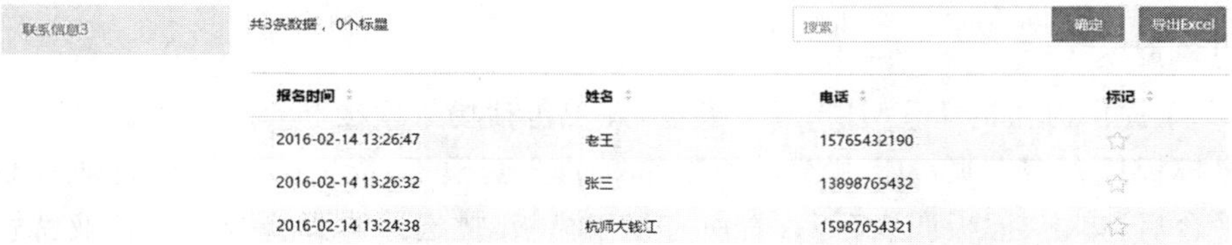

报名时间	姓名	电话	标记
2016-02-14 13:26:47	老王	15765432190	
2016-02-14 13:26:32	张三	13898765432	
2016-02-14 13:24:38	杭师大钱江	15987654321	

图 6-28　表单数据页面

(七)统计模板

在进行对数据的描绘时，多样的统计图会带来更好的观感，让人对数据一目了然。

在统计模板中内置了 20 款数据统计图表，包含柱状图、折线图、饼图等，可以更直观具体地展示数据。单击插入的数据模板图，在菜单栏中编辑表单数据可填写更改数据，还可以对图表样式进行更换(图 6-29)。

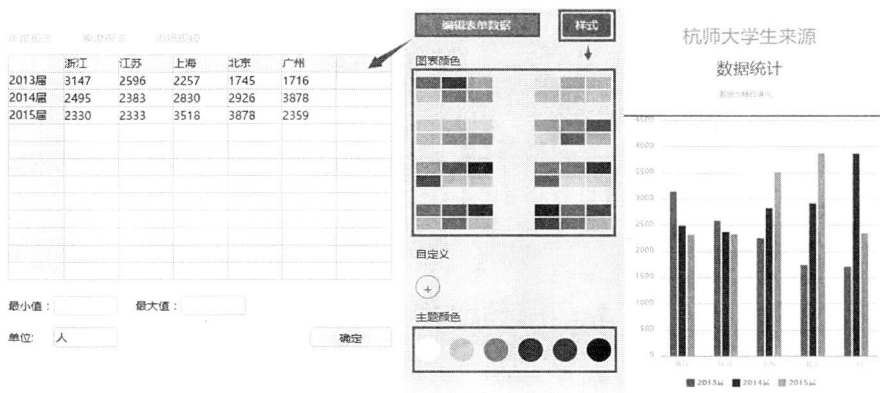

图 6-29　统计模板编辑页面

（八）特效模板

MAKA 平台为用户提供了众多炫酷的动态模板，实现多种交互效果，包括来电接听、用力砸我、模糊擦除、指纹长按解锁、亲一亲解锁等。

来电接听模板：未知号码可在右侧编辑栏更改为任何人，按了接听键才能看到后面的内容。

用力砸我模板：用力单击几下会出现碎屏效果，砸碎屏幕后才能看到后面的内容。

模糊擦除模板：只需要轻轻用手擦一擦，模糊的屏幕就会变清晰。

指纹长按解锁模板：高大上的设计，只有指纹对了，才可以看到后面的内容。

亲一亲解锁模板：给手机一个吻，才可以看到后面的内容（用手指长按同样有效）。

中轴移动对比效果模板：移动中轴线，你可以看见两个不一样的图像。

（九）动态效果

动态效果起到画龙点睛的作用，在 MAKA 微场景秀中合理设计效果能带来更舒适的阅读体验和更强的观感。

先在 MAKA 微场景中单击需要设置动作的元素，然后可在编辑器右侧的样式栏里设置元素动作效果。MAKA 提供飞入、弹入等多种动作效果。

除了动作设计之外，还可以通过"速度"以及"延迟"的时间来控制动作的进场与持续时间。

（1）"速度"是指元素完成整个动作需要的时间长度；

（2）"延迟"是说翻到这个页面之后，什么时间这个元素开始动。

通过设置"速度"和"延迟"可让整个微场景页面更加协调、炫酷。

MAKA 还提供 10 种不同的翻页效果，在用户掀页时可以通过不同的效果呈现，从而使作品更为生动活泼。打开微场景编辑页，选中背景后在编辑界面右侧样式栏中可更改页面的"翻页效果"。

三、基础编辑指南

（一）编辑微场景时，固定模式和自由模式有什么作用？

MAKA 提供两种编辑模式，通过左上角的两个双向箭头的按钮来调整。

固定模式：用户只能对模板里的文本和图片进行更换，其他任何元素均不可编辑。适用于零基础用户快速套用且不易打乱原有模板的设计。

自由模式：可任意替换海报模板里的文字与图片，并可自由调整元素位置和大小，更适合有一定基础的用户使用。

（二）如何复制 MAKA 微场景中的某一页？

MAKA 支持复制自己制作的微场景的其中一页，但无法复制其他用户制作的 HTML5 微场景的内容。

打开微场景编辑页，在页面编辑区右侧单击"复制"按钮，即可复制当前页面，被复制的页面将显示在当前页的后一页。

（三）如何复制 HTML5 微场景里的元素？

打开微场景编辑器，用鼠标右键单击想要复制的元素，单击"复制"即可对该元素进行复制；复制后，再用鼠标右键单击背景图（必须单击背景图），单击后会显示"粘贴"，单击即可将你的元素粘贴到本页面上（同一 MAKA 微场景内，可实现元素跨页复制粘贴）。

（四）误操作后，如何返回上一步（撤销功能）？

在编辑 HTML5 微场景时，编辑器右上方有一"撤销"按钮，单击即可返回上一步操作，而且 MAKA 支持无限次返回操作，只要不退出微场景编辑页面即可一直返回直到最初状态。

（五）如何保存 MAKA HTML5 微场景？

单击 MAKA 编辑器右上方的"保存"按钮，就可随时保存你正在制作的 HTML5 邀请函。养成良好的保存习惯可避免不必要的损失。

另外，单击"预览"预览整个 HTML5 邀请函的时候，MAKA 平台也会帮你自动保存，所以预览时即可看到最新的邀请函状态。在预览界面可以编辑你的 MAKA 微场景标题、描述以及展示图（图 6-30）。

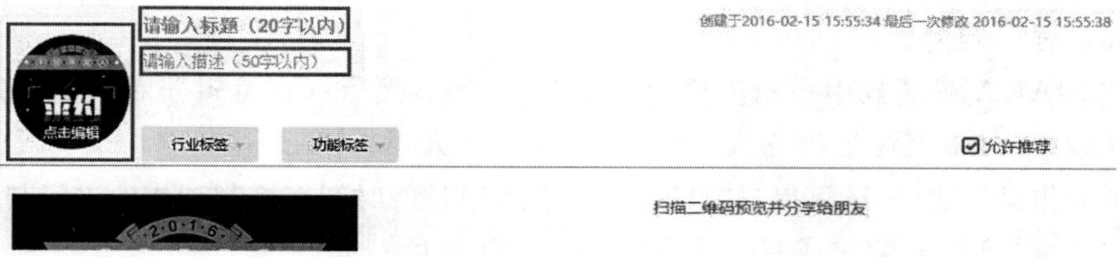

图 6-30　预览信息编辑页面

四、分享推广

当 MAKA 场景秀完成后如何分享给朋友或者推广分享给更多的人？

（一）通过微信分享 MAKA 场景秀到朋友圈和朋友

（1）在作品预览页，获取你的 HTML5 邀请函二维码和短链接（图 6-31）；

（2）通过扫描作品二维码或直接打开短链接的方法，在微信观看 HTML5 邀请函；

（3）打开作品后，通过微信右上角"…"分享按钮，就可以将微场景秀分享出去。

图 6-31 分享页面

(二)通过公众号转发 MAKA 场景秀

微信公众平台是目前传播浏览量较大的平台之一,虽然目前还不支持直接推送 MAKA 场景秀,但你可以借助以下方法将邀请函通过公众号进行推送:

方法一 公众号自定义菜单链接作品

(1)登录微信公众号,打开"自定义菜单";

(2)选择和设定"回复类型";

(3)将作品链接完整地粘贴到回复内容中。

方法二 图文信息原文链接处添加作品链接

(1)登录微信公众号,打开"素材管理",单击右侧界面的"十"按钮,新建图文信息;

(2)编辑完信息,在图文信息底部"原文链接"处添加电子邀请函链接,然后单击保存。

方法三 利用文本超链接功能,在微信公众账号设置自动回复

(1)在邀请函预览界面,获取邀请函的短链接;

(2)设置文本超链接,通过自动回复实现。

如何使用 HTML 代码实现文本超链接?

<a href="这里放置链接">这里放置展示用的文本</a>

实例如下:

<a href="http://viewer. maka. im/k/LJ6G0IOO">微场景秀制作教程</a>

修改和粘贴到群发消息中,即可以超链接文本方式发送。

五、查看后台数据

MAKA 微场景秀发布后,你可登录进入 MAKA 平台"我的项目",把鼠标移到项目封面单击"访问统计",即可查看你的 HTML5 海报详细访问数据,包括总访问次数、总访问人数、平均停留时间和分享数,甚至可以提供用户访问地区和设备,让你更了解你的场景秀关注度背后的数据,更有利于做出分析进而科学决策。

个人和企业免费版用户可查看今日数据和历史数据统计信息,而企业版付费用户将可查看包括地域城市信息、手机品牌信息等更详细的访问数据(图 6-32)。

图 6-32　访问数据页面

最后请扫码观看一下 MAKA 作品——邀请函。

MAKA 作品——邀请函

第四节　易企秀自媒体作品制作

　　易企秀(图 6-33)是一款针对移动互联网营销的手机网页制作工具,用户可以编辑手机网页,分享到社交网络,通过报名表单收集潜在客户或其他反馈信息。

　　用户通过易企秀,无须掌握复杂的编程技术,就能简单、轻松制作基于 HTML5 的精美手机幻灯片页面。同时,易企秀与主流社会化媒体打通,让用户通过自身的社会化媒体账号就能进行传播,展示业务,收集潜在客户。易企秀提供统计功能,让用户随时了解传播效果,明确营

图 6-33　易企秀标志

销重点,优化营销策略。易企秀提供免费平台,用户零门槛就可以使用易企秀进行移动自营销,从而持续积累用户。

　　易企秀适用于企业宣传、产品介绍、活动促销、预约报名、会议组织、收集反馈、微信增粉、网站导流、婚礼邀请、新年祝福等。

易企秀的主要功能如下：

（1）一键生成 HTML5：创作只需几秒钟，HTML5 简历、旅游自拍、拜年贺卡、生日祝福、宝宝照、旅游照统统一键生成，摇一摇还可以更换模板。还可以分享至微信朋友圈、微博、QQ 群和 QQ 空间等。

（2）海量模板素材：请帖、贺卡、电子相册、邀请函、简历模板、企业招聘、公司宣传、产品介绍均可轻松套用。

（3）随时随地查数据：动态图表展示 HTML5 场景的浏览次数，实时掌握客户提交的信息。金牌数据管家，助力市场营销。

（4）手机与电脑跨平台操作：手机与电脑的场景数据互通，登录 App 可编辑、分享、管理电脑上的场景。

一、注册登录

没有易企秀账号的话，可用邮箱注册登录，也可以用微信和 QQ 进行第三方账号登录，如图 6-34 所示。

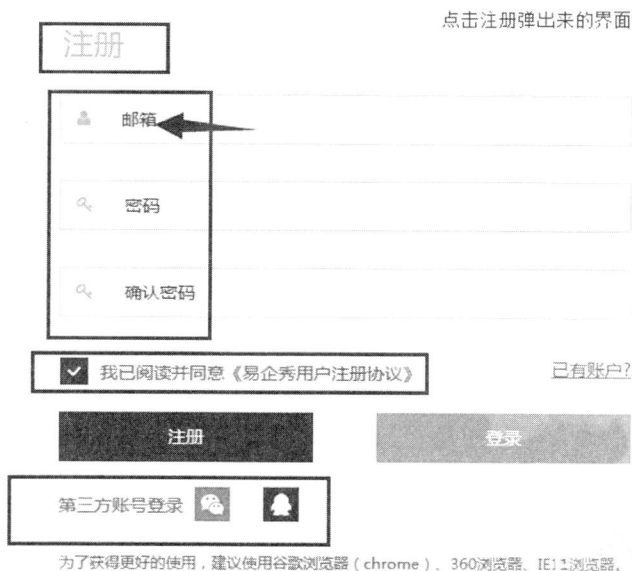

图 6-34　易企秀登录注册界面

二、创建场景

（1）单击创建场景，进行创建，如图 6-35 所示。

图 6-35　创建场景界面

选择一个合适的模板,再进行编辑,如图 6-36 所示。

图 6-36　编辑场景界面

(2)自主创建场景,再进行编辑,如图 6-37 所示。

图 6-37　创建自主场景界面

三、编辑场景

(1)鼠标右键单击图片,跳出编辑框,可更换背景,更换插图,更换文字,如图 6-38a、b 所示。

(2)通过页面管理来生成和使用模板,并管理页码,如图 6-39 所示。

(3)页面模板分"版式""风格""互动"和"我的"四个部分,如图 6-40 所示。

版式:图片、图集、文字、图表;

风格:清新、蓝色、中国风等;

互动:报名表、留言、联系;

我的:储存我的模板。

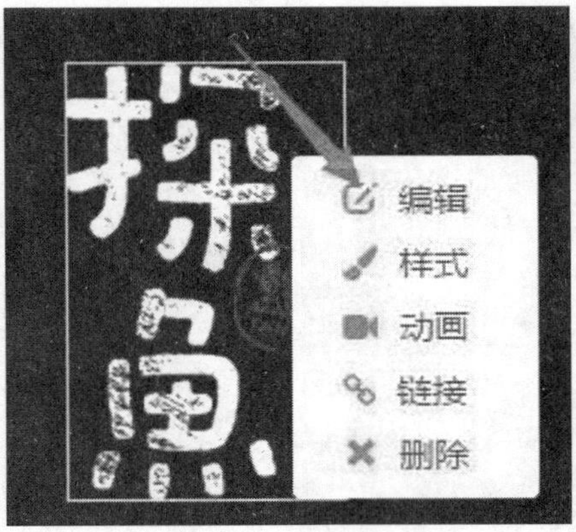

图 6-38a　自主场景编辑界面(一)

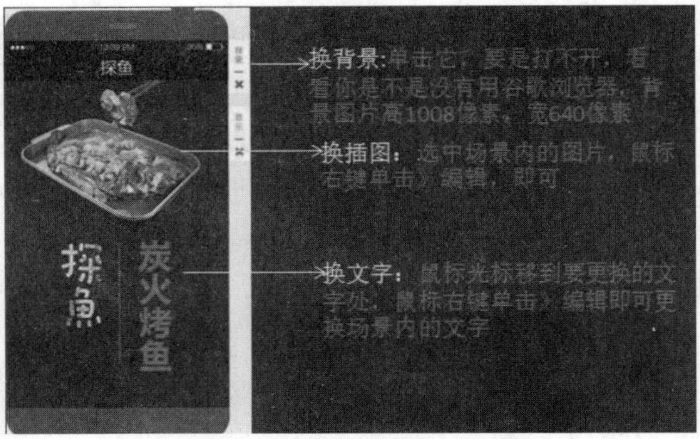

图 6-38b　自主场景编辑界面(二)

（4）通过工具栏可以编辑文字，插入视频、音乐、素材库、联系人，输入框组件和制作特效，如图 6-41a、b、c、d、e 所示。

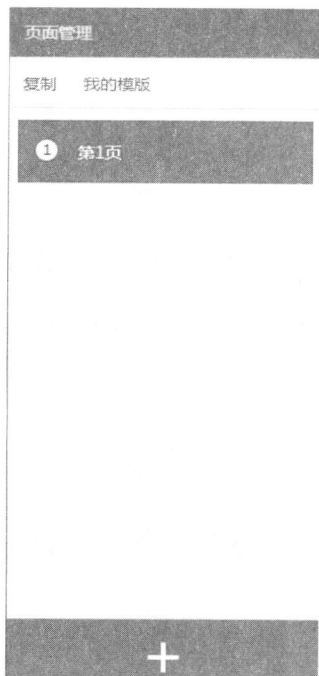

图 6-39　页面管理

图 6-40　页面模板

图 6-41a　模板编辑菜单

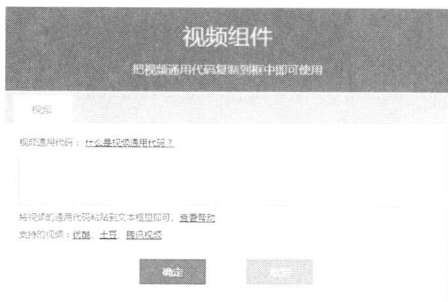

图 6-41b　插入视频组件

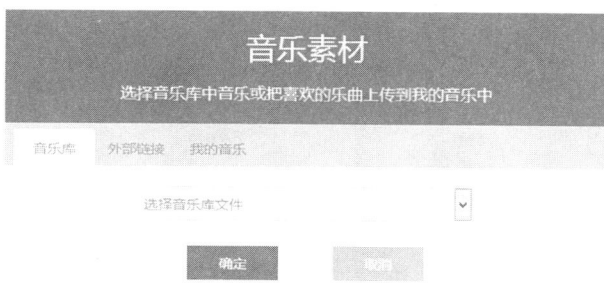

图 6-41c　插入音乐素材

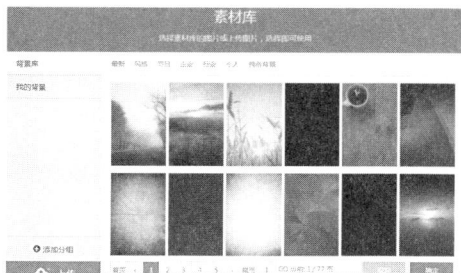

图 6-41d　插入素材库

图 6-41e　输入框组件

四、设置场景

编辑完场景之后,需要设置场景,如图 6-42 所示。

图 6-42　设置场景

易企秀为场景提供了全局性的设置功能:①名称;②场景类型;③翻页方式;④场景描述;⑤尾页。

建议用户认真填写,以提高用户浏览体验。

五、保存场景

将编辑好的场景保存到我的场景里,方便推广,如图 6-43 所示。

图 6-43　保存场景

六、推广场景

可采用二维码、链接和社交网络分享的方式来推广场景,如图 6-44 所示。

二维码:用户可以直接微信扫描分享。

链接:可放到微信公众号等任何可在网络被单击的位置。

社交网络分享:可分享至微博等其他社交网络。

图 6-44 推广场景

七、个人简历制作案例

第 1 页:选取较商务的图片(也可选取个人照片)作为背景图片。背景图片覆盖黑色半透明遮盖层。形状库中选取素材,修改颜色,做出旋转动画(图 6-46a)。设置头像照片描边为 1,与圆形素材重叠(图 6-45b、c)。

图 6-45a 个人简历界面

说明:简洁、大气、不简单的个人实用商务简历。

场景中所有内容文字均可随意编辑

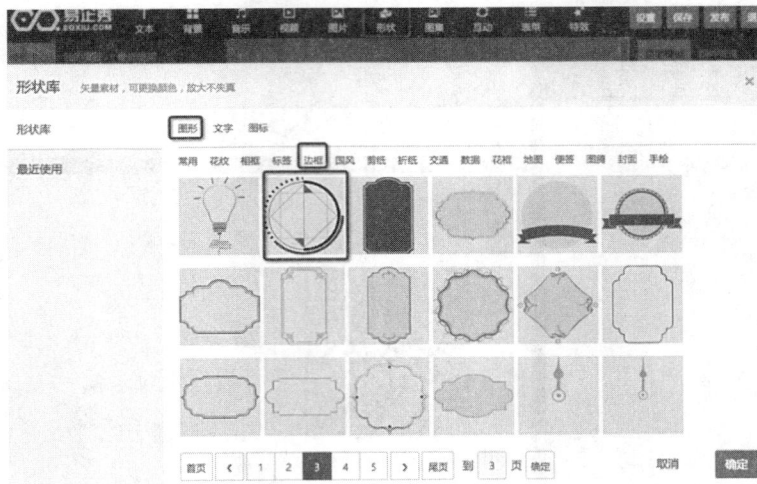

图 6-45b　选取背景图片(一)

图 6-45c　选取背景图片(二)

　　第 2 页:设置两块不同透明度的矩形,透明度较浅的作为标题栏,透明度较深的作为内容栏。标题栏用形状素材(形状→常用的形状→文字→字符)拼接;内容栏填写文字并给文字添加白色背景,调节其背景色透明度及背景弧度至最大,如图 6-46a、b 所示。

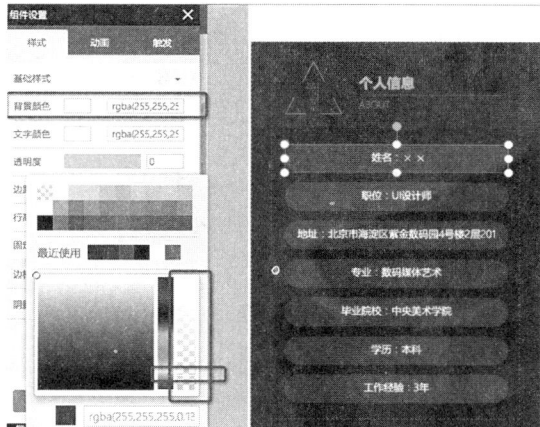

图 6-46a　设置页面效果 1　　　　　　　图 6-46b　设置页面效果 2

　　第 3 页和第 2 页类似,所不同的是技能展示采取圆形图标,如图 6-47 所示,调节透明度做了旋转动画,以此为背景突出展示效果,如图 6-48 所示。

　　第 4 页和第 5 页以线条和三角形做出时间轴,列出你的工作经历,如图 6-49 所示。素材均取自形状库。

图 6-47　圆形图标

图 6-48　设置页面背景效果

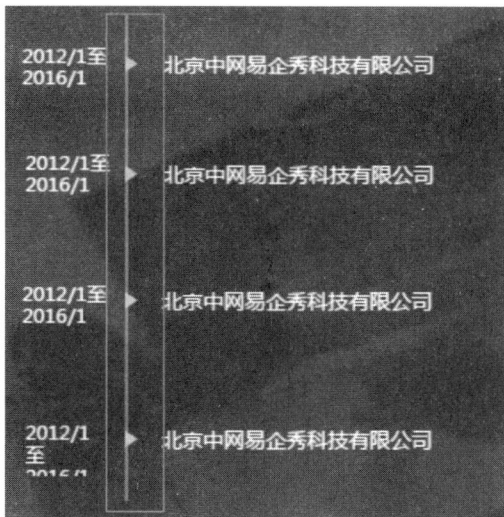

图 6-49　设置工作经历

　　第 6 页附上个人信息和二维码(图 6-50)。可右击"编辑"替换成个人或单位的二维码。

　　到这里,个人简历已经制作完成,可通过扫码来欣赏一下自己的个人简历了。

　　如果想要把自己的个人简历分享给他人,可以单击屏幕右上角的 3 个圆点,分享到微信、微博、QQ 等各大平台,如图 6-51 所示。

二维码链接:
http://h5.eqxiu.com/s/NoRHrX6G

图 6-50　设置个人联系方式和二维码

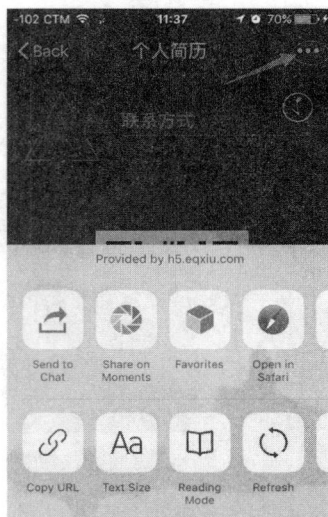

图 6-51　分享界面

第五节　初页自媒体作品制作

　　初页是一种"类似 PPT"的移动端设备(如手机、Pad)展示与传播的 HTML5 页面,制作完成之后可以用手机端的浏览器、微信、QQ 或者贴吧等工具打开。下面以"我的第一个护士节"自媒体作品为例,简述初页的手机制作过程。

一、登录初页

　　在"应用商店"搜索初页 APP,下载并打开,选择你喜欢的方式登录,微信、微博或初页账户皆可(图 6-52)。也可使用电脑制作,搜索初页官网并登录。

图 6-52　初页登录界面

二、设置模板和添加图片

明确自己作品的主题,单击正下方的"＋"号→选模板,选一个合适的模板,然后选择相册中若干张图片素材上传(图 6-53)。

图 6-53 设置模板和添加图片

三、编辑页面文字和图片

作品的大致框架形成后,可以单击左下角"编辑",对于不恰当或不喜欢的内容进行修改,页面下方有"换版式""加新页"等丰富选项(图 6-54)。单击图片,页面下方会出现"换图"等选项,可替换图片;单击文字,页面下方会出现相应文字编辑选项,可编辑文字;单击右上角的"…",可替换音乐、页面排序等操作。

四、预览效果

单击红色播放按钮,预览整体效果,直到对作品满意后单击右下角"完成",即可生成作品,可在"我的"找到。单击"分享",可以将作品以二维码或者链接的形式分享到微信、QQ和微博等平台(图 6-55)。

图 6-54　编辑内容

图 6-55　预览效果

最后请扫码观看初页自媒体作品——纪念我的第一个护士节。

初页自媒体作品

第六节　美篇自媒体作品制作

一、美篇介绍

美篇是一款实用的图文编辑工具，可以发 100 张图片，可以任意添加文字描述、背景音乐和视频，一分钟写出图文并茂的文章。编辑完成之后，用户可自行选择分享到朋友圈，或者其他社交平台。

二、美篇作品制作步骤

下面以制作一个医院病区消防演练的宣传作品为例，来讲解美篇的使用。

（1）单击主界面下方的"＋"号，新建一篇文章（图 6-56）。

（2）选择要导入的图片，选好后点确定（图 6-57）。选择图片的顺序就是导入的顺序。

（3）单击设置标题，给文章取一个名字，如图 6-58、图 6-59 所示。

（4）单击切换图标，在已导入的图片中选择一张作为封面（图 6-60）。封面图片还将成为分享时的缩略图。

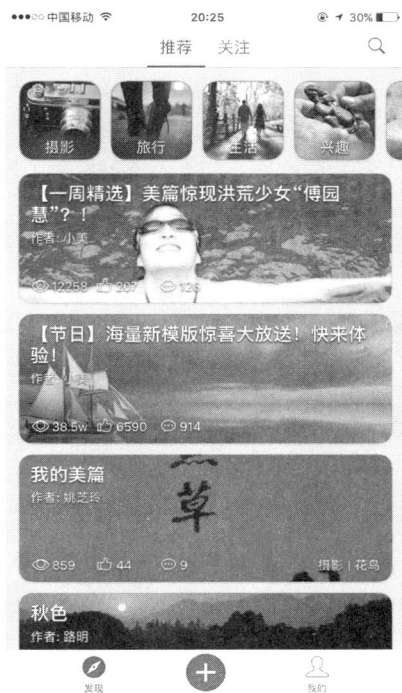

图 6-56　新建文章

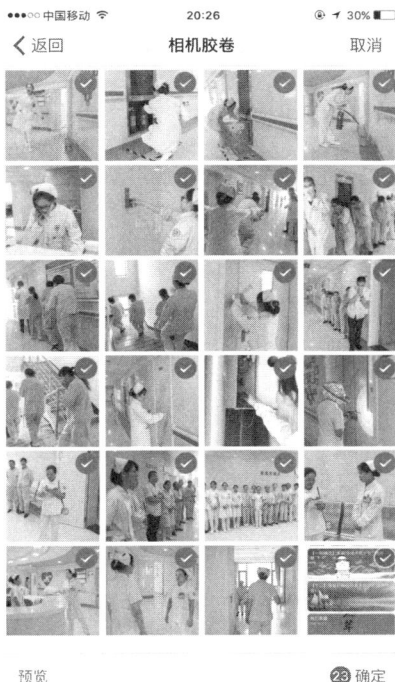

图 6-57　导入图片

图 6-58　设置图片标题

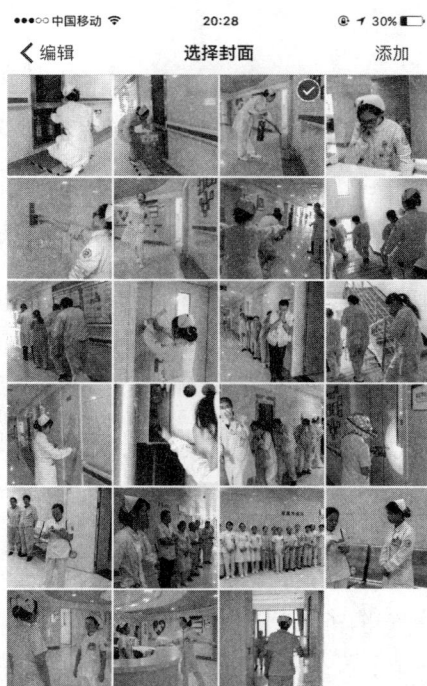

图 6-59　选择封面图片

（5）单击音符图标，可以给文章设置一首背景音乐（图 6-60）。

（6）单击图片后进入图片编辑界面，你可以更换图片，或者对图片进行旋转、裁剪、加滤镜等操作（图 6-61）。

图 6-60　设置背景音乐

图 6-61　图片编辑

（7）单击图片右边的区域，可以给图片增加文字描述（图 6-62）。文字可以设置粗体、大号、居中、彩色等。

（8）在任意位置单击"□"号，会弹出插入选择框，可以插入纯文字、图片或者视频（图 6-63）。

（9）纯文字、图片＋文字均构成一个段落。你可以单击左上角"删除"按钮把段落删除，也可以单击右侧上、下箭头，整体移动段落（图 6-64）。

（10）文章编写完成后，单击右上角"完成"按钮，即可进入预览界面，查看文章最终效果（图 6-65）。

（11）预览时，你可以随时单击右上角操作按钮，对文章进行编辑、复制、删除等（图 6-66）。

（12）单击右下角"模板"按钮，可以给文章设置模板（图 6-67）。

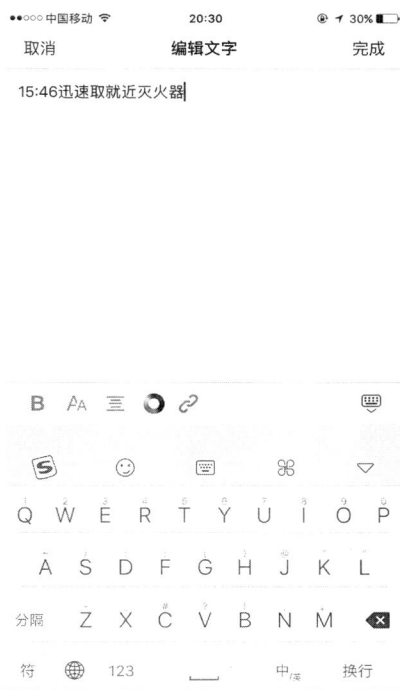

图 6-62　为图片增加文字描述

图 6-63　插入文字、图片、视频

图 6-64 编辑段落

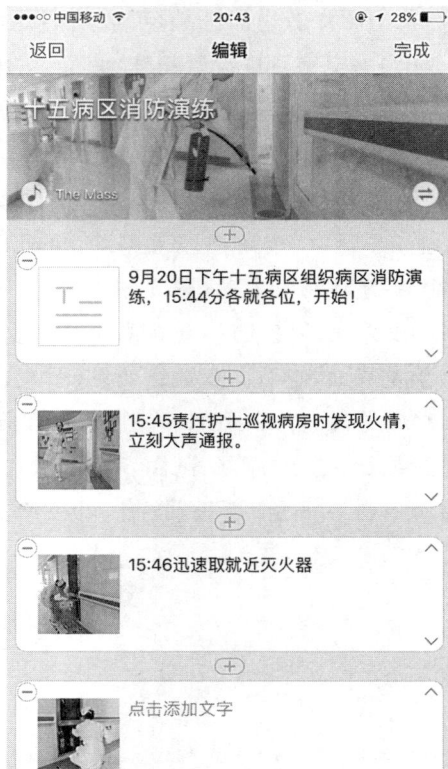

图 6-65 预览文章

图 6-66 编辑文章

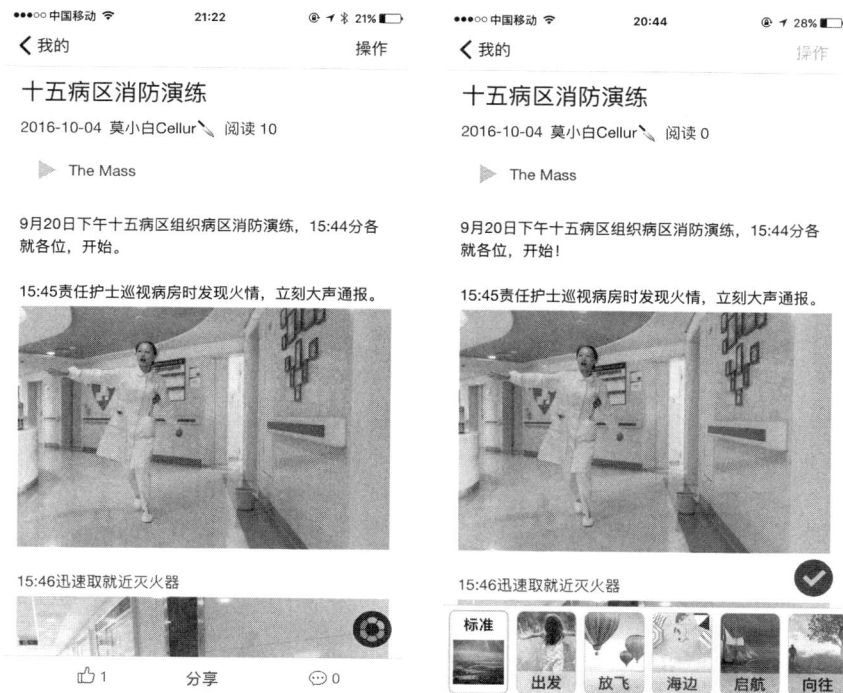

图 6-67 为文章设置模板

三、美篇作品分享

(1)预览满意后,单击"分享"按钮,设置是否公开文章(图 6-68)。

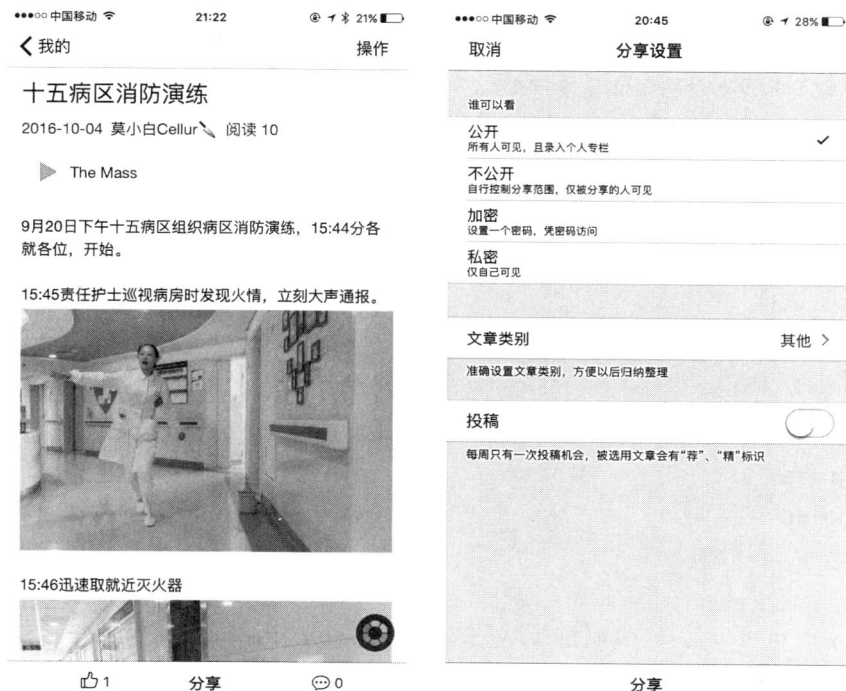

图 6-68 分享设置

（2）选择好是否公开后，美篇会先把你的文章发布到服务器进行保存，然后弹出分享平台选择面板（图 6-69）。

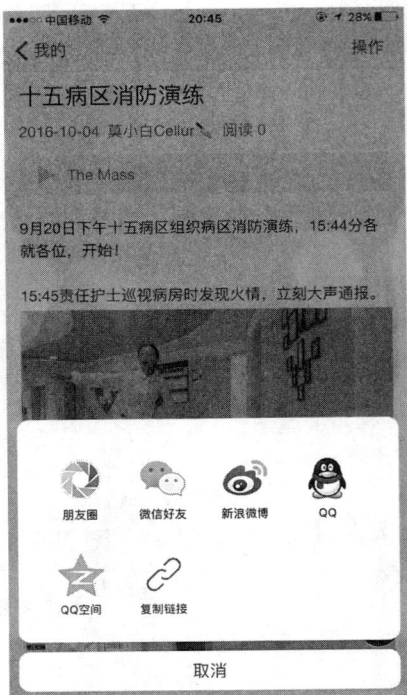

图 6-69　分享界面

（3）选择相应的平台进行分享。比如分享到微信朋友圈，出现如图 6-70 所示的效果。注意：缩略图就是文章的封面图。

（4）标题后面的昵称，是为了与普通公众号文章区别开来，让朋友知道是你自己写的文章。如果不想在标题后加昵称，可以到"设置"→"通用设置"里关闭，如图 6-71 所示。

图 6-70　分享效果

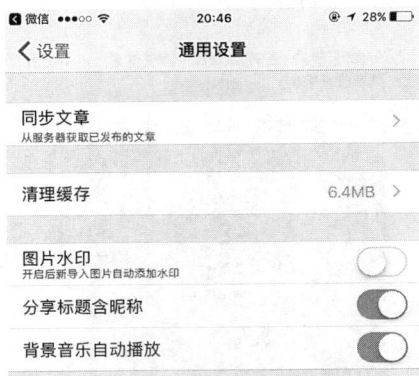

图 6-71　公众号和个人分享效果的区别

（5）分享时也可以选择"复制链接"（图 6-72），然后在任意文字编辑器里面粘贴，即可查看文章网址。可以在电脑上用浏览器输入网址打开文章浏览，并可以使用浏览器的打印或另存为功能保存文章。

图 6-72　分享复制链接

　　(6)已发布的文章,可以再次编辑。单击右上角的"操作"按钮,选择"编辑"即可(图6-73)。完成修改后,在预览页面单击"完成",即可完成文章刷新。之前分享出去的文章内容会同步变化,无须再次分享。

图 6-73　发布分享后的编辑

（7）单击"操作"按钮还可以删除文章，或者修改是否公开。文章一旦删除，已经分享到微信、微博等平台的内容也无法再打开了。

（8）在"我的"页面，下拉刷新，可以看到已发布文章的最新浏览量，以及点赞和评论的数量，如图 6-74 所示。

（9）在"我的"页面，单击右上角"分享专栏"按钮，可以把你的专栏（包含所有公开发布的文章）分享给朋友。

图 6-74　分享专栏

请扫码观看美篇自媒体作品——病区消防演练。

病区消防演练

第七节 电子邀请函(微信移动版)制作

随着网络时代的发展,电子请帖逐渐取代了纸质请帖。它制作方便、款式新颖、发送便捷,充分体现了当代人的个性。如何亲自把自己的照片做成一份独一无二的请帖?下面以婚礼请帖为例来向大家具体介绍制作步骤。

一、新建请帖

打开婚礼纪 APP,选择电子请帖,新建请帖,如图 6-75 所示。

图 6-75 新建请帖

二、选择模板

选择自己喜欢的模板并下载使用,如图 6-76 所示。

三、设置请帖主题信息

填入婚礼信息:新郎新娘姓名、婚礼时间、地址,如图 6-77 所示。必要时可以在地图上标注,方便不熟悉酒店的人导航,最后保存。

图 6-76　选择模板

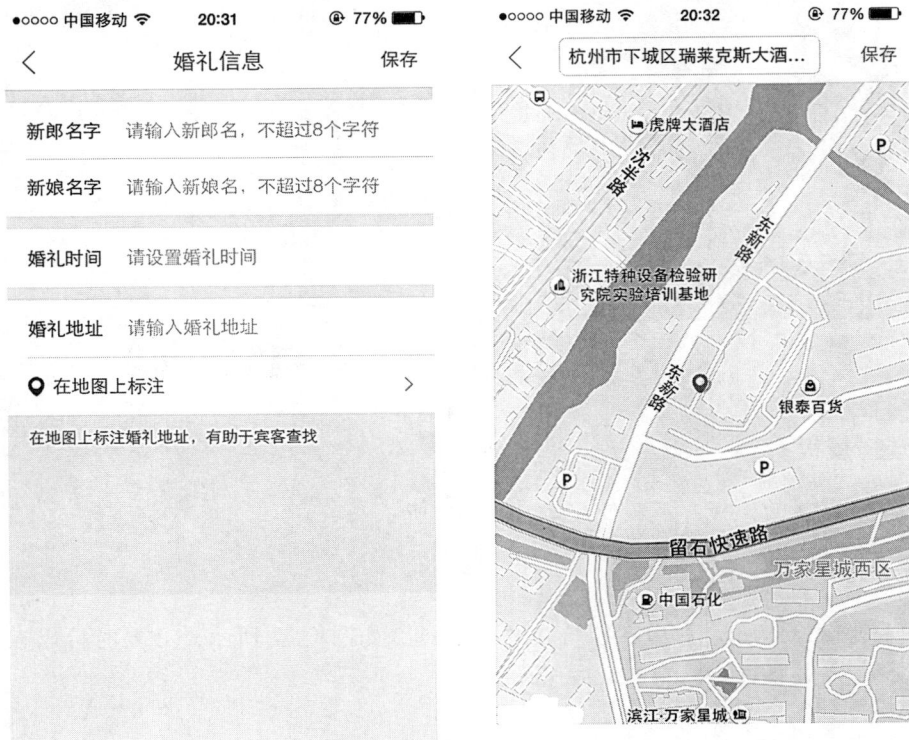

图 6-77　设置主题信息

四、添加请帖图片

编辑请帖内容,选取照片,选择版式,在手机相册中选入中意的照片,可以选一两图或多图,如图 6-78 所示。

图 6-78　添加图片

五、设置请帖音乐

选择自己喜爱的音乐（左下角），并保存，如图 6-79 所示。

图 6-79　设置音乐

六、预览分享请帖

接下来我们可以预览一下刚才制作的请帖，如图 6-80 所示，如果满意了，就分享发送给自己的亲朋好友。

预览请帖

图 6-80　预览发送

第八节　创建个人手机电台

你是否在为无法实现自己的主播梦而暗自神伤？你是否在为无法录制出满意的声音而一筹莫展？你是否在为面对着一个复杂而又陌生的录音软件束手无策？来到喜马拉雅吧，一切问题即将迎刃而解！

一、喜马拉雅 APP 介绍

喜马拉雅电台是中国知名的音频分享平台，海量内容包括有声书、相声段子、音乐、新闻、综艺娱乐、儿童、情感生活、评书、外语、培训讲座、百家讲坛、广播剧、历史人文、电台、商业财经、IT 科技、健康养生、校园电台、汽车、旅游、电影、游戏等 20 多类，上千万条声音。喜马拉雅 APP 是最受欢迎的听书类软件，长期雄踞苹果图书榜第一，是时下最火的网络电台，听书听催眠音乐，让你随时随地听我想听！

利用喜马拉雅 APP 来录制你的声音，制作一个个人电台，非常方便。你只需要一分钟注册一个账号即可在一个拥有亿万流量的公众平台上轻松拥有自己的电台；你只需要握着自己的手机，轻轻按下"录音"按钮，便可随时随地录制上传你的声音；你只需要在录制好声音之后，进入美化声音的页面就可对你的声音进行精心的编辑；那么你是否对如此容易就能实现的主播梦而充满了期待呢？那就赶紧下载一个喜马拉雅 APP，同我一起进入主播的世界，一起来探讨如何快速录制完美音频吧。

二、登录喜马拉雅 APP

进入喜马拉雅 APP，先进入"我"的页面，单击"录音"，你就进入到录音页面了，如图 6-81 所示。

喜马拉雅 APP 下载

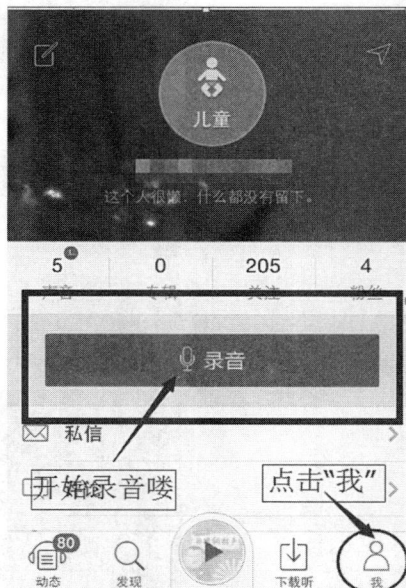

图 6-81　登录喜马拉雅 APP

三、给自己的录音配置图片

你可以插入手机中已有的图片，也可以现拍插入哦。你可以先拍照插入，也可以录完音再拍照，甚至可以边录边拍，如图 6-82 所示。

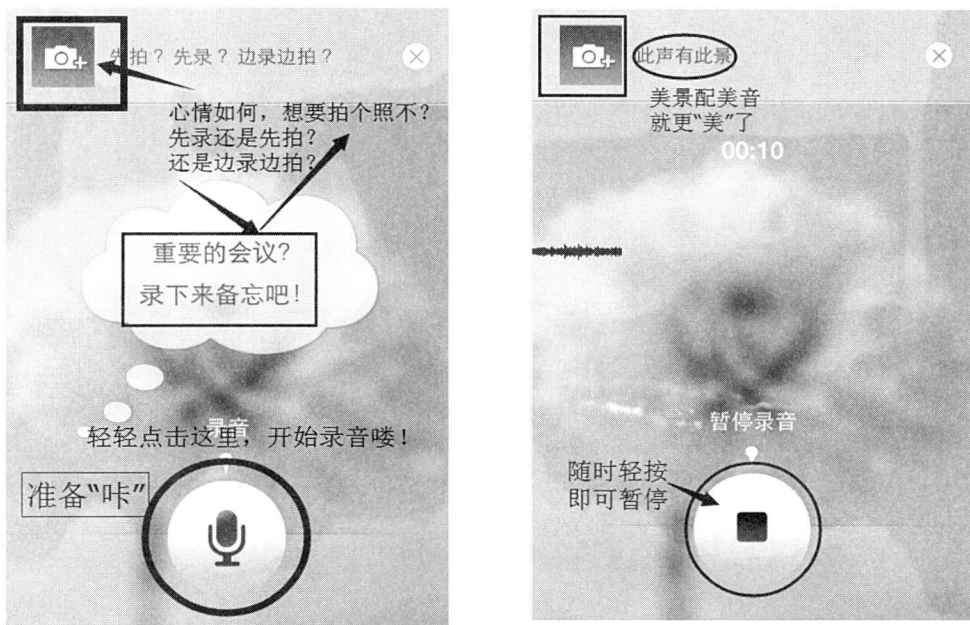

图 6-82　配置图片

插入图片时可以选择从你的手机相册中选择图片上传，也可以现拍上传（图 6-83）。当你上传一张图片后觉得不够的话，单击"＋"可以接着上传，最多可以上传 4 张图片。

四、设置图片的显示方式

这 4 张图片只有在 now playing 页面才会读取；正在播放时，这 4 张图片会以一定的速度轮播。当用户单击图片后，会进入到大图预览模式（图 6-84）。

五、预览和编辑录音

录完声音之后，你可以对录的音频进行试听，如果你对某部分声音不满意可进行剪切，拖动左右两边的"剪刀"，可以调整被剪辑的声音长度（图 6-85）；在调整的过程中，可以试听保留的声音。剪辑完毕后想要补录的话，可以单击"接着录"，丝毫不会影响音频的连贯性。

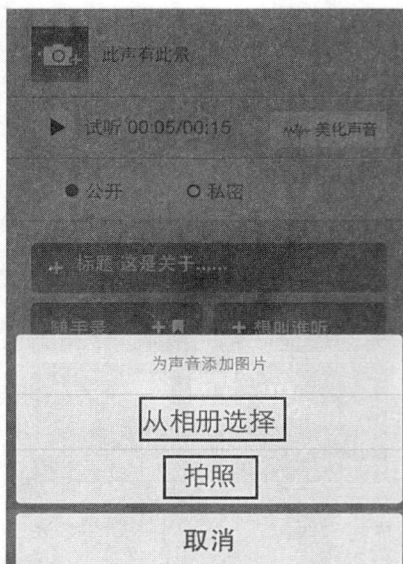

图 6-83　插入图片

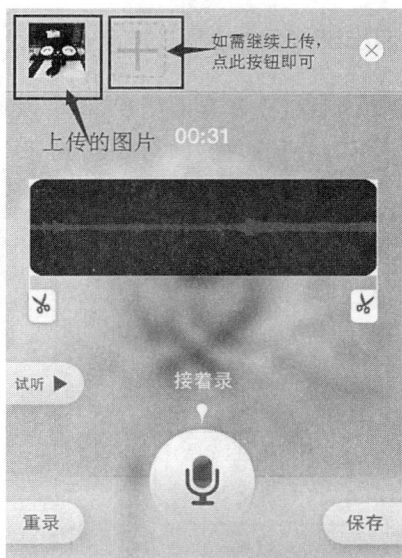

图 6-84　设置图片显示方式

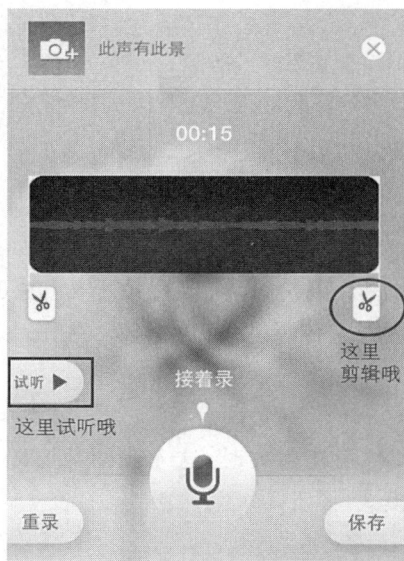

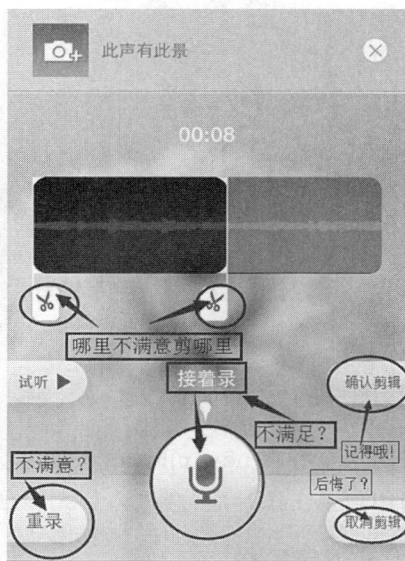

图 6-85　录音和预览

单击"保存",你就成功地创作了一个基本的音频了!

六、美化声音

你在创作并保存了音频后单击"美化声音"按钮,将可以进入声音编辑页面,如图 6-86 所示。

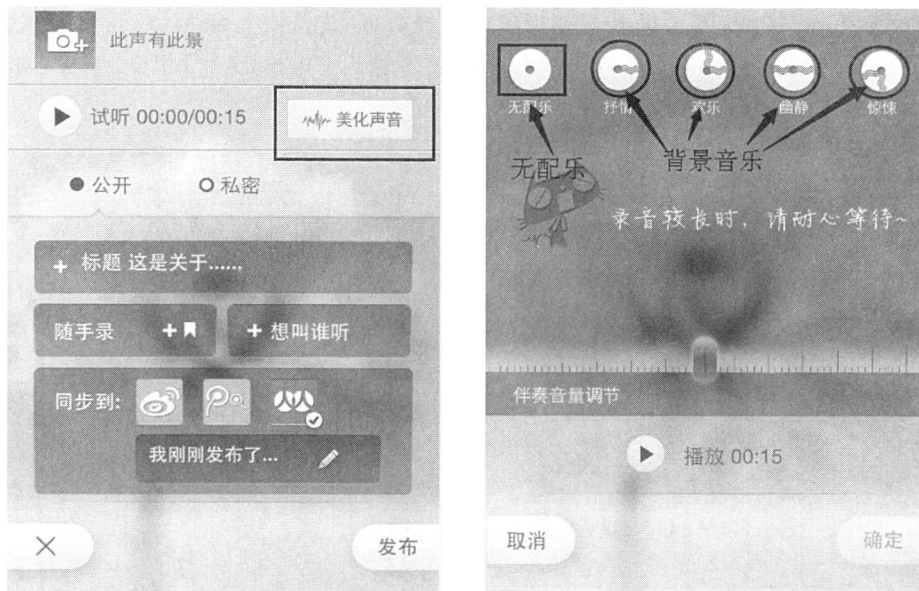

图 6-86　美化声音

　　美化声音主要是对你录的声音进行配乐，主要分五种类型：无配乐、抒情、欢乐、幽静、惊悚（图 6-87）；每种类型下有两首曲子可供选择。在配乐的过程中可通过拉动进度条调节伴奏音量。

图 6-87　美化声音设置

七、创建音频标题

　　单击可编辑标题的标签，会弹出键盘，你可以输入音频的标题，完成后，单击一下"Done"即可，如图 6-88 所示。

单击"随手录"按钮,即可进入音频标签的选择页面,先选择一级标签,再选择二级标签。如果想删除已选定的标签,轻点"随手录",即会出现"×",单击一下即可删除,如图 6-89 所示。

图 6-88　创建声音标题

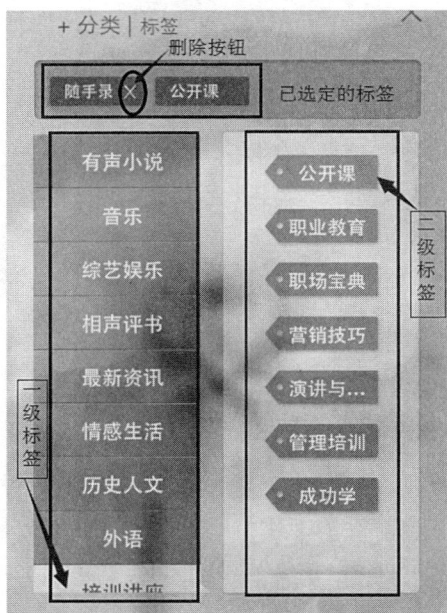

图 6-89　美化声音设置

八、发布音频

发布你的音频有两种选择哦。

(一)公开

当你选择"公开"后,可以选择你的音频可以让谁听到,单击"＋想叫谁听",会进入好友列表中,你可以选择添加好友(此页面默认显示第一个被@的好友头像)(图 6-90);同时,此声音还可以同步分享到新浪或者腾讯微博中去,如果你的账号已经绑定了新浪或腾讯微博,单击则勾选;如没有绑定账号,则单击后首先跳转到账号绑定页面;在发布时你还可以进行文字的编辑,向朋友介绍你的音频。

(二)私密

当你选择"私密"后,你发表的声音只能被你自己看到哦!如图 6-91 所示。

单击"发布",你的声音就成功出现在你的电台了哦!

以上音频的制作仅是基于手机版 APP,此外,你可以通过 PC 客户端或 Web APP 进行声音的录制和上传。PC 版还有一个优点,那就是你能上传你已经录制好储存于电脑(U 盘、手机、iPad 等)中的音频!

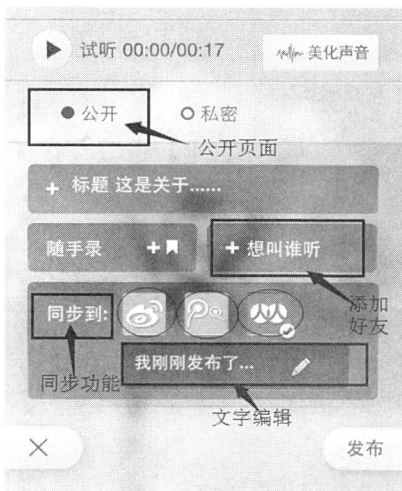

图 6-90　发布公开声音

图 6-91　发布私密声音

九、个人电台欣赏

个人电台欣赏

第九节　自媒体作品欣赏

一、家乡富阳介绍

二、我的高中毕业季

三、历史名城:绍兴

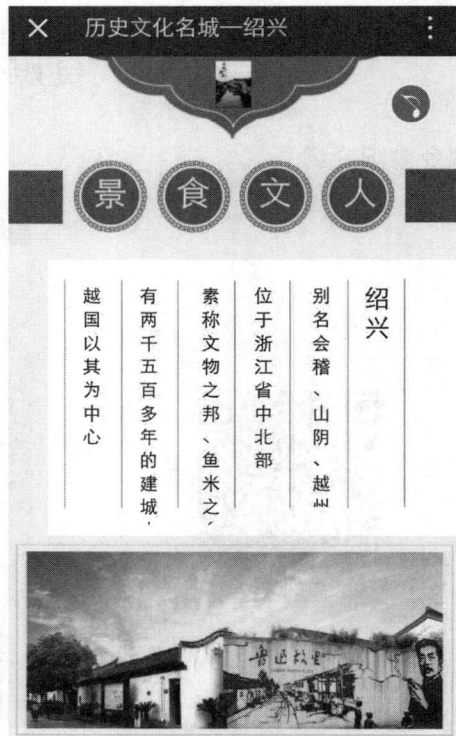

四、献给母亲节的礼物

妈妈是个美人，岁月你别伤害她♥

本章小结

本章讲解了自媒体平台和自媒体工具的概念，并通过自媒体作品制作工具 MAKA、易企秀、初页、美篇等的使用介绍了手机自媒体作品的制作过程，以及手机个人电台的制作，最后展示了部分手机自媒体作品。

习　题

1. 什么是自媒体平台？
2. 自媒体有哪些优势？
3. 请列举常见的自媒体作品制作工具。
4. 请利用自媒体工具制作一个自媒体作品（企业介绍、邀请函、个人简历等都可以）。
5. 请利用喜马拉雅等声音自媒体工具制作一个个人电台或录一首歌。

第七章

网络流媒体技术

　　流媒体(Streaming Media)的出现极大地方便了人们的工作和生活。在地球的另一端，某大学的课堂上，某个教授正在兴致勃勃地传授一门你喜欢的课程，想听？太远！放弃？可惜！没关系，网络时代能满足你的愿望。在网络上找到该在线课程，课程很长，但没关系，只管单击播放，教授的身影很快出现在屏幕上，课程一边播放一边下载，虽然远在天涯，却如亲临现场！除了远程教育，流媒体在视频点播、网络电台、网络视频等方面也有着广泛的应用，如图 7-1 所示。

图 7-1　流媒体应用

　　所谓流媒体，是指采用流式传输方式在网络上播放的媒体格式。流媒体又叫流式媒体，它是指商家用一个视频传送服务器把节目当成数据包发出，传送到网络上。用户通过解压设备对这些数据进行解压后，节目就会像发送前那样显示出来。

第一节　流媒体简介

　　目前，在 Internet/Intranet 上提供流媒体服务的软件中应用广泛、成熟的产品还不多。根据媒体形式的不同，流媒体可分为如下五类：
　　(1)流式音频：网上流式音频主要有数字化声音、音乐和语音识别三种形式，如

ToolVox、Real Audio、Crescendo MIDI 等。

（2）流式视频：如 VDO Net 公司的 VDO Live，CISCO 公司的 IP/TV，XING Technology 公司的 Stream Works 等。

（3）流式动画：如 Macro Media 公司的 Flash 矢量动画。

（4）流式图像：新推出的 Real Player G2 支持的 Real Pix 流式图像文件格式。

（5）流式文本：新推出的 Real Player G2 支持的 Real Text 流式文本文件格式。

一、流媒体系统的组成

流媒体系统包括如图 7-2 所示 5 个方面。

（1）编码工具：用于创建、捕捉和编辑多媒体数据，形成流媒体格式。

（2）流媒体数据：适合进行流式传输的多媒体数据。

（3）服务器：存放和控制流媒体数据。

（4）网络：适合多媒体传输协议甚至实时传输协议的网络。

（5）播放器：供给客户端浏览流媒体文件。

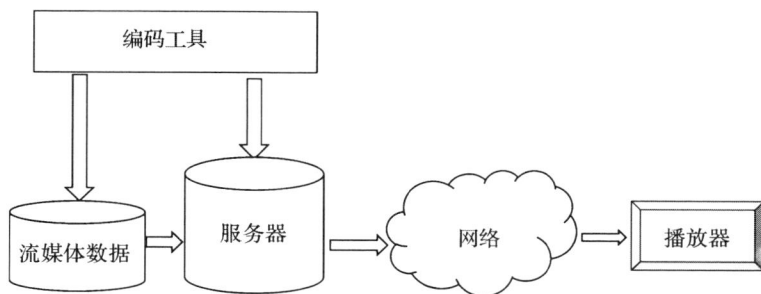

图 7-2　流媒体系统的基本组成

二、常见的流媒体文件压缩形式

常用流媒体有声音流、视频流、文本流、图像流、动画流等，具体符号如下：

RA——实时声音；

RM——实时视频或音频的实时媒体；

RT——实时文本；

RP——实时图像；

SMIL——同步的多重数据类型综合设计文件；

SWF——Micro Media 公司的 Real Flash 和 Shock Wave Flash 动画文件；

RPM——HTML 文件的插件。

数据压缩技术也是流媒体技术的一项重要内容，视频数据的容量往往都非常大，如果不经过压缩或压缩不够，则不仅会增加服务器的负担，更重要的是会占用大量的网络宽带，影响播放效果。因此，如何在保证观看效果或对观看效果影响很小的前提下，最大限度地对流数据进行压缩，是流媒体技术研究的一项重要内容。下面介绍几种主流的音频数据压缩格式。

(一)AVI 格式

AVI(Audio Video Interleave,音频视频交错)是符合 RIFF 文件规范的数字音频与视频文件格式,由 Microsoft 公司开发,目前得到了广泛的应用。AVI 格式支持 256 色和 RLE 压缩,并允许视频和音频交错在一起同步播放。但 AVI 文件并未限定压缩算法,只是提供了作为控制界面的标准,用不同压缩算法生成的 AVI 文件,必须要使用相同的解压缩算法才能解压播放。AVI 文件主要应用在多媒体光盘上,用来保存电影、电视等各种影像信息。

(二)MPEG 格式

MPEG(Moving Picture Experts Group,动态图像专家组)是运动图像压缩算法的国际标准,已几乎被所有的计算机平台共同支持,它采用有损压缩算法减少运动图像中的冗余信息,同时保证每秒 30 帧的图像刷新率。MPEG 标准包括视频压缩、音频压缩和音视频同步 3 个部分。MPEG 音频最典型的应用就是 MP3 音频文件。广泛使用的消费类视频产品(如VCD、DVD)的压缩算法采用的也是 MPEG 标准。

MPEG 压缩算法是针对运动图像而设计的,其基本思路是把视频图像按时间分段,然后采集并保存每一段的第一帧数据,其余各帧只存储相对第一帧发生变化的部分,从而达到了数据压缩的目的。MPEG 采用了两个基本的压缩技术:运动补偿技术(预测编码和插补码)实现了时间上的压缩,离散余弦变换(Discrete Cosine Transformation, DCT)技术实现了空间上的压缩。MPEG 在保证图像和声音质量的前提下,压缩效率非常高,平均压缩比为50：1,最高可达 200：1。

(三)Real Video 格式

Real Video 格式是由 Real Networks 公司开发的一种流式视频文件格式,包含在 Real Media 音频视频压缩规范中,其设计目标是在低速度的广域网上实时传输视频影像。Real Video 可以根据网络的传输速度来决定视频数据的压缩比,从而提高适应能力,充分利用带宽。本章后面介绍的 Real Server 软件就是由 Real Networks 公司提供的,使用的就是 Real Video 格式的视频文件。

Real Video 格式文件的扩展名有 3 种,RA 是音频文件,RM 和 RMVB 是视频文件。RMVB 格式文件具有可变比特率的特性,它在处理较复杂的动态影像时使用较高的采样率,而在处理一般静止画面时则灵活地转换至较低的采样率,从而在不增加文件大小的前提下提高了图像质量。

（四）QuickTime 格式

QuickTime 是由 Apple 公司开发的一种音视频数据压缩格式，得到了 Mac OS、Microsoft Windows 等主流操作系统的支持。QuickTime 文件格式提供了 150 多种视频效果，支持 25 位彩色，支持 RLE、JPEG 等领先的集成压缩技术。此外，QuickTime 还强化了对 Internet 应用的支持，并采用一种虚拟现实技术，使用户可以通过鼠标或键盘的交互式控制，观察某一地点周围 360°的景象，或者从空间的任何角度观察某一物体。QuickTime 以其领先的多媒体技术和跨平台特性、较小的存储空间要求、技术细节的独立性以及系统的高度开放性，得到了业界的广泛认可。QuickTime 格式文件的扩展是 MOV 或 QT。

（五）ASF 和 WMV 格式

ASF（Advanced Streaming Format，高级流媒体格式）是由 Microsoft 公司推出的一种在 Internet 上实时传播多媒体数据的技术标准，提供了本地或网络回放、可扩充的媒体类型、部件下载以及可扩展性等功能。ASF 的应用平台是 Net Show 服务器和 Net Show 播放器。

WMV（Windows Media Video）也是 Microsoft 公司推出的一种流媒体格式，它是以 ASF 为基础升级扩展后得到的。在同等视频质量下，WMV 格式的体积非常小，因此很适合在网上播放和传输。WMV 文件一般同时包含视频和音频两部分，视频部分使用 Windows Media Video 编码，而音频部分使用 Windows Media Audio 编码。音频文件可以独立存在，其扩展名是 WMA。

三、流媒体技术

流媒体技术也称流式媒体技术。所谓流媒体技术，就是把连续的影像和声音信息经过压缩处理后放到网站服务器，由视频服务器向用户终端设备顺序或实时地传送各个压缩包，让用户一边下载一边观看、收听，而不需要等整个压缩文件下载到自己的计算机上才可以观看的网络传输技术。该技术先在用户端的终端设备上创建一个缓冲区，在播放前预先下一段数据作为缓冲，在网络实际传输速度小于播放速度时，播放程序就会取用一小段缓冲区内的数据，这样可以避免播放的中断，也保证播放品质。

（一）流媒体传输

流媒体是指利用流式传输技术传送的音频、视频等连续媒体数据，它的核心是串流（Streaming）技术和数据压缩技术，具有连续性、实时性、时序性 3 个特点，可以使用顺序流式传输和实时流式传输两种传输方式。流式传输基本原理如图 7-3 所示。

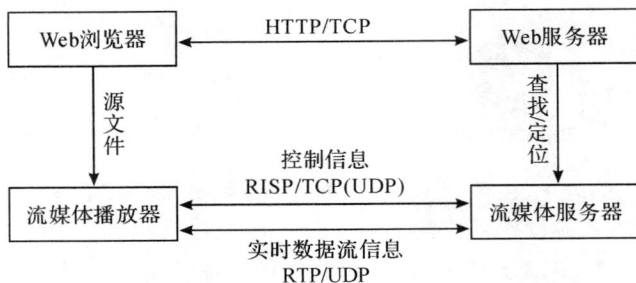

图 7-3　流式传输基本原理

1. 顺序流式传输

顺序流式传输是顺序下载，在下载文件的同时用户可观看在线媒体，在给定时刻，用户只能观看已下载的那部分，而不能跳到还未下载的前头部分。顺序流式传输不像实时流式传输那样在传输期间根据用户连接的速度做调整。由于标准的 HTTP 服务器可发送这种形式的文件，也不需要其他特殊协议，所以它经常被称作 HTTP 流式传输。顺序流式传输比较适合高质量的短片段，如片头、片尾和广告等，由于这些文件在播放前观看的部分是无损下载的，所以这种方法保证了电影播放的最终质量。这意味着用户在观看前，必须经历延迟，对较慢的连接尤其如此。对通过调制解调器发布短片段，顺序流式传输显得很实用，它允许用比调制解调器更高的数据速度创建视频片段。尽管有延迟，但还是有优势的，毕竟可让你发布较高质量的视频片段。顺序流式文件是放在标准 HTTP 或 FTP 服务器上的，易于管理，基本上与防火墙无关。顺序流式传输不适合长片段和有随机访问要求的视频，如讲座、演说与演示等。它也不支持现场广播，严格说来，它是一种点播技术。

2. 实时流式传输

实时流式传输指保证媒体信号带宽与网络连接匹配，使媒体可被实时观看到。实时流与 HTTP 流传输不同，它需要专用的流媒体服务器与传输协议。实时流式传输总是实时传送，特别适合现场事件，也支持随机访问，用户可快进或后退以观看前面或后面的内容。理论上，实时流一经播放就可不停止，但实际上，可能发生周期暂停。实时流式传输必须匹配连接带宽，这意味着在以调制解调器速度连接时图像质量较差。而且，由于出错丢失的信息被忽略掉，所以当网络拥挤或出现问题时视频质量很差。如欲保证视频质量，顺序流式传输也许更好。实时流式传输需要特定服务器，如 QuickTime Streaming Server、Real Server 与 Windows Media Server。这些服务器允许你对媒体进行更多级别的控制，因而系统设置、管理比标准 HTTP 服务器更复杂。实时流式传输还需要特殊网络协议，如 RTSP（Real Time Streaming Protocol）或 MMS（Microsoft Media Server）。这些协议在有防火墙时有时会出现问题，导致用户不能看到一些地点的实时内容。

（二）流媒体播放方式

流媒体播放方式主要有三种：单播（Unicast）、广播（Broadcast）和组播（Multicast，又称为多址广播）。

1. 单播方式

当采用单播方式时，每个客户端都与流媒体服务器建立了一个单独的数据通道，从服务器发送的每个数据包都只能传给一台客户机。对用户来说，单播方式可以满足自己的个性化要求,可以根据需要随时使用停止、暂停、快进等控制功能。但对服务器来说,单播方式无疑会带来沉重的负担,因为它必须为每个用户提供单独的查询服务,向每个用户发送所申请的数据包复制。当用户数很多时,对网络速度、服务器性能的要求都很高。如果这些性能不能满足要求,就会造成播放停顿,甚至停止播放。

2.广播方式

承载流数据的网络报文还可以使用广播方式发送给子网上所有的用户,此时,所有的用户同时接收一样的流数据,因此,服务器只需要发送一份数据包复制就可以为子网上所有的用户服务,大大减轻了服务器的负担。但此时,客户机只能被动地接受流数据,而不能控制流,也就是说,用户不能暂停、快进或后退所播放的内容,而且,用户也不能对节目进行选择。

3.组播方式

单播方式虽然为用户提供了最大的灵活性,但网络和服务器的负担很重。广播方式虽然可以减轻服务器的负担,但用户不能选择播放内容,只能被动地接收流数据。组播吸取了上述两种传输方式的长处,可以将数据包复制发送给需要的多个客户,而不是像单播方式那样复制数据包的多个文件到网络上,也不是像广播方式那样将数据包发送给那些不需要的客户,保证数据包占用最小的网络带宽。当然,组播方式需要在具有组播能力的网络上使用。

(三)新兴流媒体技术

1.高效的编码技术

流媒体系统中的多媒体数据要通过网络来传输给用户,高效的编码技术可以极大地降低流媒体系统对网络宽带的要求。目前,标准化和商业化的视频编码技术都是基于运动补偿技术和离散余弦变换技术的,从早期的 MPEG-1 和 H.261,到最新的 MPEG-4、AVC/H.264 和 Windows Media 视频编码器都采用了这个框架。在这个框架中,运动估计和补偿模块用来消除相邻图像间的冗余信息,熵编码模块用来消除编码信号的冗余性,变换量化模块根据人的视觉系统对视频信号的细微变化的不敏感性丢失部分信息,从而提高压缩比。

2.可伸缩性编码技术

目前在流媒体系统中使用的编码技术都是生成固定码率的码流,它们很难适应如此复杂的网络宽带的波动,一个有效的解决方法是采用可伸缩性的视频编码,MPEG-4 和 H.263 标准中就包含了分层的可伸缩性的视频编码,它们提供一定的适应网络宽带变化的能力,但是在流媒体应用中人们更期待视频编码技术能提供精细的码流可伸缩性,MPEG-4 FGS 就是一种这样的编码技术。目前,MPEG-21 可伸缩性视频编码组正在研究两套编码方案:高效的 FGS 编码方案和 3D 小波编码方案。

3.多媒体标准技术

多媒体编码标准在流媒体里是至关重要的。一方面,标准的制定和执行可以确保不同厂家和服务商之间可以互联互通;另一方面,标准里的知识产权也是商家的必争之处。掌握了标准里的知识产权,在竞争的时候就有很大的主动权。所以很多商家乃至政府部门都在全力推出自己的知识产权到各种国际标准里去。

4.对等(Peer-to-Peer,P2P)技术

P2P 技术主要是指由硬件形成连接后的信息控制技术。它是当前互联网上较热门的技术,已应用到网络文件共享。

（四）流媒体需解决的技术问题

流媒体技术不是一种单一的技术，它是网络技术及视音频技术的有机结合。在网络上实现流媒体技术，需要解决流媒体的制作、发布、传输及播放等方面的问题，而这些问题则需要利用视音频技术及网络技术来解决。

1. 流媒体制作技术方面需解决的问题

在网上进行流媒体传输，所传输的文件必须制作成适合流媒体传输的流媒体格式文件，这是因为采用通常格式存储的多媒体文件非常大，若要在现有的窄带网络上传输需要花费相当长的时间，若遇网络繁忙，还将造成传输中断。另外，通常格式的流媒体也不能按流媒体传输协议进行传输。因此，对需要进行流媒体格式传输的文件应进行预处理，将文件压缩生成流媒体格式文件。这里应注意两点：一是选用适当的压缩算法进行压缩，这样生成的文件较小；二是需要向文件中添加流式信息。

2. 流媒体传输方面需解决的问题

流媒体的传输需要合适的传输协议，在 Internet 上的文件大部分是建立在 TCP 协议的基础上传输的，也有一些是以 FTP 传输协议的方式进行传输的，但采用这些传输协议都不能实现实时方式的传输。随着流媒体技术的深入研究，目前比较成熟的流媒体传输一般都是采用建立在 UDP 协议上的 RTP/RTSP 实时传输协议。

为何要在 UDP 协议而不在 TCP 协议上进行实时数据的传输呢？这是因为 UDP 和 TCP 协议在实现数据传输时的可靠性有很大的区别。TCP 协议中包含了专门的数据传送校验机制，当数据接受方收到数据后，将自动向发送方发出确认信息，发送方在接收到确认信息后才继续传送数据，否则将一直处于等待状态。而 UDP 协议则不同，UDP 协议本身并不能做任何校验。由此可以看出，TCP 协议注重传输质量，而 UDP 协议则注重传输速度。因此，对于对传输质量要求不是很高，而对传输速度有很高要求的视音频流媒体文件来说，采用 UDP 协议则更合适。

3. 流媒体传输过程中需要缓存的支持

因为 Internet 是以包为单位进行异步传输的，所以多媒体数据在传输中要被分解成许多包，由于网络传输的不稳定性，各个包选择的路由不同，所以到达客户端的时间次序可能发生改变，甚至产生丢包的现象。为此，必须采用缓存技术来纠正由于数据到达次序发生改变而产生的混乱状况，利用缓存对到达的数据包进行正确排序，从而使视音频数据能连续正确地播放。缓存中存储的是某一段时间内的数据，数据在缓存中存放是暂时的，缓存中的数据也是动态的，不断更新的，流媒体在播放时不断读取缓存中的数据进行播放，播放完后该数据便被立即清除，新的数据将存入缓存中。因此，在播放流媒体文件时并不需占用太大的缓存空间。

4. 流媒体播放方面需解决的问题

流媒体播放需要浏览器的支持。在通常情况下，浏览器是采用 MIME 来识别各种不同的简单文件格式，所有的 Web 浏览器都是基于 HTTP 协议，而 HTTP 协议都内建有 MIME，所以 Web 浏览器能够通过 HTTP 协议中内建的 MIME 来标记 Web 上众多的多媒体文件格式，包括各种流媒体格式。

第二节　流媒体的发展

Internet/Intranet 上使用较多的流媒体技术主要有 Real Networks 公司的 Real System、Microsoft 公司的 Windows Media Technology 和 Apple 公司的 QuickTime，它们是当今流媒体传输系统的主流技术。流媒体技术已经广泛地应用于远程教育、远程医疗、网络电台、视频点播、收费播放、娱乐、电子商务、视频会议、客户支持等。在国内，流媒体技术在国外成熟技术的基础上逐步扩大应用，诸如网上现场直播、网上教育系统、网上手术数字化直播系统等，它们的体系结构是类似的。

一、流媒体的特点

流媒体的出现实现了从简单的文字和图片传输到音频和视频传播的过渡，这是传播科技的一次革新。

流媒体传输继承了传统广电传播多维、生动、具象的特点，使得以文字、图片为主体的网络新闻一改往日单维、静止、抽象的形象，推动了诸多媒体相互叠加并且高度融合的多维传播时代的到来，大大增加了传统新闻报道的深度和广度。

流媒体颠覆了传统广电的线性传播模式，实现了单向传播向双向互动传播的过渡，这样不仅可以避免线性传播模式下节目内容选择性和保存性差的劣势，而且网络受众在接收流媒体信息的同时，还可以与传播方进行及时的沟通交流或者任意调看相关的资料信息。流媒体的这种"推拉结合"模式既保障快速供给，又能及时地对信息进行梳理、分类，大大方便了人们的日常生活。正是在这个基础上，大众接纳了流媒体这个新事物，流媒体也适时抓住了这个发展机遇，呈现出了广阔的发展空间。

二、流媒体的三大应用

在实时应用中（如现场流媒体广播），流媒体根据当前的网络状况和用户的终端参数，多媒体数据是一边被编码一边被流媒体服务器传输给用户。而在其他的非实时应用中，多媒体数据可以被事先编码生成多媒体文件，存储在磁盘阵列中。当提供多媒体服务时，流媒体服务器直接读取这些文件传输给用户，这种服务方式对设备的要求较低。目前，许多流媒体服务属于后一种方式，这样就要求流媒体服务器具有一定的机制来适应网络状况和用户设备。

流媒体技术主要有三大应用。

（一）网络视频直播

目前，流媒体技术作为第四代媒体技术中的一种，很多大型的新闻娱乐媒体，如中央电视台和一些地方电视台等，都在互联网上提供基于流媒体技术的节目。流媒体的视频直播应用突破了网络带宽的限制，实现了在低带宽环境下的高质量影音传输，其中的智能流技术保证不同连接速率下的用户可以随时随地应用流媒体技术在网络上观看多媒体信息，如图7-4 所示。

图 7-4　网络视频直播

(二)远程教育

Internet 的使用开创了远程教育的里程碑,它促进了远程教育中的教学资源传递日趋现代化,这种教育形式能跨越校界、区界甚至国界。流媒体技术克服了传统的远程教育以文本为主、没有声音和视频的弊端,解决了教学模式单一、交互性差的问题。教学模式多样化体现在教师的在线直播授课和观看授课视频,学员可以有针对性地选择想要学习的章节和内容,极大地提高了学习的效率。此外,流媒体技术也使远程教育的交互性大大增强,不再局限于 E-mail、在线聊天、BBS 等。采用流媒体技术,把流式视频、音频加入答疑系统将提高它的完整性和交互能力。流媒体的视频点播(Video On Demand,VOD)技术还可以进行交互式教学,达到因材施教的目的。像 Flash、Shock Wave 等技术就经常被应用到网络教学中。学生可以通过网络共享学习经验。大型企业可以利用基于流媒体技术的远程教育对员工进行培训,如图 7-5 所示。

图 7-5　远程教育

(三)视频点播及电视电话会议

视频会议系统指通过互联网或者其他数据网络开展的一种交互式多媒体通信业务。视频会议系统与流媒体技术相结合,利用流媒体技术良好的可访问性、可扩展性和对带宽的有效利用性,实现视频会议内容的广播和录播,并且由于流媒体终端播放软件大多是免费的,因此利用流媒体机制,如点对点(Unicast)、多址广播(Multicast)和广播(Broadcast)可以很好地满足视频会议的上述需求。可以使大量的授权流媒体用户参加到视频会议中,扩大了会议的规模和覆盖面,而且利用流媒体技术的记录功能,视频会议在召开完以后可以实时存储,流媒体用户就可以通过点播的方式来访问会议内容,如图 7-6 所示。

图 7-6 视频会议

三、流媒体的新应用

(一)IPTV

IPTV,也叫交互式网络电视,就是利用流媒体技术通过网络宽带传输数字电视信号给用户,这种应用有效地将电视、电信和 PC 三个领域结合在一起,具有很强的发展前景。IPTV 可以采用两种不同的方式提供用户电视服务,即组播或视频点播方式,如图 7-7 所示。

图 7-7 交互式网络电视

(二)无线流媒体

2.5G、3G 以及 4G 无线网络的发展也使得流媒体技术可以被用到无线终端设备上,目前中国联通公司提供第一代技术码分多址(Code Division Multiple Access,CDMA),用户网络宽带最多可以达到 100kb/s。这已经足够提供四分之一公共中间格式(Quarter Common Intermediate Format,QCIF)的流媒体服务;而且随着 3G 无线网络的应用,用户的网络宽带可以达到 384kb/s。另一方面,手持设备运算能力越来越强,存储空间越来越大,不用说 SMART Phone 和 Pocket PC 等高端手机,就是一般的中档手机(图 7-8),如 NOKIA 6610,也能实现基本的 H.264 的软件解码。

（三）电子家庭

现代家庭中越来越多的设备可以用来采集、接收、发送和播放多媒体数据（图 7-9），并且家庭中的网络连接也是多样化的，所有这些设备所收到的多媒体数据如何在家庭网络和设备间共享，为流媒体的发展提供了一个更大的舞台，真正实现一种无所不在、随心所欲的多媒体服务，让多媒体数据真正地像液体一样自由流动起来。流媒体在家庭网络应用中的关键是如何使多媒体数据能够适应不

图 7-8　智能手机

同设备的能力，如在电视和 PC 中播放的视频大小可能是标清甚至是高清的，但是同样的内容就可能需要经过流媒体系统的有效转换才能成为手持设备上播放的媒体。

图 7-9　家庭流媒体系统

四、移动流媒体

移动流媒体是在移动设备上实现的视频播放功能，一般情况下移动流媒体的播放格式是 3GPP 格式，现在流行的智能手机（如 Android、iOS、Windows Mobile 等）上都可以下载流媒体播放器实现流媒体播放。

（一）移动流媒体的特点

移动流媒体除了具有流媒体本身具有的特点外，为了使其能够适应无线网络环境，以及移动设备存储空间相对较小的特点，播放流媒体文件不需要在客户端进行保存，这样减少了对客户端存储空间的要求，也减少了缓存容量的要求，从而也在一定程度上解决了媒体文件的版权保护问题。

2.5G、3G、4G 等无线网络的发展也使得流媒体技术可以被用到无线终端设备上，特别是 4G 用户无线网络接入宽带的提高，移动流媒体技术所封装出的产品将会成为 4G 中的主要应用。

（二）移动流媒体的应用

流媒体应用形式可以简单分为 3 类：点播型应用、直播型应用和会议型应用。

在点播型应用中，一般点播内容存放在服务器上，根据需要进行发布。在同一时间可多点点播相同或不同的节目，即多个终端可在不同的地点、不同的时刻，实时、交互式地点播同一流媒体文件，用户可以通过门户查看和选择内容进行点播。根据用户的需要，点播过程中还可以实现播放、停止、暂停、快进、后退等功能。

在直播服务模式下，用户只能观看播放的内容，无法进行控制。

会议型应用类似于直播型应用，但是两者有不同的要求，如会议型应用需要双向通信

等。这就需要双方都有媒体采集的硬件和软件，还有流传输技术。会议型应用有时候不需要很高的音/视频质量。

移动流媒体应用包括以下几个主要方面：

（1）信息服务：包括财经信息、新闻和即时体育播报、天气信息等服务。用户只需通过简单的接入门户站点即可获取大量信息，也可以通过订阅的方式使用信息推送服务。信息的内容可以以流媒体的方式提供。

（2）娱乐服务：包括卡通、音频、视频以及电视节目的精彩片段下载播放和在线播放。还可以提供移动游戏、用手机看电视等服务。

（3）通信服务：包括含有流媒体内容的彩信、视频电话/会议等，使人们的沟通更加方便，更为丰富多彩。

（4）监控服务：主要包括交通监控和家庭监控。交通监控使交通部门能够实时查看高速公路和主要道路的交通状况，可查看指定道路区间的路况，并可在途中通过定位服务来检查各路段的交通情况。家庭监控可以实时监视家庭和办公室的情况。只需安装基于 Web 的数字视频相机，并连接到 Internet 上就可以通过移动终端或 PC 监视家庭或办公室。

（5）定位服务：可用来提供地图和向导服务，并且可以预览风景名胜、预订饭店和电影票等。未来几年，将会随着网络和终端的不断发展而使移动流媒体业务得到很大的发展。

（三）移动流媒体存在的问题

（1）"手机电视"无线网络带宽资源问题：每一用户使用直播都需要占用信道资源，"手机电视"运营成本高。因此，需要有公共信道提供"手机电视"服务，降低运营成本。

（2）漫游问题：由于手机终端上的数据传输采用 UDP，在目前中国移动运营商采用用户使用漫游地的 GGSN 的模式下，如何解决用户在漫游状态使用流媒体业务问题需要运营商统一考虑。

（3）媒体内容分发问题：由于流媒体对资源占用较多，在有线网络上传输流媒体面临着诸多问题，如网络拥塞、服务器超载等。为了解决这些问题，Internet 领域的流媒体业务应用采用了内容发布（Content Delivery Network，CDN）技术。移动流媒体在用户增长到一定数量时，同样有此类问题。移动流媒体内容分发网络（Mobile Streaming Media Content Delivery Network，MSM-CDN）的概念应运而生。

（4）容错问题：相对于有线网络而言，无线网络状况更不稳定，除网络流量所造成的传输率的波动外，无线终端移动速度和所在位置也会严重地影响到传输速率，因此高效的可自适应的编码技术至关重要。但是高压缩的码流对传输错误非常敏感，还会造成错误向后面的图像扩散。因此，移动流媒体在信源和信道编码上需要很好的容错技术。

（5）移动终端的电池有限问题：尽管手持设备的运算能力越来越强，但是由于它是由电池供电的，因此编解码处理不能太复杂，并且最好能够根据用户设备的电池来调整流媒体的接收和处理。能源管理技术也是移动流媒体的一个研究热点。

第三节　P2P 流媒体

P2P 又被称为"点对点"。P2P 技术是一种网络新技术，依赖网络中的参与者的计算能力和宽带，而不是把依赖都聚集在较少的几台服务器上。基于 P2P 的流媒体技术是一项非常有前途的技术,该技术有两方面的优点:不需要互联网路由器和网络基础设施的支持,因此性价比高且易于部署;流媒体用户不只是下载媒体流,还把媒体流上传给其他客户,因此这种方法可以扩大用户组的规模,且由更多的需求带来更多的资源。由于 P2P 流媒体系统中的节点存在不稳定性,因此 P2P 流媒体必须在文件定位技术、节点选择技术、容错以及安全机制方面有所突破。此外,在如何管理节点并建立发布树、如何应对不可预知的节点失效、如何适应网络状态变化方面也面临着一些挑战。

一、P2P 流媒体系统播送方式及软件

P2P 流媒体系统按照其播送方式可分为直播系统和点播系统,此外,近期还出现了一些既可以提供直播服务也可以提供点播服务的 P2P 流媒体系统。

(一)直播

在流媒体直播服务中,用户只能按照节目列表收看当前正在播放的节目。在直播领域,交互性较少,技术实现相对简单,因此 P2P 技术在直播服务中发展迅速。2004 年,香港科技大学开发的 Cool Streaming 原型系统将高可扩展和高可靠性的网状多播协议应用在 P2P 直播系统中,被誉为流媒体直播方面发展的里程碑,后期出现的 PPLive 和 PPStream 等系统都沿用了其网状多播模式。

P2P 直播最能体现 P2P 的价值,用户观看同一个节目,内容趋同,因此可以充分利用 P2P 的传递能力,理论上,在上/下行带宽对等的基础上,在线用户数可以无限扩展。

(二)点播

与直播领域相对应,在 P2P 流媒体点播服务中,用户可以选择节目列表中的任意节目观看。在点播领域,P2P 技术的发展速度相对缓慢,一方面是因为点播中的高度交互性实现的复杂程度较高,另一方面是节目源版权因素对 P2P 点播技术的阻碍。

目前,P2P 点播技术主要朝着适用于点播的应用层传输协议技术、底层编码技术以及数字版权技术等方面发展。与 P2P 流媒体直播终端不同,P2P 流媒体点播终端必须拥有硬盘,其成本高于直播终端。目前 P2P 点播系统还需在技术上进一步探索,期望大规模分布式数字版权保护(DRM)系统的研究,以及底层编码技术的发展能为 P2P 点播系统的发展铺平道路。

(三)播放软件

沈阳仁业软件有限公司开发的一款 P2P 直播软件经过了大容量压力测试,在 3000 人同时在线的情况下播放 400K 码流的节目,服务端 CPU 消耗约 5%,宽带消耗小于 4M。最高测试播放 700K 的码流,也基本可以满足要求。鉴于 ADSL 用户的上行宽带只有 512K,实际可用一般小于 500K,但能够播放 800K 码流是因为一部分通过 LAN 上网的 P2P 用户做出了重要的贡献。

目前较为流行的 P2P 视频类软件有 PPTV、暴风影音、爱奇艺 PPS 影音、乐视视频、影音先锋等。

1.  PPTV 网络电视是一款全球安装量最大的视频播放客户端,内含大量欧美大片、热门影视、娱乐、体育、资讯、游戏等视频内容(图 7-10)。支持 P2P 传输,越多人观看越

流畅,是超多用户上网装机必备软件!

图 7-10 PPTV 网络电视

2. 暴风影音是一款播放能力强大的视频播放器,它兼容时下主流的视频和音频格式。暴风影音播放的文件清晰流畅,当有文件不可播时,只要单击右上角的"播"就能启动视频解码器和音频解码器的功能,切换视频的最佳三种解码方式,如图 7-11 所示。

图 7-11 暴风影音

3.　爱奇艺 PPS 影音是全球首款集 P2P 直播、点播于一体的网络视频软件,用户可以用爱奇艺 PPS 影音在线收看电影、电视剧、体育直播、游戏竞技、动漫、综艺、新闻、财经资讯等节目(图 7-12)。爱奇艺 PPS 影音是基于 P2P 技术的流媒体大规模应用解决方案,包括流媒体编码、发布、广播、播放和超大规模用户直播功能,能够为用户提供稳定、流畅的视频直播节目。还采用了全新的 P2P-Streaming 技术,具有用户越多播放越稳定、支持数万人同时在线大规模访问等特点。爱奇艺 PPS 影音让用户观看视频流畅又清晰!

图 7-12　爱奇艺 PPS 影音

4.　乐视视频是一款基于 P2P 的以正版、高清影视剧为主的网络视频软件,支持对丰富高清影视内容的直播、点播,能够保证用户更流畅、更稳定地观看清晰视频节目(图 7-13)。软件中全部片子均是按照年份分类,查找方便,并且可以享受 VIP 包月观看高清影视剧的特权。最新版支持用户上传功能,具备本地转码、断点续传、带宽自适应等特点。

图 7-13　乐视视频

5. 影音先锋影音播放器采用最新的 P2P 云 3D 技术,使视听体验得到全面提升 (图 7-14)。支持在线播放视频和音频,支持与下载工具结合边下载、边播放。

图 7-14　影音先锋

二、流媒体系统网络结构

目前存在很多 P2P 流媒体的研究成果及实际系统,在其覆盖网络的组织结构上可以被大体分成两大类,即基于树(Tree-based)的覆盖网络结构和数据驱动随机化的覆盖网络结构。

(一)基于树的方法

大部分系统都可以归类为基于树的方法。在这种方法中,节点被组织成某种传输数据的拓扑(通常是树,如图 7-15 所示),每个数据分组都在同一拓扑上被传输。

如图 7-15 所示拓扑结构上的节点有明确定义的关系,例如,树结构中的"父节点-子节点"关系。这一方法是典型的推送方法,即当节点收到数据包,它就把该数据包的拷贝转发到它的每一个子节点。

既然所有的数据包都遵循这一结构,那么保证这一结构在给所有接受节点提供高性能数据时是最优的。更进

图 7-15　基于树的 P2P 流媒体传输

一步,当节点随意加入和离开时,该结构必须得以维持。特别地,如果某节点突然崩溃或者其性能显著下降,它在该树结构上所有的后代节点都停止接收数据,且该树结构必须被修复。最后,当组建基于树的结构时,避免出现环路是一个必须解决的重要问题。基于树的方法可能是最自然的方法,不需要复杂的视频编码算法。然而,其中需要重点考虑的一个问题是节点失效,特别地,靠近树根的节点失效将中断大量用户的数据传输,潜在地带来瞬时低

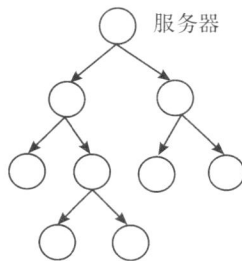

性能的结果。此外,在该结构中大多数节点都是叶子节点,它们的上行带宽没有被使用到。为了解决这些问题,已有研究提出了一些带有弹性的结构,如基于多重树的方法。

(二)数据驱动方法

近年来,人们又提出了用于 P2P 的数据驱动方法。数据驱动的覆盖网络结构与基于树的覆盖网络结构的最大不同在于它不需组建和维护一个传输数据的明显拓扑结构,它用数据的可用性去引导数据流,而并不是在高度动态的 P2P 环境下不断地修复拓扑结构。

一个不用明确维护拓扑结构的数据分发方法是使用 Gossip 协议。在典型的 Gossip 协议中,节点给一组随机选择的节点发送最近生成的消息;这些节点在下一次做同样的动作,其他节点也做同样的动作,直到该消息传送到所有节点。对 Gossip 目标节点进行随机选择可以在存在随机失效的情况下使系统获得较好的健壮性,另外还可以避免中心化操作。然而,Gossip 不能直接用作视频广播,因为其随机推送可能导致高带宽视频的大量冗余。此外,在没有明确的拓扑结构支持下,最小化启动和传输时延成为主要问题。为了解决这些问题,一些解决方案,例如 Chainsaw、Cool-Streaming 采用拉取技术,即节点维持一组伙伴并周期性地同伙伴交换数据可用性信息,接着节点可以从一个或多个伙伴找回没有获得的数据,或者提供可用数据给伙伴。由于节点只在没有数据时去主动获取,所以避免了冗余。此外,由于任一数据块可能在多个伙伴上可用,所以覆盖网络对时效是健壮的。最后,随机化的伙伴关系意味着节点间潜在的可用带宽可以被完全利用。

三、P2P 流媒体的应用

网络的迅猛发展和普及为 P2P 流媒体业务发展提供了强大市场动力。P2P 流媒体技术的应用将为网络信息交流带来革命性变化。目前常见的 P2P 流媒体的应用主要有:

(1)视频点播(VOD):这是最常见、最流行的流媒体应用类型,如图 7-16 所示。

(2)视频广播:视频广播可以看作是视频点播的扩展,它把节目源组织成频道,以广播的方式提供。

(3)交互式网络电视(IPTV):IPTV 利用流媒体技术通过宽带网络传输数字电视信号给用户。这种应用有效地将电视、电信和计算机 3 个领域结合在一起,具有很好的发展前景。

图 7-16　视频点播

(4)远程教育:目前远程教育应用也比较广泛,而且具有很好的市场应用前景。远程教育可以看作是前面多种应用类型的综合,在远程教育中,可以采用多种模式,甚至混合的方式实现。远程教育以应用对象明确、内容丰富实用、运营模式成熟,成为目前商业上较为成功的流媒体应用领域。

(5)交互游戏:需要通过流媒体的方式传递游戏场景的交互游戏近年来得到了迅速的发展。

其他流媒体系统的新的应用和服务,例如虚拟现实漫游、无线流媒体、个人数字助理(Personal Digital Assistant,PDA)等也在迅速地变革和发展。

第四节　流媒体制作软件

一、流媒体的制作流程

流媒体的制作流程如图 7-17 所示。

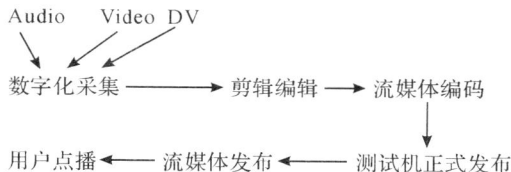

图 7-17　流媒体的制作流程

常用的流媒体制作软件有多种,下面重点介绍 Windows Media Encoder 9 的使用方法。

二、流媒体制作软件

(一)Windows Media Encoder 9

Windows Media Encoder 9 是一款使用容易、功能强大的软件,提供使用者自行录制影像的功能,可以从影像捕捉设备或计算机桌面屏幕录制,还提供文件格式转换的功能。其主要的特点为:新的使用者界面和向导,更容易设定与制作影片,提供网络现场播放或需求播放,并支持多种来源,可以立即切换来源,并可监视编码程序运行时的资料,如影像大小、资料流量等,新的编码能力,支持 DE-interlacing、Inverse telecine 和屏幕捕捉,有更好的输出品质,能从 320×240×60fps 到 640×480×30fps,捕捉文件最大可到 30GB,支持的捕捉设备包括 Winnows、ATI、Hauppauge,以及 USB 视讯摄影机等。Windows Media Encoder SDK 向网站开发者提供全自动的编码控制,可从网络(LAN)远端控制,或透过 API 存取,或 ASP 控制。该软件蕴含了 Microsoft 最新的流媒体技术,也可以制作 Windows Media Video 9 格式的视频文件,使得在编码视频时提高压缩比的同时也提高了画面的质量,并且也是目前唯一可以制作 Windows Media Video 9 格式文件的软件。该软件所支持的媒体文件格式为 ASF、AVI、BMP、JPG、MPG、WMV、MP3、WAV、WMA。

步骤 1　下载和启动软件

(1)下载 Windows Media Encoder 9 并安装。

(2)重启你的电脑。

(3)启动应用程序打开新的会话向导,如图 7-18 所示。

(4)选择捕获音频和视频选项并单击"OK"。

如果向导没有自动启动,在主窗口的工具栏中单击新会话按钮。

步骤 2　下载和配置软件

(1)从你的电脑捕获设备列表中选择 DVI2USB 3.0 帧采集器。

(2)单击"Next",如图 7-19 所示。

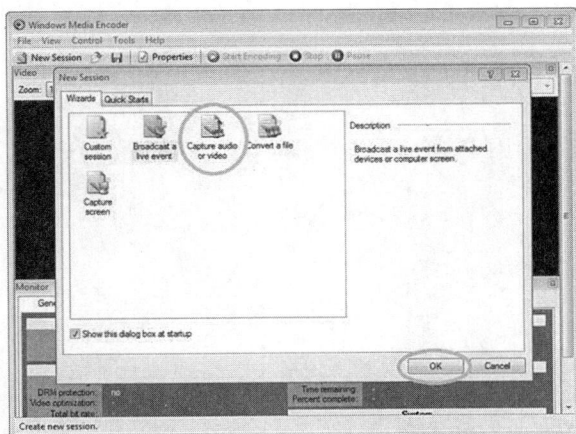

图 7-18　程序启动对话框

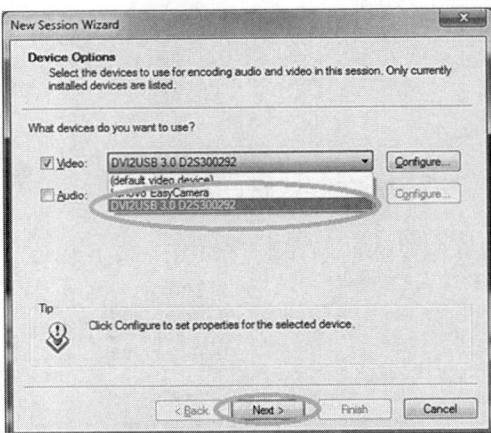

图 7-19　设备选项对话框

（3）单击"Browse…"，浏览指定记录文件的目标文件夹，并指定一个文件名。

（4）单击"Next"，如图 7-20 示。

（5）选择文件存档方法作为你的视频采集方法。

（6）单击"Next"，如图 7-21 所示。

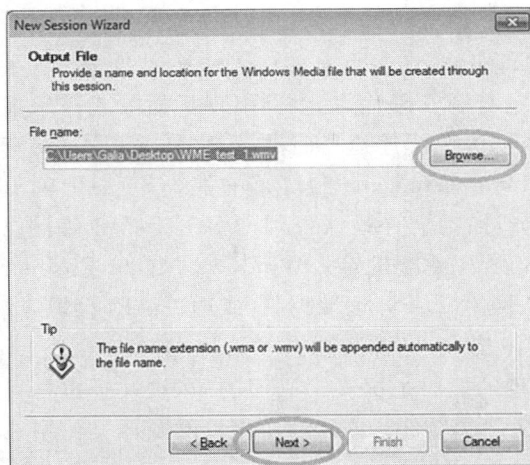

图 7-20　文件输出路径对话框

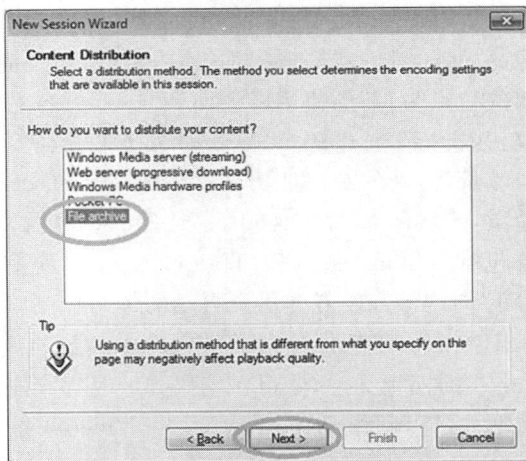

图 7-21　视频采集方法对话框

（7）在视频领域，选择最高质量的视频（VBR 100），如图 7-22 所示。

（8）单击"Next"以指定关于你的视频内容的信息；否则，单击"Finish"完成，如图 7-23 所示。

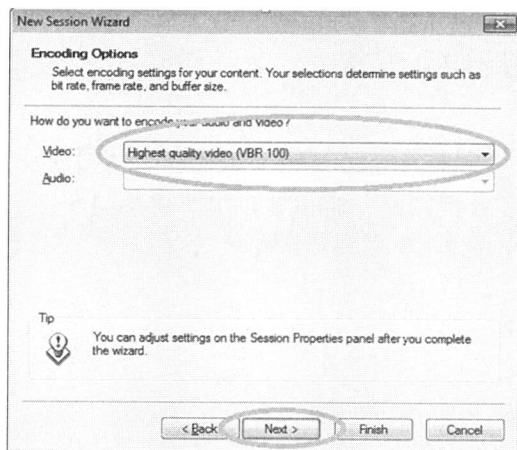

图 7-22　视频编码对话框　　　　　　图 7-23　视频信息对话框

步骤 3　记录

(1)开始记录,单击"Start Recording"开始录制。

(2)完成记录,单击"Stop"停止,如图 7-24 所示。

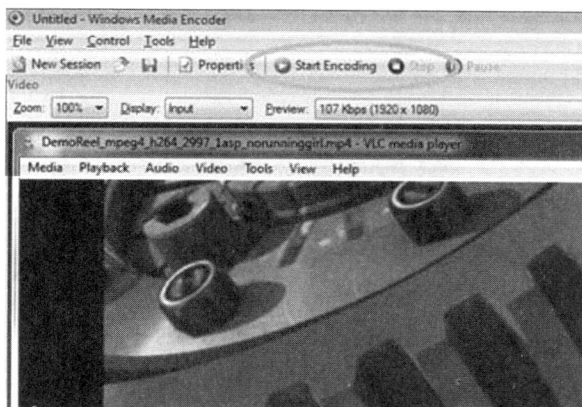

图 7-24　视频录制对话框

(二)Helix Producer

　　Helix Producer 即 Real Server,是业界第一个跨平台、高性能的流媒体服务器。配合 Helix 先进的功能,Real Networks 推出了第 10 代流媒体压缩软件 Helix Producer。Real Networks 是全新的图形化专业流媒体文件制作工具,利用它,你可以轻松地实现 RealAudio8、RealAudio9 文件格式到实时文件的转换,转换后的文件更加适合实时观看、在线广播和下载。Helix Producer 基于 Real Networks 完全改写的核心代码,提供简单、高效的界面操作。该软件支持 RMVB、AVI、AIF、AIFC、AIFF、DV、MPG、MPEG、MP3、MPA、MPE、MPV2、M3U、SND、MOV、QT、QU、WAV、WMA、WMF、WMV 等格式。

第五节　流媒体的下载

　　现在互联网对于数字版权越来越注重，所以为了维护版权，大部分电影和音乐网站只能在线收看或收听，网站都禁止下载视频，而很多互联网用户却希望可以下载这类视频，一般我们可以采用第三方流媒体下载器或视频播放客户端来下载相应的视频。

一、第三方下载器下载

(一)硕鼠 FLV 视频下载器

　　(1)在官网下载硕鼠浏览器，即硕鼠 FLV 视频下载器，安装完毕！

　　(2)打开硕鼠浏览器，将你想要下载的视频的网页输入硕鼠浏览器，然后等待网站开始播放视频，如图 7-25 所示。

图 7-25　获取网页视频

　　(3)等待网站中视频播放后，单击地址栏后边的"解析本页视频"按钮，单击后硕鼠浏览器会自行从该网站中解析到本网页视频的原始地址，如图 7-25 所示。

图 7-26　解析视频原始地址

　　(4)当硕鼠浏览器解析完毕后，会出现一个界面，你只需单击"用硕鼠下载该视频"，然后会跳出如图 7-27 所示界面，而上面会出现两个选项，因为我们已经下载了硕鼠浏览器，所以只需选择第一个"硕鼠专用链下载"即可。

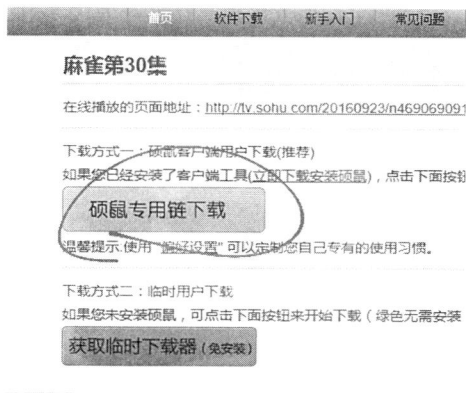

图 7-27 下载选项界面(一)

(5)当你单击"硕鼠专用链下载"后,会出现一个对话框,分别是"用独立窗口的硕鼠 Touch 下载"和"(推荐)添加到硕鼠 Nano 的窗口下载",我们推荐选择第二个选项,如图 7-28 所示。

图 7-28 下载选项界面(二)

(6)上一步骤完成后按如图 7-29 所示设置选项,这个可以根据自己的喜好进行设置。然后单击下载即可。剩下的步骤就与其他下载工具一样了。

图 7-29 下载任务界面

（二）维棠 FLV 视频下载软件

（1）下载维棠 FLV 视频下载软件，如图 7-30 所示。

图 7-30　维棠 FLV 视频下载软件图标

（2）打开维棠 FLV 视频下载软件，将你想要下载的视频的网页复制，如图 7-31 所示。

图 7-31　维棠 FLV 视频下载体验界面

（3）在维棠 FLV 视频下载软件中选择新建，如图 7-32 所示。

图 7-32　新建下载任务界面

（4）前面复制过的视频网页地址会自动添加到视频网址中，如图 7-33 所示。

图 7-33　视频网址获取界面

（5）填写好内容后，单击"确定"，软件即开始分析用户所选择的 FLV 节目的真实地址。找到地址后则开始下载用户所需的 FLV 节目，如图 7-34 所示。

图 7-34　下载视频界面

（6）FLV 视频节目下载完成后，用户可以利用维棠自带的播放器进行观看。在"已下载"列表中选择要观看的节目，单击工具栏的"播放"工具，即可自动调用维棠 FLV 播放器进行观看。

二、播放器下载

（1）下载相应视频的客户端（比如爱奇艺、优酷、土豆等），如图 7-35 所示。

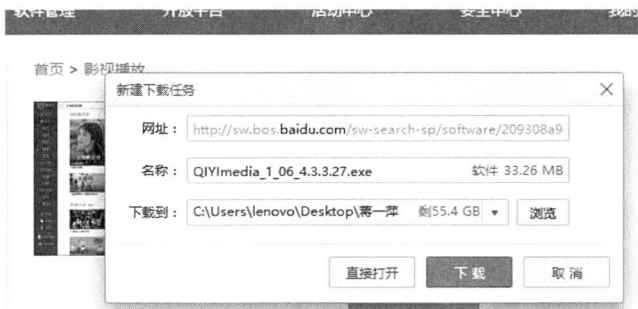

图 7-35　下载视频客户端界面

（2）打开下载好的软件，如图 7-36 所示。

（3）选择自己想要下载的视频下载即可，如图 7-37 所示。

图 7-36　视频客户端图标

图 7-37　视频客户端主界面

（4）进入观看，如图 7-38 所示。

（5）单击右上角的"下载"，如图 7-39 所示。

图 7-38　视频客户端播放界面

图 7-39　新建视频下载界面

（6）这样下载就开始了，如图 7-40 所示。

请扫码观看下载流媒体操作演示。

图 7-40　视频下载界面

流媒体下载操作演示

【注意】(1)凡是你浏览过的流媒体文件都会缓存在这里,所以从理论上讲,没有无法下载的文件。

(2)目前网上流行的视频文件多为"FLV""MOV"格式,音频文件多为"MP3"和"WMA",如果"迅雷"和"Orbit"抓取的文件格式是"SWF"那就不是你所需要的文件。

本章小结

人们常说互联网技术是一场革命,实际上在流媒体全面发展之前,这场革命是不彻底的。没有流媒体的互联网无声无影,所谓"虚拟的世界"的说法名与实相去甚远。流媒体技术全面应用后,人们在网上聊天就不必用文字表达自己的语言了,直接语音输入就行了。如果想彼此看见对方的容貌、表情,只要双方各有一个摄像头就可以了;电子商务的货品展示也不再限于图片的二维观看了,看到感兴趣的商品,单击后,就会有讲解员和商品的影像出现,可以达到与现实完全一致的展示效果,而且你可以与讲解员进行现场交流;网上新闻也不仅仅只能用文字和图片表达,更有真实感的影像新闻也会出现。非但如此,流媒体还将给互联网带来全新的内容,如网络电视、网络影院、远程教育等。

本章主要介绍了流媒体的概念、流媒体技术以及流媒体在生活中的应用与制作工具,主要包括流媒体简介、流媒体技术、流媒体的发展、P2P流媒体、流媒体的制作软件以及流媒体的下载。通过本章的学习,将对网络流媒体技术的基础知识有一个较为全面的了解。

习　题

1. 填空题

(1)实现流式传输有两种方法:_____传输和_____传输。

(2)流媒体信息的发布,主要分为两个方面,一个是_____,另一个是_____或_____。

2. 实践题

(1)寻找互联网上可以提供视频、音频信息的网站,看看这些网站中提供的视频、音频资料哪些是无须下载就可以直接播放的,即使用了流媒体技术。

(2)观察这些视频和音频资料都包括哪些主题?试想一下,如果不使用流媒体的形式你会去观看它们吗?

第八章

多媒体课件和微课制作

第一节 多媒体课件制作

多媒体课件(Multimedia Courseware)是指创作人员根据自己的创意,先从总体上对信息进行分类组织,然后把文字、图形、图像、声音、动画、影像等多种媒体素材在时间和空间两方面进行集成,使它们融为一体并被赋予交互特性,从而制作出各种精彩纷呈的多媒体应用软件产品,简称课件。

一、多媒体课件的特点

(一)表现力丰富

多媒体课件不仅可以更加自然、逼真地表现多姿多彩的视听世界,还可以对宏观和微观事物进行模拟,对抽象、无形事物进行生动、直观的表现,对复杂过程进行简化再现等,这样,就使原本艰难的教学活动充满了魅力。

(二)交互性强

多媒体课件不仅可以在内容的使用上提供良好的交互控制,而且可以运用适当的教学策略,指导学生学习,更好地体现出"因材施教的个别化教学"。

(三)共享性好

网络技术的发展,多媒体信息的自由传输,使得教育资源在全世界交换、共享成为可能。多媒体课件在教学中的使用,改善了教学媒体的表现力和交互性,促进了课堂教学内容、教学方法、教学过程的全面优化,提高了教学效果。

二、多媒体课件的分类

多媒体课件迄今还没有严格和统一的分类方法,可以从学科、学段、制作工具、制作结构、运行环境、使用目的、实现功能等方面进行分类,譬如,按制作结构不同可分为直线型、分支型、模块化型、积件型课件;按使用目的不同可分为个别指导型、练习训练型、问答型、模拟游戏型、问题解决型课件;按实现功能不同可分为演示型、资料工具型、自主学习型、模拟实验型、训练复习型、教学游戏型课件等。

三、多媒体课件开发

(一)多媒体课件开发组人员构成

(1)项目负责人。

(2)学科教学专家。

(3)教学设计专家。

(4)软件工程师(系统结构设计专家)。

(5)多媒体素材制作专家。

(6)多媒体课件制作专家。

(二)多媒体课件开发基本过程

(1)项目需求分析:教学内容的选择、课件设计可行性分析、课件需求分析(必要性)。

(2)教学设计:围绕教学目标和要求,合理选择和设计媒体,采用适当的教学模式和教学策略。

(3)结构设计:安排目录主题的显示方式,建立信息间的层次结构和浏览顺序,确定信息间的交叉跳转关系。

(4)多媒体素材的准备与制作。

(5)课件的编辑合成。

(6)课件的试用与测试。

(7)评价。

(8)课件产品的成型。

(三)多媒体课件的质量评价

多媒体课件的质量评价一般可以从课件的编程标准、内容、界面、风格四个方面着手。

1. 编程标准

(1)界面色彩柔和,搭配合理,画面要符合人的视觉心理。

(2)为使对象更加逼真,可以采用 3D 效果。

(3)动画要流畅,无停顿、跳跃的感觉,但运动的对象不要超过两个。

(4)配音要恰当,且音质优美。

2. 内容方面

(1)程序无误:能够正确运行,没有出错信息。

(2)重点突出:突出重点、难点,符合认知规律。

(3)叙述正确:演示内容正确,没有任何错误。

(4)内容完整:内容覆盖面广,但精炼,适合教学和自学。

(5)结构严谨:知识结构科学合理,逻辑严谨,层次清楚。

3. 界面方面

(1)颜色搭配:协调、自然、简洁,主次分明,不喧宾夺主。

(2)区域处理:内容、标题、按钮固定在某些区域,便于操作与观看。

(3)标题协调:每页有标题,章节知识点清楚,大小位置适中。

4. 风格方面

（1）文字设置：字体、字号、颜色、位置相互协调，前后对应。

（2）图形处理：位置、大小、色彩协调，有出现、消失方式。

（3）声音处理：吻合主题，有开关能随时控制，能循环。

（4）屏幕效果：屏幕综合表现形象好，符合学习心理。

（四）多媒体课件制作要领

多媒体课件制作需要把握以下几点：

1. 要紧紧围绕内容选择媒体素材，努力做到"为内容表现而设计媒体"

文本精炼、简洁，突出重点、难点，反对全篇拷贝；字体选择合理醒目，字号大小合适；常用字体有微软雅黑、黑体、楷体、隶书、宋体、仿宋、幼圆，字号用 20～30 磅；字色和背景颜色对比明显，如深底—浅字，浅底—深字，利用互补色；多用表格。

图形、图像要清晰、美观，与内容相适应；同一页面图片不要太多；图像不要变形；文件不宜过大，运行流畅。常见图像文件格式为 *.jpg、*.gif、*.bmp。

视音频、动画要紧扣教学内容，提倡短小而精悍；视频画面清晰，声音悦耳，可控制；动画使用得当，模拟仿真准确、形象。

2. 媒体选择合理，无干扰教学因素

表格和图表可归纳类比，视频可描述事件，动画可阐述机理。

3. 表现出彩

页面简单明了，布局美观，符合人的视觉心理；风格统一，层次清晰；色彩为内容服务，突出重点难点，每个页面颜色不超过 3 种；分页合理，边界边框安排适宜；版面体现课程特色，版式设计有创新性。

（五）课件合成

（1）将各部分程序有机组合在一起，增强整个程序的主界面，使整个程序运行、进出自由，操作方便。

（2）制作程序运行开头的片段和结束时的屏幕显示信息。

（3）增加帮助说明部分以及制作分工情况。

（4）进一步统一各部分，诸如声音、颜色、界面等，使整个程序浑然一体。

（5）校对脚本设计和程序运行中是否有错误。

（6）打包整理，刻录成光盘，并做成自动运行。最好做成可安装程序，减小程序容量，以便推广。

（六）常用多媒体课件制作工具

1. PowerPoint

PowerPoint(PPT)是微软公司出品的制作幻灯片的软件，用此软件制作的电子文稿广泛地应用于学术报告、会议等场所；有好多教师也在用此软件制作课件。此软件的优点是做课件比较方便，不用多学，很容易上手，制作的课件可以在网上播放（当然，客户端必须安装此软件或者课件已经打包）。但该软件只能出现一些图片、视频、文字资料，起到资料展示的作用，交互方面比较缺乏；打包以后的文件对里面的资料一般不加压缩，所以如果资料大，文件就大；引用外部文件比较有限，并缺乏控制。

2. Authorware

Authorware 是 Macromedia 公司推出的多媒体开发工具,由于它具有强大的创作能力、简便的用户界面及良好的可扩展性深受广大用户的欢迎,成为应用最广泛的多媒体开发工具,一度被誉为多媒体大师。Authorware 广泛用于多媒体光盘制作等领域,教师用此软件来进行课件制作的人数也比较多。Authorware 的主要特点是:此软件是基于图标(Icon)和流程线(Line)的多媒体创作工具,具有丰富的交互方式及大量的系统变量函数、跨平台的体系结构、高效的多媒体集成环境和标准的应用程序接口等。如果变量函数用得好的话,可以用来开发一些小的应用软件。Authorware 的交互性比较强大,就是不会编程也可以做出一些交互性好的课件。不过,缺点就是做起动画来比较困难,如果不借助其他软件,做一些好的动画是根本不可能的(毕竟不是专业的动画制作软件)。虽然 Authorware 有很多插件,但打包以后还要带着走,所以对于制作一些生动有趣的课件有一些困难。另一个缺点就是打包后的文件比较大,不利于传播。

3. Director

Director 是 Macromedia 公司推出的多媒体开发工具,是全球多媒体开发市场的重量级工具,据统计,它在美国专业 CD-ROM 开发市场占据 85% 以上的份额。它不仅具备直观易用的用户界面,而且拥有很强的编程能力(它本身集成了 Lingo 语言),主要定位于 CD-ROM/DVD-ROM(多媒体光盘)的开发。用 Director 制作多媒体动画,无论是演示性质的还是交互性质的,都显示出其专业级的制作能力和高效的多媒体处理功能。图像、文本、声音、动画等多媒体元素在 Director 中都可以非常方便而有机地结合起来,创造出精美的动画。因为非常专业,用此软件制作的课件可以非常漂亮,交互性也比较好。特点:帧动画与编程相结合的多媒体编制软件,用帧可以做出很多漂亮的动画,用 Lingo 语言可以编出想要的交互,引入的外部的多媒体元素非常丰富。缺点:生成的文件比较大,在网络传输方面做得还不是很理想。

4. Flash

Flash 是 Macromedia 公司出品的,用在互联网上动态的、可互动的动画制作软件。Flash 的优点是文件小,可边下载边播放,这样就避免了用户长时间的等待。可以用 Flash 生成动画,还可在网页中加入声音,这样就能生成多媒体的图形和界面,而使文件的体积很小。Flash 虽然不可以像一门语言一样进行编程,但用其内置的语句并结合 Javascript,你也可制作出互动性很强的主页来。Flash 的另外一个特点就是必须安装插件 Plug-in,才能被浏览器所接受!

5. StreamAuthor 串流大师

StreamAuthor 串流大师是一套针对企业培训需求而推出的多媒体课件制作工具,可让无技术背景的普通人力资源部门成员或培训人员立即上手,轻轻松松整合影片、声音、图片、HTML、PowerPoint、Word、Excel、Flash 等多媒体素材,迅速制作出具有多种面貌的多媒体课件。

6. Articulate Presenter

Articulate Presenter 是目前世界上快速电子学习解决方案(Rapid e-Learning Solution)的领先者,它为从 PowerPoint 演示文件进行 e-Learning 的设计加工,并导出 Flash 学习课件或演示文件提供了最理想的工具。

Articulate Presenter 可以使非技术人员在 PowerPoint 中加入旁白、动画、练习等互动效果来创建电子课件。只要稍做设置就可以将 PPT 转换成多媒体、互动、精美的 Flash 格式电子课件。它为你节省大量时间和费用，再也无须耗费大量时间和精力开发复杂而昂贵的 Flash 动画演示作品或课件。

第二节　PowerPoint 2013

一、PowerPoint 2013 新增功能

Microsoft PowerPoint 2013 具有全新的外观（更加简洁），适合在平板电脑上使用。演示者视图可自动适应你的投影设置，你甚至可以在一台监视器上使用它。PowerPoint 2013 提供了诸多主题，可更加简单地打造所需外观。当与其他人协作时，你可以添加一些批注以提出问题和获得反馈。

（一）更多的入门选项

PowerPoint 2013 向你提供了许多种方式来使用模板、主题、最近的演示文稿、较旧的演示文稿或空白演示文稿来启动下一个演示文稿，而不是直接打开空白演示文稿，如图 8-1 所示。

（二）简易的演示者视图

演示者视图允许你在你的监视器上查看你的笔记，而观众只能查看幻灯片。在以前的版本中，很难弄清谁在哪个监视器上查看哪些内容。改进的演示者视图解决了这一难题，使用起来更加简单，如图 8-2 所示。

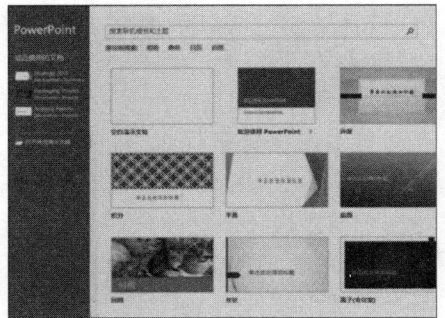

图 8-1　启动界面

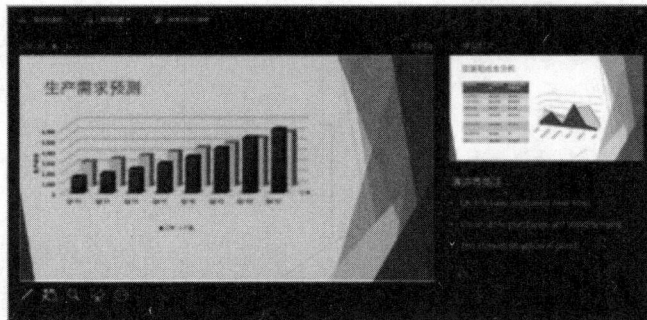

图 8-2　演示者视图

◆　在一台监视器上使用演示者视图：演示者视图不再需要多个监视器。现在，你可以在演示者视图中进行排练，不必挂接任何其他内容。

◆　放大幻灯片：单击放大镜可放大图表或者你想要对观众强调的任何内容。

◆　跳转到某张幻灯片：使用"幻灯片浏览"来浏览演示文稿中的其他幻灯片。

◆　自动设置：PowerPoint可以自动感知你的计算机设置，并为演示者视图选择合适的监视器。

（三）友好的宽屏

世界上的许多电视和视频都采用了宽屏和高清格式，PowerPoint也是如此，它具有16：9版式，旨在尽可能利用宽屏，如图8-3所示。

（四）在 PowerPoint 中启动联机会议

现在，你有许多种方式通过 Web 共享 PowerPoint 演示文稿。你可以发送指向幻灯片的链接，或者启动完整的 Lync 会议，该会议可显示平台以及音频和 IM。你的观众可以从任何位置的任何设备使用 Lync 或 Office Presentation Service 加入会议，如图8-4所示。

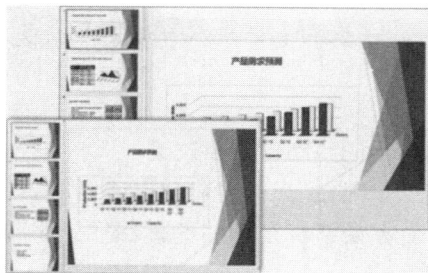

图 8-3　宽屏显示

图 8-4　联机会议

（五）主题变体

主题现在提供了一组变体，例如不同的调色板和字体系列。此外，PowerPoint 2013 提供了新的宽屏主题以及标准大小。从启动屏幕或"设计"选项卡选择一个主题变体，如图 8-5 所示。

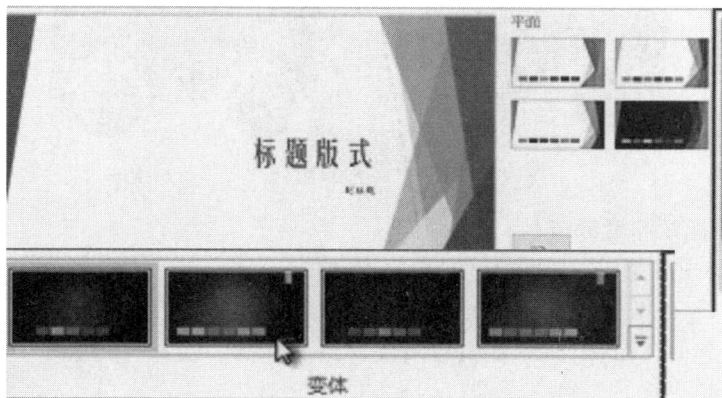

图 8-5　主题变体

（六）均匀地排列和隔开对象

无须目测你幻灯片上的对象以查看它们是否已对齐。当你的对象（如图片、形状等）距离较近且均匀时，智能参考线会自动显示，并告诉你对象间隔均匀，如图8-6所示。

图 8-6　智能参考线

(七)动作路径改进

现在,当你创建动作路径时,PowerPoint 会向你显示你的对象的结束位置。你的原始对象始终存在,而"虚影"图像会随着路径一起移动到终点,如图 8-7 所示。

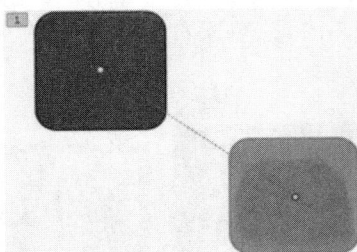

图 8-7　动作路径

(八)合并常见形状

选择你的幻灯片上的两个或更多常见形状,并进行组合以创建新的形状和图标,如图 8-8所示。

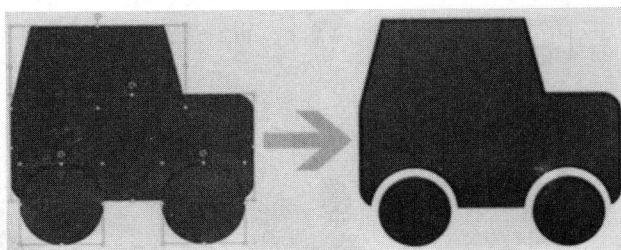

图 8-8　形状组合

(九)改进的视频和音频支持

现在,PowerPoint 支持更多的多媒体格式〔如.mp4、.mov 与 H.264 视频和高级音频编码(Advanced Audio Coding, AAC)音频〕和更多高清晰度内容。PowerPoint 2013 包括更多内置编解码器,因此,你不必针对特定文件格式安装它们即可工作。"在后台播放"的功能可以使用户在查看幻灯片的同时,在后台播放音频或视频。

(十)新的取色器,可实现颜色匹配

你可以从屏幕上的对象中捕获精确的颜色,然后将其应用于任何形状。取色器为你执行匹配工作,如图8-9所示。

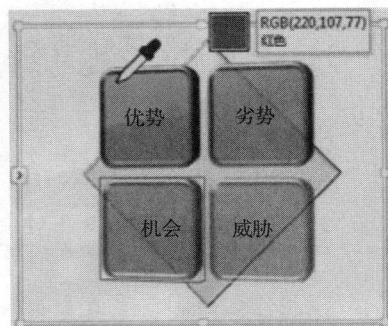

图 8-9　取色器

(十一)共享你的 Office 文件并保存到云

云就相当于存储在天上的文件。每当你联机时，就可以访问云。现在，你可以轻松地将 Office 文件保存到自己的 SkyDrive 或组织的网站中。在这些位置，你可以访问和共享 PowerPoint 演示文稿和其他 Office 文件，如图 8-10 所示。你甚至还可以与同事同时处理同一个文件。

图 8-10　PPT 云存储

(十二)批注

现在，你可以使用新的"批注"窗格在 PowerPoint 中提供反馈。你可以显示或隐藏批注和修订，如图 8-11 所示。

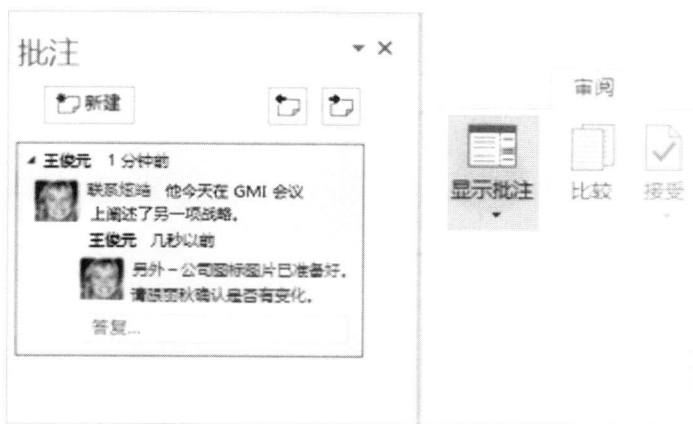

图 8-11　Office 批注窗格

(十三)处理同一演示文稿

你和你的同事可以使用 PowerPoint 的桌面或联机版本处理同一演示文稿，并查看彼此所做的更改。

二、PPT 设计误区

PPT 已经成为人们学习和交流的重要的信息技术工具。从顶尖国际学术会议，到基层中小学校的课堂教学，从决定上千万元投资项目的论证报告，到决定工作岗位的 5 分钟求职演说,无论 PPT 是否精彩,已经影响到讲演者和听众的学习、工作、事业与人生。

一般人使用 PPT,只使用了 PPT 的"打开文件、打字、设置属性、保存、播放演示"等几种初步的功能。这就是 IT 界流传的"二八定律"(80％的人只是用了一项技术 20％的功能)在 PPT 上的再现。

许多讲演者仅仅把 PPT 当作发言稿来撰写,使用 PPT 替代发言稿,没有充分发挥 PPT 在报告讲授过程中的视觉辅助作用。这往往导致听众努力去阅读屏幕上的文字发言稿,干扰和分散了听众对讲演者本人发言的注意。

讲演者在 PPT 上写满了密密麻麻的文字,或者字体的颜色与背景的颜色混为一体,或者塞满了各种图表与曲线,课堂上的听众看起来十分费力;有时候讲演者看着屏幕读 PPT 讲稿,讲课变成了照本宣科,让人昏昏入睡。

大多数人设计使用 PPT,选用标准的模板,以文字表达为主,给人千人一面、没有特色的感觉,不能够给听众留下深刻的印象,效果平平。

三、PPT 设计攻略

攻略 1:整体设计

教师设计教学,首先要关注你的学生,关注你的教学内容,然后根据教学情境的实际需要,灵活地设计和使用 PPT,目的是利用 PPT 来促进和提高教学效果。因此,整体设计非常重要。

讲演者整体设计自己的讲授内容,注意充分发挥 PPT 在讲演过程中的辅助作用,避免用 PPT 替代发言稿的做法。在讲演中应注意发挥 PPT 的以下辅助功能:

(1)辅助提示作用:PPT 帮助讲演者组织思路,引导讲授线索,突出讲解重点,保障演讲有序进行。

(2)提供直观视觉感受和体验:利用 PPT 将真实世界的图像展示在受众之前,将抽象的或高深的理念转化成可视化图像展示给听众。

(3)丰富讲述事实和内容:利用 PPT 作为多媒体平台,组织丰富的视觉听觉材料,讲述丰富动人的故事,或者列举大量的实证资料。

(4)发挥分析论证作用:在学术性或专项论证会议报告中,演讲者为了分析某事物或项目的运作规律、内部关系或发展趋势,利用 PPT 提供分析的图表和充足的资料。

(5)激发情绪和活跃气氛:通过色彩、动画、音乐等元素的运用,使受众与讲演者之间产生情感互动,煽动情绪高潮,活跃课堂或会场的气氛。

举例如图 8-12、图 8-13 所示。

攻略 2:简洁即美

PowerPoint 的英文原意是"重点""要点"。

设计原则如下:

(1)每一张幻灯片突出一个主题:只写发言要点,将发言要点精炼出关键词。不要把 PPT 当成 Word 文件,幻灯片上只出现关键性的词语或短句,而不是你要说的每一句话。如果把你要说的每句话都写上,那就不需要你讲了,因为受众扫视屏幕文字的速度比你大声照读文字的速度快得多。

图 8-12　PPT 讲稿示例(一)

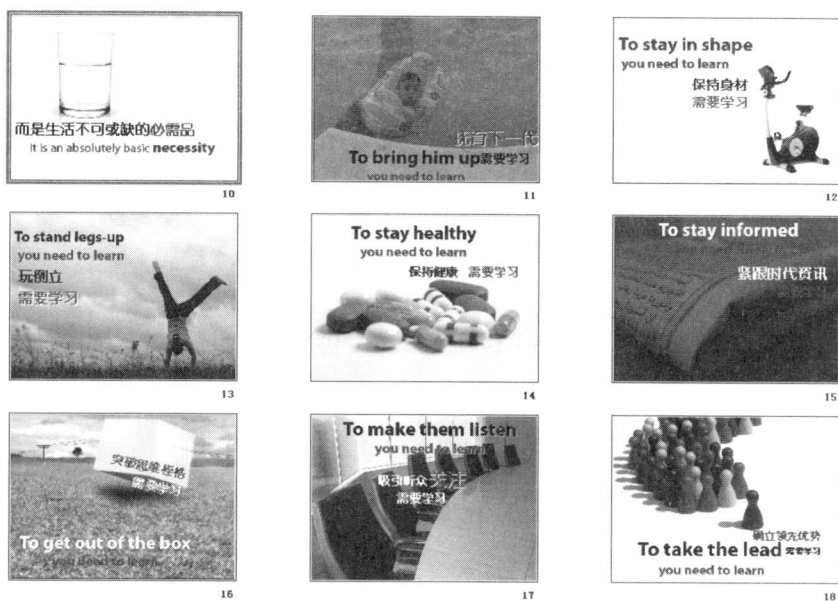

图 8-13　PPT 讲稿示例(二)

　　(2)应该尽量字少图多,详细的内容可以写在备注里面,或者另外使用 Word 文稿提供辅助学习的讲义和阅读资料。

　　(3)用好备注栏,如果你希望为听众提供更多的文字资料,可以将有关的文字资料放在 PPT 的备注中,一方面可以作为发言者讲话的提示,另一方面可以制作阅读材料提供给听众学习。听众在课后可能需要复习资料,没有到现场的人没准也想了解更多相关的内容,带有备注的 PPT 就像简易讲义一样非常有用。

攻略 3：换位思考

你的 PPT 永远是为听众服务的，听众就是上帝。

常见误区：讲演者在自己的计算机屏幕上面设计 PPT，无论字体、大小、色彩、图片细节都看得十分清楚，但是到了会场，投影仪将 PPT 射到墙上或屏幕上，坐在后面的听众却感觉是一头雾水。要记住，听众不是坐在办公桌边看你的 PPT！

设计原则如下：

(1)幻灯片上面的字要大，保证坐在最后一排的听众都能够看清楚屏幕上最小的字。

(2)字体和屏幕背景的色彩要对比反差鲜明，如白底黑字、蓝底白字，你可以留意一下高速公路上的路标是如何设计的，怎样才能够保证汽车驾驶员在高速行驶的远处都能够看清楚标牌上面的文字。

(3)每一页幻灯片上面的文字不要超过 6 行，最好 3 行以下，字的大小和文字的行数究竟多少合适，文字与背景的反差是否清晰，你利用一次上课的机会，坐到教室的最后一排看看，再到教室左右两边看看，心里就有数了。设计幻灯片时，一定要照顾到后排和左右两边的同学是否能够清晰地看到 PPT 上的内容。

参考：4×6 原则，即每页最多 6 行字，每行最多 6 个字，观众最多 6 秒钟可以理解一张幻灯片的内容，作者距自己的电脑屏幕 6 步远可以看清楚文字，如图 8-14 所示。

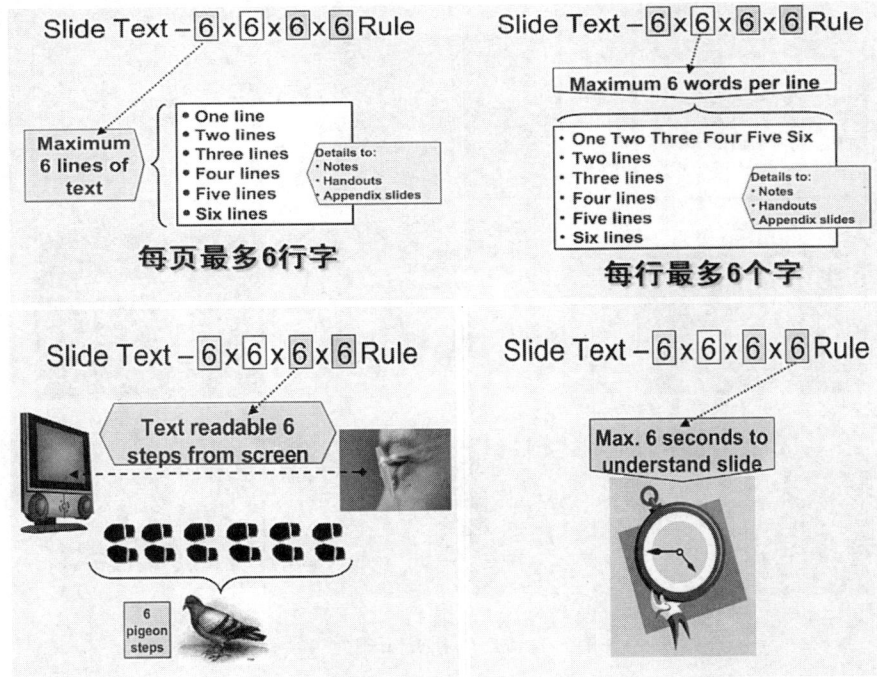

图 8-14　PPT 制作的 4×6 原则

攻略 4：结构一致性

突出主题，表达清晰，辅助认知，逻辑分明。

常见误区：教师在 PPT 上堆积过多的内容元素(文字、图片、色彩、动画等)，干扰了学生对主题的注意和记忆；屏幕版式排列杂乱，前后幻灯片之间的内容联系缺乏逻辑顺序，使听众丈二和尚摸不着头脑。PPT 制作误区举例如图 8-15 所示。

图 8-15　PPT 制作误区

设计原则如下：

（1）整体设计 PPT 的内容分布和排列，报告与发言要有清晰、简明的逻辑主线，可以采用"递进"或"并列"两类逻辑关系组织内容。

（2）整套幻灯片的格式应该一致，包括颜色、字体、背景等。要清晰地表达出讲话论点的层次性，通过 PPT 每页的不同层次的"标题"，包括字号逐层变小、逐层缩进，同级的字体和大小、颜色一致，让观众一目了然整个 PPT 的逻辑关系（但最好不要超过 3 层）。

（3）注意设计好开头和结尾的幻灯片，因为人们对一场报告的开头和结尾记忆最深，开头要设计醒目的标题和署名，告诉观众你是谁，你准备谈什么内容；每个章节之间的过渡，可以插入一个空白幻灯片或章节标题幻灯片，给听众一个段落感；结束的幻灯片最好有一张结论性的幻灯片，让听众回顾总结报告的主要精髓，也是你希望他们离开会场时能记住的信息，最后一张幻灯片要有讲演者或制作单位的署名和联系方法，给听众留下一个完整的印象。

（4）设计幻灯片演示的顺序最好是顺序播放，切忌幻灯片来回倒腾，否则讲演者自己和听众都容易陷入混乱。

优秀 PPT 结构举例如图 8-16 所示。

攻略 5：可视化思维与表达

一幅好图胜过一千句话。

常见误区：讲演者把 PPT 当成 Word 使用，或者干脆从 Word 文件中把相关段落复制到 PPT 中，在报告会场上，要么是讲演者的语速远远落后于听众看完屏幕上面文字的速度，要么是观众在会场上根本无法细读 PPT 上面的文字。

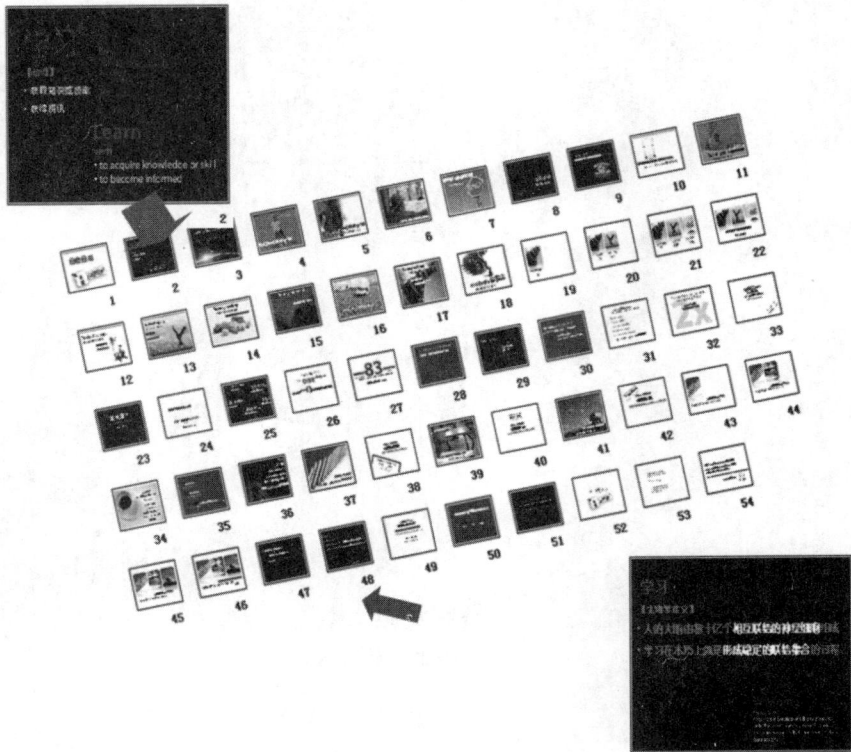

图 8-16　优秀 PPT 结构示范

设计原则如下：

（1）整体设计 PPT 时，充分考虑到整个讲演稿的可视化设计，从演讲主线到分层讲述，再到最后总结，恰当地设计和安排可视化思维和表达的结构。

（2）将讲演的思想要点采用可视化的图形表达，将主要的文字段落抽象归纳出关键词，使用关键词标注可视化图形。

（3）利用 PPT 的"自选图形"、"绘图"工具、"插入组织结构图"或 Windows 的"附件/画图"工具来设计可视化图形。Office 2007 的 PPT 中的"SmartArt"工具可以设计出令人眼睛一亮的立体彩色示意图形。

（4）给 PPT 加上可视化表达，还可以采用简笔画、图形组织法、概念图、示意图、照片等方法。

（5）借助可视化思维工具软件设计幻灯片，如 Inspiration、MindManager。

举例如图 8-17 所示。

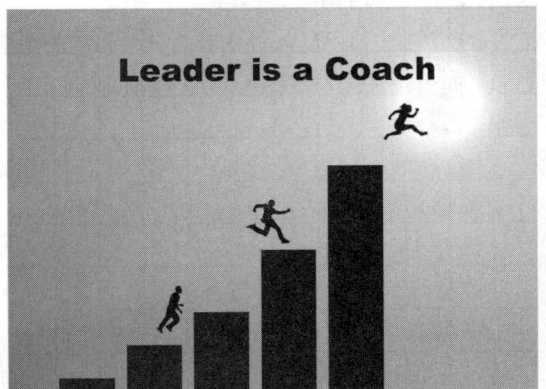

图 8-17　PPT 可视化思维与表达

攻略 6：创意设计 PPT

精彩的 PPT 会极大地拓展你的传播效果。

设计原则如下：

(1)文字的创意。日本工程师高桥发明的被称为"高桥法"的 PPT 设计方法，用极端简单的方法呈现文字，每一页 PPT 不超过 10 个字，采用极大的字体凸显在屏幕中央。高桥认为，采用几个特大字突出报告关键词，有极强的视觉冲击力，让人难忘。

(2)图片的艺术设计与创意。众多讲演者的实践经验表明，用图片来进行演讲能够达到比单纯文字更好的沟通效果，也能够产生更大的视觉冲击力，因为没有一个观众能够记住你在 PPT 上面的那些数据及文字。你可以选择那些动人的照片、漫画、风光，最好能够配合主题准备一些真实的特写照片，配上简练的文字，可以达到极佳的视觉效果。PPT 图片艺术设计与创意举例如图 8-18 所示。

图 8-18　PPT 图片艺术设计与创意

常见误区：无关的"美景"干扰主题；过多的插图分散注意；过于复杂的画面增加认知负荷；插图与背景混杂。图片杂乱举例如图 8-19 所示。

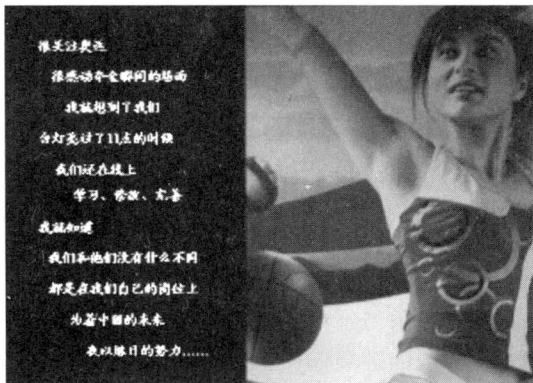

图 8-19　图片杂乱举例

(3)记住一些搜索图片的网址，分享全球优秀的图片，并根据自己当前的讲演，修改和再设计图片。

百度图片：http://image.baidu.com/

Google 图片：http://images.google.cn/imghp? hl=zh−CN&tab=wi

新浪相册：http://photo.sina.com.cn/

Altavista 图片：http://www.altavista.com/image/default

Yahoo 图片:http://images.search.yahoo.com/

Wiki 图片:http://www.wikiimages.org/

（4）使用简笔画效果也不一般,如图 8-20 所示。

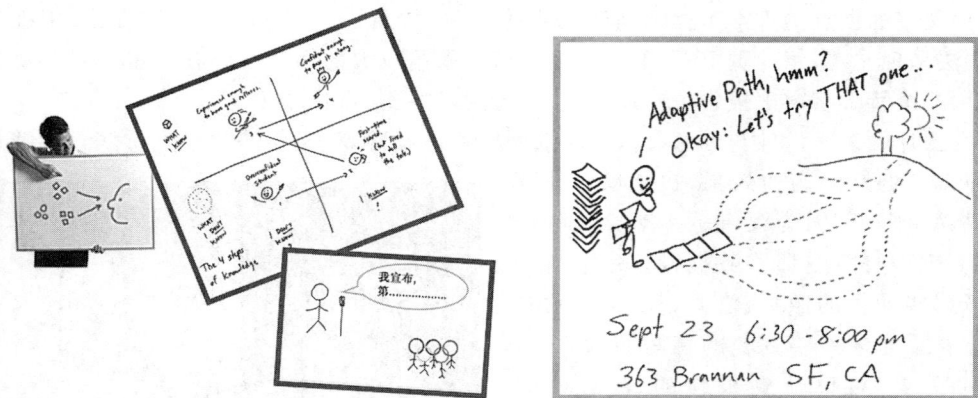

图 8-20   PPT 简笔画效果

（5）音乐与情绪。现在,国内外大型的报告会议都有专门的调音师和乐队为主讲人现场配乐,音乐能够唤起听众与讲演者的共鸣。设计 PPT 要根据讲演主题选择合适的音乐,你可以从北京 2008 年奥运会万人关注的主题音乐和 CCTV 的片头音乐得到启迪。PPT 可以很好地控制音乐的响起时间,配合你的讲演。

（6）形成个人风格。与众不同的风格会让观众印象深刻。以讲课和讲演为职业的教师,在长期的教学活动中逐步形成自己的讲课风格,也会形成个人设计与使用 PPT 的风格。PPT 的风格主要体现在你常用的 PPT"母版"和标题页与结束页上。可以通过"母版"定义你的 PPT 风格,例如,颜色风格(你注意到商业品牌的例子吗:富士—绿色,柯达—黄色,IBM—蓝色)、构图风格、文字风格、LOGO 标志等。一旦你的 PPT 风格形成并得到受众的好评,就一直保持,人们一见到属于你的风格的 PPT,就会立刻联想到你的精彩报告或教学。

攻略 7:持续改进

具体建议如下:

（1）每次报告和讲课之后,要反思总结教学的经验,收集听众对讲演的反馈,注意比较成功与失败的经验。

（2）从全球幻灯片共享网站 www.slideshare.net 上学习世界高水平 PPT。如果你认真分析该网站上排序在前面的 10 个优秀 PPT,你就理解应该如何设计自己的 PPT 了。

（3）留心身边的可视化设计范例,如电影海报、街头广告、设计类杂志、各种展览会的广告和展板的设计等,提高自己的视觉设计素养。

（4）与同行交流设计 PPT 和讲演的经验,持之以恒,你的 PPT 制作水平必定不断提高。

注意以下几个问题:

◆   了解你的听众;

◆   什么时候该用幻灯片;

◆   记住你的信息;

◆   要看着你的观众;

◆ 使用 24 号的字号；

◆ 使用高清晰的图片；

◆ 注意版权问题。

四、PPT 设计技巧

（一）文字攻略和配色攻略

"高桥法"是好的 PPT 设计方法。中国书法让你与众不同，如图 8-21 所示。

颜色是对中文字体来说最好的突出方式了。

PPT 艺术设计之背景配色，如图 8-22 所示。

图 8-21 PPT 文字攻略

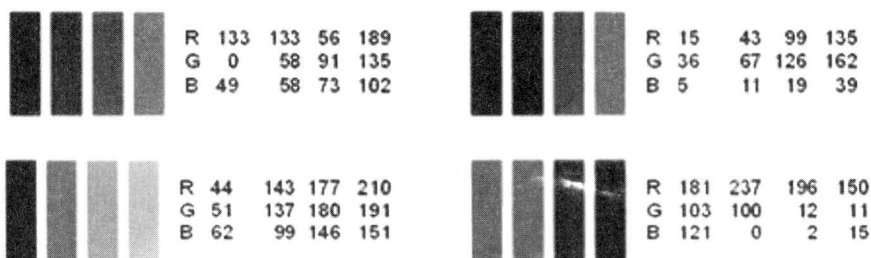

图 8-22 PPT 背景配色

配色原则上不超过 4 种颜色。

PPT 艺术设计之文字配色，如图 8-23 所示。

图 8-23 PPT 文字配色

（二）打造我的个性化模板

只需用自选图形中的基本形状中的长方形，拖动，填充自己的颜色即可做成个性化模板，如图 8-24、图 8-25 和图 8-26 所示。

模板范例

图 8-24　PPT 个性模板（一）　　　　　图 8-25　PPT 个性模板（二）

图 8-26　PPT 个性模板（三）

做完模板之后，你只需单击保存，选择保存类型为演示文稿设计模板（＊.pot），这样你以后可以随心所欲地用它了。

(三)图片处理技巧

图片可以从网络、摄影、手绘等获得。

原始图片有了，怎样才能好看呢？你可以将图片加工成不同的风格，如图 8-27 所示。

图 8-27　不同图片风格

你也可以裁剪你想要的图片，如图 8-28 所示。

图 8-28　图片裁剪

同样的图片,有不同的装饰效果,如图 8-29 所示。

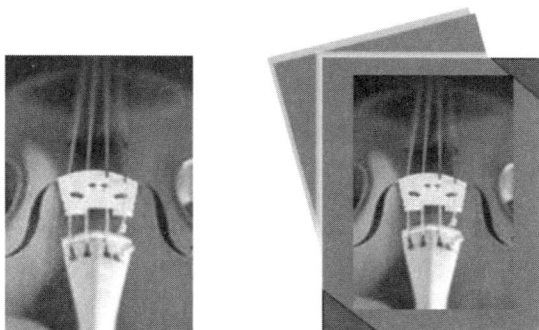

图 8-29　图片装饰

PPT 怎样才能不单调? 用图形表示要点,如图 8-30 所示。

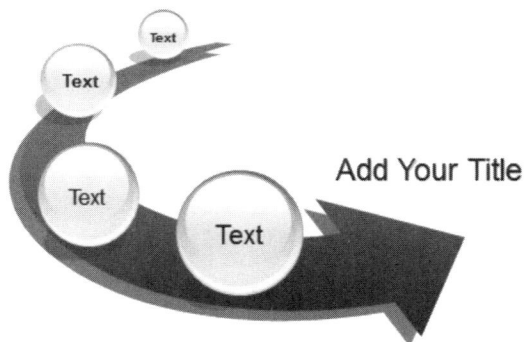

图 8-30　图形化要点

【总结】一堂演讲是否精彩,关键是演讲者而不是工具! 教师设计教学,首先要关注你的学生,关注你的教学内容,然后根据教学情境的实际需要,灵活地设计和使用 PPT,目的是利用 PPT 来促进和提高教学效果。

五、PPT 制作资源

1. 无忧 PPT——PPT 模板、PPT 素材、PPT 背景图片免费下载
   http://www.51ppt.com.cn/Soft/Index.html
2. 扑奔网、Office 文档资源分享平台——PPT 模板、PPT 制作、PPT 设计
   http://www.pooban.com/
3. 逼格 PPT——免费 PPT 模板下载
   http://www.tretars.com/
4. PPT＋语音内容分享平台——PPT 演示录制、控制和分享
   http://pptplus.cn/
5. 变色龙——PPT 模板下载
   http://www.ppt20.com/
6. 昵图网——原创素材共享平台
   http://www.nipic.com/index.html
7. MMT——国外优秀高清图片资源库网站
   http://mmtstock.com/
8. 第一 PPT——PPT 素材下载
   http://www.1ppt.com/sucai/
9. PPT 设计教程网——提供高质量的 PPT 教程和 PPT 模板下载
   http://www.pptfans.cn/
10. 微软 Office 官方在线模板网站
    http://www.officeplus.cn/Template/Home.shtml
11. 第一课件网
    http://www.1kejian.com/ppt/

六、PPT 作品示范

(一)暑期社会实践成果汇报

下载地址：http://qjeol.hznu.edu.cn/meol/common/script/preview/download_preview.jsp? fileid＝263532&resid＝12558

手机访问请扫以下二维码：

(二)How to learn(如何学习)

下载地址：http://qjeol.hznu.edu.cn/meol/common/script/preview/download_preview.jsp? fileid＝263535&resid＝12559

手机访问请扫以下二维码：

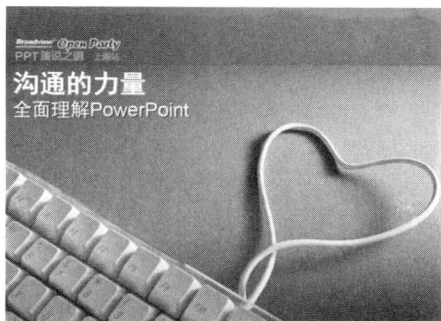

(三)沟通的力量

下载地址：http://qjeol.hznu.edu.cn/meol/common/script/preview/download_preview.jsp? fileid＝263540&resid＝12560

手机访问请扫以下二维码：

(四)EAP 实施

下载地址：http://qjeol.hznu.edu.cn/meol/common/script/preview/download_preview.jsp? fileid＝263542&resid＝12561

手机访问请扫以下二维码：

第三节　微课制作

微课(Micro Learning Resource)是指运用信息技术,按照认知规律呈现碎片化学习内容、过程及扩展素材的结构化数字资源。

一、什么是微课

(一)微课的定义

微课是微型课程的简称,是基于学校资源、教师能力与学生兴趣,以主题模块组织起来的相对独立与完整的小规模课程。微课在美国又称为短期课程或课程组件。随着网络与多媒体技术的发展,以及教育改革进程的深化,微课被赋予新的含义与特点。在广义上,微课被定义为按照新课程标准及教学实践要求,以教学多媒体为主要方式,教师在课堂教学过程中以探究某个知识点或教学重点难点而展开的整合各种教学资源的活动。主题突出、内容精炼、终端载体多样化、应用方便灵活是微课鲜明的特征。微课非常适合情景化、个性化和移动学习的需要。

(二)微课作品组成

微课的核心资源是微视频(教学视频片段),同时可包含与该教学视频内容相关的微教案(教学设计)、微课件(教学课件)、微习题(练习测试题)、微反思(教学反思)等辅助性教与学内容。

微视频时长一般为 5～10 分钟,建议不超过 20 分钟。

微教案是指微课教学活动的简要设计和说明。

微课件是指在微课教学过程中所用到的多媒体教学课件等(可无微课件)。

微反思是指执教者在微课教学活动之后的体会、反思、改进措施等。

微习题是根据微课教学内容而设计的练习测试题目。

二、微课的主要特点

(一)教学时间较短

教学视频是微课的核心组成内容。微课的时长一般为 5～10 分钟,最长不宜超过 20 分钟。因此,相对于传统的 40 或 45 分钟一节课的教学课例来说,微课可以称为课例片段或微课例。

(二)教学内容较少

微课选取的教学内容一般要求主题突出、指向明确、相对完整。相对于较宽泛的传统课堂,微课的问题聚集,更适合教师的需要。微课主要是为了突出课堂教学中某个学科知识点(如教学中重点、难点、疑点内容)的教学,或是反映课堂中某个教学环节、教学主题的教与学活动,相对于传统一节课要完成的复杂众多的教学内容,微课的内容更加精简,因此又可以称为微课堂。

(三)资源容量较小

从大小上来说,微课视频及配套辅助资源的总容量一般在几十兆左右,视频格式须是支持网络在线播放的流媒体格式(如 rm、wmv、flv 等),师生可流畅地在线观摩课例,查看教案、课件等辅助资源;也可灵活方便地将其下载保存到终端设备(如笔记本电脑、手机、MP4等)上实现移动学习、泛在学习,非常适合教师的观摩、评课、反思和研究。

（四）真实、具体、典型案例化

微课以教学视频片段为主线"统整"教学设计（包括教案或学案）、课堂教学时使用到的多媒体素材和课件、教师课后的教学反思、学生的反馈意见及学科专家的文字点评等相关教学资源，构成了一个主题鲜明、类型多样、结构紧凑的"主题单元资源包"，营造了一个真实的"微教学资源环境"。这使得微课资源具有视频教学案例的特征。学生在这种真实的、具体的、典型案例化的教与学情景中易于实现"隐性知识""默会知识"等高阶思维能力的学习，教师易于实现教学观念、技能、风格的模仿、迁移和提升，从而迅速提升教师的课堂教学水平，促进教师的专业成长，提高学生的学业水平。就学校教育而言，微课不仅成为教师和学生的重要教育资源，而且也构成了学校教育教学模式改革的基础。

（五）主题突出、内容具体

一个课程就一个主题，或者说一个课程一个"事"；研究的问题来源于教育教学具体实践中的具体问题：或是生活思考，或是教学反思，或是难点突破，或是重点强调，或是学习策略、教学方法、教育教学观点等具体的、真实的、自己或与同伴可以解决的问题。

（六）成果简化、传播多样

因为内容具体、主题突出，所以研究内容容易表达、研究成果容易转化；因为课程容量微小、用时简短，所以传播形式多样（如网上视频、手机传播、微博讨论等）。

三、微课的分类

（一）根据课堂教学方法来分类

根据我国教学活动中常用的教学方法分类，同时也便于一线教师对微课分类的理解和实践开发的可操作性，将微课划分为 11 类，分别为讲授类、问答类、启发类、讨论类、演示类、练习类、实验类、表演类、自主学习类、合作学习类、探究学习类。

讲授类——以学科知识点及重点、难点、考点的讲授为主，授课形式多样，不局限于课堂讲授。

解题类——针对典型例题、习题、试题的讲解分析与推理演算，重在解题思路的分析过程。

答疑类——围绕学科疑难问题进行分析与解答。

实验类——针对教学实验进行设计、操作与演示。

微课的分类及适用范围如表 8-1 所示。

表 8-1　微课的分类及适用范围

分类依据	常用教学方法	微课类型	适用范围
以语言传递信息为主的方法	讲授法	讲授类	适用于教师运用口头语言向学生传授知识（如描绘情境、叙述事实、解释概念、论证原理和阐明规律）。这是中小学最常见、最主要的一种微课类型
	谈话法（问答法）	问答类	适用于教师按一定的教学要求向学生提出问题，要求学生回答，并通过问答的形式来引导学生获取或巩固所学知识
	启发法	启发类	适用于教师在教学过程中根据教学任务和学习的客观规律，从学生的实际出发，采用多种方式，以启发学生的思维为核心，调动学生的学习主动性和积极性，促使他们生动活泼地学习
	讨论法	讨论类	适用于在教师指导下，由全班或小组围绕某一个中心问题通过发表各自意见和看法，共同研讨，相互启发，集思广益地进行学习

（续表）

分类依据	常用教学方法	微课类型	适 用 范 围
以直接感知为主的方法	演示法	演示类	适用于教师在课堂教学时，把实物或直观教具展示给学生看，或者做示范性的实验，或通过现代教学手段，通过实际观察获得感性知识以说明和印证所传授知识
以实际训练为主的方法	练习法	练习类	适用于学生在教师的指导下，依靠自觉的控制和校正，反复地完成一定动作或活动，借以形成技能、技巧或行为习惯。尤其适合工具性学科（如语文、外语、数学等）和技能性学科（如体育、音乐、美术等）
	实验法	实验类	适用于学生在教师的指导下，使用一定的设备和材料，通过控制条件的操作过程，引起实验对象的某些变化，从观察这些现象的变化中获取新知识或验证知识。在物理、化学、生物、地理和自然常识等学科的教学中，实验类微课较为常见
以欣赏活动为主的教学方法	表演法	表演类	适用于在教师的引导下，组织学生对教学内容进行戏剧化的模仿表演和再现，以达到学习交流和娱乐的目的，促进审美感受和提高学习兴趣。一般分为教师的示范表演和学生的自我表演两种
以引导探究为主的方法	自主学习法	自主学习类	适用于以学生作为学习的主体，通过学生独立的分析、探索、实践、质疑、创造等方法来实现学习目标
	合作学习法	合作学习类	合作学习（Collaborative Learning）是一种通过小组或团队的形式组织学生进行学习的一种策略
	探究学习法	探究学习类	适用于学生在主动参与的前提下，根据自己的猜想或假设，运用科学的方法对问题进行研究，在研究过程中获得创新实践能力，获得思维发展，自主构建知识体系的一种学习方式

（二）根据课堂教学主要环节（进程）来分类

根据课堂教学主要环节（进程），微课可分为课前复习类、新课导入类、知识理解类、练习巩固类、小结拓展类。其他与教育教学相关的微课类型有说课类、班会课类、实践课类、活动课类等。

（三）根据微课组织形式来分类

第一种类型：PPT式微课。此课程比较简单，PPT由文字、音乐、图片构成，设计PPT自动播放功能，然后转换成视频。时间在5分钟左右。

第二种类型：讲课式微课。由讲师按照微课程要求，按照模块化进行授课拍摄，经过后期剪辑转换，形成微课。时间为5～10分钟。

第三种类型：情景剧式微课。此课程借鉴好莱坞大片拍摄模式，由开发人员组成微课研发团队，对课程内容进行情景剧设计策划，撰写脚本，选择导演、演员、场地进行拍摄，经过制片人后期视频剪辑制作，最终形成微课。时间为5～10分钟。

四、微课的设计与制作

微课的开发流程包括选题设计、脚本编写、教学准备、录制视频、后期加工和反思修改等六个步骤。微课设计师遵循时间简短、内容聚焦、图文并茂、生动有趣这几个关键原则。时间应控制在10分钟左右。一个微课只讲解一个知识点，所有的内容都要为讲述这个知识点服务。发挥图片和Flash动画的作用，使微课有趣味性，只有课程内容对学生有吸引力的情况下,学生才会主动学习课程。视频背景干净简洁,无关信息不出现在画面上,以免分散学习者的注意力。

微课的设计及制作流程可用图 8-31 表示。各科设计及制作方法可根据课程制作过程中的实际情况进行调整。

（一）微课选题

合理选题是微课开发的第一步,也是关键的一步。它反映了微课是关于什么内容的,关系到微课的核心价值。选题的形成本身也是一个研究的过程,既需要丰富教学经验的积累,也需要较强科学研究的洞察力和预见性。

微课的选题一般分为以下两大类:

1.需用活动图像呈现的教学环节

视频的特点之一是动作性,擅长表现运动变化的事物、现象和过程,而这些也是其他教学手段所不易表达的。因此,微课在这些领域选取课题能够充分显示它的优势。用活动图像呈现的教学环节可以分为两大类。

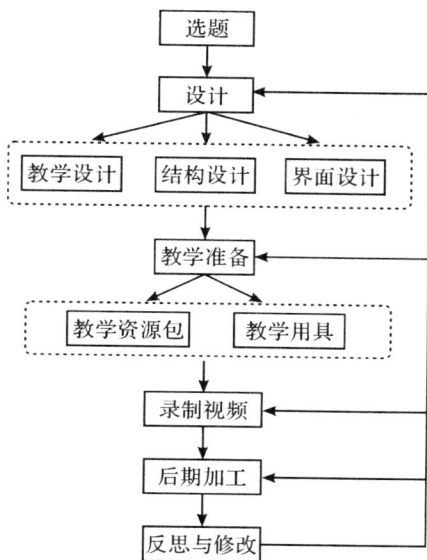

图 8-31　微课设计与制作流程

一类是直接通过事物的运动状态和过程揭示事物的本质和特性的课题。例如,在关于幼儿教育的微课上,通过播放实际幼儿教学中如何训练儿童注意力的视频来生动直观地概括该知识点的教学方法。

另一类是通过具体的活动图像论证、解释,从而间接验证科学原理的理论性较强的课题。此类微课适用于讲解量较大的论证题,清晰呈现解题思路和知识要点,克服黑板重现力差的缺点,大大提高学习效率。我们还可以制作此类微课来总结一个知识板块,结合知识概念图,清晰呈现该板块的学习要点,方便学生查找不足。

2.教学的重点、难点

教学大纲中明确规定的教学重点是达到课程教学目标的重要教学内容,是一些基础知识与基本技能,是基本概念、基本规律及由内容所反映的思想方法,也称为学科教学的核心知识。教学难点是大多数学生不易理解的知识或不易掌握的技能技巧。通常意义上所说的教学难点,就是新内容与学生已有的认知水平之间存在较大差距的内容。难点不一定是重点,但也有些内容既是难点又是重点。我们可以选取此类课题,深入教材,认真准备,抓住教学重点,突破教学难点,使学生更容易地理解和掌握教材的基本知识。

（二）微课设计

设计是微课制作过程中最关键的一环,它是形成微课总体思路的过程,是微课开发的具体蓝图。总体设计包括教学设计、结构设计、界面设计。

1.教学设计

教学设计就是运用系统科学的观点和方法,分析教学内容和教学对象,确定教学目标,建立教学内容知识结构,选择恰当的策略和媒体,设计形成性练习和学习评价的过程。通常包括学习者特征分析、教学目标的确定、教学内容分析、教学媒体的选择四个主要环节。

首先,学习者特征分析。分析此课程的学习者是学生,他们的学习特点主要表现在以下几个方面：一是动手能力强，可塑性强，对新鲜事物兴趣高，所以课程设计时应尽量保持趣味性。二是缺乏学习主动性，而微课针对的又是学生的零散时间，所以微课设计时必须保证学习的效率。

其次，教学目标的确定。其一，知识与技能理解。具体问题中的数量关系，会用多种方法解答类似问题。其二，过程与方法。经历和体验用抽象思维和逻辑推理来解决实际问题的过程。其三，情感态度价值观。通过趣味性和互动性的教学方式，培养学生的好奇心和求知欲，增强学习的自信心。

再次，教学内容分析。充分分析教学内容，选取其中的一个典型案例作为内容开发一个微课，当作授课内容的一个补充，希望能帮助学生进一步理解此内容。

最后，教学媒体的选择。教学媒体的选择是教学设计中的一个重要环节，其选择的基本原则：一是目标控制原则。教学目标是贯穿教学活动全过程的指导思想，不仅规定教学活动的内容和方式，指导学生对知识内容的选择和吸收，而且还控制媒体类型和媒体内容的选择。二是内容符合原则。学科内容不同，适用的教学媒体也不同；即使同一学科，各章节的内容不一样，对教学媒体的要求也不一样。三是对象适应原则。不同专业的学生其培养方向也有一定差别，在进行教学媒体的选择与设计时，必须充分考虑不同专业学生的特点，绝不能套用某种固定的、僵化的模式。

2.结构设计

微课的结构设计是教学设计的延续和具体反映。根据教学内容和教学目标，按照特定的教学思想、学习理论组织教学内容顺序以及教学控制策略，这就是微课的结构设计，最终以表格的形式呈现。微课结构体现着特定的教学思想、学习理论、教学内容。不同的教学内容，依据教学思想、学习理论的不同，微课的结构也往往不同。这里计划从总体结构、教学内容结构以及内容控制结构三个角度进行微课的结构设计。

（1）总体结构设计。一般而言，微课的基本构成包括片头、主要内容、片尾三个部分。片头的呈现是在微课最开始的几秒，通常用来告知使用者关于本微课的基本信息，如主题、设计者与开发者及联系信息、版权信息等；主要内容就是进行知识点的讲解或者教学环节的呈现；片尾主要说明制作单位人员、鸣谢、日期等。

（2）教学内容结构设计。微课的内容结构设计就是向学习者展示各种教学信息，用于对学习过程进行诊断、评价、处理和引导的各种信息，以及实现学习过程控制的策略和学习过程的控制信息。微课的内容结构常规由引入、讲解、复习、预告四个部分组成。

（3）内容控制结构设计。微课的内容控制结构常采用的有线性结构、树状结构、网状结构以及混合结构四种。

3.界面设计

界面设计的三个基本原则：第一，趣味化原则；第二，简明化原则；第三，统一风格原则。所谓趣味化原则，是指微课的制作者应根据知识内容的不同，在每一个环节中综合运用视听手段和剪辑技法，把枯燥复杂的学习内容做艺术化、趣味化的处理。简明化原则是指在短短的几分钟之内，要求呈现的内容界面简洁，不要有过多的无关修饰。统一风格原则要求界面设计应该让人看了之后有整体上的一致性感觉，如所有正文文字、标题文字要力求一致等。

（三）微课设计模板

为统一风格，规范微课制作流程及最终格式，一般建议微课开发过程设置统一设计模板，如表 8-2 所示。

表 8-2　微课设计模板

录制时间:201×年×月×日上午　　　　　　　　　　　　微课时间：一　分钟

系列名称	
本微课名称	
知识点描述	
知识点来源	□学科：_____　班级：_____　教材：_____　章节：_____　页码：_____ □不是教材教学知识,自定义：_____
基础知识	听本微课之前需了解的知识：
教学类型	□讲授型　□问答型　□启发型　□讨论型　□演示型　□练习型　□实验型 □表演型　□自主学习型　□合作学习型　□探究学习型　□其他
适用对象	学生:本微课是针对本学科平时成绩多少分的学生？ □40 分以下　□40～60 分　□60～80 分 □80～100 分　□100～120 分　□120～150 分 教师:□班主任　□专业教师　□普通任课教师　□其他 其他:□软件技术　□生活经验　□家教　□其他
设计思路	

		内　容	画　面	时　间
教 学 过 程	一、片头 （20 秒以内）	内容:你好,这个微课重点讲解…… （注:1.微课面对个体,不面对群体,用"你好",不用"大家好"）	第_____至_____张 PPT	20 秒以内
	二、正文讲解 （4 分 20 秒左右）	第一节内容：	第_____至_____张 PPT	_____秒
		第二节内容：	第_____至_____张 PPT	_____秒
		第三节内容：	第_____至_____张 PPT	_____秒
	三、结尾 （20 秒以内）	内容:感谢你认真听完这个微课,我的下一个微课将讲解…… （注:1.微课的单位为"个";2.微课的真正意义以"系列微课"体现,结尾应宣传你的下一个微课）	第_____至_____张 PPT	20 秒以内

教学反思 （自我评价）	

以下两项适用于录屏软件制作微课

硬件准备	完成以下准备可以提高微课的视觉效果： 1.麦克风音量控制 90％左右,既可避免音量过小,又可避免系统杂音； 2.摄像头应在脸部正面,左右偏离不超过 30°,头像画面显示出肩膀及头部； 3.环境光源应在脸部正面而不是在背面。

（续表）

电脑设置	以下操作可以减少软件出故障概率,提高微课质量: 　　1.电脑屏幕颜色设置为"16 位色"即可,不用过高(WindowsXP 系统设置方法:桌面右键→属性→屏幕保护→选择色位;Win7 系统设置方法:桌面右键→屏幕分辨率→高级设置→监视器→选择色位;Win8 和 Win10 系统由于系统升级,默认只支持 32 位色)。 　　2.电脑屏幕分辨率设置为"1024×768"及以下,不用过高(WindowsXP 系统设置方法:桌面右键→属性→屏幕保护→选择分辨率;Win7 系统设置方法:桌面右键→屏幕分辨率→选择分辨率;Win8 和 Win10 系统设置方法:桌面右键→显示设置→高级显示设置→选择分辨率)。 　　3.如果出现未知错误,尝试以"兼容模式"打开软件(方法:单击桌面 Camtasia Studio 软件图标→单击鼠标右键→兼容性→在"以兼容模式打开这个程序"选项上打勾)。 　　4.生成的微课视频格式为 FLV 或 MP4 格式,尽量不使用 AVI 格式。

（四）教学准备

教学准备主要是准备教学所用的资源包,包括导学案、测验题、课件。在讲课需要的情况下,还包括教学用具的准备,主要是模型、道具、实验器材等。微课是一节完整课程的浓缩,因此这些准备工作是十分必要的。

（五）录制视频

微课的录制主要有两种方法,一种是录屏,还有一种是拍摄。

录屏就是用录屏软件对教学过程进行录制。它的软硬件要求非常简单,只要一部装有录屏软件的电脑。录制时教师只需要将精心准备的课件在屏幕上演示出来,选择好录制的视音频格式,软件就会全程录制教师的屏幕操作和讲解,整个过程操作简单,方便易行。

拍摄就是用摄像机对教学过程进行录制。它的硬件要求主要包括摄像机、灯光等设备。教师应该提前试讲,摄像师应注意调整摄像机的机位、高度和仰俯,多采用中景、近景和特写等小景别画面,多使用固定镜头,以保证视频质量。另外,由于教师的形象要出现在屏幕上,因此教师要仪表端庄,衣着整洁得体,教态自然,举止得当。

（六）后期加工

后期加工主要包括片头、片尾、提示性画面或音频的插入。片头主要是显示标题、作者、使用对象、所属学科、教材、单元等信息,片尾主要是制作单位、人员、鸣谢、日期等。提示性画面或音频的插入主要是为了提高学生的注意力。使用电脑或移动设备进行微课学习的学习者,由于外界环境的干扰和学习时的随意心理,往往参与度不是很高。所以在后期加工时,要加入督导环节,借用鲜明的提示性画面或警示性音频素材,回笼学生的注意力,强调学习的重要内容。

（七）反思与修改

反思应贯穿于微课设计与制作的整个过程之中,既有设计过程中的反思,又有实践过程中的反思,还应包括实践后的反思。教师不断地思考,不断地总结,为以后制作微课积累经验,有助于提高微课的质量。通过重新回顾审视教学的过程,增加新的想法,修改自己认为不满意的部分,以达到精益求精的效果。

五、微课制作质量要求

（1）透彻理解微课功能,传道解惑而非授业。微课的功能是经验的交流及对一些上课没听懂的同学进行课后的解惑辅导,而不是代替课堂教学。

(2)知识点足够细,5分钟内能够讲解透彻。一个微课只讲解一个特定的知识点,如果该知识点牵扯到另一个知识点,需详细讲解时应另设一个微课。

(3)课件中有介绍微课(如微课名称、作者姓名等信息)和谢幕的板块。若是PPT,正文建议为5~6页。

(4)受众定位明确。微课作者需清楚本微课受众的知识基础,采用适合该基础的相关定理、定律、词汇讲解。

(5)情景定位明确:一对一的教学而非一对多。讲解时不得出现"你们""大家""同学们"等词汇。

(6)知识准确无误。在微课里不允许有文字、语言、图片上的知识性错误或有误导性描述。

(7)知识点(考点)、题目(真题、模拟题)等讲解不照本宣科。对现有的知识以及课本上对该知识的表述应有自己的理解,而不是罗列书上的知识,否则微课起不到"解惑"的作用。

(8)课件有视觉美感。多角度地应用PPT的特有功能带来的视觉效果,如自定义动作、PPT切换、颜色搭配、字体搭配等。

(9)微课画质清晰。视频画面能清晰展示电脑屏幕中的演绎过程,画面须保持连贯性,视频成品压缩采用常用流媒体格式(.wmv),成品大小不超过100MB(录制时调整电脑分辨率为1024×768像素,颜色位数为16位)。

(10)语言通俗易懂,外部环境安静无噪声。

(11)仪表得体,口语讲解。尽可能少地使用古板、枯燥的书面语,使讲解通俗易懂。讲解时声音响亮,节奏感强。

六、微课技术指标

基本技术指标包括音视频录制、后期制作和音视频文件压缩格式等。若部分课程采用录屏软件等方式进行录制,相关视频比例、采样和压缩要求参照表8-3所示。

1.课程时长

每个微课时长一般为5~10分钟,最长不宜超过20分钟。

2.录制场地

录制场地为课堂、演播室或礼堂等。录制现场光线充足,环境安静、整洁,避免在镜头中出现有广告嫌疑或与课程无关的标识等内容。

3.课程形式

成片统一采用单一视频形式。

4.录制方式及设备

(1)拍摄方式:根据课程内容,可采用多机位拍摄(2机位以上),机位设置应满足完整记录全部教学活动的要求。

(2)录像设备:摄像机要求不低于专业级数字设备,在同一门课程中标清和高清设备不得混用,推荐使用高清数字设备。

(3)录音设备:使用若干个专业级话筒,保证录音质量。

(4)后期制作设备:使用相应的非线性编辑系统。

5. 多媒体课件的制作及录制

使用的多媒体课件(PPT、音视频、动画等)应确保内容无误,排版格式规范,版面简洁清晰,符合拍摄要求。

6. 课程发布及运行要求

(1)课件可在 Windows XP、Win7、Win8、Win10 等常见操作系统上正常播放,兼容 IE 浏览器7.0及以上版本。

(2)除 Media Player、Flash 外,原则上不允许安装特殊控件,通过浏览器即可正常播放。

(3)在线学习课程在不高于 250kbps 的网络带宽下能够全屏流畅播放,在保证画质和音质的基础上,尽量降低对网络带宽的消耗。

(4)脚本编写规范,保证不被常见杀毒软件拦截。

7. 课程安全要求

具有较强的课程访问认证体系,能够对课程的授权进行管理认证,确保课程的版权不受侵犯。

七、微课质量评审标准

微课质量评审标准如表 8-3 所示。

表 8-3　微课质量评审标准

一级指标	二级指标	指 标 说 明
选题设计 (10 分)	选题简明 (5 分)	主要针对知识点、例题/习题、实验活动等环节进行讲授、演算、分析、推理、答疑等教学选题。尽量"小(微)而精",建议围绕某个具体的点,而不是抽象、宽泛的面
	设计合理 (5 分)	应围绕教学或学习中的常见、典型、有代表的问题或内容进行针对性设计,要能够有效解决教与学过程中的重点、难点、疑点、考点等问题
教学内容 (20 分)	科学正确 (10 分)	教学内容严谨,不出现任何科学性错误
	逻辑清晰 (10 分)	教学内容的组织与编排,要符合学生的认知逻辑规律,过程主线清晰、重点突出,逻辑性强,明了易懂
作品规范 (15 分)	结构完整 (5 分)	具有一定的独立性和完整性,作品必须包含微课视频,还应该包括在微课录制过程中使用到的辅助扩展资料(可选):微教案、微习题、微课件、微反思等,以便于其他用户借鉴与使用
	技术规范 (5 分)	微课视频时长一般不超过 10 分钟,视频画质清晰、图像稳定、声音清楚(无杂音)、声音与画面同步; 微教案要围绕所选主题进行设计,要突出重点,注重实效; 微习题设计要有针对性与层次性,设计合理难度等级的主观、客观习题; 微课件设计要形象直观、层次分明、简单明了,教学辅助效果好; 微反思应在微课拍摄制作完毕后进行观摩和分析,力求客观真实、有理有据、富有启发性
	语言规范 (5 分)	语言标注规范,声音洪亮、有节奏感,语言富有感染力

（续表）

一级指标	二级指标	指　标　说　明
教学效果 （40分）	形式新颖 （10分）	构思新颖,教学方法富有创意,不拘泥于传统的课堂教学模式,类型包括但不限于:教授类、解题类、答疑类、实验类、活动类、其他类;录制方法与工具可以自由组合,如用手写板、电子白板、黑板、白纸、PPT、Pad、录屏软件、手机、DV摄像机、数码相机等
	趣味性强 （10分）	教学过程深入浅出,形象生动,精彩有趣,启发引导性强,有利于提升学生学习积极主动性
	目标达成 （20分）	完成设定的教学目标,有效解决实际教学问题,促进学生思维的提升、能力的提高
网络评价 （15分）	网上评审 （15分）	参赛作品发布后受到欢迎,点击率高,人气旺,用户评价好,作者能积极与用户互动。根据线上的单击量、投票数量、收藏数量、分享数量、讨论热度等综合评价

第四节　利用 PowerPoint 制作微课视频

一、准备工作

PowerPoint 2010 版本以上提供了直接将演示文稿转换为视频文件的功能,其中包含所有未隐藏的幻灯片、动画甚至媒体等。PowerPoint 2013 版微课制作主界面如图 8-32 所示。

图 8-32　PowerPoint 2013 微课制作主界面

硬件准备:电脑、耳麦(手提电脑本身自带),如图 8-33 所示。

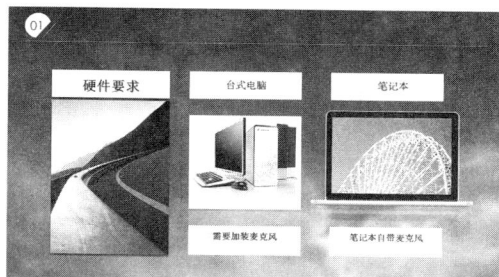

图 8-33　PPT 微课录制硬件要求

软件准备：安装 Windows 操作系统，如图 8-34 所示，下载 Office 2010、Office 2013 或 Office 2016，如图 8-35 所示。

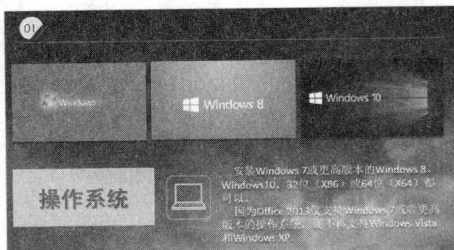

图 8-34　PPT 微课制作软件要求

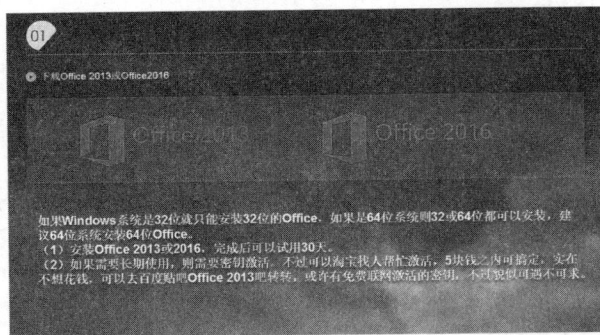

图 8-35　Office 2013 和 Office 2016

二、制作步骤

（1）用 PowerPoint 2013 打开需要转换的文稿，切换到"幻灯片放映"选项卡，然后单击"录制幻灯片演示"右侧的下拉按钮，选择"从头开始录制"，如图 8-36 所示。

图 8-36　PPT 放映界面

（2）此时会弹出一个"录制幻灯片演示"对话框，我们默认系统设置，直接单击"开始录制"按钮即可，如图 8-37 所示。

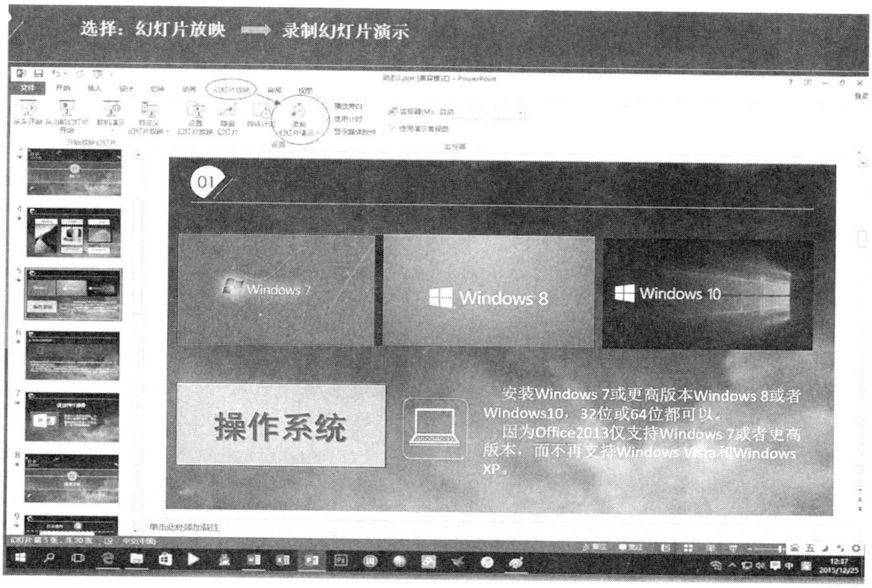

图 8-37　录制幻灯片界面

（3）现在会进入幻灯片放映状态，并且弹出"录制"工具栏，其中包含当前幻灯片放映时间以及幻灯片放映总时间，单击鼠标即可切换幻灯片，如图 8-38 所示。

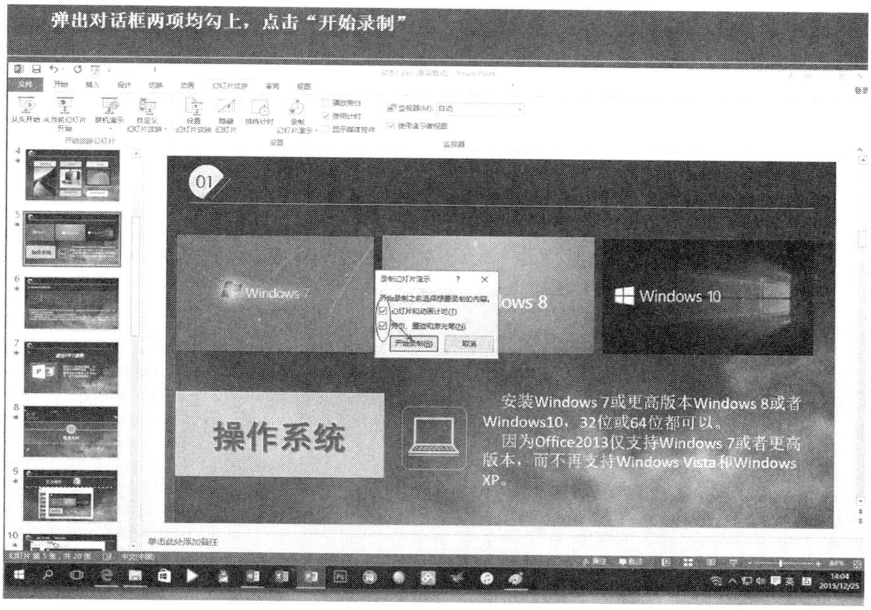

图 8-38　幻灯片录制工具栏

（4）录制完所有幻灯片后，会弹出一个 Microsoft PowerPoint 提示框，单击"是"按钮，保留录制幻灯片的时间。

（5）返回到演示文稿中,单击"文件"按钮。

（6）在弹出的菜单中选择"导出"命令,然后在右边的选项面板中单击"创建视频"选项,最后单击窗口最右边的第二个下拉框右侧的下拉按钮,选择"使用录制的计时和旁白",并单击"创建视频"按钮。

（7）此时会弹出一个"另存为"对话框,选择好存放视频的位置,如选择存放到桌面上,然后确定好视频文件名称,单击"保存"按钮即可,如图 8-39 所示。

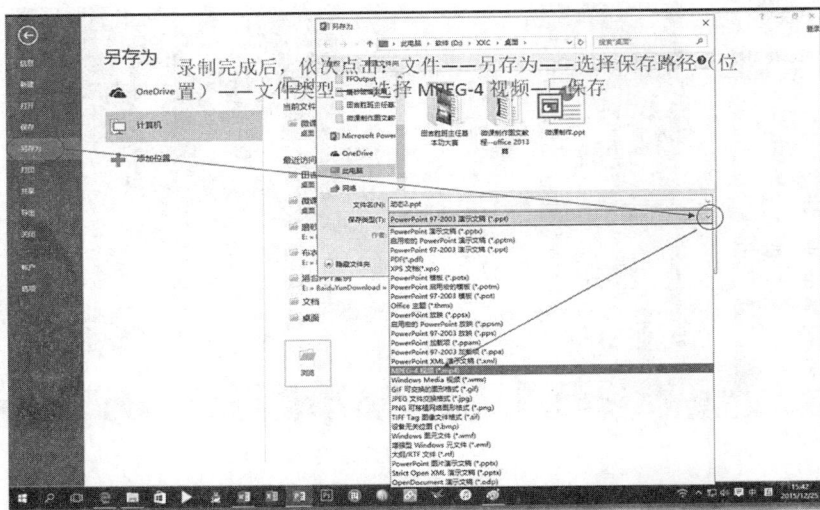

图 8-39　另存视频对话框

（8）返回文稿,可以发现 PowerPoint 最下面的状态栏中显示出了录制视频的进度,如图 8-40 所示。

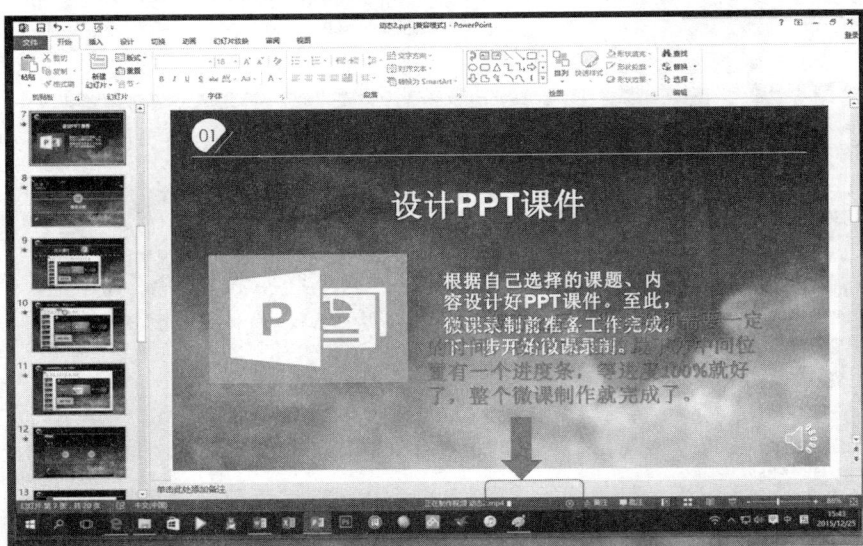

图 8-40　录制视频进度

（9）等待一段时间后,桌面上会出现创建的视频图标,打开它便能直接播放,当然,背景音乐和旁白也是包括在内的。

【提示】这里创建的视频格式包括".mp4"以及".wmv"。大家可以根据需要在"另存为"对话框的"保存类型"中进行设置。

我们将 PowerPoint 录制微课视频的过程做成 PPT 课件，大家可以扫描二维码下载该 PPT 课件。

三、PowerPoint 录制微课操作视频

下面给出一个利用 PowerPoint 来进行微课视频录制的演示讲解，请扫下面二维码观看。

录制微课视频 PPT 课件

录制微课视频

四、PowerPoint 编辑微课操作视频

下面给出一个利用 PowerPoint 和 Premiere 来进行微课视频录制并进行视频剪辑，请扫下面二维码观看。

录制和编辑微课视频

第五节　Web 在线制作工具和制作方法

一、基于 Web 的流媒体同步多媒体课件简介

基于 Web 的流媒体同步多媒体课件是指基于 Web 的利用流媒体同步技术（实现教师讲课的视频/音频流媒体与内容索引区标题和电子讲稿同步的技术）制作而成的多媒体课件。将基于 Web 的流媒体同步多媒体课件应用于网络教学中，学生只需要打开浏览器，便可以同时看到教师的影像、声音及另外配合同步播放的电子讲稿等其他媒体内容，另外通过

单击索引区的标题还可以自由选择课程章节进行学习。由于采用了流式媒体传输技术，用户不需将整个多媒体文件全部下载，而只需经过短暂的启动延时即可通过浏览器进行课件播放，故不需设置很大的缓冲区，不需占用大量网络带宽，网络传输质量大大提高，使学生能够有效地理解教师所要传达的信息和知识。

二、基于 Web 的流媒体同步多媒体课件的制作

基于 Web 的流媒体同步多媒体课件的实现方式是先制作流媒体文件。首先，用数码摄像机将教师上课的声音和图像、板书等拍摄下来制作成视频、音频文件，并用相关软件将视频、音频文件编码成流媒体格式。之后，利用微软的 PowerPoint 软件将教材制作成电子讲稿。最后再用软件将流媒体文件、PowerPoint 电子讲稿制作成表现力丰富的基于 Web 的流媒体同步多媒体课件。

(一)Windows Media Service 软件

微软开发的 Windows Media Service 是一种能适应多种网络带宽的流式多媒体信息发布平台，可以提供包括流媒体的制作、发布、播放和管理的解决方案，而且其成套产品集成在 Windows 2000 Server 中，所以我们选取它作为开发工具。

1. ASF

Windows 媒体服务器使用 ASF(Advanced Streaming Format)，这是一种支持在各类网络协议下进行数据传输的公开标准。任何压缩-解压缩运算法则(编解码器)都可用以编码 ASF 流。在 ASF 流中存储的信息可用于帮助客户决定应使用何种编解码器解压缩流。另外，ASF 流可按任何基础网络传输协议传输。同时作为一种体积小、可扩展、可伸缩的多语言文件类型，ASF 文件专门用于 IP 网上传送有同步关系的多媒体数据。

2. 系统的构成

系统由三部分构成：媒体服务器(Windows Media Server)、客户端媒体播放器(Windows Media Player)、媒体文件制作工具[包括媒体编码器(Media Encoder)、ASF 文件制作工具(Media Author)和未列出的 ASF 文件管理工具(Media Index)]。

(1)Windows Media Server 对外提供 ASF 流式媒体的网络发布服务，由两个模块组成：Windows Media Unicast Service 和 Windows Media Station Service。其中 Windows Media Unicast Service 可为用户提供用户可控点播服务(On-denamd Unicast)和用户不可控点播(Broadcast)功能。Windows Media Station Service 对外提供广播式服务。

(2)ASF 文件制作工具

①Windows Media Encoder 用于实现将模拟信号数据制作成 ASF 文件或 ASF 数据流。

②Windows Media Author 用于将录制好的音视频信息、图片、PowerPoint 制作的电子教案、各种 Word 文档、Script 等各种信息合成到一起，形成单一的 ASF 流媒体文件。在制作过程中，可以使多种不同的信息之间建立同步关系。

③Media ASF Indexer 用于对 ASF 流媒体文件添加标记(Marker)和描述(Script)。Marker 可用于对 ASF 流的快速搜索和定位，课件制作者使用与每个标记对应的名称说明该标记对应的内容。当 ASF 流开始播放前，远程教育客户端的播放器可以显示全部标记相关的信息，通过标记浏览器可以快速跳转到指定的位置开始播放，为学习者选择学习内容提供了方便。

(3)Windows Media Player 用来从 Windows Media Server 接收 ASF 流并解压播放。

（二）流媒体文件的制作

以 Windows Media 技术为例，将录制好的多媒体文件存为 AVI 格式或 MPG 格式，将这些文件经过非线性编辑后转为流媒体。Media 格式流媒体制作的方法，主要有以下两种：

（1）使用 Windows Media Toolkit 软件将现有的符合 MPEG-1 格式影像文件直接转化并保存为多媒体编码，格式为 Encode Windows Media Form。并设置合适的压缩比，生成适合网上播放的 320×240 像素、24 帧/秒的 ASF 流媒体文件，使图像和声音保持同步。

（2）直接从视频设备（如 VCD、DVD）中读取媒体，转化为 ASF 格式的流媒体文件；将数码摄像设备的视频输出数据流直接传送到电脑终端，利用 Windows Media 编码器，将视频信息保存为流媒体文件。

（三）流媒体文件的实现

1. 制作 ASF 格式的多媒体流

（1）使用 Media Encoder 对实时视频/音频信息进行编码。

（2）使用 Media Author 将现有的声音文件、图片等制作为一个 ASF 文件。

2. 编辑 ASF 格式的多媒体流

使用 Media ASF Indexer 在 ASF 流中添加标记（Marker）和描述（Script），通过添加描述（Script）能够实现视频/音频与电子讲稿的同步，而通过设置标记（Marker）则能够实现索引区标题与视频/音频同步，这样也就实现了三者的同步。

（1）视频/音频与电子讲稿的同步。这里我们要使用 ASF 文件中的描述（Script）来控制框架页面的跳转。首先在 ASF 流媒体文件中添加类型为 URL 的描述（Script），当媒体播放器播放到描述（Script）所指定的时间时，媒体播放器会自动打开描述（Script）指定的 URL。

（2）索引区的标题与视频/音频的同步。在 ASF 流中设定标记（Marker），可用相应的名称来说明所标记的内容。单击索引区的标题，使用 JavaSript 和索引区标题的代码使媒体播放器转到标记所在位置开始播放。

第六节　在线 PPT 幻灯片制作

一、可画在线 PPT 幻灯片制作工具介绍

可画（Canva）是一个全球在线设计平台，2018 年 8 月，Canva 推出中文产品。可画（www.canva.cn），隶属于北京咖瓦信息技术有限公司。在过去的两年中，可画打造了一流的中文在线设计平台，整合了数以千万计的高清图片、中英文字体、原创模板、插画等视觉元素。可画降低了在某些领域甚至消除了专业设计的门槛，即使是没有任何基础的用户，也可以通过运用可画的中文模板，轻松完成包括社交媒体插图、海报、电商用图、演示文稿、信息图、小视频等在内的各种设计。

运用可画，可轻松完成 PPT 设计制作。可画不仅提供了海量的 PPT 模板，还有千万版权图片、数万原创插画以及上百种中英文字体可供选择，无需掌握设计技巧，就能做出精彩设计，如图 8-41 所示。

图 8-41　可画 PPT 设计

　　PPT 制作是现代商务办公、教育交流、汇报展示等场景下的重要技能。搜集并使用精美的 PPT 模板和背景图片成为上班族尤其是白领人群的刚需。然而,传统 PPT 制作软件所提供的模板设计风格老旧且面临复杂的兼容性问题。

　　在线设计软件可画所提供的 PPT 设计模板不仅出自顶级设计师之手,而且拥有插画、商务、极简等多种风格,没有恼人的兼容性问题,如图 8-42 所示。

图 8-42　可画 PPT 模板库

　　无论你是为公司还是学校制作 PPT,用可画的免费 PPT 制作器都能轻松完成。上传Logo,选择符合品牌调性的颜色和字体,即可保存为品牌通用的 PPT 母版,你可以将母版分享给其他人直接使用。有了可画的免费 PPT 制作器,团队合作变得更加简单,并可以打造品牌专属的 PPT 母版。

　　可画的设计工具简单易用,无需下载软件,也无需学习新的技能。从可画提供的海量模板中挑选出你心仪的那一款,然后根据你的需求进行文案编辑、替换背景图片或增删素材等操作,无论你是资深的设计师,还是零设计基础的小白,都能轻松完成 PPT 设计。

二、可画在线 PPT 制作

1.选择模板

点击"开始设计",登录或注册可画。然后在模板中心选择你喜欢的 PPT 模板,或者从头开始设计一个全新的 PPT 模板,如图 8-43 所示。

图 8-43 可画 PPT 选择模板

2.挑选元素

你可以从左侧的图片库和素材库中挑选你喜欢的图片或素材来装点你的 PPT 模板,也可以从本地上传设计素材,定制专属于你的个性 PPT,如图 8-44 所示。

图 8-44 可画 PPT 挑选素材

3.自定义

在右侧的编辑区内,可画支持几乎所有元素的自主编辑:你可以增删模块,编辑文案和标题,还可以对文字进行字号、字体、颜色、对齐等操作,以及增减页面、替换背景图片或颜色等,简单的拖拽操作即可让你设计的 PPT 与众不同,如图 8-45 所示。

4.发布设计

完成设计后,可画支持多种保存格式和分享途径。你可以直接下载成 PPT 格式的文件,或者以 JPG、PNG(支持透明背景)、标准或高清的 PDF 格式保存到本地,也可以选择通过邮件、链接的方式分享出去供人查看、编辑(支持权限配置)。此外,可画支持将在线设计作品直接输出并分享到微博、微信、QQ、QQ 空间等社交媒体,用更快捷的方式让更多人看到你设计的 PPT,如图 8-46 所示。

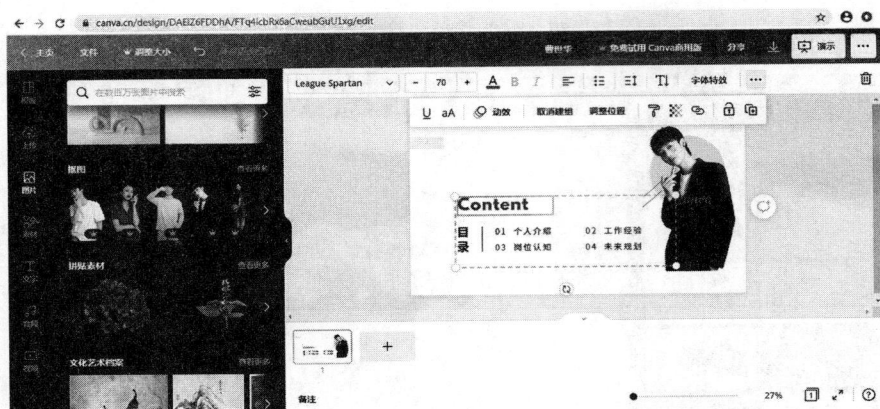

图 8-45 可画 PPT 自定义

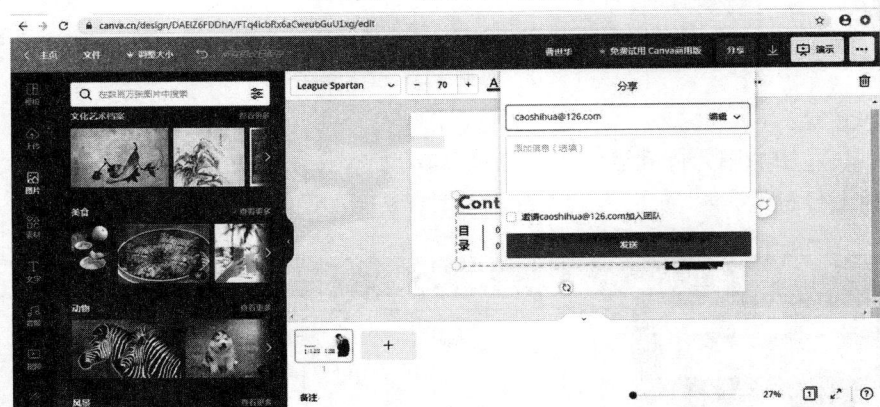

图 8-46 可画 PPT 发布

本章小结

　　本章介绍了多媒体课件的基本概念、特点、分类以及多媒体课件的开发方法。通过课件制作工具 PowerPoint 2013 的操作掌握一般多媒体课件的制作步骤和技巧。同时重点讲解了当前流行的微课的概念以及微课的设计和制作步骤。通过 PowerPoint 2013 录制微课以及 PowerPoint 2013 结合 Premiere 录制和编辑微课的案例操作和示范详细讲解了一般微课的制作方法和步骤。最后还介绍了 Web 在线课件及其制作方法。

习　题

1. 多媒体课件的特点是什么？
2. 简述多媒体课件开发的步骤。
3. 什么是微课？
4. 微课制作有哪些步骤？
5. 利用 PowerPoint 2013 制作一个展示自己的 PPT 多媒体课件。
6. 利用 PowerPoint 2013 录制一个 3 分钟左右的微课，内容自定。
7. 寻找一种在线制作 PPT 的工具，并制作一个简短的在线 PPT 并分享。

第九章

常用多媒体软件下载

第一节　《新媒体技术应用与实践》教学资源网站

《新媒体技术应用与实践》教学资源网站地址：http://qjeol. huqc. edu. cn/meol/jpk/course/layout/newpage/index. jsp? courseId＝13625

第二节　图像处理软件

一、数字图像处理软件——Adobe Photoshop CS3

（一）Adobe Photoshop CS3 下载地址：

http://dlsw. baidu. com/sw-search-sp/soft/f0/23673/Photoshop_CS3. 1408591602. exe

（二）Adobe Photoshop CS6 下载地址：

http://sw. bos. baidu. com/sw-search-sp/software/c07cde08ce4/Photoshop_CS6. exe

（三）更多版本下载请访问百度软件中心

http://rj. baidu. com/index. html

二、图片处理软件——美图秀秀

（一）美图秀秀 4.0 下载地址：

http：//xiuxiu．dl．meitu．com/XiuXiu_360Setup_4．0．1．exe

（二）更多版本请访问美图官网

http：//www．meitu．com/

三、图片处理软件——美颜相机

IOS

ANDROID

四、位图转矢量软件——Vector Magic

（一）官网下载地址：

http：//vectormagic．com/desktop

（二）百度下载地址：

http：//dlsw．baidu．com/sw-search-sp/soft/8a/18913/VectorMagicSetup_pc_1_15.3421431971．exe

（三）西西软件园下载地址：（破解版仅仅用于学习，不得用于商业）

http：//www．cr173．com/soft/21878．html

第三节　动画处理软件

一、动画处理软件——Adobe Flash

Adobe Flash CS3 简体中文免注册版，西西软件下载地址：

http：//www．cr173．com/soft/3790．html

二、Gif 动画制作软件——Ulead Gif Animator

（一）华军下载地址（英文版）：

http://www.onlinedown.net/soft/579.htm

（二）华军下载地址（汉化版）：

http://www.onlinedown.net/soft/580.htm

第四节　数字声音处理软件

一、数字声音处理软件——Audition

（一）Audition 3.0 百度下载地址：

http://dlsw.baidu.com/sw-search-sp/soft/21/13053/Adobe_Audition_3.0.7283.0.1453362232.exe

（二）Audition 3.0 华军软件园下载地址：

http://sqdownb.onlinedown.net/down/Audition-v1.5.zip

二、数字声音处理软件——GoldWave

（一）GoldWave 百度下载链接地址：

http://sw.bos.baidu.com/sw-search-sp/software/d4522eb85d3/InstallGoldWave623.exe

（二）GoldWave 华军软件园下载地址：

http://huajun1.onlinedown.net/down/GoldWave.rar

第五节　数字视频处理软件

一、数字视频编辑软件——VideoStuido(会声会影)

（一）会声会影 X7、X8、X9 中文版下载地址（会声会影官网，免费试用一个月）：

http://www.huishenghuiying.com.cn/xiazai.html

（二）VideoStuido X7 新云网络下载地址：

http://www.newasp.net/soft/88002.html

二、数字视频编辑软件——Adobe Premiere

（一）Premiere CS4 英文原版官方下载地址：

Adobe-Premiere Pro：For Windows：Adobe Premiere Pro CS4 4.2.1 update：https://www.adobe.com/support/downloads/thankyou.jsp？ftpID＝4616&fileID＝4285

（二）Premiere CS6 中文绿色版下载（支持正版，该绿色版仅用于学习，不得用于商业目的）：

http://pan.baidu.com/s/1eR6PJpg

三、电子相册制作软件——Photo Story

（一）Photo Story 3 for XP/Win7 中英文版本下载地址：

https://www.microsoft.com/en-us/download/details.aspx？id＝11132

第六节　自媒体作品制作工具

一、手机微场景秀软件——MAKA

（一）MAKA 官方网站 http://maka.im
（二）MAKA PC 版登录 http://maka.im
（三）MAKA 手机移动版下载

iPhone版下载

Android版下载

二、手机网页制作工具——易企秀

（一）易企秀官方网站 http://www.eqxiu.com/
（二）易企秀 PC 版登录 http://www.eqxiu.com/

（三）易企秀手机 APP 下载

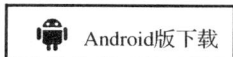

三、手机微网站制作工具——初页

（一）初页官方网站 http://www.ichuye.cn/
（二）初页手机 APP 下载

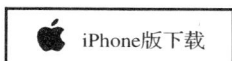

四、手机图文创作工具——美篇

（一）美篇官方网站 http://www.meipian.cn/
（二）美篇手机 APP 下载

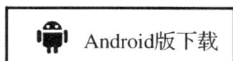

（三）美篇网页版 http://editor.meipian.me/

五、电子邀请函——婚礼纪

（一）婚礼纪官方网站 http://www.hunliji.com

(二)婚礼纪手机 APP 下载

(三)婚礼纪网页版 http://www.hunliji.com/w/Login

六、手机个人电台——喜马拉雅

(一)喜马拉雅官方网站 http://www.ximalaya.com/

(二)喜马拉雅手机 APP 下载

(三)喜马拉雅网页版 http://www.ximalaya.com/explore/

七、手机 KTV——唱吧

(一)唱吧官方网站 http://changba.com/

(二)唱吧手机 APP 下载

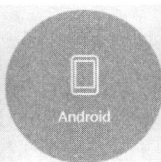

第七节　二维码制作工具

一、二维码制作工具——联图 联图网

（一）联图二维码在线制作：http://www.liantu.com/

（二）联图二维码制作 APP 工具下载

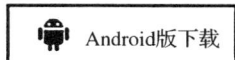

iPhone版下载

Android版下载

二、二维码制作工具——草料 草料

草料二维码在线制作：http://cli.im/

三、二维码制作工具——二维工坊 二维工坊 www.2weima.com 中国领先的一站式二维码服务平台

二维工坊二维码在线制作：http://www.2weima.com/

四、二维码制作工具——鑫码 鑫码

鑫码二维码在线制作：http://www.xmesm.cn

参考文献

1. 周明全. 多媒体技术应用[M]. 北京:高等教育出版社,2012.

2. 鄂大伟. 多媒体技术与实验教程[M]. 北京:清华大学出版社,2012.

3. 荆涛,卢燕飞,霍炎. 多媒体通信[M]. 北京:科学出版社,2012.

4. 卢官明. 移动流媒体技术[M]. 北京:电子工业出版社,2010.

5. 基础教程网,http://teliute.org.

6. 自媒体,百度百科,http://baike.baidu.com.

7. MAKA 官方网站,http://maka.im.

8. 喜马拉雅官方网站,http://www.ximalaya.com/explore.

9. 易企秀官方网站,http://www.eqxiu.com.

10. PowerPoint 2013 新增的功能[R/OL]. https://support.office.com.

11. 黎加厚. PPT 艺术设计,http://www.qiexing.com,2014.9.

12. iPresst 在线 PPT 幻灯片制作教程[EB/OL]. iPresst 网站,http://www.ipresst.com.

13. 沈秀红. 基于 Web 的流媒体同步多媒体课件的制作与应用[J]. 广东技术师范学院学报,2007(3):65-67.

ZHEJIANG UNIVERSITY PRESS
浙江大学出版社

互联网+教育+出版

立方书

教育信息化趋势下，课堂教学的创新催生教材的创新，互联网+教育的融合创新，教材呈现全新的表现形式——教材即课堂。

 轻松备课　 分享资源　 发送通知　 作业评测　 互动讨论

"一本书"带走"一个课堂"　教学改革从"扫一扫"开始

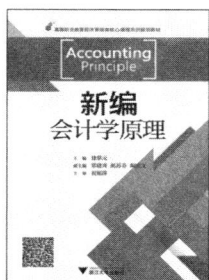
书　　　　　手机端　　　　　PC端

打造中国大学课堂新模式

【创新的教学体验】

开课教师可免费申请"立方书"开课，利用本书配套的资源及自己上传的资源进行教学。

【方便的班级管理】

教师可以轻松创建、管理自己的课堂，后台控制简便，可视化操作，一体化管理。

【完善的教学功能】

课程模块、资源内容随心排列，备课、开课，管理学生、发送通知、分享资源、布置和批改作业、组织讨论答疑、开展教学互动。

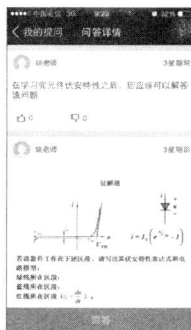 

扫一扫 下载APP

教师开课流程

⇒ 在APP内扫描封面二维码，申请资源

⇒ 开通教师权限，登录网站

⇒ 创建课堂，生成课堂二维码

⇒ 学生扫码加入课堂，轻松上课

网站地址：www.lifangshu.com

技术支持：lifangshu2015@126.com；电话：0571-88273329